汽车技术创新与研发
系列丛书

电动汽车动力性经济性测评及优化技术

合众新能源汽车有限公司 ◎ 组编

龚春忠　赵坤民　张洪雷　张　永　何浩　肖岩 ◎ 著

机械工业出版社
CHINA MACHINE PRESS

本书聚焦纯电动汽车的动力性、经济性，尤其是对续航和能耗问题的解决过程中使用的工具、方法、改善措施等进行了深入探讨。作者在参考 30 篇行业标准的基础上，紧紧围绕动力性经济性测评技术这一主题，从能耗分析工具、测试工况、道路阻力测量、电驱动系统与整车匹配、动力蓄电池测评等几个方面整理了其在合众新能源汽车有限公司工作期间撰写的 45 篇论文及研究报告，对每篇论文及报告的重点与应用价值进行提炼和总结。

本书主要面向在新能源汽车行业的整车厂、动力系统制造商、汽车设计公司中从事车辆动力性经济性相关工作的工程技术人员，以及高校汽车相关专业的研究人员和学生等。

图书在版编目（CIP）数据

电动汽车动力性经济性测评及优化技术 / 合众新能源汽车有限公司组编；龚春忠等著 . —北京：机械工业出版社，2023.5
（汽车技术创新与研发系列丛书）
ISBN 978-7-111-73185-6

Ⅰ.①电⋯ Ⅱ.①合⋯②龚⋯ Ⅲ.①电动汽车 – 动力性 – 文集②电动汽车 – 经济分析 – 文集 Ⅳ.① U469.72-53 ② F407.471-53

中国国家版本馆 CIP 数据核字（2023）第 086848 号

机械工业出版社（北京市百万庄大街 22 号　邮政编码 100037）
策划编辑：王　婕　　　　　责任编辑：王　婕
责任校对：郑　婕　梁　静　责任印制：常天培
北京宝隆世纪印刷有限公司印刷
2023 年 8 月第 1 版第 1 次印刷
184mm×260mm・18 印张・2 插页・433 千字
标准书号：ISBN 978-7-111-73185-6
定价：188.00 元

电话服务　　　　　　　　　网络服务
客服电话：010-88361066　　机　工　官　网：www.cmpbook.com
　　　　　010-88379833　　机　工　官　博：weibo.com/cmp1952
　　　　　010-68326294　　金　书　网：www.golden-book.com
封底无防伪标均为盗版　　　机工教育服务网：www.cmpedu.com

前　言

汽车的电动化、网联化、智能化和共享化是大势所趋，中国汽车厂商在新能源汽车领域取得了快速发展，世界各国也相继推出了新能源汽车战略规划。当前，纯电动汽车虽然还存在续驶里程较短、高低温环境适应性偏弱、充电不够便捷快速和电池成本高等问题，但随着技术的快速发展和产业链的进一步完善，这些问题都将逐渐被解决，高性价比的智能电动汽车将触手可及。

本书聚焦纯电动汽车的整车动力性经济性，在30篇行业标准以及作者在开发哪吒U、V和S三款电动汽车过程中撰写的45篇论文和研究报告的基础上，围绕动力性经济性测评技术这一主题，从能耗分析工具、测试工况、道路阻力测量、电驱动系统与整车匹配、动力蓄电池测评等几个方面展开论述，尤其是对续航和能耗问题解决过程中使用的工具、方法和改善措施等进行深入探讨，详细表述了核心论点、论据、技术原理、所解决的问题和达成的效果，对研究重点与应用价值进行提炼总结，便于读者阅读和参考。

作者在整车动力性的开发、仿真及试验过程中主要遇到打滑和电池限功率等问题，相关技术瓶颈相对较少，因此本书用较大篇幅论述了经济性相关的内容。所开发的软件工具、申报的专利、形成的标准和测试评价方法，均在各章节做了描述，这些可作为与整车动力性经济性开发相关的系统集成工程师、驱动电机工程师、动力蓄电池工程师、控制标定工程师、车身造型工程师、电子电器工程师、试验验证工程师和公告法规工程师等人员的技术参考资料，也可为高等院校新能源汽车专业方向的课程设计作参考。

本书是一部对电动汽车整车动力性经济性的测评技术进行深度分析及创新的书籍，注重理论与实践相结合，所有实例均取材于真实的项目研发和工程实践，具有一定的理论参考价值和较高的工程实践指导意义。

鉴于作者水平有限，有不妥之处请读者批评指正。

目 录

前言

第1章 概述 ··· 1
1.1 整车动力性经济性概述 ······················ 1
1.2 动力性 ··· 2
1.2.1 动力性指标 ·································· 2
1.2.2 关键技术指标与测试 ····················· 4
1.3 经济性 ·· 13
1.3.1 经济性指标 ································ 13
1.3.2 关键技术指标与测试 ··················· 15
1.4 实用工具概述 ··································· 18

第2章 测试工况分析与构建 ············ 19
2.1 标准测试工况介绍 ···························· 19
2.1.1 NEDC 标准工况 ························· 20
2.1.2 FTP75 标准工况 ························ 25
2.1.3 WLTP 标准工况 ························· 26
2.1.4 CLTC 标准工况 ·························· 28
2.2 各标准工况下的能耗统计特征分析 ······ 31
2.3 基于等效能耗原理的工况重构算法 ······ 35
2.4 工况数据库的构建与应用 ··················· 40
2.5 基于用户工况的定制化措施 ················ 46
2.5.1 降低风阻措施的定制化 ················ 46
2.5.2 制动能量回收措施的定制化 ·········· 51

第3章 整车能耗 ······························· 56
3.1 概述 ··· 56
3.1.1 整车能耗及分解 ·························· 56
3.1.2 竞品能耗水平统计分析 ················ 59
3.2 能耗分析工具与数据处理方法 ············· 64
3.2.1 灵敏度与瀑布图分析工具 ············· 64
3.2.2 能量流分析图示工具 ··················· 68
3.2.3 能量流试验数据处理方法 ············· 74
3.3 整车能耗与续驶里程 ························· 82
3.3.1 续驶里程初步设计 ······················ 82
3.3.2 瞬时能耗的估算方法 ··················· 87

第4章 车辆道路阻力测量及分析 ···· 101
4.1 车辆道路阻力 ·································101
4.1.1 相关标准 ·································101
4.1.2 测量方法 ·································102
4.2 测量方法校正 ·································107
4.2.1 滑行试验的校正技术 ··················108
4.2.2 环境温度对车辆道路阻力的影响 ····113
4.2.3 环境风速对车辆道路阻力的影响 ····121
4.2.4 旋转部件转动惯量对测试结果的影响 ·······························126
4.3 改进措施 ··132
4.3.1 利用滑行试验的能耗量描述道路阻力 ·····························132
4.3.2 使用单纯形优化法处理滑行试验数据 ·····························136
4.3.3 速度间隔对滑行试验精度的影响 ···141
4.3.4 测量常数项阻力系数的简化方案 ···146
4.3.5 等速法的改进措施 ·····················151
4.3.6 减速法的改进措施 ·····················156
4.3.7 循环能量法的改进措施 ···············161

第5章 电驱动系统评价及优化 ········165
5.1 电机的性能指标 ······························166
5.2 电机效率 MAP 的拟合方法 ················171
5.3 电机高效区域的评价方法 ··················176
5.4 减速器速比匹配优化 ························184
5.5 电机零转矩控制对能耗的影响 ············190

5.6 制动能量回收优化设计 …………………… 197
　　5.6.1 制动能量回收过程的能流分析 …… 197
　　5.6.2 制动能量回收的影响因素 …………… 206
　　5.6.3 基于大数据的制动策略 ……………… 212

第6章　动力蓄电池性能测评 ………… 218
6.1 电池容量设计概述 ……………………… 219
6.2 锂离子动力蓄电池模型 ………………… 219
6.3 电池模型的工作模式 …………………… 224
6.4 能耗测评时的采样频率 ………………… 229
6.5 动力蓄电池在线参数辨识 ……………… 234
6.6 电池回收利用余能检测 ………………… 243
6.7 电池能量密度价值评估 ………………… 247
6.8 用户充电习惯分析 ……………………… 251
6.9 储能节能技术创新 ……………………… 258
　　6.9.1 低压锂离子蓄电池技术 ……………… 258
　　6.9.2 重力势能的虚拟储能模型 …………… 263

第7章　动力性经济性优化技术展望 … 271

参考文献 ………………………………………… 273

第1章 概 述

近年来电动汽车发展迅速，能源存储部件从油箱转换为动力蓄电池，能量转换部件从内燃机切换为电动机，车辆的动力系统结构发生了重大变化。传统燃油汽车只能转换所消耗燃料20%～30%的能量用于驱动汽车，而电动汽车可以将电网输入的70%～80%的电能用于驱动汽车。虽然电动汽车的能量转换效率比燃油汽车高很多，但是由于续驶里程以及充电便利性的缺点，消费者依旧存在顾虑，这就要求车企在整车动力性经济性的测评及优化技术上大力投入，以开发出更高性价比的电动汽车，加速汽车电动化变革的步伐。

行业内在电动汽车整车及系统零部件的测试标准中有很多标准化工具和方法，但在实际的项目开发中仍然会遇到工况与用户的等效性、车辆机械阻力的分解、驱动电机与动力蓄电池的综合测评等问题。而传统的动力性经济性评价方法缺乏对用户使用工况的调查，以及对整车性能综合的评价。因此，有必要分析电动汽车能耗特性以及能量损耗机理，并针对其中关乎电动汽车经济性的关键因素进行分析总结。本书将分别从整车参数和经济性测试方案两方面对主要影响因素进行分析，建立整车能耗分析模型，并跟踪国内外最新的电动汽车经济性评价方法，提出电动汽车动力性经济性综合评价方法，其中包括循环工况、评价指标选取以及评价指标的权值确定，对电动汽车性能评价以及切实提高整车性能指标，改善使用认可度和驾驶感受有着重要意义。

本书主要介绍了电动汽车整车动力性经济性的定义、评价、初步设计、模型选择和优化思路等内容。由相关测试标准引出核心指标的定义，便于读者入门并掌握动力性经济性开发的相关技术。本书还讨论了电动汽车动力性经济性相关标准法规的可能动向，构建了整车动力性经济性相关的简单分析模型和实用工具。

1.1 整车动力性经济性概述

电动汽车的动力性经济性直接影响着用户体验。动力性可类比于百米冲刺比赛，动力性越强的车辆机动性越好；经济性可类比于马拉松比赛，经济性越优的车辆使用等量能源可行驶的距离更远。

电动汽车的动力性指标主要有加速时间、最大爬坡度、最高车速三类。其中，零百（0—100km/h）加速时间是用户最关心的动力性指标。设计和测试这个性能指标，需要考虑路面条件、轮胎附着力、驱动电机峰值功率与峰值转矩、动力蓄电池的持续放电峰值功率等关键系统零部件技术参数。电动汽车的经济性指标主要有续驶里程与百公里能量消耗量，决定了用户的主要用车成本，也影响着全社会的能源消耗和排放问题。

电动汽车动力性能参数测试主要依据标准 GB/T 18385—2005《电动汽车　动力性能试验方法》，经济性相关性能参数测试主要依据 GB/T 18386.1—2021《电动汽车能量消耗量和续驶里程试验方法　第 1 部分：轻型汽车》，主要的限值类标准是 GB/T 36980—2018《电动汽车能量消耗率限值》、GB/T 28382—2012《纯电动乘用车　技术条件》以及相关的双积分与补贴政策。这些标准与动力性经济性的关系如图 1-1 所示。

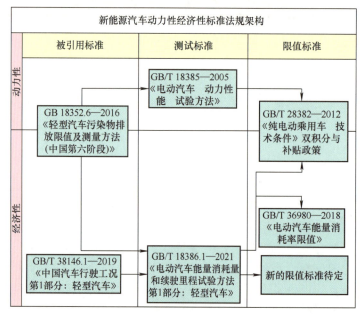

图 1-1　纯电动乘用车动力性经济性相关法规政策体系

1.2　动力性

电动汽车的动力性是消费者较为敏感的指标，也是企业和学术界的重要研究课题。本节介绍全面考核电动汽车动力性指标的方法，将爬坡性能、加速时间、最高车速均纳入电动汽车动力性能指标的设计范围，同时提出了通过空载、标准载荷、满载三种工况，观察动力性指标的稳定性，并将设计结果用于验证各指标值及其达成率。

在动力性开发过程中，性能开发工程师需要与产品规划部门确认车型主要的动力性指标，而动力性测试工程师的核心测试指标是加速时间，从原始加速时间测试数据中判断车辆是否符合设计状态。在数据的滤波、起始点选择、置信度判断、其他动力性指标等效等问题上，都需要动力性测试工程师掌握高超的数据分析能力，以帮助性能开发部门及各相关专业判断车辆动力性方面的问题。

1.2.1　动力性指标

GB/T 18385—2005《电动汽车　动力性能　试验方法》定义了电动汽车的动力性指标及其细化分类，分为加速性能、最高车速、爬坡性能 3 类。

1. 加速性能

加速性能是指电动汽车从速度 v_1，加速到速度 v_2，所需的最短时间。根据 v_1 与 v_2 不同，通常关心以下3个加速性能指标：

1）0—50km/h 加速时间，主要体现汽车起步的加速性能。
2）0—100km/h 加速时间，主要体现汽车常用车速区间的加速性能。
3）50—80km/h 加速时间，主要体现汽车超车过程的加速性能。

本书在设计算法中预留一个自定义加速时间。

2. 最高车速

最高车速分为瞬时最高车速与30min最高车速。标准中只规定了30min最高车速的测试方法，未规定汽车瞬时最高车速的试验方法。汽车的30min最高车速不仅与电机的特性有关，还与动力蓄电池的容量有关，动力蓄电池必须能够提供汽车持续行驶30min的最高车速而不出现限功率或掉电状态。通常情况下，都不会以动力蓄电池的容量极限作为设计极限，而是以电机能够持续30min稳定输出功率并保持不过热为设计条件。汽车的最高车速，则以5min最高车速的电机输出功率为设计依据。

本书对最高车速指标的定义有两个：

1）5min最高车速，体现汽车达到瞬时最高车速的能力。
2）30min最高车速，体现汽车维持最高车速的能力。

3. 爬坡性能

标准要求通过坡道起步能力与坡度车速来体现爬坡性能。

1）坡道起步能力：定义为电动汽车在坡道上能够起动且在1min内向上行驶至少10m的最大坡度，表现了汽车的坡道起步能力。本书定义的坡道起步能力使用5km/h车速下的等效最大爬坡能力。

2）坡度车速：定义为电动汽车在给定坡度的坡道上能够持续行驶1km以上的最高平均车速，表现了汽车在行驶过程中最大的爬坡性能。设计时，通常以20km/h或50km/h的车速作为最大爬坡能力的参考。

综上所述，动力性指标综合描述见表1-1。

表1-1 电动汽车动力性指标

序号	指标类型	指标描述	举例	指标符号	所需电机峰值功率
1	加速性能/s	0—50km/h	≤ 5	t_{0-50}	P_{0-50}
2	加速性能/s	50—80km/h	≤ 4	t_{50-80}	P_{50-80}
3	加速性能/s	0—100km/h	≤ 13	t_{0-100}	P_{0-100}
4	加速性能/s	$v_1 - v_2$ km/h	≤ 6.5	$t_{v_1-v_2}$	$P_{v_1-v_2}$
5	最高车速/(km/h)	最高车速	≥ 120	v_{max}	$P_{v_{max}}$
6	最高车速/(km/h)	30min最高车速	≥ 100	v_{30min}	$P_{v_{30min}}$
7	爬坡性能（%）	最大爬坡度@5km/h	≥ 30	i_{slope5}	P_{slope5}
8	爬坡性能（%）	最大爬坡度@v km/h 坡度车速	≥ 20 @50km/h	i_{slopev}	P_{slopev}

将设计指标定义更全面，各指标设计求算更合理，才能获得精度更高的设计结果。表1-2列举了一款哪吒汽车的动力性初步设计结果，具体设计方法将在后续章节中详述。

当电机选型确定并在市场上找到对应的电机供应商以后，可为下一步整车动力性经济性仿真开发工作提供更精确的电机参数。

表 1-2　某款电动汽车动力性设计结果

序号	指标类型	指标名称	指标值	设计结果			
				空载	标准载荷	满载	达成率
1	加速性能 /s	0—50km/h	≤ 5.5	4.61	5.28	5.61	104%
2	加速性能 /s	50—80km/h	≤ 6.5	4.03	4.62	4.91	140%
3	加速性能 /s	0—100km/h	≤ 17	12.82	14.68	15.61	115%
4	加速性能 /s	v_1—$v_2$km/h	≤ 7	5.7	6.527	6.941	107%
5	最高车速 /（km/h）	最高车速	≥ 120	120	120	120	100%
6	最高车速 /（km/h）	30min 最高车速	≥ 120	120	120	120	100%
7	爬坡性能（%）	最大爬坡度 @5km/h 坡度起步能力	≥ 30%	35.0%	30.0%	28.0%	100%
8	爬坡性能（%）	最大爬坡度 @50km/h 坡度车速	≥ 20%	33.0%	28.0%	26.0%	140%

1.2.2　关键技术指标与测试

上述的三大类动力性能指标（加速性能、爬坡性能、最高车速）是应用层面的技术指标，而对于分析与优化，则需要更多的概念。关于汽车动力性仿真的文献较多，主要采用 MATLAB/Simulink 或者 ADVISOR、CARSim、LabView 等工程软件做仿真分析。测试数据分析的相关文献相对较少，滕艳琼等在《汽车动力性试验系统数据处理》中对加速性能测试数据进行了分析计算，王琳等在《基于 MATLAB GUI 的汽车动力性试验数据分析软件设计》中则更系统地采用 MATALB 结合 GUI 功能对实测数据进行处理，计算汽车的各项动力性指标。

为了使动力性指标的设置与定义更合理，试验过程中更能体现车辆动力性主要特点，更有利于汽车制造商依据标准对车辆动力性进行设计、测量与改善，本节从动力学原理出发，对电动汽车动力性指标的定义与测试展开研究。首先，将运动设备普适的表征动力性能指标运用到电动汽车上，包括功率密度指标与最大加速度指标；然后，分析理想的车辆加速过程特性曲线、爬坡性能特性曲线等动力测试过程曲线，并结合电动汽车的特点分析其影响因素；接着，通过特性曲线推导若干重要应用场景的动力性指标；最后，以试验案例对数据处理方法进行分析，并对电动汽车动力性设计与测试过程中的若干问题进行探讨。

1. 带有动力源物体的普适指标

对于各类电动机、发动机等机械动力转换器件，有两个重要指标描述其动力性能：一是功率密度，二是峰值推力与自身重力的比值。当把电动汽车及其载荷视为一个动力器件，亦可沿用该指标对其动力性能进行量化。

由于车辆载荷、环境温度、电池电量等条件对其动力性能均有影响，后面再讨论各影响条件的定义与修正。首先把电动汽车的功率密度定义如下：

$$\rho = \frac{P_{\max}}{m} \quad (1-1)$$

式中　P_{max}——整车最大驱动功率（kW）；
　　　m——整车当量惯量（t）；
　　　ρ——功率密度（kW/t）。

类似地，将电动汽车的最大加速度定义如下：

$$a_{max} = \frac{\max(F_{驱} - F_{阻})}{9.8m} \tag{1-2}$$

式中　$F_{驱}$——车辆驱动力（N）；
　　　$F_{阻}$——车辆行驶阻力（N）；
　　　a_{max}——车辆最大加速度（g）。

功率密度可根据车辆配置的动力系统直接算得，最大加速度可在加速性能试验中获得。

2. 电动汽车极限加速过程的相关指标分析

在设计阶段可以获得车辆在相对理想状态下的加速性能、爬坡性能等曲线。为了更好地定义各应用场景的动力性指标，需要对加速、爬坡等应用场景全过程模拟复现，各项指标可被视为各过程曲线中提炼的重要结论。最重要的曲线是时间-速度曲线，若不考虑打滑与配重影响，其他曲线均完全可由该曲线推导。

（1）加速性能曲线

车辆在平直跑道上全油门加速过程测得时间与车速的关系曲线如图1-2所示。加速曲线是车辆在测试动力性过程中最易获取的曲线。由于大多数电动汽车都是单速比，在加速时不会有档位切换短暂失去动力的过程，因此加速曲线过渡平滑。

部分地区标准使用加速距离的概念，即车辆在已行驶的距离对应车速，通常用于判断超车距离是否足够长。此时，需要绘制行驶距离与车速的关系。在加速性能测试过程中，主要测量车辆的速度和时间，未直接测量车辆行驶距离。因此，距离-速度曲线需要使用时间-速度曲线推导而获得，如图1-3所示。

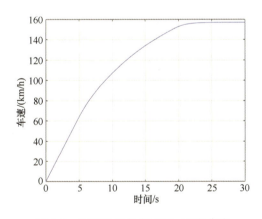

图1-2　加速性能仿真时间-速度曲线

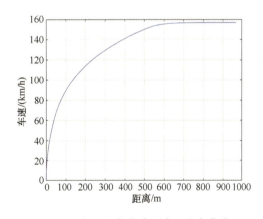

图1-3　加速性能仿真距离-速度曲线

电动汽车的加速过程受电机外特性的影响，通常分为恒转矩加速段和恒功率加速段。电机外特性通常使用转速-峰值转矩表达。因此，车辆加速特性使用速度-加速度曲线表达，如图1-4所示。当车辆道路阻力为0时，该曲线刚好与电机外特性相同。可以在底盘测功机上，采用仅摸底惯性力的方式测量车辆动力系统外特性。临近车轮打滑极限的加速曲线是分析打滑临界加速度常用的曲线。通常前轮驱动车辆打滑临界点为 0.45g，后轮驱动车辆打滑临界点为 0.55g，四轮驱动车辆打滑临界点为 1g。车辆打滑与轮胎抓地力、空气阻力寄生下压力、整车结构与重量分布等因素相关。

（2）爬坡性能曲线

爬坡性能是车辆在坡道上行驶的各种工况性能的总称，主要有坡道起步性能、最大爬坡度、各车速下的最大爬坡车速以及持续爬坡性能。对于电动汽车而言，由于电机的工作特性，通常峰值转矩与峰值功率的持续时间为 30s 左右。当考察车辆的持续动力输出性能时，通常能够依据电机特性仿真持续输出的功率特性。持续爬坡与热管理通常使用 10min 持续过载特性，30min 最高车速使用 30min 持续过载特性。因此可理论推导出车辆在不同车速下的最大爬坡度、持续爬坡度特性，如图 1-5 所示。

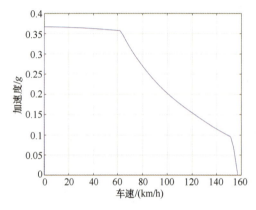

图 1-4 加速性能仿真速度 - 加速度曲线

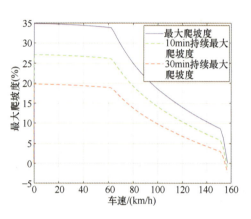

图 1-5 爬坡性能仿真车速 - 最大爬坡度曲线

（3）阻力分布与功率分布曲线

通过仿真或在底盘测功机上测试，可以获得车辆驱动力/驱动功率与车速的关系曲线，通过滑行试验，可以获得车辆道路阻力与道路阻力功率曲线。图 1-6 和图 1-7 所示分别是车速 - 驱动力/道路阻力曲线和车速 - 驱动功率/道路阻力功率曲线。两曲线围成的面积越大，车辆的动力性越强，而道路阻力描述了车辆经济性，所以这两张图可作为整车动力性经济性综合性能的参考。

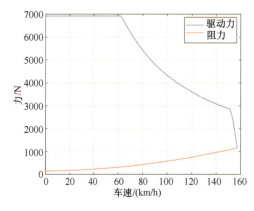

图 1-6 车速 - 驱动力/道路阻力曲线

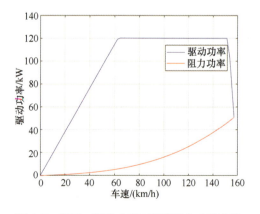

图 1-7 车速 - 驱动功率/道路阻力功率曲线

3. 关键技术指标

为了方便交流与量化，需要从上一节分析推导得出的各曲线进一步提取出关键指标，通常分为加速性能指标、爬坡性能指标和最高车速指标。

（1）加速指标

从时间-速度曲线可以获得 0—50km/h 加速时间、50—80km/h 加速时间和 0—100km/h 加速时间三个量化指标，如图 1-8 所示。从距离-速度曲线可以获得 0—50km/h 加速距离、50—80km/h 加速距离和 0—100km/h 加速距离三个量化指标，如图 1-9 所示。目前，加速距离指标已经很少被使用。在制动性能表达上经常使用 100—0km/h 的制动距离，0—100km/h 加速距离与 100—0km/h 制动距离实际上是对称的概念。在车辆开发过程中，保持参数的完整性以便用于发现更多与动力性、经济性和制动性相关的参数。

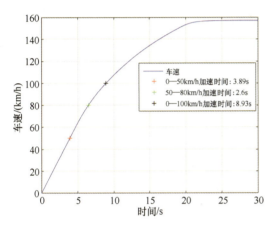

图 1-8　提取关键加速时间指标

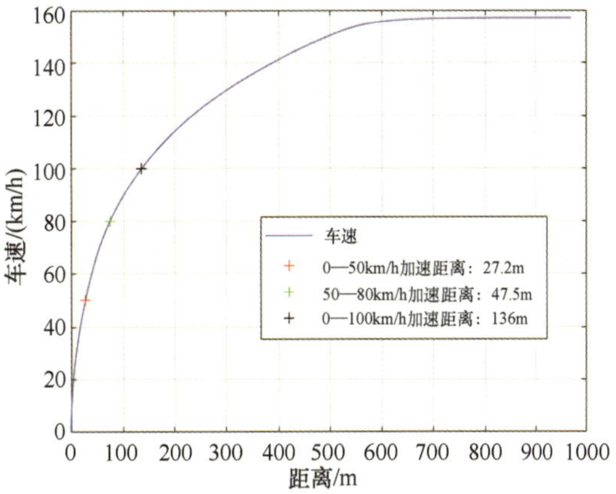

图 1-9　提取关键加速距离指标

（2）爬坡指标

依据相同的思路，在车速-最大爬坡度曲线上可以获取爬坡性能相关要点，包括最大爬坡度、4% 爬坡车速（对应高速爬坡）和 12% 爬坡车速（对应山路爬坡）。按照最严的热管理校核要求，试验应当在 12% 爬坡车速下持续 10min，对应工况点落在 10min 最大爬坡度上。比较特殊的是车辆坡道起步能力，通常使用驱动电机的起动转矩作为仿真分析依据，也可表现在爬坡曲线上。各指标在曲线上的位置如图 1-10 所示。

（3）最高车速指标

最高车速通常有两个指标，一个是车辆可行驶的最高车速，另一个是可持续行驶 30min 的最高车速。在仿真设计中，车辆行驶最高车速为车速-最大爬坡度曲线中最大爬坡度为 0 时对应的车速；30min 最高车速对应驱动电机 30min 持续外特性。可持续 30min 最高车速通常还受到动力蓄电池储能的影响，但是目前从多款车型来看，驱动电机的 30min 可持续功率是最关键的影响因素。

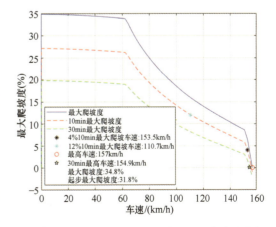

图 1-10　提取关键爬坡/爬坡车速/最高车速指标

在当前标准中，最高车速与爬坡车速的测量都以行驶距离为主要参照，而30min最高车速则以行驶时间作为参照。对于电机外特性来说，使用持续时间定义更为合理。最高车速主要受到驱动电机轴承最高转速承受程度以及峰值功率持续能力影响。因此，标准定义的最高车速测试时间应该修正为30～60s之间较为合理。

（4）其他动力性指标

由于电机的特性，通常由恒转矩切换为恒功率时会出现加速度迅速下降的情况，这个转折点被定义为恒转矩与恒功率的拐点。双电机工作时则可能存在两个拐点。对于追求极限加速性能的车辆而言，拐点处的车速越高，在相同的零百加速目标下，对轮胎抓地力性能要求越低，因此在经济性与动力性之间需要寻找合适的拐点作为平衡点。

4. 试验设计及其问题处理

前面分析了理想模型下的动力性相关指标，但在实际测试中通常会遇到各种问题，例如测试设备采样频率与精度、环境温湿度与风速条件、路面平整度条件等因素的影响导致结果差异，甚至试验数据的分析方法也有可能造成试验结果的差异。为了让测试结果更精确可靠，需要对相关因素进行分解分析，并给出测试结果的置信区间。这里结合实际测试示例对这些问题逐一分解讨论。

（1）测试设备及其采样频率

在实际道路上测试时，车辆需要安装可测量实时车速的设备。为了便于分析，可以补充加速度传感器。在室内试验时则采用底盘测功机模拟道路阻力，用以测试车辆的动力性能。测试为动态过程，原始数据需记录秒采值，采样频率应≥10Hz。随着技术的发展，车上通常都安装了陀螺仪和轮速传感器，在不打滑的情况下测量值与实际车速误差低于1%，而且可以通过底盘测功机校准。因此，实际道路上采用车速信号进行动力性分析具有重要参考意义。

（2）环境条件

环境条件可沿用当前标准中的要求。其中风阻、道路平整度和路面附着系数对动力性测试结果影响较大，可以通过多次测量取平均值来获得更高精度的结果。

（3）零点确定

在测试车辆加速性能时，由于路面微小斜坡、测试员加速踏板操控、动力系统响应、车速测试干扰等因素的影响，起步零点较难确定。即便通过卡尔曼滤波分析，也会有0.05～0.2s的误差。部分车辆采用速度≥1km/h或≥3km/h的时刻作为起始点，因为通过该车速的时间间隔较短，将该速度设为零点可增强测量可重复性，提高数据可信度。对部分车辆加速响应的起步过程进行单独分析，将冲击、转矩响应与舒适性等因素综合优化。对于电动汽车而言，低车速下一般都处在恒转矩段，使用3—10km/h加速过程近似为直线，逆向交于速度为0对应的时间轴作为加速起始点，结果的可重复性更好。

（4）多次试验平均

试验结果的可重复性需要多次测量对比分析。多次测量取平均值也是提高试验结果在某精度范围内的置信度的重要方法。多次测量并调整相同的时钟插值后，可获得均值条件下的时间-速度曲线。

（5）通过加速曲线推导其他动力性指标

通过多次测量获得平均值的时间-速度曲线，对速度积分可获得行驶里程，从而获得行驶里程-速度曲线。对速度求导可获得加速度，采用滤波方式可获得较为平滑的速度-加速度曲线。根据车辆整备质量 m、旋转惯量 m_r、配重 m_p、满载总质量 m_f 以及道路阻力系数 $A/B/C$，可推导车辆爬坡性能、爬坡车速、驱动力、驱动功率等信息。

5. 示例分析

某车型整备质量为 1720kg，配重 180kg，最大设计质量 2055kg，旋转惯量为 70kg，道路阻力系数 $A=160N$，$B = 0.5N/(km/h)$，$C= 0.038 N/(km/h)^2$，10min 峰值功率下降率为 0.8，30min 峰值功率下降率为 0.6。使用 Vbox 测量车速，在中汽研盐城汽车试验场性能道上进行加速性能测试，获得秒采数据如图 1-11 所示。

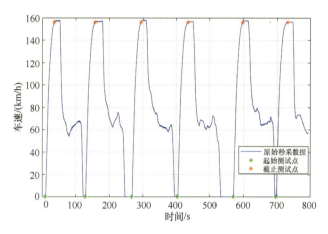

图 1-11　某车型实测秒采数据

截取 5km/h 对应的起始点并向前推移 3s，各样本数据如图 1-12 所示。由于车速信号较不稳定，采用均值滤波器做初步处理，然后用车速为 3—13km/h 段拟合逆向延长至坐标轴，获得各样本零点，零点调整后的数据如图 1-13 所示。

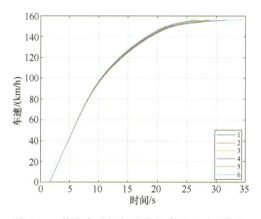 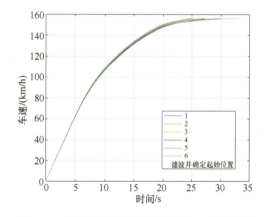

图 1-12　截取全油门加速段的车速-时间曲线　　图 1-13　滤波与零点调整后的车速-时间曲线

构造标准时钟，并采用线性插值方法将各样本信号转换为标准时钟下的速度，对各标准时钟下的样本求取均值，可获得拟合车速。同时求取各样本的标准差，如图 1-14 所示，当某样本点偏离 3σ 区间时适用于统计剔除规则。标准差体现了各时刻下对应车速的可重复性,但是道路有坡度或风速较大会导致标准差偏大,这也是衡量试验结果置信度的重要指标。通过加速曲线可以计算出 0—50km/h 加速时间、50—80km/h 加速时间和 0—100km/h 加速时间三个量化指标。

通过时间 - 速度曲线可推导出加速距离 - 速度曲线。从距离 - 速度曲线可获得 0—50km/h 加速距离、50—80km/h 加速距离和 0—100km/h 加速距离三个量化指标,如图 1-15 所示。零百加速距离为 118.9m,由于电动汽车具有制动能量可回收的特性,而且驱动外特性一般与回收外特性对称,所以能量回收在制动距离上的贡献可作参考。

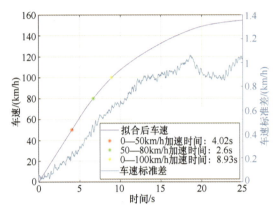

图 1-14 均值车速 - 时间曲线以及速度标准差

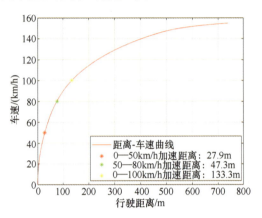

图 1-15 推导行驶距离 - 车速

实测加速曲线受干扰较严重,无法直接求导获得加速度。在 Vbox 中有预卡尔曼滤波或者陀螺仪可直接获得加速度信号。这里采用均值滤波处理加速度曲线,结果如图 1-16 所示。均值滤波器在首末位置失真较严重,需要省略。获得车辆峰值加速度值为 $0.35g$,拐点速度为 62km/h,与电机拐点设计值吻合。

通过加速性能外特性、旋转惯量和最大载重等信息,可以推导出如图 1-17 所示的爬坡特性曲线。由于该试验为执行全油门加速到最高车速,未能分析出最高车速、持续 30min 最高车速、4% 持续 10min 爬坡车速和 12% 持续爬坡车速等结果,只能给出这四个车速均 ≥ 120km/h 的结论。建议后续标准将最高车速与全油门加速合并,便于车辆设计开发与分析验证。

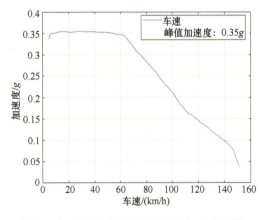

图 1-16 采用均值滤波处理后的加速度曲线

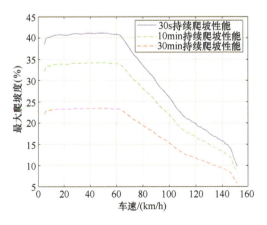

图 1-17 推导出的爬坡特性曲线

滑行试验获得的道路阻力与加速度逆推惯性力之和即为驱动电机输出端外特性的估计值。推导出如图 1-18 所示的车速 - 驱动力与阻力曲线，由于力与速度的乘积为功率，所以能进一步推导出如图 1-19 所示的车速 - 驱动功率与阻力功率曲线。若该车轮胎半径为 0.353m，减速器速比为 11.62，则可计算出驱动电机的峰值转矩为 210N·m。从图 1-19 中可直观获得峰值功率为 130kW，越过该峰值后电机峰值功率下降较快，与电机结构设计初期定义的外特性吻合。

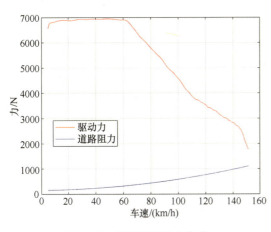

图 1-18　推导的驱动力曲线

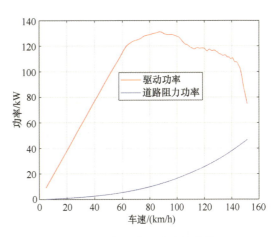

图 1-19　推导的驱动功率曲线

6. 动力性其他问题讨论及测试标准建议

电动汽车动力性是车辆众多量化性能指标中最为直观、最易感知、最易精确量化的指标，但并不是完全孤立的。由以上的分析与推导可以看出，动力性经济性与道路阻力、热管理性能等密不可分。支撑整车动力性的主要零部件性能包括轮胎抓地力、驱动电机外特性、动力蓄电池持续放电性能等。

（1）配重与道路阻力问题

车辆的配重与道路滑行阻力分析相关，可间接获得验证车辆动力源是否达成相关指标的结论。因此，在做加速、爬坡、最高车速测试时，应尽量选择与实际道路阻力滑行试验中的配重相吻合。由于爬坡性能大家习惯上不能接受，且受配重影响极大，建议过渡性地保留满载爬坡的指标，是否会引起相关强制标准引用结论的修订需要再探讨。在 GB/T 28382—2012《纯电动乘用车　技术条件》中，要求车辆最大爬坡度≥15%，但实际上爬坡性能与加速性能线性相关度极高，废除满载爬坡指标，仅提供标准载荷爬坡性能也是一个较优的备选方案。在实际测试中，最大爬坡度法规要求≥15%，这是满足大部分道路爬坡性能的基本要求，而坡度高于 50% 以上的路面较少，建议当最大爬坡度≤15% 或≥50% 时，爬坡性能直接按此结论给出；当 15%≤最大爬坡度≤50% 时，量化给出。

（2）旋转部件惯量问题

车辆的旋转部件主要有车轮总成、制动盘、传动轴、减速器齿轮与轴系、电机转子等，其中车轮总成旋转惯量占比较大。乘用车的旋转部件惯量等效到轮边当量惯量通常在 40~120kg 的范围内，因此在滑行试验中的分析、在底盘测功机上的模拟，均需要考虑旋转部件惯量。两驱底盘测功机的当量惯量需要加上测试过程中固定不动的旋转部件当量惯量，由加速特性推导爬坡特性、由加速特性推导驱动电机外特性时，均需要该值。现有标准中测试过程仅对车辆配重有要求，建议增加试验前旋转部件惯量的确认。

（3）热管理

驱动系统的极限工况是车辆热管理设计与验证的重要参考。目前针对纯电动汽车的整车热管理工况验证标准并不成熟，但热管理对动力性标准的引用与动力性标准对经济性标准的引用类似，尽量确定相同的工况，在零部件选型、整车性能验证对比上，都可以有比较简洁的对应关系。

（4）车载传感器

根据 GB/T 18386.1—2021 标准，在汽车制造厂提供车载 REESS 的电压、电流传感器采集精度证明以后，允许在测试过程中使用车载传感器进行分析相关结论。中国汽研新能源汽车评价规程（CEVE）采用了车载传感器的结果，通过云平台进行能耗与续航分析。这开了一个极好的先例，因为基于卫星信号的速度采集并不是最可靠的，车辆在底盘测功机上经过标定后，其速度信号的精度有可能高于卫星速度信号的精度。

（5）电机匹配问题

驱动电机是影响整车动力性最关键的系统部件。通过整车动力性性能测试，可逆推驱动电机性能。尤其是持续工况的验证，对电机选型与匹配有重要的指导性意义。电机设置时通常不能与里程相对应，相同的电机配置到不同的车上，也较难确定在某工况下持续行驶里程与电机特性的对应关系。因此建议标准修订时全部切换为持续时间，仅保留 30s 外特性持续时间、10min 热管理爬坡车速持续时间、30min 最高车速持续时间三种外特性。而与动力相关的电机参数可进一步精简为如下几个：峰值转速、峰值转矩、峰值功率、堵转转矩、10min 持续峰值功率下降率、30min 持续峰值功率下降率等 6 个。

（6）电池匹配问题

动力蓄电池作为动力源头，其持续放电性能对驱动电机的性能发挥起到支撑作用。在当前技术条件下，电动汽车动力蓄电池 SOC 较低的时候，会限制电机功率输出，以防止动力蓄电池过放导致损坏，这也是电动汽车与燃油车动力性表现的差异之一。动力蓄电池充放电限功率特性是逐渐过渡的过程，当低到一定极限时，便无法支撑驱动电机峰值功率。因此，标准应当对测试的车辆 SOC 区间做适当定义。增程式电动汽车与纯电动汽车电池配电量通常有较大差距，相同车型增程式电动汽车电池配电量比纯电动汽车小。建议标准这样定义 SOC 限值：纯电动汽车加速性能测试时 SOC ≤ 40%，增程式电动汽车动力性测试时 SOC ≤ 60%，等速 30min 最高车速与爬坡车速测试时不设置 SOC 限值。整车标准的规范有利于动力蓄电池选型规范，有利于电池性能与整车性能匹配评价。

（7）打滑问题

电动汽车起步转矩大，达成相同 0—100km/h 加速指标的条件下，比燃油车更容易引起打滑。随着能耗标准越来越高，低滚阻轮胎必然是发展趋势，然而通常更低的滚阻系数意味着更弱的抓地性能，未来车辆的打滑问题将会越来越凸显，这也是仿真分析和实测过程的峰值加速度分析的重要参考。

（8）各指标相关关系

由以上分析可知，汽车各项动力性指标各有侧重，但是相关度较大。功率密度与最大加速度是描述汽车运动性能的基础指标，但在应用场景上并不直观。常用的定义是 0—

50km/h 加速时间、0—100km/h 加速时间、最大爬坡度、最大起步爬坡度、最高车速、30min 最高车速、4% 行驶 1km 爬坡车速和 12% 行驶 1km 爬坡车速等 8 个指标。由加速曲线和部分已知数据可以推导出后续结论，将最高车速的测试与加速时间的测试合为一个测试项目，可以获得不同维度的结果。为了缩短测试时间，应当精简测试项目，沿用 GB/T 18386.1—2021 的思路，实测能耗并推导续航。同理，建议爬坡车速和最大爬坡度允许理论推导。坡道起步性能需要实测，主要是堵转转矩的确认。4% 爬坡车速、12% 爬坡车速和 30min 最高车速可仅选择一个在底盘测功机上测试，放到热管理相关的试验中验证。

综上分析，电动汽车动力性指标的设置需要兼顾多个维度，包括用户使用感受、应用场景、设计与试验验证的便利性等。合理而明确地定义好相关指标，才能便于各汽车制造商横向对比与分析优化，更客观合理地提供给用户量化参数。将分析方法与测试方法结合，提出规范的测试标准，才能更有利于不同厂家之间在新的平台竞争。

1.3 经济性

电动汽车以其使用过程中零污染、噪声低和能源效率高等特点，在各国的城市低碳交通建设中将发挥重要作用。然而，由于电动汽车续驶能力不及燃油车，以及配套充电基础设施滞后等问题，制约了电动汽车的发展。随着动力蓄电池能量密度提高，电池快充技术发展，汽车轻量化技术提升，在综合性价比上纯电动汽车日趋接近燃油汽车。电动汽车的经济性是驱动消费者购买决策的重要因素。

1.3.1 经济性指标

GBT 18386.1—2021《电动汽车能量消耗量和续驶里程试验方法 第 1 部分：轻型汽车》定义了纯电动汽车续驶里程与能量消耗量及其测试方法。关于能量再生系统的定义及其测试方法可参考 QC/T 1089—2017《电动汽车再生制动系统要求及试验方法》。依据以上标准，在纯电动汽车动力系统开发阶段主要设计和校核的经济性指标是续驶里程、百公里能耗和能量回收贡献率。

1. 续驶里程

电动汽车的续驶里程是指电动汽车充满电所能行驶的距离，受驾驶条件及环境因素影响，在不同标准工况下测试出来的续驶里程不一样，通常有 NEDC 工况续驶里程、WLTP 工况续驶里程以及 CLTC 工况续驶里程。

NEDC 综合工况测试中有市区工况和郊区工况，市区工况的平均车速为 18.5km/h，最高车速不超过 50km/h；郊区平均车速为 62km/h，最高车速不超过 120km/h。这两种工况都是在实验室中进行测试，而且在测试过程中，车内空调、前照灯、座椅通风/加热、音响等电气设备都是处于关闭状态。GB/T 18386.1—2021 对续驶里程的测试与计算有如下规定：对于 M1/N1/ 最大设计总质量不超过 3500kg 的 M2 类车的工况法续驶里程试验，应在底盘测功机上采用 NEDC 循环进行试验；直到车速不能满足工况规定的公差停止试验。记录试验车辆驶过的距离 D，用 km 来表示，测量值按四舍五入圆整到整数；同时记录用小时（h）和分（min）表示的所用时间。可以看出，NEDC 综合工况的测试条件跟实际驾驶的情况相差较大，实际续驶里程大概是 NEDC 续驶里程的 70% 到 80% 之间。

WLTP 测试标准是欧美因为 NEDC 测试出来的续驶里程与实际相差较大而重新设计的一套测试标准。该标准在测试时设计了四种场景，即低速、中速、高速和超高速，最高车速分别为 56.5km/h、76.6km/h、97.4km/h、131.3km/h。不仅如此，WLTP 模式下还对汽车自身重量、载重和档位状态、滚动阻力进行了综合考虑。同时还考虑了制动、短暂停车等情况，连对电池影响较大的温度也考虑了进来，车内的用电设备也被纳入到测试的范围中。因此，WLTP 是比较接近实际用车情况的一种测试标准。

无论 NEDC 还是 WLTP 都是国外的测试标准，模拟的都是国外的用车习惯。CLTC 是根据中国交通比较拥堵的情况而专门进行设计的一套测试标准，由低速、中高速以及高速三种工况组成，其中最高速度为 114km/h，平均速度为 28.96km/h，主要在中低速情况下行驶，还包括了怠速的时间，而高速的测试时间比较短。到 2025 年前，中国国内所有新能源汽车都将采用 CLTC 标准来测定续驶里程。

2. 百公里能耗

车辆的能量消耗量 C 使用式（1-3）计算，用 W·h/km 表示，并圆整到整数。

$$C = \frac{E_{电网}}{D} \quad (1\text{-}3)$$

式中 $E_{电网}$——充电期间来自电网的能量（W·h）；
D——续驶里程（km）。

通常能量消耗量使用百公里能耗表示，其单位换算为 1W·h/km = 0.1kW·h/100km，四舍五入圆整到小数点后一位。

3. 能量回收贡献率

汽车减速或下坡过程中，主要由电机对汽车进行制动，并对制动能量进行回收，最终回馈至可充电储能系统，该系统称为再生制动系统。汽车减速或下坡过程中，由再生制动系统回收，最终回馈至可充电储能系统的能量，称为回收的制动能量。制动能量回收效率用于评价制动能量回收有效性，包括制动能量回收效率、制动能量回收系统续驶里程贡献率。

1）制动能量回收效率 η：汽车减速过程中，由再生制动系统回收，最终回馈至可充电储能系统的能量（E_1）与汽车减速过程中所需施加的制动能量（E_2）之间的比值，计算方法如下：

$$\eta = \frac{E_1}{E_2} \quad (1\text{-}4)$$

2）制动能量回收系统续驶里程贡献率 P_1：在相同试验条件下，开启与关闭制动能量回收功能时电动汽车运行里程的差值（D_1-D_2），与关闭制动能量回收功能时的运行里程 D_2 的比值，计算方法如下：

$$P_1 = \frac{D_1 - D_2}{D_2} \times 100\% \quad (1\text{-}5)$$

1.3.2 关键技术指标与测试

纯电动汽车能耗相关的子系统包含车载充电机、电池包、电机及电机控制器、传动系统、车轮、车身及风阻、电子电器。其中，电池包、电机、传动系统和轮边阻力为主要能耗子系统。

1. 各子系统能耗相关参数

汽车各子系统参数及符号见表1-3。标准规定了等速试验方法和 NEDC 工况、C-WTVC 工况的试验方法和数据处理方法。工况通常被描述成 t-v 曲线，而在实际工况中，还应添加坡度数据。

表1-3 汽车各子系统参数及符号

参数名称	符号表示	举例	注释
车轮有效半径 /m	R_{tyre}	0.282	车轮型号：{H/B R}，通常为子午线轮胎。$R_{tyre}=(H×B2+R×25.4)/2×3.04/3.14$
传动比	i_{GB}	7.881	初步选型，一般在 6~12 之间。使用等效率电机 MAP 时，该参数不影响经济性指标设计结果
传动系统效率	η_{tran}	92%	通常为 90%~94% 之间，包括加速器、传动轴等
汽车整备质量 /kg	m_{car}	1090	汽车空载整备质量，参考 GB/T 18386.1—2021 定义
汽车最大载荷质量 /kg	m_{load}	270	汽车最大设计质量 - 汽车整备质量
传动系统等效惯量 /kg	m_{tran}	50	通常使用公式估算：δm_{car}，δ 取值 0.03~0.05
附加质量 /kg	m_{add}	100	附加质量根据 GB/T 18386.1—2021 执行
二次项阻力系数 /[N/(km/h)$^{-2}$]	C	0.0239	与空气阻力系数 C_w、迎风面积 S 相关
一次项阻力系数 /[N/(km/h)$^{-1}$]	B	0	设置传动系统效率时，该项为 0，否则根据经验公式
常数项阻力系数	A	161.8	车轮 - 路面滚动阻力系数 f_0 为 0.01~0.02
电机 MAP（平均效率）	η_{mot}	90%	参考文献《永磁同步电机 MAP 及其外特性研究》
能量回收率	η_{rec}	0.7	实际回收能量与制动能量回到电池端的能量比值
电池包允许放电深度	SOC_{deep}	90%	电池在本工况中能放出的电流除以电池包总容量
电池效率	η_{pack}	98.5%	电池发热导致释放电能和回充电能的平均效率
车载充电机效率	$\eta_{charger}$	96%	车载充电机输出功率与输入功率比值
车身电器平均功率 /kW	P_{ele}	0.15	汽车起动与试验状态各电器的平均功耗

2. 经济性指标设计与校核

汽车以工况（t,v）行驶时，根据牛顿第二定律有如下方程：

$$F = A + Bv + Cv^2 + m_{std}a \quad (1-6)$$

式中 m_{std}——汽车当量质量（kg）。空载时，$m_{std}=m_{car}+m_{tran}$；标准载荷时，$m_{std}=m_{car}+m_{tran}+m_{add}$；满载时，$m_{std}=m_{car}+m_{load}+m_{add}$。

轮边的驱动力需求与车速通过传动系统到达电机输出端，则电机输出转速与转矩见式（1-7）~式（1-9）：

$$n = \frac{vi_{GB}}{3.6R_{tyer}} \times \frac{60}{2\pi} \qquad (1-7)$$

当驱动力 > 0 时，有

$$T = \frac{FR_{tyer}}{i_{GB}\eta_{GB}} \qquad (1-8)$$

当驱动力 <0 时，有

$$T = \frac{FR_{tyer}\eta_{GB}}{i_{GB}} \qquad (1-9)$$

电机输出的功率（kW）为：

$$P_{mot} = \frac{2Tn\pi}{60 \times 1000} \qquad (1-10)$$

电机及电机控制器效率通过转速与转矩查询电机效率为：

$$\eta_{mot} = \mathrm{MAP}(n, T) \qquad (1-11)$$

当电机使用等效平均效率时，η_{mot} 是已知常数。

对于车身电器系统，在不开启空调的情况下，车身电器系统耗电近似为均匀功率消耗，功率为 P_{ele}。

当电池输出功率 P_{mot} >0 时，有

$$P_{pack} = \frac{P_{mot}}{\eta_{mot}} + P_{ele} \qquad (1-12)$$

当 P_{mot} <0 时，有

$$P_{pack} = P_{mot}\eta_{mot} + P_{ele} \qquad (1-13)$$

汽车的综合能量回收效率为 η_{rec}，当启动能量回收时，η_{rec} 是大于 0 的一个参数，当关闭能量回收功能时，η_{rec} 取值为 0。则汽车在行驶一个工况循环中消耗的电池输出能量为：

$$E_{pack} = \int_{P_{pack}>0} P_{pack}\mathrm{d}t + \eta_{rec}\int_{P_{pack}<0} P_{pack}\mathrm{d}t \qquad (1-14)$$

依据电池自身内阻损耗与车载充电机损耗使用等效效率法，则一个工况循环需从电网中获取的能量为：

$$E_{net} = \frac{E_{pack}}{\eta_{pack}\eta_{charger}} \qquad (1-15)$$

在续驶里程指标为 s 的情况，需要的电池包容量为：

$$E_{bat} = E_{net}\frac{s}{\int v\mathrm{d}t} \qquad (1-16)$$

根据式（1-3）校核纯电动汽车的能耗，匀速工况的能量回收贡献率为 0，非匀速工况

根据式（1-5）校核纯电动汽车的制动能量回收贡献率。

3. 设计实例

以某款电动汽车设计参数为例，将设计阶段的电动汽车续驶里程指标分为等速工况续驶里程、NEDC 工况续驶里程和自定义工况续驶里程，提出了三类经济性指标共 8 项，见表 1-4。以标准载荷为设计参考，空载与满载为校核参考，最后设计得出电池包配电量为 23kW·h。

表 1-4　各经济性指标及其达成度

指标类型	工况	指标值	空载	标准载荷	满载	达成度
续驶里程	60km/h 等速	≥ 200km	209km	209km	209km	104%
续驶里程	NEDC	≥ 150km	160km	155km	153km	103%
续驶里程	自定义工况	≥ 150km	156km	151km	148km	100%
能量消耗量	60km/h 等速	≤ 11kW·h/100km	10.5kW·h	10.5kW·h	10.5kW·h	105%
能量消耗量	NEDC	≤ 14 kW·h/100km	13.9kW·h	14.4kW·h	14.6kW·h	97%
能量消耗量	自定义工况	≤ 14.5 kW·h/100km	14.3kW·h	14.8kW·h	15.1kW·h	98%
能量回收贡献率	NEDC	≥ 15%	15.5%	18.0%	19.1%	120%
能量回收贡献率	自定义工况	≥ 15%	15.6%	18.3%	19.6%	122%

4. 试验验证

在整车经济性动力性实验室中，对该设计方案的样车做了实际测试。匹配的电机峰值功率为 43kW，动力蓄电池标称电量为 22.8kW·h。依据标准在底盘测功机上做带制动能量回收的标准 NEDC 工况试验，主要试验结果如下：

1）实测续驶里程为 150.86km。

2）电池剩余 SOC 为 12%。

3）充电电量为 22.4kW·h。

4）能量消耗量为 14.85kW·h/100km。

5）制动能量回收里程贡献率为 16.4%。

6）匀速工况续驶里程 205.3km。

7）匀速工况能量消耗量 9.84kW·h/100km。

试验共执行了 14 个循环，其中第 14 个循环为非完整循环，到达试验停止条件。整个过程电池包主回路放电曲线如图 1-20 所示，包含制动能量回收。设计值与实测值对比见表 1-5。

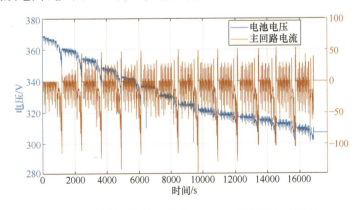

图 1-20　带制动能量回收的 NEDC 工况续驶里程试验

表 1-5 设计值与实测值对比

指标类型	工况	指标值	设计值	实测值	相对误差
续驶里程	NEDC	≥150km	151km	150.86km	0.09%
续驶里程	匀速(60km/h)	≥200km	209km	205.3km	1.77%
能量消耗量	NEDC	≤14.5kW·h/100km	14.4kW·h	14.85kW·h	3.12%
能量消耗量	匀速(60km/h)	≤11kW·h/100km	10.5kW·h	9.84kW·h	5.38%
能量回收贡献率	NEDC	≥15%	18%	16.4%	13.7%

该设计方法除制动能量回收里程贡献率误差较大以外，其余误差均<10%。本模型规避了在设计阶段部分参数难以实测获得的情况，为电池参数选型提供有价值的参考依据。

1.4 实用工具概述

结合本章的内容，设计了一个基于 Excel 的实用工具，开发者定义整车动力性经济性四级目标，导入到相关模型运算后输出设计与校核结果。该工具已申请软件著作权，输入输出界面如图 1-21 所示，可自动生成 Word 版设计报告，有需要的读者可以联系编者。

Verification			Target			Result			
		目标值	变量名	目标类型	是否选择	空载	标准载荷	满载	达成度
能源管理									
1 动力经济性指标									
1.1 动力性:									
加速性能									
0-50km/h(s)		≤4	t_0_50	动力性设计指标	是	3.43	3.62	4.11	110
50-80km/h(s)		≤6	t_50_80	动力性设计指标	是	2.36	2.49	2.83	240
0-100km/h(s)		≤8.55	t_0_100	动力性设计指标	是	8.06	8.52	9.68	100
0-60km/h(s)		≤7	t_x1_x2	动力性设计指标	否				
最大速度									
最高车速(km/h)		≥150	v_max	动力性设计指标	是	150	150	150	100
30分钟最高车速(km/h)		≥150	v_max_30min	动力性设计指标	是	150	150	150	100
爬坡度测试									
最大爬坡度_5km/h (%)		≥30%	climb_5	动力性设计指标	是	49.0%	45.0%	39.0%	150
最大爬坡度_80km/h (%)		≥12%	climb_x1	动力性设计指标	是	33.0%	31.0%	26.0%	258
1.2 经济性:									
不同模式续航里程									
60等速(km)		≥520	s_60	经济性设计指标	是	559	559	559	107
NEDC(km)		≥400	s_NEDC	经济性设计指标	是	405	400	390	100
自定义工况(km)		≥300	s_def1	经济性设计指标	否				
能量消耗率									
60等速 (kW·h/100km)		≤10.5	er_60	经济性校验指标	是	10.9	10.9	10.9	95
NEDC(kW·h/100km)		≤13.5	er_NEDC	经济性校验指标	是	15.1	15.3	15.7	88
自定义工况 (kW·h/100km)		≤11	er_def1	经济性校验指标	否				
制动能量回收里程贡献率									
NEDC工况(%)		≥18%	s_rate_NEDC	经济性校验指标	是	21.3%	22.2%	24.5%	123
自定义工况(%)		≥18%	s_rate_def1	经济性校验指标	否				

图 1-21 动力性经济性设计软件的 Excel 接口

第 2 章 测试工况分析与构建

本章将介绍目前国际上常用的汽车动力性经济性标准测试工况，分析标准工况的驾驶误差，即理论速度 - 时间曲线与实际驾驶曲线的差异。驾驶误差不是热点问题，相关文献很少，但对于设计与分析整车经济性能具有重要参考意义。标准工况与实际试验工况的差异将驾驶员驾驶误差包含在试验精度的影响范畴，以此对仿真技术进行改进，即通过统计抽样的方法，筛选能量消耗量最接近均值的实际驾驶工况样本，将其用于仿真模型分析。

在 CLTC 标准替代 NEDC 标准之际，对相关技术动向影响的分析极为关键。尤其是整车空气动力学、制动能量回收、电驱动系统相关的技术人员，可从工况切换中获得重要的参考信息。随着仿真模型计算能力的提高，可建立实际驾驶中国工况库，通过随机样本法更为精确地模拟试验过程、排除驾驶员引入的误差。

降低风阻措施定制化设计是通过云监控平台对不同用户的工况数据进行挖掘分析，提出各种风阻优化措施，进行成本与收益比较分析，在气动组件的开发选择过程中具有重要的应用价值。制动能量回收措施定制化设计也是通过对不同用户驾驶工况的数据挖掘分析，选择性价比更高的制动能量回收措施。在可预见的未来，随着 CLTC 工况的推广，各主机厂将推动协调式制动能量回收技术的应用，随着智能网联技术的发展，针对客户定制化优化措施将是技术进步趋势。

工况重构是企业工况制定的热点问题，一般的构建方法是依据统计学，采用动态聚类法进行重构。在单速比单电机的架构中，使用本章的方法可以较好地对应实际道路工况，但随着仿真计算能力的提高，基于数据库积累的大样本量随机构建方式将更符合实际用户的驾驶习惯。不同用户的驾驶工况是汽车走向动力系统定制化的重要依据，工况数据库构建与应用将试验过程产生的与标准工况、有偏差的工况以及实际用户群体大数据的工况重构或抽样后，收录在工况数据库中，便于性能开发工程师在仿真阶段使用。所涉及的大数据挖掘与应用技术，不仅可为整车性能开发人员提供参考，也可为智能网联系统及云平台相关人员提供参考。

2.1 标准测试工况介绍

研究汽车行驶工况的目的主要有两个：一是评价某类车辆在某一地区的排放水平和能量消耗；二是为车辆设计的动力匹配提供参考。汽车行驶工况对汽车的动力性经济性参数的设计、开发、验证有着重要的参考意义。不同工况对电动汽车的续驶里程有显著的影响，本节介绍目前国际上常用的 NEDC 工况、FTP75 工况、WLTP 工况以及中国特色的 CLTC 工况。

性能开发工程师在仿真的时候都采用标准工况，但在试验过程中，无论是很有经验的试验员还是稳定的驾驶机器人，都难以让车辆以绝对标准的工况执行试验，因此标准工况与试验工况之间存在跟线误差，标准给定了带宽要求。为了研究清楚驾驶工况对试验结果影响的误差量级，需要进行实验数据各循环的统计分析。由于该偏差不是以标准工况为中心的随机偏差，在改进仿真工况与实际道路试验工况中均可通过理论分析进行等效修正。

2.1.1 NEDC 标准工况

NEDC（New European Driving Cycle）源于欧洲，最新版更新于 1997 年。我国对电动汽车的补贴政策长期以来依据 NEDC 标准工况进行试验并以实测的续驶里程作为准。图 2-1 所示为 NEDC 标准工况的车速-时间曲线，一个完整的 NEDC 工况循环由两部分组成：0—780s 是重复 4 次的市区驾驶循环，每个市区驾驶循环周期为 195s，理论行驶距离为 994.03m，平均车速为 18.35km/h；780—1180s 是 1 个市郊驾驶循环，周期为 400s，理论距离为 6956m，平均车速为 62.6km/h。一个完整的 NEDC 工况循环的驾驶时间为 1180s，理论行驶距离为 10932m，平均车速为 33.35km/h。

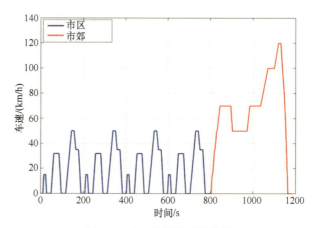

图 2-1　NEDC 标准工况曲线

测试环境温度要求在 20～30℃ 之间，通常在 25℃ 进行测试。在没有风的情况下，可以在平坦的道路上执行这些测试循环。然而为了提高可重复性，测试通常在滚筒测试台上进行。这种类型的工作台配备了一个电机来模拟由于空气动力阻力和车辆质量（惯性）而产生的阻力。风扇与滚轮工作台相连，为车辆进气口提供与当前速度相匹配的气流。与传统的道路测试相比，这种安排在车辆开发过程中可以进行更多的测试。测试是在关闭所有辅助负载（如空调压缩机和风扇、灯、加热后窗等）的情况下进行的。

现有的开发设计技术中，主要使用 ADVISOR、CARSIM 等汽车动力系统设计匹配软件，它们都提供了标准的 NEDC 工况选项。基于标准 NEDC 工况的研究课题繁多，以电动汽车为例，王斌等在《基于循环工况的纯电动汽车驱动电机参数优化》中基于该工况研究电动汽车驱动电机参数优化，罗玉涛等在《基于行驶工况的磷酸铁锂电池寿命模型研究》基于该工况研究磷酸铁锂电池寿命模型，龚贤武等在《轮边电机驱动型电动汽车动力系统参数优化设计》中基于该工况对电动汽车驱动电机的温度场进行分析，王淑旺等在《基于 NEDC 工况的电动汽车驱动电机温度场分析》中基于该工况研究传动系统的参数匹配，尤其是减速器传动比以及车轮型号的选择问题。

通过大量实验，发现标准NEDC工况与实测NEDC工况之间存在特定规律的偏差，整车动力性经济性的实测结果与设计结果之间总是有一些差距。本节通过研究实测NEDC工况与标准NEDC工况之间的差别，发现这些差距其中一项的存在机理，提出一种减少这两者之间差距的修正方法，即用实测的具有代表性的NEDC工况循环代替设计阶段标准NEDC工况循环，测试者依然使用标准NEDC工况进行跟随，并对实验结果误差做出判断，以验证设计阶段的合理性与准确性。

1. 电动汽车NEDC工况续驶里程试验

GB/T 18386.1—2021中规定了电动汽车台架试验续驶里程测试工况选择。

依据试验标准，试验设计与试验资源准备如下。

1）试验地点：动力性经济性实验室。

2）车型参数：当量惯量$m = 2030$kg；常数项阻力系数$A=177.54$N；一次项阻力系数$B=1.5168$N/(km/h)；二次项阻力系数$C=0.0413$N/(km/h)^2。

工况设置：标准NEDC工况；环境温度25℃；环境湿度50%RH。

被测车辆经历25个完整NEDC工况循环，1个非完整NEDC工况循环后试验终止条件到达，总续驶里程280.1km，总耗时8h40min。

2. 标准工况与实际测试 t-v 曲线对比

测试过程将时间-车速数据记录下来，记录频率为1Hz。由于人为因素，实测t-v曲线不可能完全与标准NEDC工况重合。汽车试验过程中允许误差为±1km/h、时间误差为±0.5s。容许在1个循环中错误时间累计时间不超过10s或4次。在本试验中没有发现不合格的循环。

将25个工况的4种类型的循环归类对比，可明显看出实测结果与标准结果之间的关系，如图2-2所示。在多次试验循环中，车速误差围绕这标准工况曲线在允许的误差区域内波动，该误差是微弱的，对于行驶里程来说，其期望与标准工况里程相同。但由于波动引起的加速度变化，对电动汽车动力系统的工作状态的影响，不具备与里程类似的无偏性性质。

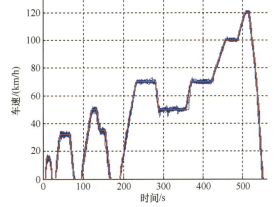

图2-2 NEDC标准工况的设计车速与实测车速

3. 标准工况与实际工况工作谱对比

除了在时域上的测试结果误差规律对比，v-a、v-F、v-P概率密度的对比也可以侧面反映设定值与测试值之间的误差规律。这些误差引起了实测结果与使用标准工况进行仿真的结果之间的误差，具备有偏估计的特性。下面将从v-a、v-F、v-P三个维度观察实测工况与标准工况之间的差别。

（1）标准工况与实际工况 v-a 工作谱对比

对图2-3做粗略分析可得：在车速为0时，实际测试值与设定值一致；匀车速时，车速6σ区域为±2km/h、加速度的6σ区域为±0.2m/s^2；在匀加速/匀减速段时，车速6σ区域为±3.5km/h、加速度的6σ区域为±0.35m/s^2。

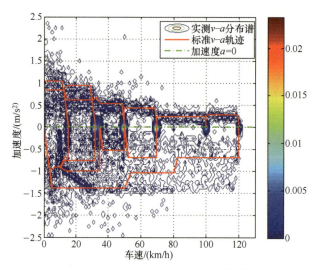

图 2-3　标准工况与实际工况 v-a 工作谱对比

（2）标准工况与实际工况 v-F 工作谱对比

根据汽车受力平衡分析，可知汽车驱动力计算公式为

$$F = A + Bv + Cv^2 + ma \tag{2-1}$$

由此式计算汽车驱动力 F，可以绘制汽车的 v-F 工作谱。由该工作谱分析，汽车工作区域偏离不再围绕 F=0 上下波动，高密度区域偏离了 0 点非线性向上移动。这是导致实测汽车续驶里程与使用标准工况设计的续驶里程有差别，而且该差别呈现一定方向性的原因。

（3）标准工况与实际工况 v-P 工作谱对比

通过 v-F 曲线观察汽车能量消耗量的试验与理论值之间的偏差还不够明显，能量是功率在时间上的积分，因此，通过对比分析 v-P 工作谱，能更清晰地看出理论与实际之间的偏差。图 2-4 是标准工况与实际工况 v-P 概率密度对比，可以看出 P = 0 以上的部分实测与标准轨迹的偏差明显呈非线性分布。

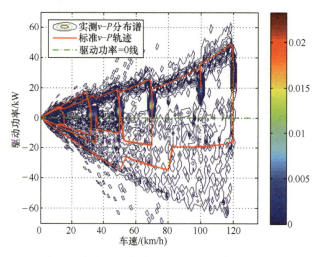

图 2-4　标准工况与实际工况 v-P 概率密度对比

4. 能量消耗量对比分析

工况试验对于汽车设计来说，最重要的意义是优化动力系统配置以满足目标的能量消耗量。因此，对于工况跟随的试验，需要做里程及能耗方面的对比分析。前面定性地说明了实测工况与标准工况的偏差及其原理，下面将定量描述两者之间的差别。

已知某组工况（t, v, a），由式（2-1）可计算得 F。通过以下各式可获得该工况下行驶总里程 s、驱动能量 E_{drive}、可回收能量 E_{recovery}、百公里能量消耗量 $E_{\text{consumption}}$。

$$s = \int_t v \mathrm{d}t \tag{2-2}$$

$$E_{\text{drive}} = \int_{t,F>0} Fv \mathrm{d}t \tag{2-3}$$

$$E_{\text{recovery}} = \int_{t,F<0} Fv \mathrm{d}t \tag{2-4}$$

$$E_{\text{consumption}} = \frac{\left(E_{\text{drive}} + 0.4 E_{\text{recovery}}\right)}{s} \times 100 \tag{2-5}$$

在实验室中测其续驶里程，总共执行进行了 25 个完整 NEDC 工况循环，第 26 个循环未进行完全时车辆达到停止试验条件。将每个循环单独做如上计算，获得 25 组数据。计算统计量里程、驱动能量、反馈能量、能耗结果见表 2-1。

记每一组的被测量为 X_i，$i = 1, 2, 3, \cdots, 25$，则均值 $\bar{X}$、标准差 S、相对偏差 RSD、偏差量 Δ 的计算方式如下：

$$\bar{X} = \frac{1}{25} \sum_{i=1}^{25} X_i \tag{2-6}$$

$$S = \sqrt{\frac{1}{25} \sum_{i=1}^{25} (X_i - \bar{X})^2} \tag{2-7}$$

$$\text{RSD} = \frac{X_0 - \bar{X}}{\bar{X}} \times 100\% \tag{2-8}$$

$$\Delta = \frac{X_0 - \bar{X}}{S} \tag{2-9}$$

式中　X_0——NEDC 工况对应的计算值。

将 25 个实测 NEDC 工况求均值与标准差，并与标准工况做对比，获得的结果见表 2-2。其中相对偏差定义为标准工况相对于实测均值的偏差，偏差量是实测标准差与绝对偏差的比值。

由偏差可知，实测的里程偏差与反馈能量偏差在 ±3σ 范围之内，可以认为是无偏估计。但驱动能量和百公里能耗超过了 ±3σ，驱动能量是 -3.502σ，百公里能耗是 -4.171σ。由此可以判定，仿真设计值如果使用标准 NEDC 工况获得百公里能耗参数，则实测值将比仿真值大，该概率超过 99.97%。如果使用标准 NEDC 工况仿真，而使用标准 NEDC 工况跟随法测试，则测试结果乘以 96.29% 来校验仿真设计结果，即理论结果比实际测试结果少 3.71%。

表 2-1　NEDC 工况试验数据分析

序号	里程 /km	驱动能量 /kW·h	反馈能量 /kW·h	能耗 /（kW·h/100km）
1	10.934	1.938	−0.497	15.904
2	10.917	1.965	−0.534	16.042
3	10.915	1.964	−0.540	16.016
4	10.869	2.017	−0.635	16.222
5	10.860	1.972	−0.554	16.116
6	10.840	1.944	−0.561	15.867
7	10.913	1.942	−0.500	15.965
8	10.899	1.953	−0.526	15.991
9	10.922	1.938	−0.522	15.838
10	10.806	1.933	−0.534	15.917
11	10.943	1.965	−0.524	16.046
12	10.925	1.975	−0.552	16.061
13	10.936	1.966	−0.577	15.864
14	10.863	1.940	−0.539	15.868
15	10.908	1.935	−0.541	15.753
16	10.825	1.934	−0.514	15.964
17	10.859	1.923	−0.517	15.801
18	10.955	1.966	−0.518	16.058
19	10.864	1.963	−0.520	16.151
20	10.872	1.903	−0.519	15.594
21	10.898	1.939	−0.551	15.768
22	10.884	1.923	−0.513	15.783
23	10.972	1.969	−0.574	15.848
24	10.903	1.947	−0.539	15.883
25	10.901	1.953	−0.538	15.943

表 2-2　NEDC 工况理论与实测结果对比

性能指标	理论结果	实测均值	实测标准差	相对偏差	偏差量 /σ
里程 /km	10.932	10.895	0.0408	−0.61%	−1.642
驱动能量 /kW·h	1.8712	1.9507	0.0227	−4.08%	−3.502
反馈能量 /kW·h	−0.5253	−0.5374	0.0288	−2.25%	0.420
能耗 /（kW·h/100km）	15.34	15.93	0.14	−3.71%	−4.171

5. 典型试验工况的提取

由前面分析可知，实测与仿真之间对能耗的实测值存在显著偏差，在本试验中的偏差量高达 −4.171σ。可以选择在试验之后做修正以验证设计合理性与精确性，也可以选择设计时提前考虑到这方面的偏差，对试验结果进行预测。在设计仿真的过程中，使用乘以一个系数的方法预测试验结果是可行的。但是，对动力系统匹配、汽车温度场研究、动力蓄电池工作状态研究等都使用不同的系数就不方便了。为此，需要选择一种与实测结果接近的工况数据，作为仿真阶段标准 NEDC 工况的替代工况。这样的工况有很多种解，例如可以选择对标准的 NEDC 工况稍作增大处理以适应实测偏差，但不同的车型会遇到修正系数不同的困难。建议使用在前面 25 组 NEDC 工况中，能耗最接近平均值的工况作为典型试验工况，该工况应用对动力系统的设计与研究，将更接近于试验实测结果。经分析，第 25 个循环工况为最接近平均能耗的工况。

综上所述，目前中国统一采用 NEDC 综合工况作为官方公布的各类型电动汽车的续驶里程，其意义是选定一种公认的方法让所有电动汽车企业可以横向比较。该工况也被用于动力性经济性设计、动力系统研究中。研究发现，实测 NEDC 工况里程与标准里程之间无显著性差异，但能耗系数差异显著，实测均值与理论值偏差量超过 4σ。设计仿真阶段使用实测中提取的最有代表性的工况将可修正能耗偏差，同时也可修正各类参数匹配与电机电池工作状态的偏差。

2.1.2 FTP75 标准工况

FTP75（Federal Test Procedure）是美国能源署颁布的用于测试乘用车在市区工况的经济性和排放的标准，最近于 2008 年做了更新。图 2-5 所示为 FTP75 标准工况的车速-时间曲线，一个完整的 FTP75 工况循环由 3 部分组成：0~505s 是冷起动瞬态阶段，环境温度要求在 20~30℃之间；505~1369s 是稳态阶段；1369~1874s 是热起动瞬态阶段，是在稳态阶段结束后车辆静止 10min 再开始的，其车速时间表与第一阶段相同。一个完整的 FTP75 工况循环的驾驶时间为 1874s，理论行驶距离 11.04miles（17.77km），平均车速 21.2mile/h（34.12km/h），最高车速 56.7mile/h（91.25km/h）。

美国能源署根据 FTP75 标准工况对电动汽车的续驶里程进行评级的方式如下：先给车充满电并将其停放过夜，第二天早上将车置于测功机上，经过多个模拟的城市和高速公路行驶循环，直到电量耗尽，汽车无法再行驶。完成测试周期后，将初步测得的续驶里程乘以 0.7，作为所测试车辆的最终评级。由于在美国 FTP75 标准工况可以更好地模拟电动汽车的实际使用情况，依据该方法测得的经济性评级被认为是最准确的。

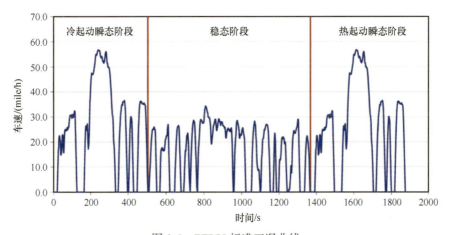

图 2-5 FTP75 标准工况曲线

一个训练有素的驾驶员按照给定的速度模式驾驶时,不可避免地会出现速度偏差。考虑到这一点,每种标准工况分别设置了行驶循环速度模式的上限和下限,这些限制将导致官方测试认可的汽车经济性出现一定偏差。

图 2-6 所示为 FTP75 标准工况许可的车速偏差范围,图 2-6a 所示为车辆处于连续 2s 以上加速或减速状态,图 2-6b 所示为车辆处于峰值速度状态。在任一时刻,车速偏差要在 ±2.0mph(3.2km/h)以内。

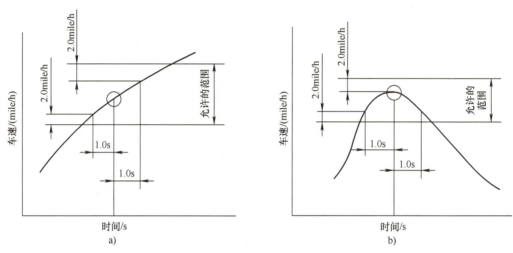

图 2-6　FTP75 标准工况车速偏差允许范围
a)加速或减速状态　b)峰值速度状态

在 Wi 和 Park 的研究报告中,7 台配置不同的车辆分别由不同的驾驶员操作,按照 FTP75 标准工况进行测试,对每一台车辆完整工况循环的实际车速与目标车速的偏差做均方根处理,发现车速偏差均方根在 0.685~1.332km/h 之间。图 2-7 所示为 0~505s 冷起动瞬态阶段的车速偏差。

2.1.3　WLTP 标准工况

WLTP(Worldwide Harmonised Light Vehicles Test Procedure)是联合国欧洲经济委员会开发的用于测试传统燃油汽车和混合动力汽车排放和经济性以及纯电动汽车续驶里程的国际标准,最新版本于 2015 年发布,被欧盟、美国、日本、中国等众多国家或地区采用。WLTP 标准工况除了更接近实际道路驾驶条件以外,还旨在国际层面协调测评方法,并在全球市场上建立平等的竞争环境。目前,NEDC 标准工况逐步被 WLTP 标准工况取代,欧盟成员国及瑞士、挪威、土耳其、

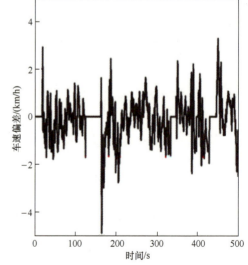

图 2-7　FTP75 标准工况实际车速速偏差示例

冰岛等国家于 2019 年完成切换。

WLTP 根据发动机或电机的功率与车重的比值 PWr（W/kg）将车辆分为 3 类，规定每类车辆使用不同的测试循环。电动汽车都被划归于第 3 类车辆，这里只介绍和分析适用于第 3 类车辆的测试循环。如图 2-8 所示，一个完整的测试循环由低速、中速、高速、超高速 4 个阶段组成，总共历时 1800s，其中怠速时间 235s、行程 23266m、平均车速 46.5km/h、最高车速 131.3km/h。每个速度阶段工况曲线的统计特征见表 2-3。

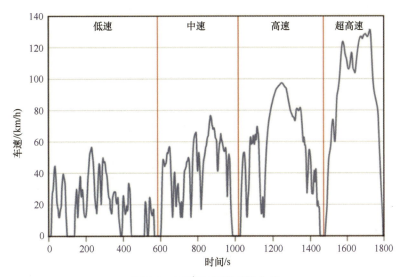

图 2-8　WLTP 标准工况曲线

表 2-3　WLTP 工况曲线统计特征

参数	低速	中速	高速	超高速	总计
持续时间 /s	589	433	455	323	1800
停驶时间 /s	150	49	31	8	235
距离 /m	3095	4756	7162	8254	23267
停驶百分比	26.5%	11.1%	6.8%	2.2%	13.4%
最高车速 /km/h	56.5	76.6	97.4	131.3	
平均车速（不包括停车）/（km/h）	25.3	44.5	60.7	94.0	53.5
平均车速（包括停车）/（km/h）	18.9	39.4	56.5	91.7	46.5
最小加速度 /（m/s^2）	−1.5	−1.5	−1.5	−1.44	
最大加速度 /（m/s^2）	1.611	1.611	1.666	1.055	

采用与 NEDC 工况相似的分析方法，在底盘测功机上测试某款车辆，选取其中完整的 25 个循环的数据见表 2-4，统计结果见表 2-5。WLTP 工况相对于 NEDC 工况，行驶里程的结果相差是相似的，这是实际车速围绕标准工况车速上下波动，正负相抵。但加速和减速的波动会比标准工况更剧烈，从而增加整车能耗。最终实测的能耗值比仿真阶段的标准工况能耗值要偏高 5.15%。

表 2-4 WLTP 工况试验数据分析

序号	里程 /km	驱动能量 /kW·h	反馈能量 /kW·h	能耗 /(kW·h/100km)
1	23.274	4.477	−1.389	16.849
2	23.320	4.509	−1.401	16.932
3	23.234	4.399	−1.317	16.665
4	23.252	4.387	−1.309	16.615
5	23.250	4.388	−1.302	16.633
6	23.373	4.514	−1.408	16.905
7	23.414	4.533	−1.414	16.945
8	23.313	4.544	−1.451	17.001
9	23.387	4.618	−1.503	17.175
10	23.219	4.608	−1.515	17.233
11	23.220	4.439	−1.363	16.766
12	23.189	4.376	−1.307	16.615
13	23.202	4.383	−1.309	16.632
14	23.220	4.398	−1.318	16.670
15	23.313	4.741	−1.624	17.550
16	23.400	4.575	−1.458	17.061
17	23.277	4.597	−1.506	17.161
18	23.339	4.541	−1.439	16.989
19	23.281	4.403	−1.316	16.648
20	23.157	4.466	−1.407	16.853
21	23.188	4.466	−1.395	16.855
22	23.212	4.433	−1.367	16.744
23	23.221	4.498	−1.413	16.935
24	23.169	4.580	−1.506	17.166
25	23.159	4.659	−1.581	17.386

表 2-5 WLTP 工况理论与实测结果对比

	理论结果	实测均值	实测标准差	相对偏差	偏差量 /σ
里程 /km	23.264	23.263	0.07641	0.00%	−0.0075
驱动能量 /kW·h	4.293	4.501	0.098122	4.85%	2.1204
反馈能量 /kW·h	−1.374	−1.413	0.089337	2.81%	−0.4324
能耗 /(kW·h/100km)	16.091	16.919	0.254015	5.15%	3.2603

2.1.4 CLTC 标准工况

CLTC（China Light-Duty Vehicles Test Cycle）是中国工业和信息化部委托中国汽车技术研究中心牵头组织开发的适用于中国道路交通状况及驾驶习惯的轻型汽车行驶工况标准，于 2019 年 10 月发布，2020 年 5 月开始实施。该标准细分为中国乘用车行驶工况 CLTC-P 和中国轻型商用车行驶工况 CLTC-C，这里主要介绍 CLTC-P。

如图 2-9 所示，一个完整的 CLTC-P 测试循环由低速、中速、高速 3 个速度区间组成，时长共计 1800s、总里程为 14480m、最大速度为 114km/h、平均速度为 28.96km/h。工况曲线总体及各部的统计特征见表2-6。

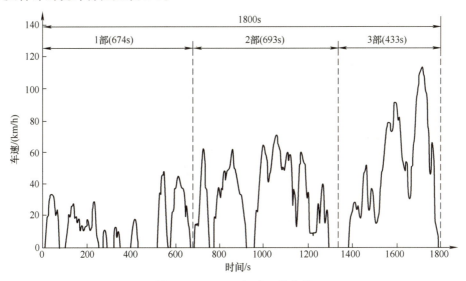

图 2-9　CLTC-P 标准工况曲线

表 2-6　CLTC-P 工况曲线统计特征

特征	总体	1 部	2 部	3 部
运行时间 /s	1800	674	693	433
里程 /km	14.48	2.45	5.91	6.12
最大速度 /(km/h)	11400	48.10	71.20	114.00
最大加速度 /(m/s²)	1.47	1.47	1.44	1.06
最大减速度 /(m/s²)	−1.47	−1.42	−1.47	−1.46
平均速度 /(km/h)	28.96	13.09	30.68	50.90
运行平均速度 /(km/h)	37.18	20.20	38.24	53.89
加速段平均加速度 /(m/s²)	0.45	0.42	0.46	0.46
减速段平均减速度 /(m/s²)	−0.49	−0.45	−0.50	−0.54
相对正加速度 /(m/s²)	0.17	0.14	0.16	0.18
加速比例（%）	28.78	22.55	30.45	35.80
减速比例（%）	26.44	21.51	28.43	30.95
匀速比例（%）	22.67	20.77	21.36	27.71
怠速比例（%）	22.11	35.16	19.77	5.54

CLTC-P 工况的可操作性是通过对比测试车辆在循环工况下的实际运行速度与工况设定速度的差异进行验证的。标准起草单位基于 GB 18352.6—2016，对偏差超过 ±2km/h 的次数和持续时间进行统计，判断试验车辆在中国工况循环下的速度跟随特性。图 2-10 所示为某车型在中国工况循环下的速度跟随情况，由图可知，该车的速度偏差均在允许的偏差

范围内，车辆能正常跟随中国工况循环曲线。

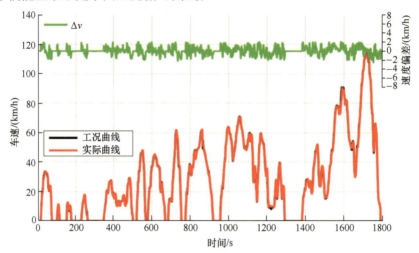

图 2-10　某车型的实际驾驶曲线和 CLTC-P 工况曲线及速度偏差

采用与 NEDC 工况相似的分析方法，在底盘测功机上测试某款车辆，选取其中完整的 25 个循环的数据，见表 2-7，统计结果见表 2-8。最终实测的能耗值比仿真阶段的标准工况能耗值要偏高 6.38%。随着数字孪生技术的应用，实测工况数据将回注仿真模型，从而提高仿真结果准确性。

表 2-7　CLTC 工况试验数据分析

序号	里程 /km	驱动能量 /kW·h	反馈能量 /kW·h	能耗 /（kW·h/100km）
1	14.391	2.333	−1.121	13.095
2	14.347	2.290	−1.083	12.942
3	14.305	2.291	−1.088	12.970
4	14.380	2.313	−1.098	13.033
5	14.419	2.411	−1.198	13.402
6	14.446	2.395	−1.171	13.336
7	14.457	2.481	−1.262	13.671
8	14.503	2.457	−1.232	13.545
9	14.516	2.456	−1.231	13.524
10	14.525	2.427	−1.196	13.418
11	14.513	2.414	−1.189	13.353
12	14.504	2.342	−1.120	13.058
13	14.600	2.414	−1.178	13.307
14	14.434	2.337	−1.117	13.095
15	14.431	2.299	−1.085	12.927
16	14.461	2.337	−1.117	13.069
17	14.394	2.303	−1.089	12.977
18	14.533	2.533	−1.305	13.840
19	14.544	2.531	−1.297	13.837
20	14.552	2.410	−1.175	13.330

（续）

序号	里程 /km	驱动能量 /kW·h	反馈能量 /kW·h	能耗 /（kW·h/100km）
21	14.521	2.399	−1.171	13.295
22	14.610	2.537	−1.293	13.826
23	14.496	2.694	−1.457	14.563
24	14.495	2.313	−1.085	12.964
25	14.468	2.378	−1.152	13.250

表 2-8 CLTC 工况理论与实测结果对比

	理论结果	实测均值	实测标准差	相对偏差	偏差量 /σ
里程 /km	14.478	14.474	0.075	−0.03%	−0.0593
驱动能量 /kW·h	2.220	2.404	0.098	8.26%	1.8778
反馈能量 /kW·h	−1.011	−1.180	0.091	16.81%	−1.8688
能耗 /（kW·h/100km）	12.545	13.345	0.384	6.38%	2.0837

关于标准工况的研究，部分学者建议将坡道引入其中，密歇根大学提出了包含坡度信息的高精度驾驶循环。随着节能开发工作越来越细化，智能车联网技术越来越普及，环境温度、风速等信息也有可能被引入到工况中。如果说中国工况的推出已经赶上了欧美的步伐，那么将其他信息引入工况中，则是在做较为前沿的技术探索。

2.2 各标准工况下的能耗统计特征分析

整车企业的性能集成经理和售后服务人员都希望了解不同城市、不同用户的工况差异，性能集成经理还经常要对比不同标准工况的差异。当前标准工况的分析是依据怠速时长、平均速度、平均加速度、平均减速度等特征参数提取工况特征，而这些特征间接与能耗相关，如果能提炼与能耗直接相关的特征数据，对于开发者掌握工况之间的差异、针对性地采取优化措施、完善用户画像都很有帮助。

得益于大数据技术的发展，各企业已经有能力获取客户实际使用工况。对工况特征的提取、分析并应用于定制化设计，将是各企业技术角逐的新战场。为了基于汽车行驶工况更合理地设计车辆动力系统，需要对汽车行驶工况能耗相关统计特征值进行提取。

本节针对纯电动汽车最关心的统计特征，对各标准工况及当前主要统计特征进行分析对比，基于能量消耗量计算原理推导出风阻强度系数与制动能量回收强度系数，结合各标准工况、典型工况与实际采集的企业工况提取并对比这两个特征值，建议主机厂根据实际用户特征定制化设计车辆风阻系数及制动能量回收策略。

1. 各标准工况主要统计特征对比

上一节介绍了 NEDC、FTP75、WLTP 和 CLTC-P 标准工况。标准工况通常使用动态聚类法进行重构，聚类对象是依据速度片段的各种数据特征进行的。各工况主要通过以下 8 个统计特征区分：平均速度、运行平均速度、平均加速度、平均减速度、加速比例、减速比例、匀速比例、怠速比例。这些标准工况的数据特征对比见表 2-9。

表2-9 标准工况数据特征比较

工况	平均速度/(km/h)	运行平均速度/(km/h)	平均加速度/(m/s²)	平均减速度/(m/s²)	加速比例(%)	减速比例(%)	匀速比例(%)	急速比例(%)
NEDC	33.6	43.5	0.53	−0.75	23.2	16.6	37.5	22.6
FTP75	33.9	40.9	0.62	−0.71	31.1	27.1	24.7	17.2
WLTC	46.4	53.2	0.53	−0.58	30.9	28.6	27.8	12.7
CLTC-P	28.96	37.18	0.45	−0.49	28.61	26.44	22.83	22.11

2. 能耗相关的工况数据特征推导

表2-9中的8个特征并不能直接反映该工况对车辆能量消耗量的影响特性，尤其是对于纯电动汽车来说，机械损耗占比高达60%~70%，空气阻力与制动能量回收优化需要从工况中提取更直观的数据特征。

（1）空气阻力强度系数

牛顿于1726年应用力学原理和演绎方法得出结论：在空气中运动的物体所受的力，正比于物体运动速度的平方和物体的特征面积以及空气的密度。汽车行驶风阻的计算可沿用该模型，若某汽车迎风面积为S、风阻系数为C_d，则速度为v时受到的空气阻力F为

$$F = \frac{1}{2} C_d \rho S v^2 \qquad (2\text{-}10)$$

式中　F——空气阻力（N）；
　　　C_d——空气阻力系数；
　　　ρ——空气密度（kg/m³）；
　　　S——迎风面积（m²）；
　　　v——车速（m/s）。

某典型工况下采集的速度序列为$\{(t_i, v_i)|i=1,2,3,\cdots,n\}$，则因风阻产生的百公里能量消耗量计算如下：

$$E_w = \frac{\sum_{i=1}^{n} F_i v_i \mathrm{d}t_i}{\sum_{i=1}^{n} v_i \mathrm{d}t_i} \times \frac{1}{36} \qquad (2\text{-}11)$$

式中　E_w——百公里能量消耗量（kW·h/100km）。

将式（2-10）代入式（2-11）中，化简得

$$E_w = \frac{1}{2} C_d \rho S \frac{\sum_{i=1}^{n} v_i^3 \mathrm{d}t_i}{\sum_{i=1}^{n} v_i \mathrm{d}t_i} \times \frac{1}{36} \qquad (2\text{-}12)$$

排除车辆的迎风面积与空气阻力系数的影响，定义空气阻力强度系数如下：

$$C_{\text{ARS}} = \frac{1}{2}\rho_0 \frac{\sum_{i=1}^{n} v_i^3 \mathrm{d}t_i}{\sum_{i=1}^{n} v_i \mathrm{d}t_i} \times \frac{1}{36} \quad (2\text{-}13)$$

式中　ρ_0——标准状态下空气密度（1.29kg/m³）；

C_{ARS}——空气阻力强度系数 [kW·h/(100km·m²)]。

将速度量纲调整为 km/h，获得空气阻力强度系数量纲为 kW·h/(100km·m²)。两个 CLTC-P 工况循环的空气阻力强度系数按式（2-13）计算，结果如图 2-11 所示。由于式（2-13）是包含全部数据段的累计结果，第一个循环和第二个循环过程的系数有明显区别，但是两个循环结束时刻的系数是相同的，而且随着工况循环次数增多，曲线趋近收敛。

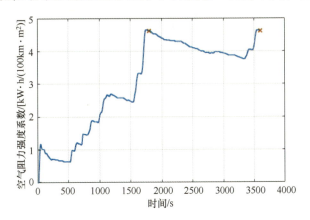

图 2-11　两个 CLTC-P 工况循环的空气阻力强度系数

（2）制动能量回收强度系数

为排除道路阻力系数对制动能量回收强度的影响判定，将有速度下降的过程均视为能量回收过程，即两个相连接速度序列 v_i、v_{i+1}，$i = 1, 2, 3, \cdots, n-1$；当 $v_i > v_{i+1}$ 时，视为有能量回收，所回收的能量为

$$E_{\text{regen}i} = \begin{cases} \frac{1}{2}mv_i^2 - \frac{1}{2}mv_{i+1}^2, & (v_i > v_{i+1}) \\ 0, & (v_i \leq v_{i+1}) \end{cases} \quad (2\text{-}14)$$

式中　$E_{\text{regen}i}$——可回收动能（J）；

v_i——车速（m/s）；

m——汽车质量（kg）。

百公里回收能量为

$$E_{\text{regen}} = \frac{\sum_{i=1}^{n-1} E_{\text{regen}i}}{\sum_{i=1}^{n} v_i \mathrm{d}t_i} \times \frac{1}{36} \quad (2\text{-}15)$$

式中　E_{regen}——百公里可回收动能（kW·h/100km）。

排除车辆当量惯量对该值的影响,定义工况的制动能量回收强度为

$$C_{\text{BRS}} = \frac{\sum_{i=1, v_i > v_{i+1}}^{n-1}(v_i^2 - v_{i+1}^2)}{2\sum_i^n v_i \text{d}t_i} \times \frac{1000}{36} \tag{2-16}$$

式中　C_{BRS}——制动能量回收强度系数 [kW·h/(100km·t)]。

将速度单位进行调整,获得制动能量回收强度系数单位为 kW·h/(100km·t)。两个 CLTC-P 工况循环的制动能量回收强度系数按式(2-16)计算,结果如图 2-12 所示。与式(2-13)类似,式(2-16)也是包含全部数据段的累计结果,虽然两个循环过程的系数有明显区别,但是结束时刻的值是相同的,而且随着循环次数增多而收敛。

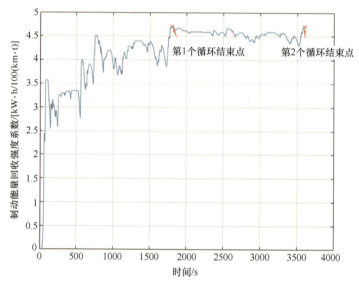

图 2-12　两个 CLTC-P 工况循环的制动能量回收强度系数

(3) 其他统计特征值对能耗影响辨析

根据汽车阻力模型可知,常数项阻力引起的损耗跟工况无关,仅与行驶里程相关,因此不作为工况的统计量特征提取。一次项系数仅与速度成正比,因此仅引入平均速度参数即可。对于纯电动汽车而言,怠速占比并不具备较强的参考意义,怠速状态下电动汽车的能量消耗主要是低压用电器,行驶状态下该部分变化也较小,因此认为低压用电器百公里能耗仅与平均车速相关。峰值加速度等参数与动力匹配相关,对经济性的影响不做重点分析。

3. 各类工况风阻强度及制动强度统计特征值对比

除了法规规定的标准工况以外,各主机厂也在积极制订自己的企业工况。合众新能源汽车有限公司在浙江省桐乡市庆丰路采集了市区工况,二环路采集了市郊工况。将实测企业工况与 NEDC 工况、FTP75 工况、WLTP 工况、CLTC-P 工况、等速 60km/h 工况、等速 80km/h 工况和等速 100km/h 工况的空气阻力强度系数与制动能量回收强度系数对比,见表 2-10。

表 2-10　各工况空气阻力强度系数与制动能量回收强度系数对比

工况	空气阻力强度系数 /[kW·h/(100km·m²)]	制动能量回收强度系数 /[kW·h/(100km·t)]
桐乡庆丰路工况	2.43	5.05
桐乡二环路工况	6.09	4.93
NEDC	6.11	3.15
FTP75	4.31	4.80
WLTC	8.73	4.19
CLTC-P	4.62	4.70
等速 60km/h	4.69	0
等速 80km/h	8.34	0
等速 100km/h	13.03	0

由表 2-10 可知，CLTC-P 工况与 NEDC 工况比较，空气阻力强度降低了 24.39%，制动能量回收强度提高了 49.21%；CLTC-P 工况与 FTP75 工况的空气阻力强度与制动能量回收强度都较接近。

4. 统计特征值在能耗优化措施中的应用

采用大数据技术能获取特定用户的驾驶工况数据并提取出数字特征，可以针对特定用户量身定制更符合其节能经济的降能耗措施与方案。降低车辆空气阻力的主要措施有隐藏式门把手、主动进气格栅、尖头式造型、扰流尾翼等，提高车辆制动能量回收率的主要措施有增加协调式制动能量回收策略、选用低拖滞力矩制动卡钳、提高电池高压段制动能量回收能力、降低最低能量回收车速等。不同措施对应着不同的成本，在不同工况下的收益是不一样的，需要比较各措施成本与收益而最终决策。从 WLTP 工况与 CLTC-P 工况可知，我国实际情况将更偏向于提升车辆的制动能量回收性能，对于风阻的优化则放在相对次要的位置。

2.3　基于等效能耗原理的工况重构算法

针对不同城市和不同用户群体，高效存储工况片段有多种方案。采用提取关键特征后开展聚类分析寻找典型片段是一种方案，而采用等效能耗的方法重构速度快，可结合云平台实时更新不同城市的工况重构结果，便于定制化仿真分析模型调用。

汽车行驶工况对汽车动力性经济性的设计开发有重要参考意义，不同工况对电动汽车的续驶里程有非常显著的影响。汽车动力系统设计的过程中，需要给定用户的典型工况作为设计的输入。动力系统的匹配效率、汽车能耗的设计均与工况有关。如果工况选择不合理，将会导致匹配工作与实际情况存在较大偏差。在互联网与大数据时代，能够获得海量的客户驾驶工况数据，如何使用一种有效的算法将实际行驶路况数据重构成典型工况，是一个具有重要意义的研究课题。

为了研究不同城市的工况特点，张锐等在《城市道路汽车行驶工况的构建与研究》中使用极大似然估计法与马尔可夫链相结合的方法构建工况，姜平等在《基于小波分析的城市道路行驶工况构建的研究》中采用离散小波变换的多分辨信号分解算法对汽车行驶工况进行构建，石琴等在《基于运动学片段的城市道路行驶工况的研究》中采用主成分分析法对运动学片段进行降维处理，接着利用 K 均值聚类技术对其进行分类，是一种典型的统计构建道路工况的方法。

随着智能网联汽车技术的发展，收集与统计大量汽车的实际行驶工况变得简单易行，基于大数据分析可以快速逆向生成工况。依据实际道路行驶工况和等效能耗的原则，通过工况重构算法快速精确地生成实际工况近似的等效工况的技术，可应用于智能网联汽车中的个性化动力系统设计与个性化续驶里程预测。

1. 汽车实路工况获取

汽车实路工况是指在实际道路上行驶的 t-v 曲线。通常不同城市、不同路段、甚至不同的驾驶员，都有各自独特的实路工况。汽车制造商获取实路工况的方法通常有试验法和用户数据采集方法。随着智能网联汽车技术的发展，结合大数据与人工智能技术，汽车制造商获取工况的主要途径将逐渐由以试验为主转为从用户处获取信息为主。

本节介绍的工况构建算法，在应用上与大数据技术一起完成，但在开发与测试时的数据是通过试验获得。以车型为例，在浙江省桐乡市二环路做耐久试验的过程中使用 V-Box 采集的 t-v 数据如图 2-13 所示。

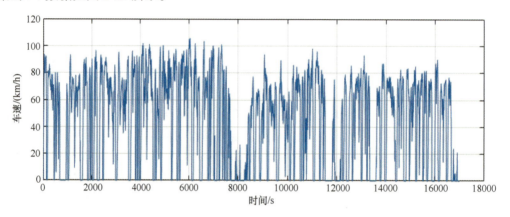

图 2-13 浙江省桐乡市二环路工况

2. 概率密度谱与工况构建

不同的行驶工况对应汽车不同的能量消耗量，电动汽车的能耗量通常用百公里耗电量来描述。电动汽车的续驶里程及能量消耗量是制约电动汽车发展的关键参数。以汽车行驶实际工况为原始数据的工况重构法的步骤为：首先，根据 v-a 概率密度谱，获取汽车不同车速和加速度在实际工况的分布情况；其次，将工况密度网格化，近似成匀加速、匀减速、匀速等方格区域；接着，使用匀加速、匀减速原理，获取汽车在车速不为 0，加速度不为 0 的情况下各工况的加减速时间矩阵；然后，将概率密度矩阵与减速时间矩阵相除，通过修整与补正原理，获取加减速段的段数；最后，通过修整后的段数矩阵，逆向构建出适合于试验使用的 NEDC 工况循环。

（1）v-a 概率密度谱

如果车上有加速度传感器，则直接读取加速度传感器的值，可以获得更精确结果。如果没有加速度传感器，则将采集到的 t-v 曲线做滤波处理，滤波处理后再通过数值微分获得加速度 a。(v, a) 点对的分布直接影响电机的工作区域。因此，将该采样中的 (v, a) 点对做统计分析，得到如图 2-14 所示的 v-a 概率密度谱。

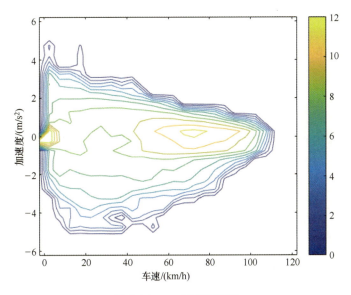

图 2-14 v-a 概率密度谱

图中，将 (v, a) 分割为一个矩阵，加速度范围为 $-6.5 \sim 6.5 \text{m/s}^2$，速度范围为 $0 \sim 125 \text{km/h}$。速度统计分组间隔为 10km/h，加速度统计分组间隔为 1m/s^2，获得矩阵 $\boldsymbol{Z}$。

$$\boldsymbol{Z} = \begin{pmatrix} 0 & 0 & 0 & 0 & 0 & 0 & 0 & 0 & 0 & 0 & 0 & 0 & 0 \\ 0 & 27 & 46 & 59 & 29 & 11 & 0 & 0 & 0 & 0 & 0 & 0 & 0 \\ 0 & 63 & 433 & 171 & 144 & 105 & 38 & 0 & 0 & 0 & 0 & 0 & 0 \\ 36 & 874 & 1695 & 2537 & 1831 & 843 & 455 & 320 & 68 & 0 & 0 & 0 & 0 \\ 951 & 4595 & 4801 & 5248 & 4649 & 4928 & 3640 & 2240 & 830 & 72 & 0 & 0 & 0 \\ 1227 & 9567 & 10245 & 7795 & 13605 & 22845 & 34894 & 38815 & 28969 & 15158 & 3494 & 14 & 0 \\ 440114 & 460009 & 12832 & 9918 & 16130 & 63884 & 106919 & 247374 & 173849 & 110528 & 26752 & 278 & 0 \\ 3249 & 11603 & 15048 & 16061 & 20817 & 29481 & 34510 & 23769 & 13465 & 3878 & 452 & 0 & 0 \\ 1794 & 4556 & 4952 & 4677 & 3065 & 1546 & 316 & 0 & 0 & 0 & 0 & 0 & 0 \\ 1751 & 785 & 256 & 64 & 48 & 0 & 0 & 0 & 0 & 0 & 0 & 0 & 0 \\ 46 & 0 & 8 & 0 & 0 & 0 & 0 & 0 & 0 & 0 & 0 & 0 & 0 \\ 9 & 0 & 3 & 0 & 0 & 0 & 0 & 0 & 0 & 0 & 0 & 0 & 0 \\ 0 & 0 & 0 & 0 & 0 & 0 & 0 & 0 & 0 & 0 & 0 & 0 & 0 \end{pmatrix}$$

（2）匀加减速段时间

矩阵 $\boldsymbol{Z}$ 中的各网格 v-a 区间数量即为汽车在该区域的工作时长。如果将汽车的工作状态从网格的左端匀加速运动到右端，则可以计算出经过一次该区域的时间。其中，加速度为 0 时，其通过时间不使用该方法计算。对于匀速段间隔时间均为 10km/h，则该时间仅与加速度相关。各加速度对应的通过时间见表 2-11。

表 2-11 不同加速度下对应 10km/h 需要的时间

加速度 /（m/s²）	6	5	4	3	2	1
时间 /s	0.46	0.56	0.69	0.93	1.39	2.78

（3） v-a 段数矩阵构建

当 $v \neq 0\text{m/s}$ 且 $a \neq 0\text{m/s}^2$ 时，汽车通过某段区间的总时间除以通过一次该区段所需要的时间，即可获得该区域段数。当 $v = 0\text{m/s}$ 或 $a = 0\text{m/s}^2$ 时，不可通过分段法获得。计算的段数通过四舍五入，可以获得段数矩阵 $\boldsymbol{Z}_n$。

$$\boldsymbol{Z}_n = \begin{pmatrix} 0 & 0 & 0 & 0 & 0 & 0 & 0 & 0 & 0 & 0 & 0 & 0 & 0 \\ 0 & 0 & 0 & 0 & 0 & 0 & 0 & 0 & 0 & 0 & 0 & 0 & 0 \\ 0 & 0 & 0 & 0 & 0 & 0 & 0 & 0 & 0 & 0 & 0 & 0 & 0 \\ 0 & 0 & 1 & 1 & 1 & 0 & 0 & 0 & 0 & 0 & 0 & 0 & 0 \\ 0 & 1 & 1 & 2 & 1 & 2 & 1 & 1 & 0 & 0 & 0 & 0 & 0 \\ 0 & 1 & 2 & 1 & 2 & 4 & 5 & 6 & 4 & 2 & 1 & 0 & 0 \\ 0 & 0 & 0 & 0 & 0 & 0 & 0 & 0 & 0 & 0 & 0 & 0 & 0 \\ 1 & 2 & 2 & 2 & 3 & 5 & 5 & 4 & 2 & 1 & 0 & 0 & 0 \\ 1 & 1 & 2 & 1 & 1 & 0 & 0 & 0 & 0 & 0 & 0 & 0 & 0 \\ 1 & 0 & 0 & 0 & 0 & 0 & 0 & 0 & 0 & 0 & 0 & 0 & 0 \\ 0 & 0 & 0 & 0 & 0 & 0 & 0 & 0 & 0 & 0 & 0 & 0 & 0 \\ 0 & 0 & 0 & 0 & 0 & 0 & 0 & 0 & 0 & 0 & 0 & 0 & 0 \\ 0 & 0 & 0 & 0 & 0 & 0 & 0 & 0 & 0 & 0 & 0 & 0 & 0 \end{pmatrix}$$

通过矩阵 $\boldsymbol{Z}_n$ 构建工况，需要 $\boldsymbol{Z}_n$ 矩阵具备如下特点：在每个车速下，均满足 $a>0\text{m/s}^2$ 时的段数与 $a<0\text{m/s}^2$ 时的段数相等，这样才能构建一起一落的车辆状态。而因为 $\boldsymbol{Z}_n$ 是通过四舍五入获取的整数值，因此存在不对称的可能，此时需要将其补对称。通过分布特点可知，认为靠近 $a=0\text{m/s}^2$ 处的加速度密度最高，最易被忽略归入匀速段，因此补线段的原则是，在靠近 $a=0\text{m/s}^2$ 处补齐。配平后对称的矩阵如下：

$$\boldsymbol{Z}_n = \begin{pmatrix} 0 & 0 & 0 & 0 & 0 & 0 & 0 & 0 & 0 & 0 & 0 & 0 & 0 \\ 0 & 0 & 0 & 0 & 0 & 0 & 0 & 0 & 0 & 0 & 0 & 0 & 0 \\ 0 & 0 & 0 & 0 & 0 & 0 & 0 & 0 & 0 & 0 & 0 & 0 & 0 \\ 0 & 0 & 1 & 1 & 1 & 0 & 0 & 0 & 0 & 0 & 0 & 0 & 0 \\ 0 & 1 & 1 & 2 & 1 & 2 & 1 & 1 & 0 & 0 & 0 & 0 & 0 \\ 3 & 2 & 2 & 1 & 2 & 4 & 5 & 6 & 4 & 2 & 1 & 0 & 0 \\ 0 & 0 & 0 & 0 & 0 & 0 & 0 & 0 & 0 & 0 & 0 & 0 & 0 \\ 1 & 2 & 2 & 3 & 2 & 3 & 6 & 6 & 7 & 4 & 2 & 1 & 0 \\ 1 & 1 & 2 & 1 & 1 & 0 & 0 & 0 & 0 & 0 & 0 & 0 & 0 \\ 1 & 0 & 0 & 0 & 0 & 0 & 0 & 0 & 0 & 0 & 0 & 0 & 0 \\ 0 & 0 & 0 & 0 & 0 & 0 & 0 & 0 & 0 & 0 & 0 & 0 & 0 \\ 0 & 0 & 0 & 0 & 0 & 0 & 0 & 0 & 0 & 0 & 0 & 0 & 0 \\ 0 & 0 & 0 & 0 & 0 & 0 & 0 & 0 & 0 & 0 & 0 & 0 & 0 \end{pmatrix}$$

（4） 基于 v-a 概率密度矩阵的 t-v 曲线重构

一个标准的 NEDC 工况循环是 20min，一个循环是 10.9km，对于续驶能力限值达到 150km 的汽车来说，执行 13 个完整循环和一个不完整循环，就可以通过测试。而最后一个循环是否能顺利通过最高车速是通过测试的关键，因为其影响标定续驶里程的 7.7%。但如果每个循环重构选择时间 15min，里程为 8.2km，则续驶里程为 150km 的汽车，将执行 18

个完整循环和 1 个不完整循环,此时最后一个不完整循环仅占最终续驶里程的 5.6%。将矩阵 Z_n 重新构造后,得到如图 2-15 所示的 $t\text{-}v$ 曲线。

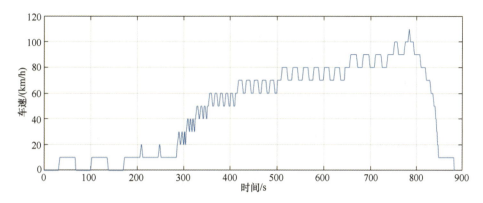

图 2-15　$t\text{-}v$ 曲线重构结果

3. 等效分析

重构的工况与原来相比,是基于概率密度趋于近似而定的。理论上讲,等效工况与重构工况有很多参数是相等的,例如全程平均车速和停车时间占比等,但是最直接描述等效工况与实测工况接近程度的是其能耗指标,这也是判定重构工况质量的最重要指标。

(1)重构工况与实测工况 $v\text{-}a$ 轨迹对比

根据实测工况的 $t\text{-}v$ 曲线可以构建 $v\text{-}a$ 轨迹图,重构工况的轨迹应接近于实测轨迹,如图 2-16 所示。

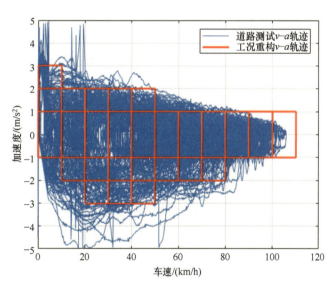

图 2-16　实测工况与重构工况 $v\text{-}a$ 轨迹对比

(2)重构工况与实测工况能耗对比

汽车的道路阻力载荷可以使用查表法。这种方法规定了汽车在转毂上测试 NEDC 工况的轮边能耗。重构工况与实测工况相比,并与实际的 NEDC 工况相比,其能耗对比数据见表 2-12。

由表 2-12 可知,重构工况与实测工况相比,能耗偏高 3%~4%;实测工况与标准 NEDC 工况相比,标准 NEDC 工况能耗偏低 13%~15%。因此,选用重构工况比选用标准 NEDC 工况更接近实测工况。可进一步优化重构工况,令其能耗更接近实测工况。

表 2-12 不同工况下能耗对比

序号	当量惯量 /kg	阻力系数 A/N	阻力系数 C/[N/(km/h)^2]	实测工况能耗 /(W·h/km)	重构工况能耗 /(W·h/km)	标准 NEDC 工况能耗 /(W·h/km)
1	910	5.7	0.0385	101.4	105.6	88.3
2	1020	6.1	0.0412	109.7	114.1	95.3
3	1130	6.4	0.0433	116.9	121.2	101.2
4	1250	6.8	0.046	125.6	129.9	108.4
5	1360	7.1	0.0481	132.7	137.1	114.3
6	1470	7.4	0.0502	139.9	144.2	120.2

综上所述,随着地域、驾驶员路线以及驾驶习惯的差异,NEDC 工况与大多数精细化需求有较大的脱节。为了适应补贴政策,开发设计阶段并没有依据更详细的分析作为参考。选择一种更为合理的工况具有重要的实际意义,而统一采用一种典型中国工况标准并不是最好的选择。汽车供应商在应对动力系统能耗最优匹配方案的时候,总会面临一个选择,即更好地符合标准工况还是更好地适应用户实际工况。作者建议使用双标准制度,可以选择国家标准工况,亦可选择汽车制造商通过等效能耗法重构的工况。

等效能耗工况重构算法的优点在于:以等效能耗为目标,针对新能源汽车目的性强;使用工况重构,周期选择更为合理;借助互联网大数据技术,可逐步实现为客户定制化最优能耗匹配方案;所重构的工况更利于试验开展。该方法的不足之处有:近似等效法与实际情况差距有待验证;没有考虑换档规律,对换档工况影响有待做进一步分析优化,但对单速比情况无此影响;没有考虑坡度谱,实测中获取道路坡度技术尚不成熟。

2.4 工况数据库的构建与应用

在构建标准工况试验过程中产生的循环工况数据库与实际道路试验过程的数据库,为新车型的开发设计提供丰富而又更接近实际的工况数据,使仿真的条件与实际情况更符合。尤其是电池开发工程师对工况的使用较为频繁,经常需要调用各类工况对动力蓄电池的耐久性能与放电容量性能进行匹配分析。

基于工况数据库的随机工况构建法适用于在车辆测试验证阶段的精度分析,同时适用于获取不同用户的随机仿真工况,从而进行定制化动力总成匹配设计。汪春洪在《随机日工况的构建及仿真分析》中使用了随机方法,但其随机数据获取并未采用数据库方式,选择的工况片段较为简单。

本节提出了一种基于大数据的工况数据库构建方法,选择临时随机抽样法替代标准的工况片段法。首先,在数据收集阶段,对于标准工况,采用底盘测功机实测数据作为数据源;对于实际道路工况,采用用户实际道路行驶数据作为数据源。然后,根据车速起停周期编号存档,建立工况数据库。接着,在仿真设计阶段,采用从数据库中随机抽样的方法生成工况,并持续计算行驶里程与主要统计特征。最后,分析了随机工况构建法与标准工况构建法的优缺点。随机工况构建法可以对仿真与试验结果的可信度与离散性进行分析，仿真结果可以更合理地与实测结果相匹配。

1. 标准工况底盘测功机实测数据分析

CLTC 提供的标准工况在实际台架测试中，因驾驶员控制稳定性，会引入一定的误差量。胡杰在《个性化驾驶员模型及其在驾驶行为评估中的应用》中采用将驾驶员模型引入随机干扰的方式模拟驾驶误差。本节采用基于实际测试历史数据的随机获取工况循环的方式消除驾驶员误差，该方法将与实测结果更接近，且适用于实际道路工况数据库的类比构建。

（1）试验工况数据获取

在底盘测功机上将实测 CLTC 中国工况的数据进行提取，由于驾驶员的误差，部分误差较大的循环不能加入数据库中。例如，最后一个循环跟不上线，是不完整的工况循环，需要将其辨识并剔除，如图 2-17 所示。

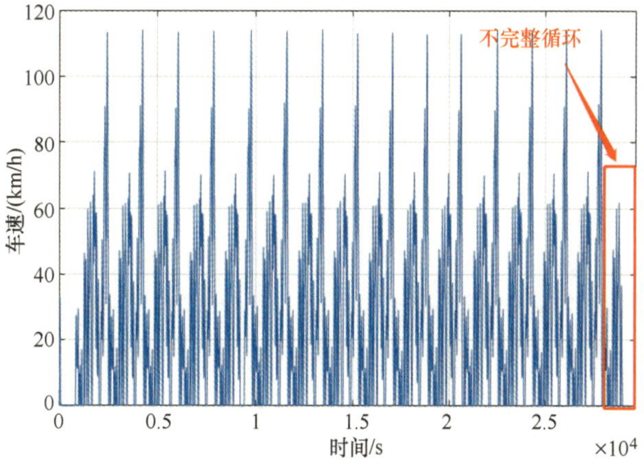

基于 12 次 CLTC 中国工况试验结果进行汇总示例，每次试验中国工况循环数约为 4 个到 30 个循环不等，总共 109 个循环样本。在实际操作中，样本量越大越好。

图 2-17 底盘测功机实测 CLTC 中国工况循环

（2）标准工况数据库构建

由于驾驶员误差，不能将所有循环皆收录数据库中，在 109 个循环样本中，需要进一步提取较为规范的循环。对循环筛选的重要指标是时间、里程、风阻损耗强度、制动能量回收强度等参数，见表 2-13。

表 2-13 CLTC 中国工况循环收录数据库示例

序号	时间 /s	里程 /km	风阻损耗强度 / kW·h/（100km·m²）	制动能量回收强度 / kW·h/（100km·t）	是否保留	剔除原因
1	1799.2	14.45	4.54	4.20	是	
2	1799.9	14.45	4.54	4.21	是	
3	1801.0	14.46	4.53	4.18	是	
4	1799.5	14.50	4.57	4.30	是	
5	2103.1	14.45	4.57	4.18	否	中间暂停休息
6	1800.1	14.44	4.51	4.11	是	
7	1799.8	14.42	4.50	4.16	是	
8	1800.8	14.47	4.51	4.11	是	
9	1800.0	12.74	4.13	3.47	否	跟不上线

将符合要求的循环收录数据库中，将各循环绘图对比，如图 2-18 所示。

（3）工况能耗相关特性分析

工况的风阻损耗强度、制动能量回收强度两个特征参数与能耗直接相关，因驾驶员偏差导致的测试误差亦可在这两个参数中体现。将循环符合要求的风阻损耗强度与制动能量回收强度分布进行分析,如图 2-19 和图 2-20 所示。

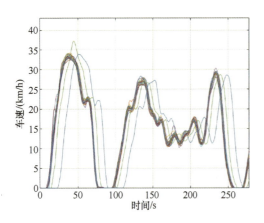

图 2-18 符合要求的 CLTC 中国工况循环

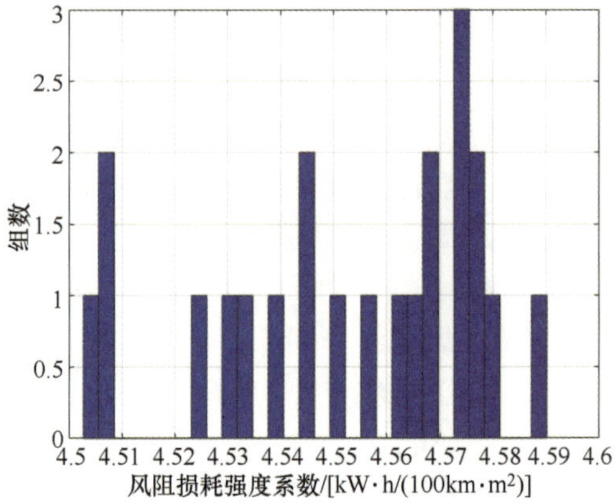

图 2-19 实测的 CLTC 中国工况风阻损耗强度分布

CLTC 中国工况风阻强度的设计值是 4.62kW·h/(100km·m²),制动能量回收强度的设计值是 4.70kW·h/(100km·t),而实测的风阻强度均值是 4.56kW·h/(100km·m²),实测的制动能量回收强度均值是 4.19kW·h/(100km·t)。由图 2-19 和图 2-20 可知,实测值分布离散度在 ±0.05kW·h/(100km·m²) 和 ±0.1kW·h/(100km·t) 以内,为保证试验精度,应当测试 2 个循环以上。

2. 实际道路工况数据分析

用相同的方法可以获得实际道路测试的工况数据,但是与底盘测功机标准工况数据库构建不同的是,实际道路工况以一个起停周期作为数据存储片段,其筛选规则不再是根据特定的时间区间或里程区间,原则上任何起停循环均有效。

(1)实际道路工况数据获取

车辆的行驶车速可通过 Tbox 上传至云平台,可以直接通过云平台获得用户实际道路的工况数据。工况数据可针对不同地区不同路况进行定义,以试验车辆在黑河做冬季试验的样本为例,图 2-21 所示为某试验车一天的行驶工况数据。

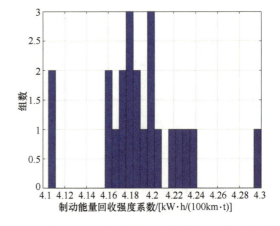

图 2-20 实测的 CLTC 中国工况制动能量回收强度分布

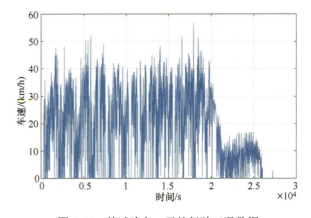

图 2-21 某试验车一天的行驶工况数据

（2）实际道路工况数据库构建

将车辆的起停周期作为一个循环片段，如图 2-22 所示，总共获得 465 个起停周期。实际最短的为 0.4s、实际最长的为 3138s、里程最短的为 0.27m、里程最长的为 72.8km。

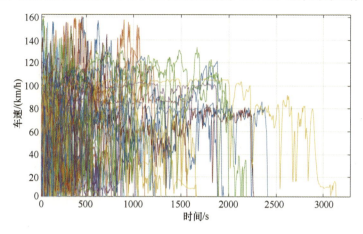

图 2-22 实际道路行驶工况片段

行驶时间和距离较短的工况可能是由于路况较拥堵时起停引起的。将行驶时间少于 2s、行驶距离小于 1m 的数据剔除，则可列入起停数据库中。将怠速数据做分布分析可知，停车最长时间为 14000s，停车时间少于 1s 的数据样本有 114 次。怠速时间过长很可能是中间休息或做静态测试项目的数据，为了保证台架仿真有效性，提取怠速时长为 1～300s 的数据记录入数据库中，其分布如图 2-23 所示。

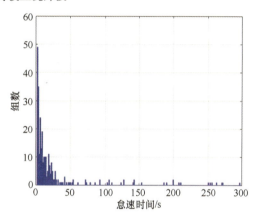

图 2-23 怠速时间分布

（3）实际道路工况数据能耗相关特性分析

与标准工况循环相比，实际道路测试获得的工况片段能耗相关特性参数分布离散性更大，如图 2-24 和图 2-25 所示。

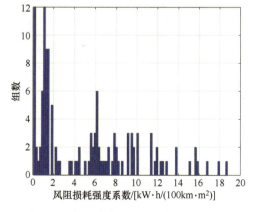

图 2-24 实际道路工况风阻损耗强度分布

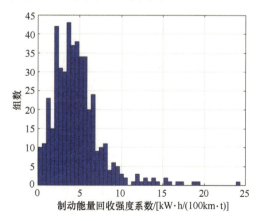

图 2-25 实际道路工况制动能量回收强度分布

所有样本的风阻损耗强度均值的计算公式为

$$\mathrm{EC_{air}} = \frac{\sum_{i=1}^{n} \mathrm{EC_{air}}_i s_i}{\sum_{i=1}^{n} s_i} \quad (2\text{-}17)$$

式中　$\mathrm{EC_{air}}_i$——第 i 个样本的风阻损耗强度 [kW·h/(100km·m²)]；
　　　s_i——第 i 个样本的行驶里程（km）；
　　　$\mathrm{EC_{air}}$——平均风阻损耗强度 [kW·h/(100km·m²)]。

计算平均制动能量回收强度的方法相同，公式不再陈述。

计算所得，风阻损耗强度均值为 9.12kW·h/(100km·m²)，制动能量回收强度均值为 4.72kW·h/(100km·t)。

3. 随机工况生成与统计特征分析

工况数据库构建的最终目的是获得可用于仿真或试验分析的工况，标准工况与实际道路工况的构建方法略有差别。

（1）标准工况循环的生成

在底盘测功机上测试获得的工况数据库中，以单位循环为样本，随机抽取若干循环组成仿真工况，则可以将驾驶员的误差考虑在仿真模型中，令仿真结果与实测结果更接近。例如，随机生成 5 个实际测试标准工况循环，其工况图如图 2-26 所示。将各次试验工况插值到电机效率 MAP 中，获得电机效率差异如图 2-27 所示。

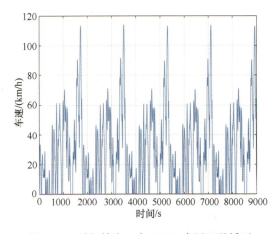

图 2-26　随机抽取 5 个 CLTC 中国工况循环

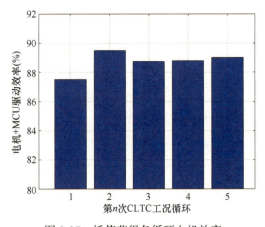

图 2-27　插值获得各循环电机效率

（2）实际道路工况的生成

实际道路工况的生成亦采用随机方式，但需要考虑各循环的风阻损耗强度与制动回收强度的统计值，且生成的结果不是按照循环数，而是按照里程来判断生成的工况长度。例如，随机生成 300km 的工况曲线，并对其能耗相关统计特性进行分析，如图 2-28 和图 2-29 所示。

由图 2-29 可知，该自动生成工况的风阻损耗强度系数为 8.63kW·h/(100km·m²)，制动能量回收强度为 4.40kW·h/(100km·t)，与全数据库的能耗相关特征均值接近。这两条曲线都随里程的增加趋于稳定，即里程越长生成的工况越稳定。

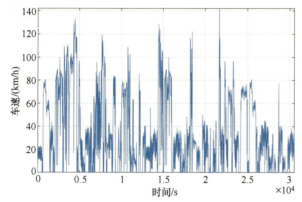

图 2-28　随机生成实际道路工况

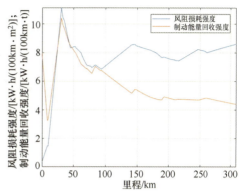

图 2-29　随机生成工况的风阻损耗强度与制动能量回收强度

4. 随机工况在仿真与试验分析中的应用

以 NEDC 工况为例，将标准工况导入到仿真模型中，得出的整车能耗仿真结果与实测结果之间会约有 ±4% 的偏差。从大样本中选择一个与均值较为接近的样本可以消除驾驶员偏差，但不能反映驾驶员导致的测试循环误差。因此，从已执行的实测工况循环中，随机抽样方式可令试验结果跟仿真结果更吻合，且可以反映仿真和实测结果的稳定性以及接受误差区间。

在实际道路能量消耗量与续驶里程测试中，受到天气及路况影响，试验的可重复性较差，多次测量获得的结果较为离散。采用仿真路况对实际道路测试结果进行分析，可以反映实际道路测试结果受随机路况影响的程度，为修正评价与接受测试结果提供判定依据。

实际道路测试与用户使用结果更为吻合，可为定制化设计与用户相匹配的动力总成方案、减速器速比、回收策略、剩余里程估计策略提供设计依据。工况相关自学习程序可在仿真阶段得到验证，例如自学习剩余里程估算、自学习制动能量回收策略等。

5. 随机工况与标准工况优缺点分析

标准工况是根据某一地域大量行驶数据，采用特定的统计提取方法获得的工况片段，不同企业可以依据国家规定的工况做续驶里程和能量消耗量估算。随着大数据技术的发展，各企业也可以采用相似的统计方法获得企业的工况，以进行适应特定用户使用场景的动力系统匹配开发。而随机工况主要应用于测试评价领域，其稳定性相对较差，但更接近实际用户的实测结果。

各工况稳定性、台架测试结果符合性、用户实测结果符合性的比较见表 2-14。各工况适用的阶段分析见表 2-15。在车辆前期开发阶段选择标准工况较为合适；在测试与验证阶段则应切换为随机工况。

表 2-14 各工况评价指标对比

对比指标	工况		
	标准工况	随机标准工况	随机实际道路工况
稳定性	优	良	差
台架测试结果符合性	良	优	差
用户实测结果符合性	良	良	优

表 2-15 各工况适用开发阶段

工况	阶段			
	前期设计	中期试验验证	后期试验验证	产品迭代优化
标准工况	√			
随机标准工况		√	√	
随机实际道路工况			√	√

综上分析，汽车定制化设计将是未来发展方向，工况数据库的收集与应用将起到关键作用。随机工况主要应用于开发中后期与产品迭代优化，可较好地反映用户的实际使用情况。在动力总成匹配、减速器速比匹配、制动能量回收策略优化、剩余里程估算等领域有重要的应用价值。

2.5 基于用户工况的定制化措施

降低风阻措施定制化设计是通过云监控平台对不同用户的工况数据进行挖掘分析，提出各种风阻优化措施成本与收益比较方法，这对气动组件的开发选择具有重要的应用价值。制动能量回收策略定制化设计也是通过对不同用户驾驶工况的数据挖掘分析，选择性价比更高的制动能量回收策略。在可预见的未来，随着中国工况的推广，各主机厂将推动协调式制动能量回收技术的应用。随着智能网联技术的发展，针对客户定制优化措施将得到更广泛的应用。

2.5.1 降低风阻措施的定制化

当前行业内降低风阻措施主要的参考依据还是标准工况，随着 NEDC 工况切换为 CLTC 工况，空气阻力强度系数降低，势必会影响降低风阻措施的进一步优化动力。以性价比为设计依据，以用户群体为定制化对象，是当前技术条件下比较容易实现的定制化落地措施。

2019 年的广州车展上共有 92 款新车，其中新能源车 31 款（20 款纯电动汽车）。在这些新能源新车中，广汽 Aion S 风阻系数为 0.245，吉利几何 A 风阻系数为 0.237，小鹏 P7 风阻系数为 0.236，而广汽 ENO.146 更是祭出了"全球最低风阻乘用车"的称号进行宣传，可见低风阻已经成为产品主要竞争力之一。

在 NEDC 工况下，风阻损耗占比为 20%~35%，因此改善车辆空气动力学，优化风阻系数，可以取得明显的降低能耗的优势。中国在 2020 年 5 月 1 日以后，开始执行中国工况标准，在该工况下，风阻占比相对降低，仅为 NEDC 工况的 75%。

为了针对特定用户降低风阻损耗，需要对风阻损耗较大的用户进行精确识别，并通过成本与收益折算选配气动组件方案。基于大数据统计技术,获得特定用户的行驶工况,并提出有针对性的风阻改善优化措施,为汽车行驶经济性与定制化设计提供依据。首先提出风阻损耗计算模型,然后通过大数据平台提取典型用户示例,接着列举常用的气动优化选配组件及其成本预估,最后按照收益大于成本的原则对各示例用户的选配方案进行选择。

1. 风阻损耗计算模型

电动汽车风阻优化需要依据该车在实际使用中的为克服空气阻力而损耗的能量,为了求取该能量,需要对车辆进行动力学分析,并单独分析风阻。某汽车迎风面积为 S、风阻系数为 C_d、则速度为 v 时受到的空气阻力 F_w 为

$$F_w = \frac{1}{2} C_d \rho S v^2 \quad (2\text{-}18)$$

式中　F_w——空气阻力(N);
　　　C_d——空气阻力系数;
　　　ρ——空气密度(kg/m³),计算公式如式(2-19)所示;
　　　S——汽车迎风面积(m²);
　　　v——车速(m/s)。

$$\rho = \rho_0 \frac{273.15}{273.15 + T} \frac{p - 0.0378 \varphi p_b}{0.1013} \quad (2\text{-}19)$$

式中　ρ_0——标准状态下(0℃,0.1013MPa)的干空气密度,其值为 1.293kg/m³;
　　　T——空气温度(℃);
　　　p——大气压力(MPa);
　　　p_b——温度为 T 时,饱和空气中水蒸气分压力(MPa);
　　　φ——空气的相对湿度(%)。

因此,汽车在 t_1—t_2 的时间段内因克服风阻而损耗的能量为

$$E_w = F_w s = \int_{t_1}^{t_2} F_w v \mathrm{d}t \quad (2\text{-}20)$$

式中　E_w——汽车因克服风阻而损耗的能量(J)。

借助智能网联汽车技术的发展,已经可以在云端监控车辆的部分信息,包括车速、室外环境温度,部分车型还可以监控室外气压与湿度。示例车型暂时未能监控室外气压和室外湿度,监控某一时间段的数据集合为 $\{\Delta t_i, v_i, T_i | i = 1, 2, 3, \cdots, n\}$,则该数据片段上汽车因克服风阻而损失的能量为

$$E_w = \sum_{i=1}^{n} \left(\frac{1}{2} C_d S \rho_0 \frac{273.15}{273.15 + T_i} \frac{v_i^3}{3.6^3} \Delta t_i \right) \quad (2\text{-}21)$$

式中　Δt_i——第 i 点采样时间间隔(s);
　　　v_i——第 i 点车辆行驶速度(km/h);
　　　T_i——第 i 点外部环境温度(℃)。

电动汽车的百公里能量消耗量通常是用来衡量车辆是否节能环保的重要指标,式(2-21)计算了能量损耗,为了便于进一步量化分析,采用一段时间内百公里风阻能量损耗为指标

衡量车辆克服风阻强度，计算如下：

$$C_{\mathrm{w}} = \frac{E_{\mathrm{w}}}{\sum_{i=1}^{n} \frac{v_i \Delta t_i}{3.6}} \times \frac{1}{36} \quad (2\text{-}22)$$

式中　C_{w}——百公里能量消耗量，kW·h/100km。

2. 大数据平台对典型用户进行分析

由式（2-21）可知，车辆克服风阻而损耗的能量与车辆行驶速度、外部环境温度相关。通过大数据平台获取 8 位用户在 2019 年 1 月 1 日至 2019 年 12 月 31 日的温度、车速数据，见表 2-16，依据式（2-22），以天为单位计算每位用户因克服风阻而损耗的百公里能量消耗量，可辨识出这 8 位用户谁更适合增加气动组件以降低出行能耗。该车型风阻系数为 0.350、迎风面积为 2.18m²。

表 2-16　随机选择总里程较长的 8 位用户样本

用户	总里程 /km	车辆所在地	年度平均风阻损耗 /（kW·h/100km）
用户 1	63256	江苏扬州	3.50
用户 2	57544	湖南邵阳	2.61
用户 3	56102	天津东丽	3.74
用户 4	54928	湖北十堰	2.41
用户 5	54761	湖北仙桃	4.02
用户 6	54721	浙江杭州	1.73
用户 7	52376	湖南益阳	2.22
用户 8	52024	天津东丽	1.65

（1）某用户的行驶数据提取与分析

以第 6 位浙江杭州的用户数据为例，该车在 2019 年度总共行驶了 54721km，损耗在克服风阻的能量为 994.3kW·h，平均 1 年内因克服风阻损耗的能量消耗为 1.73kW·h/100km。通过大数据技术获取该用户 1 年内的速度信息与环境温度信息如图 2-30 和图 2-31 所示。

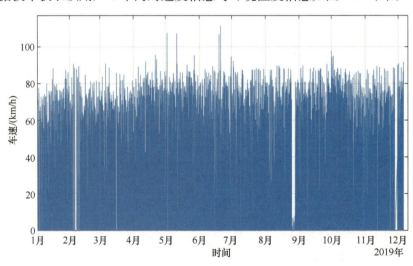

图 2-30　第 6 位浙江杭州用户 2019 年度行驶速度数据

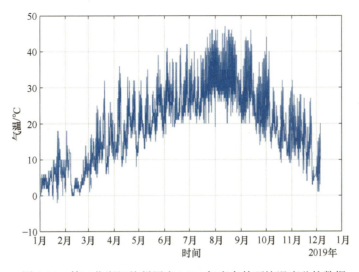

图 2-31　第 6 位浙江杭州用户 2019 年度车外环境温度监控数据

使用相同的分析方法，可以获得 8 位用户在 1 年中每天的风阻百公里能量消耗量，如图 2-32 所示。并求得全年平均百公里能量消耗量，见表 2-16 最后一列。通过加权求和得到该款车在市场上的样本中平均克服风阻损耗的强度为 2.76kW·h/100km。依据 NEDC 标准工况分析，该车型风阻强度为 4.75kW·h/100km，依据 CLTC-P 标准工况分析，该车型风阻强度为 3.60kW·h/100km。由此可见，使用中国工况设计风阻更接近用户样本结果。

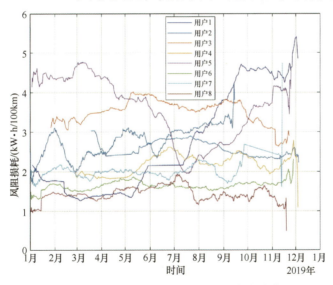

图 2-32　共 8 个样本在 2019 年风阻损耗走势

（2）用户风阻损耗工况分析

不同用户使用车辆的风阻损耗与地域、环境温度相关，但从表 2-16 和图 2-32 可知，影响最大的是用户的驾驶工况。所选样本中，年度平均百公里克服风阻的损耗分布区间为 1.65～4.02kW·h/100km，分布跨度大。因此，定制化设计用户的气动优化组件是有必要的，将经常行驶在高速的车辆辨识出来，为其加装主动进气格栅等气动优化部件，收益较明显。

以表 2-16 所示样本为例,第 6 位用户在某段时间内的驾驶工况如图 2-33 所示,共 4 天样本,该用户通常 8:00 起动车辆,22:00 停驶,且行驶工况在低速区间占比较多,可以判断该用户可能为市区共享出行用户,年度风阻损耗为 1.72kW·h/100km。第 3 位用户在某段时间内的驾驶工况如图 2-34 所示,共 4 天样本,该用户通常 11:30 起动车辆,18:30 停驶,且行驶工况重复,中间有一段约 1h 平均车速约为 80km/h,该车很可能为公务车,每天出勤在两地固定路线运营,年度风阻损耗为 3.74kW·h/100km。因此用户 3 比用户 6 加装气动组件降低风阻损耗收益更高。

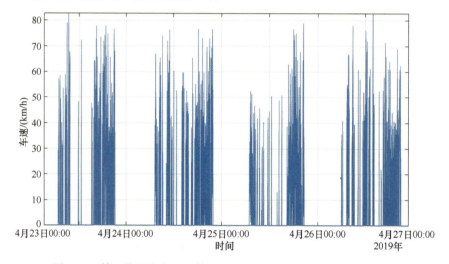

图 2-33 第 6 位用户在 2019 年 4 月 23 日—4 月 27 日运行工况样本

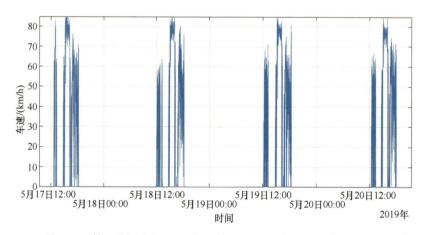

图 2-34 第 3 位用户在 2019 年 5 月 17 日—5 月 20 日运行工况样本

3. 空气阻力优化气动组件及其成本

针对整车空气动力学优化方案,可在设计阶段通过仿真不同造型方案获得整车风阻系数,并在验证阶段对主要的配置方案进行动力学风洞试验。针对不同措施的风阻优化系数贡献量 ΔC_d 的风洞试验结果见表 2-17,各方案可组合选装在车辆上。各方案总成本及单位降低 1 个 count(即 0.001 个风阻系数)成本为估算值。

表 2-17 不同气动组件方案风阻优化测试结果及成本

序号	方案措施	优化风阻系数	成本/元	单位 count 成本/元
1	轮辋风罩	0.03	1000	33
2	主动进气格栅	0.026	1300	50
3	机舱底护板	0.026	693	27
4	机舱底护板安装孔	0.005	200	40
5	电池包底护板	0.016	747	47
6	后视镜	0.016	853	53
7	前轮阻风板	0.006	100	17
8	后轮阻风板	0.001	100	100

注：风阻测试数据来自重庆动力学风洞实验室，成本为估算示例，仅供参考。

4. 成本与收益分析

对于不同的用户，相同措施对应的收益是不同的。大数据分析便是对不同用户收益的区分依据。表 2-16 计算出了各用户的风阻损耗强度，对应于单位风阻优化收益，与风阻损耗强度呈正比关系。假设基础风阻系数为 0.35，则每优化 1 个 count，可以计算出各用户的百公里配电收益与全寿命节能收益，再根据表 2-17 的方案配置结果，可以对不同用户进行选择性策略优化，见表 2-18。

表 2-18 不同用户气动组件优化措施选择建议

序号	车辆所在地	年度平均风阻损耗/(kW·h/100km)	单位 count 收益/元	前轮阻风板 17元	机舱底护板 27元	轮辋风罩 33元	机舱底护板安装孔 40元	电池包底护板 47元	主动进气格栅 50元	后视镜优化 53元	后轮阻风板 100元
1	江苏扬州	3.50	60	√	√	√	√	√	√	√	
2	湖南邵阳	2.61	45	√	√	√					
3	天津东丽	3.74	64	√	√	√	√	√	√	√	
4	湖北十堰	2.41	41	√	√	√					
5	湖北仙桃	4.02	69	√	√	√	√	√	√	√	
6	浙江杭州	1.73	30	√	√						
7	湖南益阳	2.22	38	√	√	√					
8	天津东丽	1.65	28	√							

本节依据对用户的大数据挖掘，分析其驾驶车辆的空气阻力百公里能量消耗量，确定不同用户车辆的风阻损耗强度，并通过风阻优化措施试验，完成不同气动组件选配方案的降风阻贡献。最后通过成本及收益分析，为不同用户定制化降风阻措施。该方法是基于大数据挖掘的应用，为用户定制化设计提供依据，有利于针对性地采取节能措施。

2.5.2 制动能量回收措施的定制化

CLTC 中国工况的制动能量回收强度高达 4.70kW·h/(100km·t)，比 NEDC 工况的 3.15kW·h/(100km·t) 高出 49%，随着标准工况的切换，提高车辆制动能量回收率的措施越来越重要，但是对制动能量回收模式的探索尚不充分。在驾驶感受、制动距离、NVH

性能等相互影响的条件下，如何设计开发更合理的制动能量回收措施，以达到节能与性能的有效平衡，值得深入研究。从云数据中抽样统计用户的工况，提取制动能量回收强度系数，对用户制动能量回收措施定制化设计提供了一个从节能与成本角度的优化方案。目前行业内主要还是针对标准工况，但大数据技术的发展可以让这类分析工作定位到具体用户，实现定制化效果。

制动能量回收相关技术多种多样，但并不是对于所有用户都适合配置上高端复杂的制动能量回收装置。应当对不同用户所在地区、驾驶习惯、平均载荷状态等进行甄别，从而选择性价比更合理的配置。为了对特定用户选择性价比较高的制动能量回收措施，需要对驾驶习惯对应制动能量占比较大的用户进行识别，并通过成本与收益折算选配制动能量回收方案。本节提出了制动能量回收强度计算模型，通过大数据平台提取典型用户示例，列举常用的制动能量优化措施及其成本预估，按照收益大于成本的原则对各示例用户的选配方案进行选择。

1. 制动能量回收技术评价模型

基于纯电动汽车经济性模型整车能流的分析，初亮等在《纯电动汽车制动能量回收评价方法研究》中提出了评价制动能量回收效果的3个评价指标，分别为制动能量回收率、节能贡献度、续驶里程贡献度。对于特定工况而言，制动能量回收强度 E_{reg} 可定义为车辆每行驶 100km 可回收的动能：

$$E_{\text{reg}} = \frac{\int_{\text{d}v<0} \frac{1}{2} m \left[v^2 - (v + \text{d}v)^2 \right] \text{d}t}{\int v \text{d}t} \qquad (2\text{-}23)$$

式中　m——车辆总质量（kg）；

　　　v——工况车速（m/s）；

E_{reg}——制动能量回收强度（J/m），可乘以系数 1/36 将单位换算成 kW·h/100km。

为了针对特定用户实施不同制动能量回收技术，需要收集更具代表性的数据指标。若某一用户经常载客较多，例如在上海市共享汽车出行鼓励拼车的情况下，则其百公里可回收的能量增加。当使用相同的工况曲线时，其制动能量回收强度较大，适合选用较优的制动能量回收技术。同理，当某一用户经常在坡道较多的地区行驶（例如在重庆市），其制动能量回收强度也较大，但不适合用式（2-23）评价其制动能量回收强度。就目前的技术而言，统计车辆的载荷状态和驾驶出行的坡道工况均有较大难度，而统计电池输出端的能量相对比较简单可行。当某一款车的不同用户已经选择相同的协调式制动能量回收技术，则可通过电池端百公里回收电能评价该用户的制动能量强度，如式（2-24）所示。

$$E_{\text{reg\_bat}} = \frac{\int_{I>0} UI \text{d}t}{\int v \text{d}t} \qquad (2\text{-}24)$$

式中　U——电池主回路电压（V）；

　　　I——电池主回路电流（A），其值为正表示回收，其值为负表示放电；

$E_{\text{reg\_bat}}$——电池端制动能量回收强度（J/m），可乘以系数 1/36 将单位换算成 kW·h/100km。

常用的技术参数还有回收能量比例 λ_{bat}（电池回收能量除以电池驱动能量），如式（2-25）所示。

$$\lambda_{bat} = \left| \frac{\int_{I>0} UI \mathrm{d}t}{\int_{I<0} UI \mathrm{d}t} \right| \quad (2\text{-}25)$$

式中　λ_{bat}——电池端回收能量比例（%）；

基于相同的百公里能量消耗量水平，可推导回收能量比例与续驶里程贡献度的关系如式（2-26）所示。

$$\delta_S = \frac{\lambda_{bat}}{1 - \lambda_{bat}} \quad (2\text{-}26)$$

式中　δ_S——制动能量回收里程贡献度（%）。

2. 基于大数据平台对典型用户进行分析

通过大数据平台获取 4 位用户在 2019 年 1 月 1 日—2019 年 12 月 31 日的车速、电压与电流数据，依据式（2-23）～式（2-26），计算得各用户的制动能量回收强度数据见表 2-19。

表 2-19　随机选择总里程较长的 4 位用户样本制动能量回收强度统计

序号	总里程 /km	轮边制动能量回收强度/（kW·h/100km）	电池端制动能量回收强度/（kW·h/100km）	制动能量回收里程贡献度（%）	电池端回收能量比例（%）
1	62002	3.86	2.76	22.5%	18.4%
2	61956	3.30	1.95	17.0%	14.5%
3	59970	4.02	2.63	22.9%	18.6%
4	67955	4.06	2.98	23.4%	19.0%

注：在计算轮边制动能量回收强度时，汽车总质量均按照整备质量 +100kg 计算。

由表 2-19 可知，第 4 位用户制动能量回收强度最强，第 2 位用户制动能量回收强度最弱。电池端制动能量回收强度与轮边制动能量回收强度正向关，但非线性关系，如图 2-35 所示。说明受载荷、坡道等路况有一定的影响。在评价车辆制动能量回收强度应用于制动能量回收措施优化成本收益分析时，应优选电池端制动能量回收强度，其次是轮边制动能量回收强度。

以第 2 位与第 4 位用户数据为例，在 2019 年度总行驶里程分别为 61956km 与 67955km，因制动能量回收技术在车上的应用，1 年内第 2

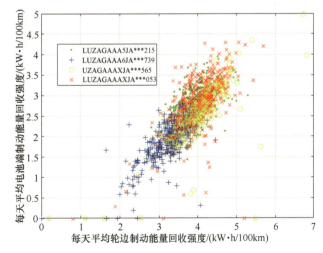

图 2-35　不同用户轮边与电池端制动能量回收关系对比

位用户节能 1210kW·h，第 4 位用户节能 2028kW·h。通过大数据技术获取该用户 1 年内每天的行驶里程、轮边能量回收强度、电池输出端能量回收强度对比，如图 2-36 所示。

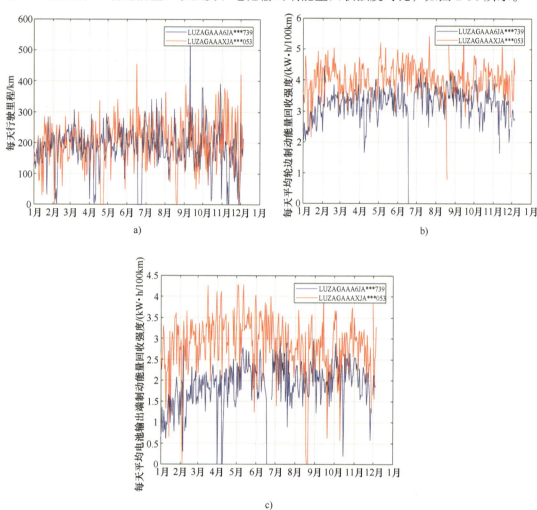

图 2-36　第 4 位用户一年的行驶数据

a）每天行驶里程　b）每天平均轮边制动能量回收强度　c）每天平均电池输出端制动能量回收强度

由图 2-36 可得出，制动能量回收强度与行驶里程无关，仅与行驶的工况、车辆状态相关。第 4 位用户更适合在制动能量回收技术上选择更多的措施，例如安装协调式制动能量回收设备、增加超级电容复合电源等。

3. 制动能量回收技术现状及展望

世界各大汽车厂商及零部件企业纷纷针对不同电驱动车辆开发出了各种类型的制动能量回收系统。依据不同的方法与标准，可对制动能量回收系统进行如下分类。按回馈制动与摩擦制动耦合关系划分，可分为叠加式（或并联式）与协调式（或串联式）制动能量回收系统；按液压调节机构所依托的技术平台划分可分为基于 EHB 技术的制动能量回收系统、基于 ESP/ESC 技术的制动能量回收系统、基于新型主缸/助力技术的制动能量回收系统；按液压调节机构的布置方式划分，可分为与主缸集成的方案、与液压单元集成的方案、分散式布置的方案；按制动踏板与制动力机械耦合关系划分，可分为踏板非解耦方案、踏板准解耦方案、踏板解耦方案。

基于经济性、舒适性、安全性和可靠性的技术要求，制动能量回收系统的关键技术主要体现在零部件、系统控制和评价方法等方面。本书的分析是基于大数据的经济性评价方法研究。在屏蔽舒适性、安全性和可靠性参数的对比时，可用于单变量的成本与收益分析。其他模块再通过效益折算，获得更合理地配置方案。

4. 经济性成本与收益核算算法

设某一项制动能量回收技术的软件与硬件组合为一个可选方案，用 A 表示。方案 A 实施的成本用 $f(A)$ 表示，该方案对应的汽车电池端制动能量回收比例 $\lambda_{bat}=g(A)$，则对应的里程贡献率为 $\delta_S = g(A)/[1-g(A)]$。

经济性收益主要有两个方面。一是节能方案可令车辆百公里能量消耗量减少，从而减少使用过程中的充电电量，例如 2.5.2 节中用户 4 与用户 2 是同一款车采用不同制动能量回收技术方案，用户 4 比用户 2 每年节约 818kW·h，按照整车寿命为 10 年计算，则在全生命周期内可节约 8180kW·h，按照 0.5 元/kW·h 电价折算，则相对收益高 4090 元。该收益如式（2-27）表示。

$$P_\lambda = p(\lambda_{bat}) \tag{2-27}$$

二是节能方案可令车辆的续驶里程增加，例如 2.5.2 节中用户 4 比用户 2 里程贡献率高 6.4%，则对应当设计相同的续驶里程时，用户 4 比用户 2 相当于多 6.4% 的动力蓄电池容量。该款车型标称配电量为 36kW·h，则可认为用户 4 比用户 2 多装 2.304kW·h，假设该车的动力蓄电池的价格为 1500 元/kW·h，则相当于收益为 3456 元。该收益如式（2-28）表示。

$$P_\delta = p(\delta_S) \tag{2-28}$$

综合两方面收益及方案成本，可算出综合收益，如式（2-29）所示。

$$P_A = P_\lambda + P_\delta - f(A) \tag{2-29}$$

同理，有方案 B、C、…、N 的备选方案，计算得各方案的收益 P_A，P_B，…，P_N，只从经济性角度优选最优方案 X，即 $P_X = \min\{P_A, P_B, …, P_N\}$。当有舒适性、可靠性、安全性指标列入同时对比时，也可以统一折算成收益模型。

综上分析，制动能量回收技术对纯电动汽车的经济性成本贡献显著，且具有呈现多种技术特点的不同产品。随着中国工况的推广与大数据技术的应用，该技术将成为各主机厂竞相角逐的主要技术领域之一。各制动能量回收技术方案的成本随着不同时期技术发展而变化，各方案匹配到不同的用户其收益也会有差异。本书提出的基于大数据统计的电池端制动能量回收强度，对用车习惯与各项可行措施的筛选匹配有重要参考价值。下一步将研究更为具体的制动能量回收方案及其经济性效果。

第 3 章 整车能耗

本章将分析整车能耗，提出规范化的能量流表达视图，简述柱状图和饼状图在节能开发中的应用，详述灵敏度和瀑布图在车辆各开发阶段的应用。无论选择什么仿真模型，这些图示表达都是性能开发工程师需要掌握的基本工具。能量流分析图示工具、灵敏度与瀑布图分析工具是性能开发者常用的表达工具，对各性能负责人和各子系统负责人之间开展协调交流具有积极意义。

3.1 概述

电动汽车整车能量消耗量是重要的节能技术指标。为了降低能量消耗量和提升续驶里程，我国出台了一系列政策法规，包括新能源汽车补贴政策、电动汽车能量消耗量限值等。随着中国工况被导入到纯电动汽车能量消耗量与续驶里程试验方法中，新的能量消耗量限值及双积分政策也将随之变更。随着技术水平的逐渐提升，限值将越来越严格。由于当前并没有大规模普及新试验标准，未能获得大量当前车辆技术水平的数据，因此政策制定将会出现一定的滞后性。

能量流试验数据处理技术主要应对标准 GB/T 18386.1—2021 的缩短法，能量消耗量与续驶里程测试工程师应重点关注。新标准数据处理工作量极大，涉及的一些技术细节各相关部门均需了解，包括电机效率评价、电压变更、制动能量回收开启权重和电池截止放电条件等，上述内容将在各节中做深入细致的分析。基于 GB/T 18386.1—2021 的缩短法原理，提出更合理的设计企业标准的缩短法。

能耗估算算法设计的工作原本属于控制器开发部门，但由于用户反馈仪表能耗显示不准，能耗估算算法的优化工作被转交给动力性经济性开发工程师。车载传感器的精度已经足够支持高精度能耗计算，优化的方向主要是如何估算和显示。由于车辆具备制动能量回收功能，且工况变化不确定，能耗估算算法需要引入势能修正。

3.1.1 整车能耗及分解

电动汽车的动力系统拓扑结构与电网很相似，以高压直流母线为能量交换关键通道，连接快充接口、车载充电机、动力蓄电池和驱动电机等电器部件，如图 3-1 所示。

快充接口：快充接口与直流母线直连，用于使用外部直流快速充电桩从电网中获取能源。

慢充接口与车载充电机：用于从 220V 电网中获取能源，车载充电机是一种 AC/DC 转换器，当车辆具有对外放电功能时，车载充电机可双向工作。

太阳能电池板：特点是功率持续，但功率较小。受限于发电能效低，性价比不高等因素暂未能大规模推广。部分车型配置了太阳能天窗，理想状态下一年可增加车辆续驶里程 1000km 以上。

超级电容：特点是充放电寿命长，充放电倍率大。但是单价较高，体积能量密度较低。通常与氢燃料电池一起使用。

内燃机增程器：包括燃油加注口、油箱、内燃机和发电机等部件，最大的优点是燃油加注便捷。

氢燃料电池增程器：包括储氢罐和氢氧燃料电池反应堆等。氢能的能量密度高，被列为国家重点发展方向之一。目前受限于储氢安全性、质子交换膜寿命和燃料电池对贵金属铂的依赖等因素，尚未普及。

电驱动系统：包括驱动电机和车辆传动系统等。电机逆变器也是一类 AC/DC 转换器，因车辆具有制动能量回收功能，该转换器也是双向的。

主电池包系统：电池包由电芯串并联而成，其输出端与直流母线直连，直流母线的电压状态由其决定。某些具有主动均衡功能的动力蓄电池包，电芯可以通过逆变器向直流母线中放电。

其他：车身电器、风力发电机和低压锂离子电池组等，均可扩展。

该拓扑结构同时兼容各类增程式电动汽车结构。

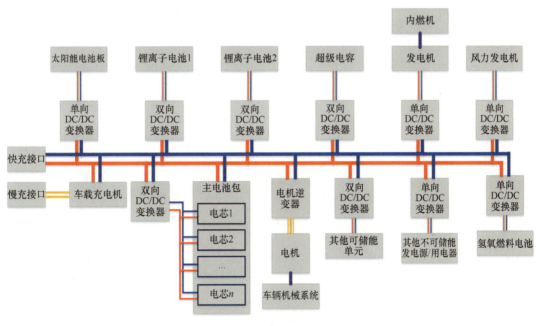

图 3-1 电动汽车的电气结构

国内电动汽车在标准工况下的百公里平均耗电量大概为 14.8kW·h/100km，按整车质量计算的平均单位质量耗电量大约是 9.0W·h/(100km·kg)。

整车能耗分解可根据电气结构拓扑图建能量流图来表达。以某款纯电动汽车为例，其能量流如图3-2所示（单位均为kW·h/100km）。从图中可见，整车能耗13.8kW·h/100km分别消耗在车载充电机、电池包、MCU、车身电器、电机、减速器、传动轴、轴承、卡钳拖滞、机械制动和车轮等子系统。

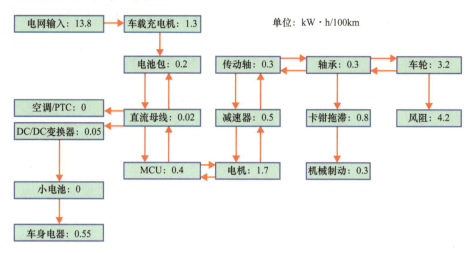

图3-2 电动汽车的能量流

能量主要损耗在风阻、机械阻力和车身电器三大方向中。在常温CLTC工况下，风阻占比30.42%，机械阻力占比39.13%，电器占比30.45%。若为高速工况，风阻占比将大幅增加；若为高低温工况，电器占比将大幅增加。因此，要对各类工况、各相关部件性能进行分解研究。图3-3所示为整车能耗影响因素的概览，车辆的动力性经济性测评与优化都将围绕这些部件及影响因素展开分析研究。

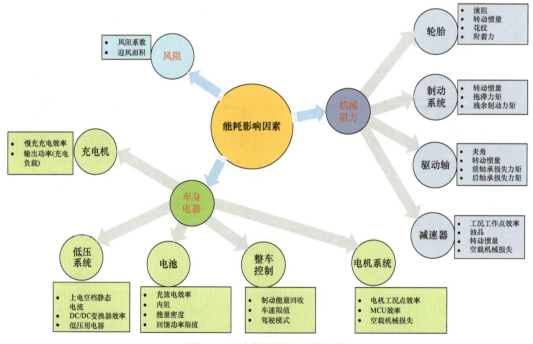

图3-3 整车能耗影响因素概览

3.1.2 竞品能耗水平统计分析

动力性经济性开发前期离不开对竞品统计数据的分析，将竞品的整备质量与能量消耗量的关系进行统计分析，对于把握纯电动汽车节能技术的现状及发展趋势有积极参考意义。现行的能量消耗量限值标准及补贴政策的设置依据主要为车辆的整备质量及其最高车速，本节提出一种获取当前能量消耗量平均技术水平的方法，为能量消耗量限值设定提供技术工具。通过对工信部公布的 1171 款纯电动车型数据进行统计分析，推导出纯电动乘用车能量消耗量技术能力曲线，预估出基于中国工况测试方法的能量消耗量技术能力曲线。该曲线对车辆动力性经济性的研发设计、节能减排相关的标准法规和政策的制定均有积极的参考意义。

1. 电动汽车能量消耗量限值标准

电动汽车能量消耗量在限制标准、双积分政策中被引用，在车辆设计初期为企业提供辅助设计作用。

（1）限值标准内容

GB/T 36980—2018《电动汽车能量消耗率限值》于 2018 年 12 月 28 日发布，2019 年 7 月 1 日实施。规定使用 GB/T 18386—2017 的方法测试的车辆能量消耗率作为限制对象。

能量消耗率限制表规定了第一、第二阶段限值，如图 3-4 所示。对于具有三排以下座椅，且最高车速大于或等于 120km/h 的车型，直接查能量消耗量限值表。其他车型能量消耗量限值应作如下计算（计算后四舍五入至小数点后一位）：如车型具有三排以下座椅，且最高车速小于 120km/h，折算系数 K 计算如式（3-1）所示；如果车型具有三排及三排以上座椅，且最高车速大于或等于 120km/h 的车型，折算系数限值乘以 1.03；如车型具有三排以上座椅，且最高车速小于 120km/h，能量消耗量限值乘以 1.03K，K 计算如式（3-1）所示。

$$K = 0.00312 V_{\max} + 0.6256 \quad (3\text{-}1)$$

式中　$V_{\max}$——车辆最高车速（km/h）。

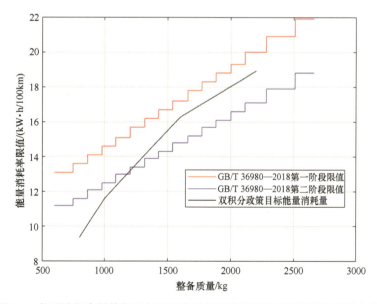

图 3-4　能量消耗率限值标准与双积分政策目标能量消耗量限值技术能力曲线

（2）乘用车企业平均燃料消耗量与新能源汽车积分并行管理办法

在工业和信息化部《关于修改〈乘用车企业平均燃料消耗量与新能源汽车积分并行管理办法〉的决定（征求意见稿）》中，对纯电动车型积分计算方法为

$$S = 0.006R + 0.4 \tag{3-2}$$

式中　R——车辆的续驶里程（km）。

纯电动乘用车 30min 最高车速不低于 100km/h，电动汽车续驶里程（工况法）不低于 100km，且按整备质量（m，kg）不同，车型能量消耗量（Y，kW·h/100km，工况法）满足能量消耗量目标值的，车型积分为标准车型积分乘以电耗调整系数（EC 系数），其中 EC 系数为车型能量消耗量目标值除以电能消耗量实际值（EC 系数计算结果按四舍五入原则保留两位小数，上限为 1.5 倍）；其余车型 EC 系数按 0.5 倍计算，并且积分仅限本企业使用。

纯电动乘用车能量消耗量目标值

$$Y = \begin{cases} 0.0112m + 0.4; & m \leqslant 1000 \\ 0.0078m + 3.8; & 1000 < m \leqslant 1600 \\ 0.0044m + 9.24; & m > 1600 \end{cases} \tag{3-3}$$

式中　m——车辆的整备质量（kg）。

能量消耗量目标值曲线如图 3-4 所示。该曲线体现了当前国内纯电动汽车能量消耗量技术平均水平，因此又可称为能量消耗量技术能力曲线。需要注意的是，双积分政策已在大数统计过程中忽略了车速，所获得的能量消耗量结果不再适用于速度修正。

2. 限制曲线类型推导与修正

能量消耗量限值标准与双积分政策能量消耗量目标曲线各有优缺点，限值标准中太多阶梯性数据，会导致电动汽车设计者尽量按照阶梯拐角设计与申报整备质量。双积分政策中仅对车速做了限值要求，不再对车速进行目标能量消耗量进行修正，对整备质量较小、车速高于 120km/h 的车型不太公平，这样做会导致整备质量较小的车辆大部分都限制最高车速以保证能量消耗量，政策性浪费车辆动力性能。为此，需要对能量消耗量技术能力曲线类型做推导。

（1）能量消耗量技术能力曲线的类型

从图 3-4 可知，各政策的能量消耗量与车辆的整备质量相关，且整备质量较小时，斜率较大。为此，对曲线的类型做假设：车辆均满足最高车速的条件下，能量消耗量斜率与车辆整备质量呈反比关系。

$$\frac{\mathrm{d}Y}{\mathrm{d}m} = \frac{k}{m} \tag{3-4}$$

式中　k——待定系数 [kW·h/（100km·kg）]。

解该微分方程得

$$Y = k \ln m + C_0 \tag{3-5}$$

则 k 与 C_0 是待定系数。C_0 为常数项（kW·h/100km）。

（2）最高车速修正

当车辆的最高车速低于工况要求的最高车速时，测试标准要求使用车辆满足最高车速

的模式进行能量消耗量与续驶里程测试。政策中规定了 30min 最高车速满足 100km/h 以上的车辆才能适用于能量消耗量调整系数修正，因此，以最高车速高于 100km/h 的车辆为研究对象，假设车辆能量消耗量与道路阻力能量消耗量呈正比，则获得折算系数 K 的计算公式如下：

$$K = \frac{\int_0^T (A + Bv_{car} + Cv_{car}^2)v_{car}dt}{\int_0^T (A + Bv + Cv^2)vdt} \quad (3\text{-}6)$$

式中　(t, v_{car})——车辆的工况序列；

　　　(t, v)——工况序列；

　　　T——工况循环周期。

当最高车速 $v_{max} \leq \max v$ 时，将 v 中的高速点替换为 v_{max}，A（单位为 N）、B [单位为 N/(km/h)]、C [单位为 N/(km/h)^2] 为依据滑行试验获得的道路阻力系数。

根据统计数据，不能满足最高车速 ≥ 120km/h 的车辆主要是整备质量 ≤ 1200kg 的车型。假设该部分车型道路阻力系数均值分别为 $A = 100$N、$B = 0.5$N/(km/h)、$C = 0.035$N/(km/h)^2，带入 NEDC 工况与中国工况，获得最高车速与折算系数的关系曲线，如图 3-5 中的实线所示。

折算系数曲线是通过点（工况最高车速，1）的直线，将曲线斜率设为 a，作为待定系数，则折算系数表达式如式（3-7）所示。将理论系数线拟合成直线，结果如图 3-5 中虚线所示。

$$K = aV_{max} + [1 - \max(v)a] \quad (3\text{-}7)$$

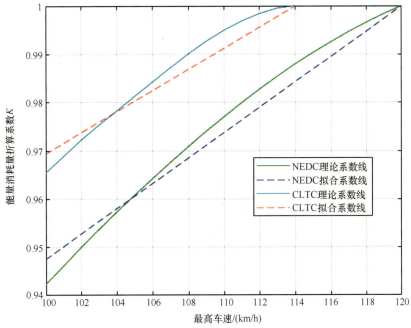

图 3-5　依据车辆最高速度修正能量消耗量系数

根据图 3-5 结果,NEDC 工况拟合折算系数线为

$$K = 0.0026V_{max} + 0.6850 \tag{3-8}$$

CLTC 工况拟合折算系数线为

$$K = 0.0022V_{max} + 0.7506 \tag{3-9}$$

该折算系数线是通过经验值拟合的,与式(3-1)通过大量试验数据拟合而来有区别,但整体结果相差不大,政策制定初期,可参考本方法。

3. 已公布车型能量消耗量技术水平分析

从工信部公告网站获取 2017 年 1 月 23 日—2019 年 11 月 4 日期间 1171 款纯电动车型基于 NEDC 工况的能耗数据,将这些数据进行统计分析,获得当前技术条件下我国纯电动乘用车能量消耗量平均技术能力曲线。该方法可以作为相关政策制定的参考,也可作为电动汽车设计企业的初步设计参考。步骤如下:

1)从工信部网站获得大量纯电动乘用车能量消耗量数据;
2)依据最高车速折算系数理论对低于工况车速的车型数据进行逆向修正;
3)对车型进行分组分布分析,分组求出整备质量、能量消耗量的均值与标准差;
4)依据式(3-5)拟合当前能量消耗量技术平均能力曲线,可作为双积分政策积分计算方法参考;
5)取 ±2σ 包络获得能量消耗量上下限能力曲线,可作为电动汽车能量消耗量限值法规第一、第二阶段限值指定参考。

(1)数据获取及其分析

获得样车数据后,对最高车速 < 120km/h 的车辆能量消耗量进行折算修正,获得图 3-6 所示的整备质量 - 能量消耗量分布图。

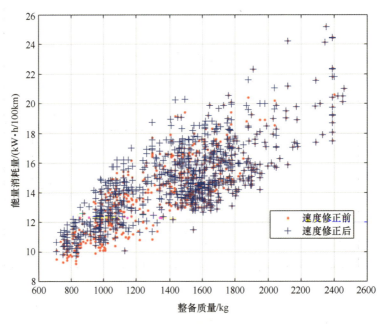

图 3-6 工信部公布的 1171 款纯电动汽车能量消耗量分布及速度修正结果

（2）能量消耗量技术能力曲线拟合

由于不同整备质量的车辆样本量相差较大，故采用分区间均值方差统计。整备质量≥2000kg 的乘用车样本量相对较少。从 700kg 开始，每 150kg 为一组做均值与方差分析，并以均值为圆心、2 倍标准差为半径画圆。

使用圆心作为拟合对象，确定如式（3-5）的待定系数，可获得能量消耗量平均技术能力曲线；将圆心向上/下偏移 2σ，获得一系列圆顶点包络，拟合成曲线，则获得能量消耗量上/下限能力曲线，如图 3-7 所示。

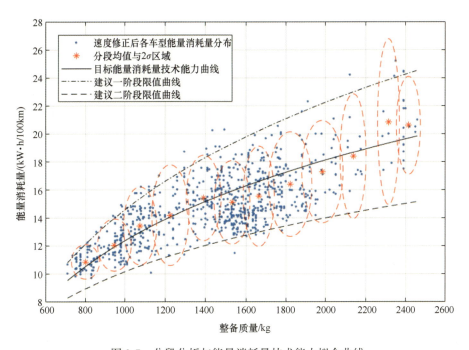

图 3-7　分段分析与能量消耗量技术能力拟合曲线

获得能量消耗量能力曲线如下：

$$\begin{cases} Y = 8.312\ln m - 45.10; & \text{平均水平，建议作为积分政策目标能量消耗量曲线} \\ Y = 11.023\ln m - 61.65; & \text{较差水平，建议作为能量消耗量第一阶段限值曲线} \\ Y = 5.600\ln m - 28.55; & \text{较优水平，建议作为能量消耗量第二阶段限值曲线} \end{cases}$$

4. 中国工况下能量消耗量曲线讨论

CLTC 工况与 NEDC 工况的差异是削弱了风阻损耗占比，增强了制动能量回收占比，综合而言，能量消耗量是降低的。据部分数据显示，同一款车型使用两种方法测试，CLTC 工况比 NEDC 工况能量消耗量低 3%～7%。据此，可初步预测新标准执行后，图 3-7 所示曲线将整体向下平移 5% 左右。

综上所述，本节基于能量消耗量斜率与整备质量呈反比的假设以及大量数据统计分析技术，提供了一套纯电动乘用车能量消耗量技术能力曲线的获取方法。使用该方法可以推导出应用于能量消耗量限值设定、双积分能量消耗量折算系数、车辆研发初期定位与选型的整备质量 - 能量消耗量关系曲线。

3.2　能耗分析工具与数据处理方法

从新车型立项到样车试制完成之前，仿真工程师需要不断地更换各种组合方案并分析其经济价值。各专业工程师都会询问本领域的参数变更对整车能量消耗量与续驶里程的影响，例如重量集成工程师会询问整备质量变化对节能的影响，电池工程师会询问循环能量密度变化对节能的影响，电机工程师会询问电机效率对节能的影响，底盘工程师会询问轮胎滚阻、卡钳拖滞力、传动系统布置角度等因素对节能的影响，回答这些问题的最佳工具是灵敏度分析。从样车试制完毕到量产前，以及后续年型车的开发优化，都需要基于当前能耗状态，提出下一阶段目标与实现措施，在这个阶段使用瀑布图分析工具最为合适。

整车部、动力蓄电池部、驱动总成部、动力底盘部和控制系统部等各部门都涉节能开发课题，热管理性能、制动性能和NVH性能等也经常需要牺牲节能换取其他方面的优势。既然参与车型开发的大部分人员都涉及节能领域的技术交流，那么使用一种规范化的能量流表达工具作为各部门工程师之间交流的标准语言，十分有助于提高工作效率。

对于在底盘测功机上与环境舱内根据标准执行车辆能耗与续驶里程试验的工程师来说，最基础的技能是掌握标准的试验方法，规范地将试验结果反馈给性能开发部门，但对于试验后的数据分析，则需要工程师掌握更深入的数据处理能力。

3.2.1　灵敏度与瀑布图分析工具

陈明等在《电动汽车动力性与能耗经济性参数灵敏度分析》中整理了整备质量、滚阻系数、风阻系数和传递效率对整车能耗影响的灵敏度分析。刘忠途等在《纯电动汽车动力性与能耗灵敏度分析》中通过斜线表达各影响因素的灵敏度。张宸维等在《纯电动汽车动力性与能量消耗参数灵敏度分析》中使用CRUISE建模，同时分析对动力性指标的灵敏度影响，且对灵敏度的结果包含使用百分数描述法。这里主要讨论灵敏度分析及其表达与应用，不再对模型做细致探讨，使用的模型接近于ADVISOR2002的纯电动汽车模型。

本节针对电动汽车节能技术开发过程经常用到的管理工具，以能耗影响因素及其灵敏度分析为依据，构建能耗优化瀑布图。首先，确定当前基础状态的整车能量消耗量；接着，收集若干降能耗措施，并依据成本由低到高排序；然后，对措施依次导入仿真整车能量消耗量，获得各措施对整车能量消耗量的灵敏度；最后，制作用于能耗优化措施选择决策的瀑布图。瀑布图在实际应用中，在开发前期可用于组合措施选择决策，在开发后期改善可用于表达节能工作进展状态。

1. 电动汽车整车能量消耗量影响因素分析

实际上各能耗影响因素对能耗的影响是非线性的，主要是电机效率MAP、减速器速比等因素的非线性导致的，尤其是减速器速比对能量消耗量的影响非线性特性最明显。为了更方便分析各参数的影响，可近似认为部分因素对能耗的影响是线性的，从而给出灵敏度结论。

整车能量消耗量的影响因素主要可以分为惯量影响、道路阻力常数项影响、道路阻力一次项影响、道路阻力二次项影响、电驱动效率影响、车身用电器功耗影响、电池直流内阻影响、车载充电机效率影响、制动能量回收策略影响等。各因素均有多种影响细分内容，见表3-1。

表 3-1 各种能量消耗量影响因素汇总

序号	影响因素	细分内容	是否可灵敏度分析
1	惯量影响	整备质量	是
2		旋转部件惯量	是
3	常数项阻力系数	滚阻系数	是
4		整备质量	是
5		轴承拖滞力	是
6		卡钳拖滞力	是
7	一次项阻力系数	传动轴效率	是
8		减速器与差速器效率	是
9	二次项阻力系数	迎风面积	是
10		风阻系数	是
11	电驱动效率	电机效率 MAP	是
12		减速器速比	否
13	车身用电器损耗	低压用电器损耗	是
14		电池内阻	是
15		车载充电机效率	是
16	制动策略	协调式回收	否
17		叠加式回收	否
18		叠加式 +OnePad	否
19		回收截止车速	否
20		电池允许回收策略	否
21	工况	标准工况或自定义工况	否
22		最高限速	否

各影响因素均可对应到不同措施再细分描述,例如,整车质量对应到各种轻量化技术与措施,风阻系数优化对应到各种空气动力学优化措施。

2. 各参数对能耗影响的灵敏度分析

由表 3-1 可知,部分影响因素不能用灵敏度分析,对于可用灵敏度分析的参数,当有耦合因素影响时,例如迎风面积与空气阻力系数同时影响道路阻力 C,则其能耗贡献量与其措施加载顺序相关。所以,对于不同类影响因素,要用能耗下降量分析灵敏度,而对于同类影响因素,则选择能耗下降百分比作为灵敏度输出,比直接用消耗贡献量更合理。

(1)仿真模型与灵敏度分析基准

灵敏度分析需要有基准参考,这里使用的模型接近于 ADVISOR2002 的纯电动汽车模型,其他动力性经济性仿真模型也可以得到本节所述的结论,也适合使用本节所述的工具。模型的初始化输入基准见表 3-2。

表 3-2 基准参数

参数	值	单位
阻力 A	120	N
阻力 B	1	N/（km/h）
阻力 C	0.035	N/（km/h）^{2}
整备质量	1300	kg

不同工况对能量消耗量的影响巨大，没有直接可比性。与工况一样，所有不可做灵敏度分析的影响因素均采用某固定值。这里以中国工况为例做仿真分析。

（2）分析结果

将各阻力系数、整备质量分别按照 10% 依次降低，并记录各次能量消耗量，最后算得各参数灵敏度数据见表 3-3。

表 3-3 各影响因素对能量消耗量的灵敏度

序号	调整影响因素	影响因素				CLTC 工况	CLTC 能耗贡献		灵敏度	
		阻力 A	阻力 B	阻力 C	整备质量	电网端能耗	能耗贡献量	能耗贡献百分比	灵敏度值	灵敏度单位
单位		N	N/（km/h）	N/（km/h）^{2}	kg	kW·h/100km	kW·h/100km	%	/	/
1	基准	120	1.00	0.0350	1300	13.30	0.000	0.00%	/	/
2	降低阻力 A10%	108	1.00	0.0350	1300	12.91	−0.383	2.88%	0.320	kW·h/（100km·10N）
3	降低阻力 B10%	108	0.90	0.0350	1300	12.74	−0.172	1.33%	0.172	kW·h/（100km·0.1N）/（km/h）
4	降低阻力 C10%	108	0.90	0.0315	1300	12.34	−0.403	3.16%	0.115	kW·h/（100km·0.001N）/（km/h）^{2}
5	降低整备质量 10%	108	0.90	0.0315	1170	12.08	−0.261	2.12%	0.201	kW·h/（100km·100kg）

由表 3-3 可得重要结论：道路阻力 A 的灵敏度是 0.320kW·h/（100km·10N）；道路阻力 B 的灵敏度是 0.172kW·h/（100km·0.1N）/（km/h）；道路阻力 C 的灵敏度是 0.115kW·h/（100km·0.001N）/（km/h）^{2}；整备质量灵敏度是 0.201kW·h/（100km·100kg）。

3. 能耗优化瀑布图制作

灵敏度参数可辅助各专业对各降能耗措施进行能耗贡献量初步判断，在实际应用中使用较少。存在很多互相影响的措施，例如，改变道路阻力的大小就会导致电机效率 MAP 工况点变更，从而影响电机效率，且这个变更量是非线性的。因此，通常使用能耗优化瀑布图进行管理各降能耗措施。

以某款车型的降能耗措施管理为例，已知某个基础状态能量消耗量为 20kW·h/100km，性价比越高、技术越容易达成的措施越排在靠前位置，将各项措施导入到仿真模型中，得到各项措施的贡献量见表 3-4。依据该表制作瀑布图，如图 3-8 所示。

第3章 整车能耗

表 3-4 某款车型降能耗措施管理

基础参数	措施及其对应能耗贡献量、整车能耗水平（按能耗量排序）		
	措施以及变更量	贡献量 /(kW·h/100km)	能耗 /(kW·h/100km)
	基准能耗	—	20.00
0.36	风阻系数：0.34	0.45	19.56
0.34	风阻系数：0.32	0.44	19.13
2.6	迎风面积 /m²：2.5	0.28	18.85
0.01	滚阻系数：0.008	1.30	17.55
1640	整备质量 /kg：1620	0.12	17.43
1620	整备质量 /kg：1600	0.11	17.32
1600	整备质量 /kg：1580	0.14	17.18
95%	传动轴效率：96%	0.28	16.90
96%	减速器效率：97%	0.23	16.67
91%	电驱动等效效率：92%	0.28	16.39
95%	允许制动充电 SOC 上限：97%	0.16	16.23
11	允许制动充电车速下限 /(km/h)：7	0.14	16.10
0.15	允许制动充电加速度上限 /g：0.24	0.40	15.70
85%	车载充电机效率：87%	0.37	15.33
87%	车载充电机效率：90%	0.51	14.82
0.32	风阻系数：0.3	0.40	14.42
0.008	滚阻系数：0.007	0.57	13.84
96%	传动轴效率：97%	0.29	13.56
90%	车载充电机效率：91%	0.09	13.46
—	最终能耗	—	13.46

单位：kW·h/100km

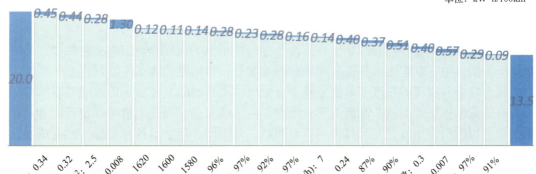

图 3-8 设计阶段各备选措施能耗优化瀑布图

4. 开发过程能耗优化瀑布图的应用

能耗措施的管理不仅应用在开发前期措施的选择上，也可以用于车型平台试验验证阶段及以后改款车型优化阶段。将能耗优化瀑布图的横坐标增加时间信息，用绿色表示已完成进程，黄色表示当前工作目标，红色表示未来工作目标，则可清晰表达各能耗措施导入过程。图 3-9 所示为某款纯电动汽车的能耗开发及其优化过程示例。

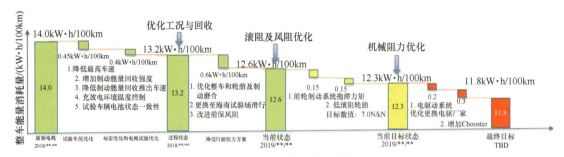

图 3-9 验证阶段能耗优化瀑布图

综上所述，本节以整车能量消耗量为分析重点，全面总结了能耗影响因素及其灵敏度分析法，并以瀑布图表达各能耗优化措施的节能效果。能耗优化瀑布图是基于车辆各类能耗优化措施灵敏度分析的结果展示，可在纯电动汽车各项能耗优化措施的选择与管理工作中作为应用工具。各专业技术人员通过灵敏度分析得出粗略的能耗影响结果，在开发前期可通过瀑布图决定采用哪些性价比较高的措施，在开发后期改善可通过瀑布图表达节能工作进展状态，这是各能耗优化部门共同完成节能开发能源管理的高效方法。

3.2.2 能量流分析图示工具

纯电动汽车能量消耗量与续驶里程是衡量其技术水平的重要指标。在汽车经济性开发过程中，基于能量守恒定律对能量流进行分解分析，对节能优化非常重要。以汽车整车为封闭系统，其能量来源主要是电网，混合动力汽车的能量可来源于各类燃料加注器、太阳能电池板等。能量的耗散则主要为机械能转换装置、车身电器、机械传动系统、轮边的风阻损耗与滚阻损耗等。

在纯电动汽车经济性开发中，各能源传递转换单元的能耗分解工作非常关键。与传统燃油车不同，电动汽车通常具备制动能量回收功能，导致电动汽车各能量传递子系统能流方向较为复杂。能流图在汽车节能分析中有重要应用，国际上普遍采用的能流图结构在表达具有能量回收功能的汽车能流图时，依然具有结构复杂，表达不清晰等缺点。各企业仿真工程师根据所使用的开发工具不同或者表达工具不同，产生了各种类型的能流图表达形式，欠缺规范化。

本节结合各种表达方式的优缺点，基于中国工况的仿真、台车测试和实际道路测试结果，对电动汽车主要的能量耗散单元进行分解分析，提出一种能流图的表达方式，统一了能流图中各元素的表示方法，并对主要能量流与子系统环节提出柱状图与饼状图的规范化表达方式，形成工程开发过程中各部门协调工作的统一语言，便于协作完成节能优化工作。

1. 能耗表达图例现状

目前，对于能流表达行业内并没有统一的表达方式，对于子系统的划分也未能规范统一。随着节能开发技术逐渐成熟，跨部门协调工作越来越多，总结出一套规范的能流表达视图非常必要。这里对目前常用的能流图类型进行分类分析。

（1）面向汽车用户的能流图

为了让汽车用户快速便捷地理解车辆的能流状态，各企业均开发了简洁友好的用户界面，仅显示主要环节的能流工作状态，某款纯电动汽车 App 中的能流图表达界面如图 3-10 所示。

图 3-10　某款纯电动汽车 App 中的能流图

该能流图表达简洁，只展现充电、电池、电机、轮边、风扇和空调等主要子系统的能量流通状态，便于用户快速理解，但不适用于开发者相互交流。

（2）各行业普遍使用的能流图

目前使用的能流图主要以箭头流向为主，能流的大小决定箭头符号的粗细，当能流用于耗散时，则从侧面用箭头分布出去，各子系统在能流主体中表达。可提供瞬态能流方向和比例，如图 3-11 所示。该能流图常用于混合动力汽车能流开发中。该能流图制作过程相对复杂，在快速生成报告或动态观察能流状态时不够方便快捷。

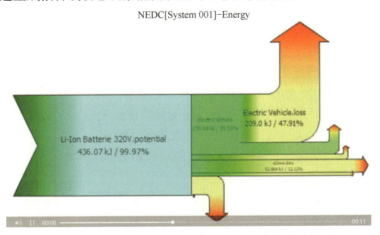

图 3-11　某动力性经济性仿真软件自动生成能流图示例

（3）用于各专业工程师交流协作的能流图

面向用户的能流图较为简单，面向能流细致表达的能流图较为抽象且不快捷。因此，各专业工程师之间的交流协作，主要根据自己的习惯制作能流图。图 3-12 所示为某工程师用于表达纯电动汽车能流状态的图例。

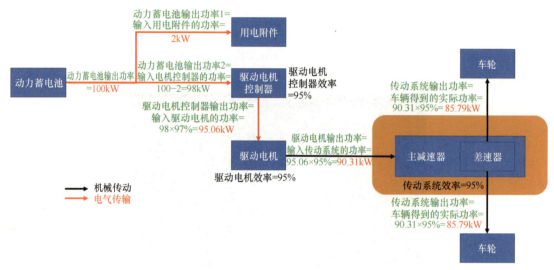

图 3-12 工程师交流协作使用的能流图

上图表达灵活，容易制作，但是在不同的协作场合，标注内容与表达内容变动较大，难以规范，而且对能流表达耗散比例的结论难以突显。

2. 能流图符号规范化

参与整车经济性开发的相关人员主要有仿真工程师、试验工程师、性能集成工程师、电机工程师、电池工程师等。为了提高协作效率，应当采用一种表达简洁、便于对比与理解、规范统一的能流图，这就需要对能流图中的元素及其表达方式进行规范。对于纯电动汽车，需要在能流图中表达的信息主要有各子系统、各子系统之间的能流方向及能流强度。

（1）子系统

面向汽车用户的子系统直接用接近实物的图标表示，通用能流图中各子系统仅在箭头位置中用文字描述，各专业普遍接受能流图用方框与文字描述的方式表达。沿用方框加文字描述的表达方式，在子系统名称下方增加了损耗描述，如图 3-13 所示。

对于汽车而言，能耗的强度通常用百公里能量消耗量来表达，沿用相同的单位，即 kW·h/100km 来表达子系统损耗的强度。如果为瞬时状态，可调整为功率，单位使用 kW。

（2）能流方向与能流强度

能量流通主要有大小和方向两个属性，在通用的能流图中，箭头的粗细表达能流的大小，但弱化了各子系统的表达。为了便于能流图的制作与交流，这里规定能流方向用箭头表示，箭头首尾均必须连接子系统，能流强度用数值表达在箭头中，单位为 kW·h/100km，如图 3-14 所示。如果是瞬时状态，可调整为功率，单位使用 kW。

图 3-13 子系统的表达方式

由于能量回收功能的存在，各子系统之间可能存在双向的能量流通。为表达完整，各方向的能量流强度依然用图 3-14 所示，同时，提供综合能流方向及强度，如图 3-15 所示，用虚线外框表示此能流为综合能流。

图 3-14　能流方向与能流强度表达方式　　　　图 3-15　综合能流方向与能流强度

该值在瞬态表达时有正有负，与图 3-14 所示能流图表达意义重复，因此不再适用于瞬态表达。

3. 能流图的应用举例

能流图通常应用在仿真结果表达、试验结果表达中，各职能工程师通过仿真与实测能流结果，对车辆的节能技术做改善与确认。

（1）仿真能流图

仿真过程的能流图可以做得非常精细，与模型的精细化程度相关。模型越精细，子系统越多，能流网络表达越复杂。常用的纯电动汽车整车仿真能流表达图如图 3-16 所示，该图是针对 NEDC 工况表达各子系统的能量损耗，各子系统能流强度的表达被省略。

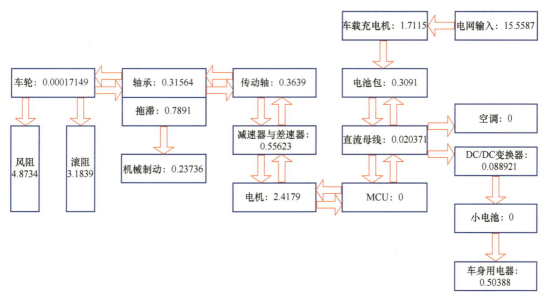

图 3-16　某款纯电动汽车 NEDC 工况能流图（单位 kW·h/100km）

（2）实际道路试验能流图

在实际道路测试中，可以通过车载传感器采集到的车辆能流相关数据，但表达的子系统相对较少。图 3-17 所示某款纯电动汽车冬季试验中实际道路测试结果能流图。

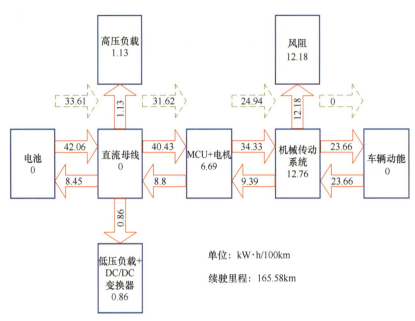

图 3-17　某款纯电动汽车冬季试验中实际道路测试结果能流图

（3）台架试验能流图

因为实测结果与环境温度、实际路况等关系较大，所以在整车经济性的开发中，验证工作均以底盘测功机台架上实测结果为准。各子系统单独台架的测试也以标准的工况作为参考依据。此时能流图的表达与实际道路将有区别，某款纯电动汽车常温台架试验能流图如图 3-18 所示。

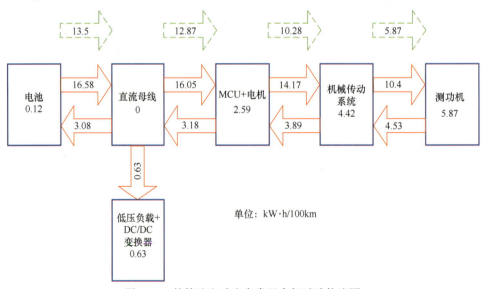

图 3-18　某款纯电动汽车常温台架试验能流图

4. 基于能流图的重要名称定义

从能流图中可以获得以下能耗相关指标信息，这些指标信息是各专业之间协调工作的重点。

1）电池输出端能量消耗量：该参数表达了整车在行驶过程的能量消耗量，电池的总放电量除以该值即为续驶里程。如图 3-18 所示，电池至直流母线的综合能流强度即为电池输出端能量消耗量，在示例中，该车电池输出端能量消耗量为 13.5kW·h/100km，属于整车目标。有时也习惯简称为车端能耗，区别于电网端能耗。

2）电机输出端能量消耗量：该参数综合表达了车辆道路阻力机械损耗的强度，包括风阻、滚阻、减速器与传动轴等机械传动系统的损耗。如图 3-18 所示，电机 +MCU 输出至机械传动系统的综合能流强度即为电机输出端能量消耗量（10.28kW·h/100km）。因为道路阻力系数与工况直接决定了该值大小，所以有时也简称为轮端能耗。

3）电驱动效率、电驱动能量回收效率、电驱动综合效率：电驱动系统包含电机与电机控制器（MCU），该子系统在能流图表达中主要有 4 个接口，分别为直流母线至电驱动、电驱动至机械传动系统、机械传动系统至电驱动、电驱动至直流母线。对电机效率的评价通常使用驱动状态的效率，即 14.17/16.05×100%=88.29%。类似地得到制动能量回收效率为 3.18/3.89×100%=81.75%，综合效率是用综合能流的比值 10.28/12.87×100%=79.88%。因为能量回收与控制策略以及是否带协调式制动能量功能硬件相关，所以主要关注电驱动效率。

4）回收效能、回收比例、回收里程贡献率：评价制动能量回收性能的重要指标及其测试方法众多，从能流图中可以获得相关指标。回收效能是回收到电池的能量除以车辆可回收动能，如图 3-18 所示，回收效能为 3.08/4.53×100% = 67.99%；回收比例是电池回收能量与驱动能量的比值，即 3.08/16.55×100% = 18.61%；回收里程贡献率是电池输出至直流母线与电池综合输出至直流母线的比值，为（16.58/13.5－1）×100% = 22.81%。

5. 其他经济性开发相关表达图例

图 3-16 ～ 图 3-18 所示的能流图相对于通用的能流图来说，虽然制作简单，但不能形象地表达能流耗散状态与各耗能占比。为了弥补该缺点，可以增加柱状图与饼状图表达。

（1）柱状图

柱状图主要表达能流主通道上的能量传递及阶梯性耗损信息，如图 3-19 所示。

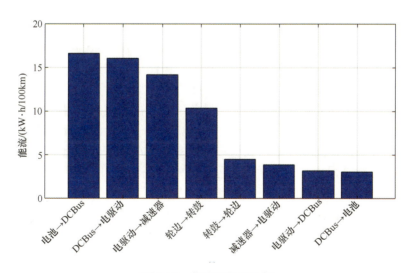

图 3-19　能流柱状图示例

（2）饼状图

饼状图主要表达各子系统能量损耗百分比，便于针对能耗较大的子系统进行优化改进，如图 3-20 所示。

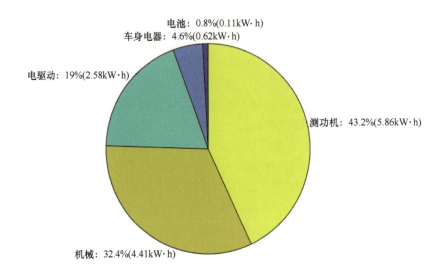

图 3-20　各子系统能耗饼状图示例

综上所述，在纯电动汽车整车经济性开发中，对能流结果表达的标准化极为关键。采用文中所述的以框图与百公里能量消耗量的形式表达能流图以及在特殊场合附加柱状图与饼状图，可以协助更好地协调各职能部门之间的交流。

3.2.3　能量流试验数据处理方法

在新能源汽车政策过渡阶段，预计将推出相配套的标准体系。其中，纯电动汽车整车能量消耗量及续驶里程试验方法依据 GB/T 18386.1—2021《电动汽车能量消耗量和续驶里程试验方法　第 1 部分：轻型汽车》。任山等在《纯电动汽车电能消耗和续驶里程测试标准对比分析》中对中国国家标准、国际标准（ISO）、美国 SAE、欧盟 UNECE 和日本 JIS 等主要标准针对纯电动汽车电能消耗和续驶里程的具体测试要求进行对比分析，并对标准之间的主要相同点和不同点进行了简要分析，说明了缩短法在国际中的应用。

本节主要研究标准中缩短法的试验方法及其试验数据处理，获得能量消耗量与续驶里程以外的其他结论，包含车辆在测试过程中的能流分析、能量消耗量测试结果的稳定性判定、制动能量回收率以及制动能量回收里程贡献率等。在此基础上建议汽车企业可以在自检测时选用更多的 DS2 段中国工况循环，通过多次测量提高精度。

1. 新标准能量消耗量与续驶里程试验流程与结果分析

以常温下缩短法能量消耗量及续驶里程试验方法为研究对象，其试验流程如图 3-21 所示。本节所述试验数据完全沿用送审稿，仅在试验数据分析环节获取其他结论。缩短法速度片段构成如图 3-22 所示。

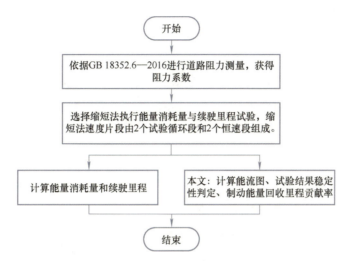

图 3-21 常温缩短法能量消耗量及续驶里程试验流程

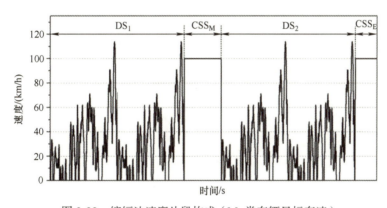

图 3-22 缩短法速度片段构成（M_1 类车辆目标车速）

该试验过程中获得的原始数据有：

1）整车道路载荷：A（N）；B[N/（km/h）]；C[N/（km/h）^{2}]；基准质量 m（kg）；在底盘测功机上测试车辆寄生损失，获得测功机设定系数：A'（N）；B'[N/(km/h)]；C'[N/(km/h)^2]；

2）试验过程中 DS_1、CSS_M、DS_2、CSS_E 四个片段的电压、电流、车速秒采数据，$\{t_i, U_i, I_i, v_i | i = 1, 2, \cdots, n\}$。供电过程来自电网的电量 E_{AC}（W·h）。

依据送审稿可计算测量的直流端能量消耗量 EC_{DC}、交流端能量消耗量 EC、续驶里程 BER。

2. 基于相同的试验数据获得额外分析结果

对试验结果的细致分析可以获取更多有价值的结果，在电动汽车经济性开发中意义重大。在现有试验方法中，可以获得能流图，以便定位哪个子系统的能量消耗量更大并做问题定位与优化；可以获得试验数据结果稳定性与可信区间分析，以便提供量化数据来确定试验过程并采取相应的措施来提高精度；可以获得制动能量回收相关的结论，以便量化并优化制动能量回收策略。

(1) 能流图

依据送审稿缩短法试验,每个速度片段均可获得如图 3-23 所示的能流图,至少包含电网、车载充电机与电池、电机与电机控制器、加速器与传动轴等机械传动系统、轮边阻力共 5 个子系统。各子系统之间主要有驱动状态能量和回收状态能量以及综合视在能量。现行标准已给出等效工况下的 EC、EC_{DC} 和 BER,做进一步的能流分析可获得驱动状态电池输出端能量 EC_{DCD}、回收状态电池端能量 EC_{DCR}、驱动状态电机输出能量 EC_{MD}、回收状态电机能量 EC_{MR}、驱动状态轮边驱动能量 EC_{WD}、回收状态轮边回收能量 EC_{WR}。

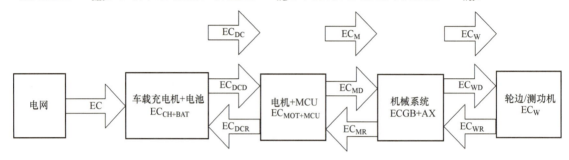

图 3-23 纯电动汽车能流图

各参数速度片段计算过程如下。

$$EC_{DCD} = \frac{\sum_{i=1, I_i>0}^{n} U_i I_i \Delta t_i}{\sum_{i=1}^{n} v_i \Delta t_i} \tag{3-10}$$

$$EC_{DCR} = \frac{\left| \sum_{i=1, I_i<0}^{n} U_i I_i \Delta t_i \right|}{\sum_{i=1}^{n} v_i \Delta t_i} \tag{3-11}$$

车辆道路载荷为

$$F_i = A + Bv_i + Cv_i^2 + ma_i \tag{3-12}$$

$$EC_{MD} = \frac{\sum_{i=1, F_i>0}^{n} F_i v_i \Delta t_i}{\sum_{i=1}^{n} v_i \Delta t_i} \tag{3-13}$$

$$EC_{MR} = \frac{\left| \sum_{i=1, F_i<0}^{n} F_i v_i \Delta t_i \right|}{\sum_{i=1}^{n} v_i \Delta t_i} \tag{3-14}$$

$$EC_M = EC_{MD} - EC_{MR} \quad (3\text{-}15)$$

车辆测功机载荷为

$$F_i' = A' + B'v_i + C'v_i^2 + ma_i \quad (3\text{-}16)$$

$$EC_{WD} = \frac{\sum\limits_{i=1, F_i'>0}^{n} F_i'v_i \Delta t_i}{\sum\limits_{i=1}^{n} v_i \Delta t_i} \quad (3\text{-}17)$$

$$EC_{WR} = \frac{\left|\sum\limits_{i=1, F_i'<0}^{n} F_i'v_i \Delta t_i\right|}{\sum\limits_{i=1}^{n} v_i \Delta t_i} \quad (3\text{-}18)$$

$$EC_W = EC_{WD} - EC_{WR} \quad (3\text{-}19)$$

综合加权过程的加权系数可沿用送审稿中的系数。机械损失试验在 GB 18352.6—2016《轻型汽车污染物排放限值及测量方法（中国第六阶段）》中有减速法与等速法两种方式分解，其获得的结果更为精确可信，故后续不对该子系统进行解耦分析。电机与 MCU 的损耗包含了电池输出端到电机输出端，某些车辆拓扑上包含了低压用电器的损耗，这里只依据本标准试验方法获取 REESS 数据，将低压用电器损耗包含在电驱动系统中。

（2）试验数据结果稳定性与置信区间分析

假设试验结果服从正态分布：$X \sim N(\mu, \sigma^2)$，以重复测量 n 次的平均值作为结果，则结果服从如下分布：$X \sim N(\mu, \sigma^2/n)$。

从试验数据分析方法可知，DS_2 段两个 CLTC 工况能量消耗量的稳定性更影响试验结果，从这个角度衡量，使用 DS_2 阶段两个工况的能量消耗量的稳定性来说明试验结果的稳定性更合理。基于样本量问题，可以将 4 个 CLTC 工况的电池驱动能量消耗量的稳定性作为试验精度的评价，可以提高试验的精度评价水平。由于各循环可能受车辆热管理系统状态不一致、SOC 不一致而导致电池电压平台不一致等因素的影响，电池输出端能量消耗量的一致性不可信。从原理上说明一致性不可信，实际试验中，证明在转鼓上测量并不能分辨该误差，所以现行缩短法才具备评价的科学性。为从理论上说明试验结果精度的可靠性，可以直接分析底盘测功机的数据。测功机道路阻力模拟精度、驾驶员驾驶精度都对试验结果产生影响。规定误差次数以外，应当从其他直接体现能量消耗量一致性的指标来衡量试验结果的质量。从循环里程的一致性判断不够直观，而通过各循环测功机吸功稳定性更能形象地衡量试验结果的可信度，与车辆无关。

缩短法精度计算 DS_2 两个 CLTC 工况能量消耗量的标准差为

$$\sigma_{EC,DS_2} = \sqrt{(EC_{DS_{2,1}} - EC_{DS_2})^2 + (EC_{DS_{2,2}} - EC_{DS_2})^2} \quad (3\text{-}20)$$

计算续驶里程的 3σ 置信区间，

$$\text{BER} \pm 3\sigma_{\text{BER}} = \frac{E_{\text{REESS, STP}}}{\text{EC}_{\text{DC}_1} \times K_1 + (\text{EC}_{\text{DC}_2} \mp 3 \times \frac{\sigma_{\text{EC,DC}_2}}{\sqrt{2}}) K_2} \quad (3\text{-}21)$$

计算能量消耗量的 3σ 置信区间：

$$\text{EC}_{\text{AC}} \pm 3\sigma_{\text{EC\_AC}} = \frac{E_{\text{AC}}}{\text{BER} \pm 3\sigma_{\text{BER}}} \quad (3\text{-}22)$$

使用常规工况方法测试的置信区间分析与此类似。

（3）制动能量回收相关结果

QC/T 1089—2017《电动汽车再生制动系统要求及试验方法》定义了以下几个指标用于衡量电动汽车的制动能量回收技术水平。

1）最大理论制动能量：汽车减速过程中所施加的制动能量，单位为 kW·h。制动能量回收效能：用于评价制动回收有效性，包括制动能量回收率、制动能量回收系统续驶里程贡献率。

2）制动能量回收效率：汽车减速过程中，由再生制动系统回收，最终回馈至可充电储能系统的能量与汽车减速过程中所需施加的制动能量之间的比值。

3）制动能量回收系统续驶里程贡献率：相同试验条件下，开启与关闭制动能量回收功能时电动汽车运行里程的差值（$D_1 - D_2$），与关闭制动能量回收功能时的运行里程 D_2 的比值，如式（3-23）所示。

$$P_1 = \frac{D_1 - D_2}{D_2} \quad (3\text{-}23)$$

在送审稿缩短法试验中，采集了 REESS 的电压与电流，使用 QC/T 1089—2017 的方法即可计算出制动能量回收效能。此外有一个指标更为直观，即电池回收能量与电池输出的能量的比值，该指标与里程贡献率关系如式（3-24）所示。

$$P_2 = \frac{P_1}{1 + P_1} \quad (3\text{-}24)$$

3. 测试实例数据分析

以某款纯电动汽车为例，依据送审稿的常温缩短法进行试验，获得相关的数据并进行分析。

（1）试验过程及数据

依据送审稿常温缩短法，对某款纯电动汽车进行能量消耗量与续驶里程试验，获得 6 个速度片段秒采数据。试验数据如表 3-5 与图 3-24 所示。

表 3-5　某纯电动汽车车辆及道路载荷数据

序号	参数	符号	值	单位
1	基准质量	m	1269	kg
2	道路常数项阻力系数	A	90.92	N
3	道路一次项阻力系数	B	1.1286	N/(km/h)
4	道路二次项阻力系数	C	0.0319	N/(km/h)^2

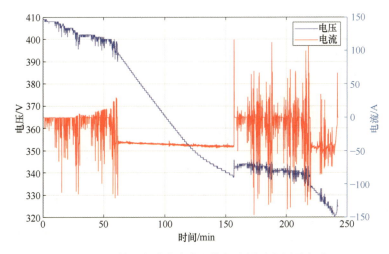

图 3-24 某纯电动汽车常温缩短法测试电压及电流

（2）试验数据分析

使用上述数据处理方法，可获得各速度片段的能流图及对应的统计结果和加权结果，见表 3-6 和表 3-7 所示。

表 3-6 试验数据各速度片段及数据稳定性判定统计结果

	项目	里程/km	电池净放能量/W·h	能量消耗量/(W·h/km)	驱动能量/W·h	回收能量/W·h	回收比例	测功机吸功/(W·h/循环)
速度片段	DS_1CLTC_1	14.381	1711.0	118.97	1731.18	20.20	1.2%	980.48
	DS_1CLTC_2	14.352	1453.5	101.28	1741.18	287.64	16.5%	978.96
	CSSM	159.362	23555.9	147.81	23633.05	77.13	0.3%	22214.44
	DS_2CLTC_1	14.408	1366.3	94.83	1800.50	434.20	24.1%	982.36
	DS_2CLTC_2	14.451	1348.2	93.29	1760.73	412.53	23.4%	986.61
	CSS_E	36.857	5390.1	146.24	5444.70	54.62	1.0%	5064.16
统计结果	总和	253.812	34825.0	702.43	36111.34	1286.32	66.6%	31206.99
	4CLTC 循环均值	14.398	1469.8	102.09	1758.40	288.64	16.3%	982.10
	4CLTC 循环 3σ 精度	0.44%	17.07%	17.30%	2.61%	98.87%	98.06%	0.51%
	DSS2 的 2CLTC 循环 3σ 精度	0.15%	0.67%	0.82%	1.12%	2.56%	1.44%	0.22%

表 3-7 电量变化、能量消耗量、权重系数等结果

符号	描述	值	单位
$\Delta E_{REESS, DS1}$	试验循环段 DS_1 所有 REESS 的电量变化	3164.5	W·h
$\Delta E_{REESS, CSSM}$	试验循环段 CSSM 所有 REESS 的电量变化	23555.9	W·h
$\Delta E_{REESS, DS2}$	试验循环段 DS_2 所有 REESS 的电量变化	2714.5	W·h
$\Delta E_{REESS, CSSE}$	试验循环段 CSSE 所有 REESS 的电量变化	5390.1	W·h
$\Delta E_{REESS, STP}$	缩短法试验前后，REESS 的电量变化	34825.0	W·h

(续)

符号	描述	值	单位
K_1	试验循环段 DS_1 的权重系数	9.1%	—
K_2	试验循环段 DS_2 的权重系数	90.9%	—
$EC_{DC,1}$	基于 REESS 电量变化的试验循环段 DS_1 的能量消耗量	110.13	W·h/km
$EC_{DC,2}$	基于 REESS 电量变化的试验循环段 DS_2 的能量消耗量	94.06	W·h/km
EC_{DC}	基于 REESS 电量变化的循环能量消耗量	95.52	W·h/km
$BER(D_1)$	缩短法的循环续驶里程	364.6	km
EC	能量消耗量	117.5	W·h/km
D_2	无制动能量回收里程估计	285.2	km
P_1	制动能量回收里程贡献率	27.9%	—
P_2	制动能量回收比例	21.79%	—

4. 基于国标试验方法的企标试验方法改进建议

国标特点是考虑周全、试验充分和最优精确，主要起到在行业内固定规则的作用，兼顾各汽车厂家的能力与可执行性。而各企业本身应当以服务社会并创造利润为目的，适用的企标需要在国标的基础上做向上兼容，便于定位问题、改善车辆性能。完全使用送审稿数据而得出额外结论，对于制定企标，可做如下改进工作。

（1）循环数量的改进

为了缩短试验，较早的版本中 DS_1 段与 DS_2 段均只有一个中国工况循环。为了兼顾试验试验结果精度，送审稿决定改为 2 个中国工况循环。发现 DS_2 段对结果影响权重极大，增加 DS_2 段的循环数对试验结果精度的改善效果明显。增加的循环数的电压、SOC 等将会对传动系统效率产生影响，且循环数多了之后，达不到缩短测试时间的目的。为了权衡这些问题，企标在 2 个中国工况循环的基础上增加至 5 个是较合理的，5 个样本做分布更能看出试验结果的稳定性以及更精确地确定子系统的问题。

（2）分段验证与能流图完善

该试验的最终目的是获得车辆的续驶里程与能量消耗量。对于企标而言，另一个重要目的是获得车辆行驶过程的能流图，以便精确定位问题并做能耗优化提升。图 3-23 所示的能流图显然较为粗糙，更细致的能流图参考图 3-25，该能流图依然有很大的分解空间，例如电机的损耗可进一步分解铜损/铁损，低压用电系统可进一步分解照明/通信/热管理系统等。当前试验至少分为 3 段测试车辆的能流，其一是通过滑行试验获得道路阻力损耗；其二是通过在底盘测功机上模拟工况行驶获得电器系统、机械系统的损耗；其三是通过充电过程获得车载充电机、充电导线等充电过程零部件的损耗。

（3）试验停止条件及停车过程

试验停止的 CSS_E 段是等速段，当前车辆在停车过程保持 D 档的情况下存在一定的能量回收转矩。由表 3-6 可知，该车辆在回收过程有 54.62W·h。在沿用送审稿的试验数据处理方法时，该部分能量是从电池已放出电量中剔除的。在不同的滑行工况下，回收强度不同，通常会比没有回收的停车方式少 0.5~1.5km 的里程，对能量消耗量结果无影响。停车时一小部分能量回收也不利于分段确定电池包的允用放电电量。因此，企标可以适当优化停车策略适应新标准。

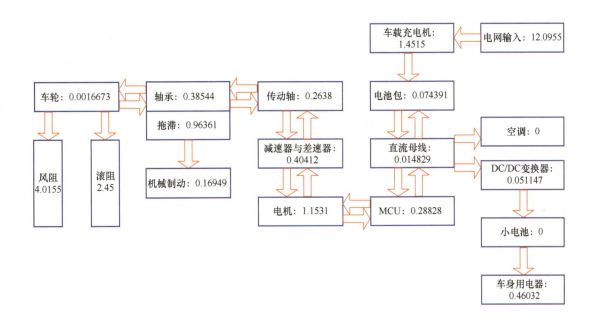

图 3-25　纯电动汽车细化能流图（单位：kW·h/100km）

（4）低压蓄电池及其电能测量

送审稿试验方法默认 REESS 仅为动力蓄电池包，当前车辆的低压铅酸电池仅作为预备电源使用，随着梯次利用电池逐步退役，退役的动力蓄电池可用于低压电源储电系统。届时，低压备用电源身份将变更为低压储能电源。如果仅在 DS_2 段使用低压备用电源，会导致续驶里程比实际偏高 5% 左右，因此保留了常规工况法作为仲裁试验。

（5）更多参数测量与传感器标定

使用送审稿所述试验方法，很难对竞品车进行黑盒测试。而对企业自身产品的测试则可以更细化。例如，通过 CAN 数据获取电机的转速与转矩信息、DC/DC 变换器输入输出的电压/电流信息或者企业外加传动轴转矩传感器对能流图进行更细化的分解。企业开放部分云平台数据给用户，可能是下一阶段需要考虑的工作。

（6）企业工况构建与客户定制化动力总成

中国工况将是中国纯电动汽车行业共同认可的标准，企业可以参照中国工况的构建思路，通过大数据技术提取目标用户的工况数据。中国工况与 NEDC 工况在风阻与制动能量回收所占比重上有较大差别，这也是中国工况的意义所在。

综上所述，本节详细分析了标准中的试验过程及数据处理方法，基于相同的试验方法与数据得出能流图、制动能量回收分析和试验结果稳定性判定等结论。并依据分析过程，从提升产品节能性的角度上提出了基于国标改进企标的若干方法。车企可参考这些结论和建议，进一步细化企标各项措施，提高试验的价值，更好服务于产品开发。

3.3 整车能耗与续驶里程

受国家相关政策的指引,调研纯电乘用车的整备质量与百公里能量消耗量的关系,参考相应的限值标准,在产品开发部门提出新产品定位之后,根据当前技术水平,快速设计新车型的能量消耗水平,初步设计续驶里程。另一方面,为了更准确地预测车辆的剩余续驶里程、更合理地设计整车能量管理策略、更及时准确地反馈给用户车辆的能耗水平,需要对电动汽车能耗的算法进行研究,并分解出主要的耗能模块。

3.3.1 续驶里程初步设计

国家依据能源政策推出了一系列能源补贴标准,主要补贴的参考指标是汽车的续驶里程,并以百公里能耗作为技术能力限值。在动力总成选型尚未确定,甚至车身重量都有待选型的情况下,确定电动汽车的动力性、续驶里程以及能耗指标是设计初期的重要的工作。为此,需要研究电动汽车的能耗技术水平的评价方法。本节提出了一种基于百公里能耗的电动汽车续驶里程设计与评价的方法,并通过实验验证了其实用性,为市场调研及前期成本决策提供可行性分析工具,虽然精度不如精细化仿真模型,但弥补了仿真设计工作在前期数据量不足而难以进行的缺点。

1. 经济性指标相关政策与分析

电动汽车补贴依据主要参考电动汽车的续驶里程,对于纯电动汽车和插电式混合动力汽车的补贴稍有差异。根据《2013年新能源汽车推广应用补助标准》,纯电动乘用车、插电式混合动力(含增程式)乘用车推广应用补贴标准见表3-8。虽然各地方补贴的额度略有差异,但补贴方法及参考依据与以上国家标准一致。除了将续驶里程作为补贴额度参考依据以外,电动汽车的百公里能耗作为补充参考条件,必须满足如表3-9所示的能耗限值,才能获得相对应的补贴。该标准为汽车制造商的前期战略布局和研发部门设计提供了非常有意义的参考,并可以对市场上的新能源汽车在能耗方面的技术水平做等级划分。

表3-8 新能源汽车推广应用补助标准(2013年)

车辆类型	纯电续驶里程 R(工况法)			
	80 ≤ R < 150	150 ≤ R < 250	R ≥ 250	R ≥ 50
纯电动乘用车	3.5万元/辆	5万元/辆	6万元/辆	—
插电式混合动力乘用车(含增程式)	—	—	—	3.5万元/辆

表3-9 电动汽车电能消耗量限值

整车整备质量(CM)/kg	车型电能消耗量限值(第一阶段)/(kW·h/100km)	车型电能消耗量限值(第二阶段)/(kW·h/100km)
CM < 750	13.1	11.2
750 ≤ CM < 865	13.6	11.6
865 ≤ CM < 980	14.1	12.1
980 ≤ CM < 1090	14.6	12.5
1090 ≤ CM < 1205	15.1	13
1205 ≤ CM < 1320	15.7	13.4

（续）

整车整备质量（CM）/kg	车型电能消耗量限值（第一阶段）/（kW·h/100km）	车型电能消耗量限值（第二阶段）/（kW·h/100km）
1320 ≤ CM < 1430	16.2	13.9
1430 ≤ CM < 1540	16.7	14.3
1540 ≤ CM < 1660	17.2	14.8
1660 ≤ CM < 1770	17.8	15.2
1770 ≤ CM < 1880	18.3	15.7
1880 ≤ CM < 2000	18.8	16.1
2000 ≤ CM < 2110	19.3	16.6
2110 ≤ CM < 2280	20	17.1
2280 ≤ CM < 2510	20.9	17.9
2510 ≤ CM	21.9	18.8

2. 百公里能耗参数提取及其意义

表 3-9 所提供的纯电动汽车百公里能耗参考指标包含第一阶段与第二阶段。第一阶段以汽车整备质量分段阶梯式作为限值，以质量较小的值作为限值将获得上限，以质量较大的值作为限值将获得下限，而波折曲线段为实际控制线，如图 3-26 所示。对于汽车初步设计时，使用控制下限作为参考限值或者本公司历史技术条件作为控制限值。

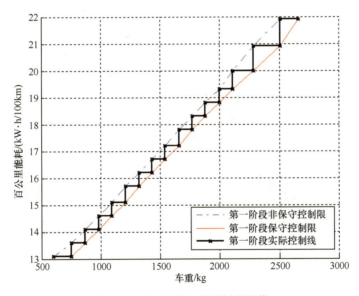

图 3-26　第一阶段电能消耗量限值

由图 3-26 可知，限值的设定与汽车的整备质量近似于线性相关。将第一阶段保守控制限使用最小二乘法拟合成直线，其方程如式（3-25）所示，拟合度如图 3-27 所示。

$$\rho_{EC} = 0.0045541 m_{car} + 9.6666 \tag{3-25}$$

式中　ρ_{EC}——百公里能耗 [kW·h/(100km)]；
　　　m_{car}——汽车整备质量（kg）。

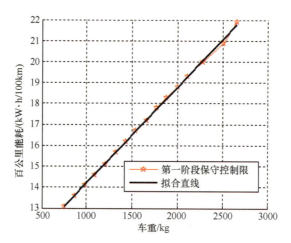

图3-27　第一阶段电能消耗量保守限值及其拟合直线

按照目前的技术水平，新生产的电动汽车可以使用第一阶段保守控制限，同时，使用第二阶段的保守控制限作为参考以及下一代汽车的设计优化方向。而介于这两者之间的直线，可以认为是当前技术条件下的平均水平线，如图3-28所示。

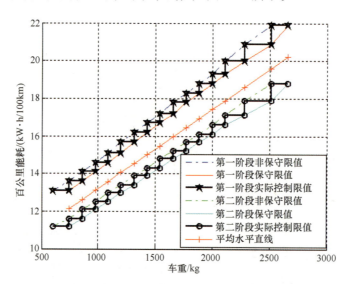

图3-28　第一阶段与第二阶段限值对比平均限值

第二阶段与第一阶段平均限制为

$$\rho_{EC} = 0.0039167 m_{car} + 8.2606 \quad (3-26)$$

$$\rho_{EC} = 0.0042354 m_{car} + 8.9636 \quad (3-27)$$

3. 电动汽车续驶里程初步设计

电动汽车的设计仿真需要众多参数，在做一款预知重量、预知续驶能力的电动汽车的设计之前，要获得电机、电池、车轮型号等详细参数非常困难，所以我们要寻找另外一条较为精确而便捷的途径去设计该阶段的电动汽车。

前期设计最关注的参数是汽车整备质量 m_{car}、汽车续驶里程 s_{car} 和电池包电量 E_{bat}。这些参数间接相关度最大的参数是车身质量（不包含电池包质量）m_{body}、电池包质量 m_{bat} 和电池包综合能量密度 ρ_{bat}。

这些参数的关系如下：

$$m_{car} = m_{body} + m_{bat} \tag{3-28}$$

$$E_{bat} = \rho_{bat} m_{bat} \tag{3-29}$$

$$s_{car} = \frac{E_{bat}}{\rho_{EC}} \times 100 \tag{3-30}$$

（1）设计电池的配电量与汽车整备质量

由式（3-27）~式（3-30）可知，若已知车身重量、续驶里程和当前技术下的电池包能量密度，则可以根据续驶里程求出电池电量，从而求出汽车的整备质量。若将式（3-27）替换为式（3-25），则得出保守的设计结果；若将式（3-27）替换成式（3-26），则设计出在当前技术条件下乐观的设计结果。

应用示例：已知车身重量 700kg，配置两款电池，一款使续驶里程达到 100km，一款使续驶里程达到 150km，当前电池包技术平均水平密度为 120W·h/kg，求配置的两个电池包的配电量以及配置后整车整备质量。由以上公式求得的结果见表 3-10。

表 3-10 由已知车身重量以及续驶里程计算所得电池电量与整备质量

续驶里程	设计参数	设计方式		
		保守设计	平均水平设计	过于乐观设计
100km	电池电量 /kW·h	13.4	12.4	11.4
	整备质量 /kg	813	804	795
150km	电池电量 /kW·h	20.5	18.9	17.4
	整备质量 /kg	871	858	845

（2）设计电池配电量与车身质量

如果决策者需要做一款整备质量和续驶里程受控的汽车，则汽车整备质量已知，电池质量与车身质量未知。依然可以使用保守设计、平均水平设计、过于乐观设计三种设计方式，求得应该配置的电池电量以及车身必须控制的质量限值。

应用示例：已知整备质量 1000kg，配置两款电池，一款使续驶里程达到 100km，一款使续驶里程达到 150km，当前电池包技术平均水平密度为 120W·h/kg，求配置的两个电池包的配电量以及配置后的车身质量。由以上公式求得的结果见表 3-11。

表 3-11 由已知汽车整备质量以及续驶里程计算所得电池电量与车身质量

续驶里程	设计参数	设计方式		
		保守设计	平均水平设计	过于乐观设计
100km	电池电量 /kW·h	14.3	13.2	12.2
	车身质量 /kg	882	891	899
150km	电池电量 /kW·h	21.4	19.8	18.3
	车身质量 /kg	823	836	848

(3) 估算汽车的续驶里程

如果决策者已经决定使用某两款电池搭配在现有汽车车身上,则汽车车身质量与电池电量已知,汽车续驶里程未知。依然可以使用保守设计、平均水平设计、过于乐观设计三种设计方式求得汽车的续驶里程。

该工作属于正向仿真,在数据充足的情况下使用仿真工具可以较精确地仿真计算求得结果。而本章重点描述基于百公里能耗指标的初步快速设计,需求参数少,计算速度快。也可以应用于仿真结果的一次校验。

应用示例:已知车身质量 1000kg,配置两款电池,一款电池 20kW·h,一款电池 30kW·h,当前电池包技术平均水平密度为 120W·h/kg,求两种配置的续驶里程。由以上公式求得的结果见表 3-12。

表 3-12 由已知汽车整备质量以及电池电量计算所得汽车续驶里程

电池电量	设计参数	设计方式		
		保守设计	平均水平设计	过于乐观设计
20kW·h	续驶里程 /km	133	143	155
30kW·h	续驶里程 /km	195	210	228

4. 试验验证与评价

由前面论述可知,汽车经济性指标可以从续驶里程和百公里能耗两个维度去评价。续驶里程直接与用户的利益以及国家补贴政策相关,而百公里能耗指标更偏向于汽车制造商的技术水平,该指标综合了汽车的很多因素,主要是电池包的能量密度、汽车动力系统的综合效率,车身外观形貌确定的空气阻力系数等。

但是,如果汽车的整备质量不同,两款汽车在该参数的对比性就不强。该物理量对于很多非汽车研发专业的人员来说也不易理解。因此,需要运用一种等级评分制度,对所有纯电动汽车在这个方向的技术能力进行比较。

已知一辆汽车的整备质量为 m_{car},续驶里程为 s_{car},电池包电量为 E_{bat},则计算得出其百公里能耗为 ρ_{EC}。将恰好满足第一阶段能耗指标的汽车评分为 60 分,将恰好满足第二阶段能耗指标的汽车评分为 100 分,两者之间的分数呈线性分布,则分数折算公式推导如下。

由式(3-30)计算该汽车实测百公里能耗参数 ρ_{EC0},由式(3-25)计算合格分数状态的百公里能耗参数 ρ_{EC1},由式(3-26)计算满分分数状态的百公里能耗参数 ρ_{EC2},则由式(3-31)可计算该汽车的能耗分值。

$$\text{Score} = \frac{40(\rho_{EC1} - \rho_{EC0})}{\rho_{EC1} - \rho_{EC2}} + 60 \qquad (3-31)$$

显然,表 3-10 ~ 表 3-12 中的保守设计对应于能耗分值为 60 分,平均水平设计对应的能耗分值为 80 分,过于乐观设计的能耗分值为 100 分。找 7 款汽车的测试数据做比较并评分,其分值如表 3-13 所示,在整备质量-百公里能耗图中的位置如图 3-29 所示。

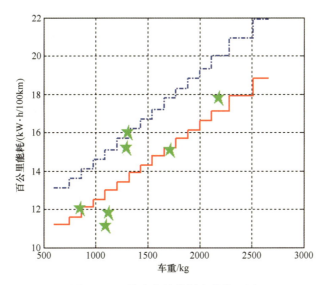

图 3-29　7 款汽车的能耗参数位置图

表 3-13　随机选 7 款汽车的能耗评分表

	电池电量 /kW·h	整备质量 /kg	续驶里程 /km	百公里能耗 / （kW·h/100km）	评分
车型 1	48	2175	270	17.8	86
车型 2	18.2	855	151	12.1	91
车型 3	24	1310	150	16	54
车型 4	24.5	1100	220	11.1	127
车型 5	23.6	1128	200	11.8	117
车型 6	30.4	1295	200	15.2	67
车型 7	48.3	1710	320	15.1	98

综上所述，本节阐述了一种电动汽车续驶里程及其能耗技术水平的设计与评分方法，经试验验证，该方法设计精度在 ±6.6% 以内；并建立了一套评分标准，将现有的车型纳入评分体系中，使得在该维度下各种车型相互比较更直观可辨。所提出的评分与设计均不使用分段函数，因为数据线性相关度较强，不需要分段指定。以连续函数的形式表述评价结果，这样可以做非常细化和多样的决策。标准规定了续驶里程分为 80km、150km 和 250km 三个档次，实际出现 90km、160km 和 260km 的情况就会比较多，这样的补贴政策将影响纯电动汽车很多细分市场的发展。

3.3.2　瞬时能耗的估算方法

随着电池管理技术的发展，电池剩余 SOC 估算精度已达到较高水平。剩余里程估算精度主要与用户的工况相关，电动汽车的瞬时能耗估算精度提高有利于评估用户的工况能耗水平，从而提升剩余里程估算精度。这有助于提升电动汽车用户的使用便利性。

以理想 ONE 增程式电动汽车为例，其增程器的发电效率通常在 2.4~2.9kW·h/L 之间，相当于给电池配置较大容量的电池包，若油价为 8 元 /L，则充电价格约为 3.2 元 /kW·h。

增程方案可以令车辆获得较长的续驶能力，补能效率高，有助于消除用户的里程焦虑。整车能源管理系统是增程式电动汽车的技术难点，合理地估算电动汽车瞬时能耗有利于改善整车能源管理策略。

本节首先基于电动汽车动力性经济性模型对车辆的主要耗能模块进行划分，然后从能耗的应用场景推导其计算方法，接着从实际用户的云端数据仿真计算电动汽车的能耗，最后简述了电动汽车能耗在剩余里程估算、仪表显示、增程式能源管理等领域的应用。所提出的算法关键在于：① 采用近5km里程的电动汽车能耗估算其瞬时能耗；② 采用剔除车辆动能的方式预估能耗；③ 最近里程跨越怠速状态的情况采用逐步过渡方式。

1. 电动汽车常用能耗参数

影响电动汽车能耗的因素众多，从电动汽车能量流分析可知，主要耗能部件为车载充电机、电池、车身电器、电驱动系统、机械传动系统和道路阻力等。这里主要研究与剩余里程相关较大的能耗参数：电池输出端的能耗、空气阻力能耗、车身电器能耗和制动能量回收强度。

电池输出端能耗：相比于电网端能耗，电池端能耗更稳定，不会受用户采用快充或慢充导致的充电效率差异影响。电池输出端的功率谱是复合能源管理系统的重要依据，也是反馈用户综合能耗的重要参考。当前大部分车辆采用最近行驶的50km或100km综合能耗估算，部分车辆在一趟行程结束后，提示本行程百公里耗电量。用该算法得到的百公里能量消耗量相对稳定，但不利于实时反馈给用户能量消耗量情况。瞬态下的能耗可通过功率与车速信号计算，但制动能量回收时能耗为负值，车辆怠速状态瞬时能耗无意义，因而在该算法下的瞬时能耗波动极大，不利于用户进行参考。综合考虑能耗稳定性与实时性，需要设计一种能耗估算方法。

空气阻力能耗：电动汽车25%~35%的能量损耗用于克服空气阻力，因此，经常行驶在高速的车辆均设计为低风阻造型。空气阻力与行驶工况关系极大，在高速行驶状态下比市区道路行驶状态下的空气阻力能耗高数倍，不同工况对剩余里程估算影响极大。

车身电器能耗：车身电器分为低压负载与高压负载。低压负载又可分为常开低压负载与选择性开启的低压负载。车身VCU、BMS等器件属于常开低压负载，而影音娱乐系统、大灯、刮水器等属于非常开低压负载。随着电动汽车智能化发展，车上集成了众多传感器及其通信器件，均属于常开低压负载范畴。其功率虽小，但长时间积累，对电动汽车百公里能量消耗量的影响也能占比4%~10%。高压负载主要为空调压缩机与加热器（PTC或热泵），在夏天或者冬天时也是重要的耗能器件，能耗占比高达10%~20%。当用户操作高压负载时，应当及时更新剩余里程估算值。有些车辆产品为了显示满电状态剩余里程必须与公告里程一致，不再对工况及用户用电器使用习惯状态进行估算。实际上是剩余SOC的直接映射，这样做失去了剩余里程估算的意义。

制动能量回收强度：制动能量回收技术是有利于提高续驶里程的手段，电动汽车相比于传统燃油车，制动能量回收的节能效果更加明显，对续驶里程的贡献率通常高达20%~40%。分析制动能量回收是否正常，分辨不同用户驾驶工况，从而选择不同的制动能量回收策略意义重大。

其余能耗：电驱动系统、机械传动系统、车轮滚阻等的损耗也是能量损失的重要部分，但其受工况的影响程度相对较小，故不在这里讨论，将被综合考虑在电池端能耗的分析中。

2. 瞬时能耗计算方法

为了获得电池输出端能耗、空气阻力能耗、车身电器能耗与制动能量回收强度,需要从车上获得相应的传感器信号。受制于原始信号的精度与可靠性,仅能对部分能流进行精确分析。通过采集各能流相关信号,设计合理的车辆能耗计算算法。其中,电池输出端能量消耗量的计算算法最为关键。

（1）原始信号采集

为了计算电池输出端能耗、空气阻力能耗、车身电器能耗、制动能量回收强度,需要获得车上部分能流相关的原始信号。以某产品为例,通过云平台获得车辆部分传感器信号见表3-14,采样频率为1Hz。

表3-14　云平台车载传感器获取原始信号

序号	名称	变量名示例	单位
1	电池主回路电压	BMS3_BatteryVoltage	V
2	电池主回路电流	BMS3_BatteryCurrent	A
3	DC/DC变换器输入电压	DCDC1_Output_Vol	V
4	DC/DC变换器输入电流	DCDC1_Output_Cur	A
5	空调/PTC输入电压	EAC1_Volt	V
6	空调/PTC输入电流	EAC1_Curr	A
7	电机转速	MCU1_MotorSpeed	r/min
8	电机转矩	MCU1_ControllerTorq	N·m
9	车速	VCU2_GSVehicleSpeed	km/h
10	外部温度	CLM1_ExtTemp	℃
11	海拔高度①	GS_Altitude	m

① 车载导航可获得定位信号,但海拔高度定位精度目前仅为±10m,不足以支撑重力势能的能量流分析。在特殊高海拔区域,例如环青海湖公路上,海拔高度约为3200m,车辆的空气阻力损耗仅为标准大气压下的70%。

（2）各子系统功率谱

表3-14的原始数据需要先转换为与能量相关的数据,再获得各系统之间的功率谱。各功率与原始信号的关系见表3-15。

表3-15　各主要子系统功率

序号	名称	符号	计算方法	备注
1	电池功率	P_{BAT}	电池主回路电压×电池主回路电流	用于计算电池端能耗
2	制动能量回收功率	P_{REGEN}	电池驱动功率设置为0	用于计算制动能量回收强度
3	低压用电器功率	P_{ELE}	DC/DC变换器输入电压×DC/DC变换器输入电流	包含在电池端能耗中
4	高压用电器功率	P_{CLM}	空调/PTC输入电压×空调/PTC输入电流	剩余里程估算时需要单独分析
5	风阻瞬态功率	P_{AIR}	0.5×空气密度×迎风面积×风阻系数×车速^3/3.6	空气密度与海拔高度有关,此外,还与顺逆风状态相关

（3）电池输出端能耗

当车辆处于静置状态时,瞬时能耗无意义,可定义此时各类瞬时能耗均为0。但由于信号采集的不同步性,导致瞬时能耗的估算结果波动很大,需要做滤波处理。可以通过延

长最近 Δs 里程内的平均能耗定义瞬时能耗。已知采集了时刻 t_1，t_2，…，t_n 下的数据，计算 t_p 时刻至 t_q 时刻的里程（$1 \leqslant p < q \leqslant n$）：

$$\Delta s_p = \frac{\sum_{i=p}^{q} v_i \Delta t_i}{3600} \qquad (3\text{-}32)$$

式中　Δs_p ——时刻 p 到时刻 q 的里程（km）。

电池输出端瞬时能耗计算：

$$C_{\text{BAT},q} = \frac{\sum_{i=p}^{q} P_{\text{BAT}i} \Delta t_i - \frac{1}{2} \times \frac{1}{3.6^2} m(v_q^2 - v_p^2)}{36 \Delta s_p} \qquad (3\text{-}33)$$

式中　$C_{\text{BAT},q}$ ——时刻 p 到时刻 q 的电池输出端瞬态能量消耗量（kW·h/100km）。

瞬时能耗的估算根据不同用途，可适当调整 Δs 的大小，并对最新刷新的数据进行滤波处理。对于反馈给用户的百公里能量消耗量显示，变化速率不能过快，否则会导致对用户无参考作用，当车速为 0 时，其变化速率应当 $\leqslant 0.01\text{kW}\cdot\text{h}/(100\text{km}\cdot\text{s})$，当车速 > 0 时，其变化率 $\leqslant 0.1\text{kW}\cdot\text{h}/100\text{km}$；但也不能过于迟钝，在高速行驶了半小时还显示城区能耗水平，会严重影响剩余续驶里程估算与用户驾驶习惯对能耗感知的判断。若某功率变化率为 ΔP，则其百公里能耗变化率为：

$$\Delta C_{\text{BAT}} = \frac{\Delta P \Delta t}{36 \Delta s} \leqslant 0.01\text{kW}\cdot\text{h}/(100\text{km}\cdot\text{s}) \qquad (3\text{-}34)$$

若怠速状态瞬态功率为 1.8kW（开空调静止状态），则算得 $\Delta s \geqslant 5\text{km}$。

因为瞬态的数据经常波动较大，大多数产品采用最近 50km 或最近 100km 的平均百公里能量消耗量显示在仪表中视为瞬态能耗。当 $\Delta s = 5\text{km}$ 时，车辆跨过一个较长的静置段，也会产生剧烈波动。为了缓和这个突变现象，可以采用静置状态时间逐渐过渡的方式，如图 3-30 所示。进一步缓解能耗波动，可对最新计算的能耗值采用均值滤波处理。完整的算法程序设计如图 3-31 所示。

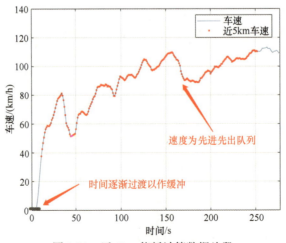

图 3-30　近 5km 能耗计算数据片段

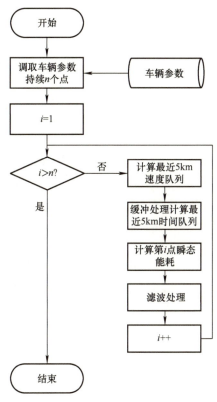

图3-31 能量消耗量计算算法流程

（4）空气阻力能耗

空气阻力能耗计算流程基本与电池输出端相同，功率谱采用空气阻力功率替代。根据空气动力学可知，空气阻力功率为

$$P_{\text{AIR}} = \frac{\rho_{\text{空气}i} C_d S v_i^3}{2 \times 3.6^3} \quad (3\text{-}35)$$

式中　$\rho_{\text{空气}i}$——空气密度（g/cm³）与海拔、气温因素相关；
　　　C_d——车辆空气阻力系数；
　　　S——车辆迎风面积（m²）。

采用相同的计算方法，获得空气阻力能耗计算如下：

$$C_{\text{AIR},q} = \frac{\sum_{i=p}^{q} P_{\text{AIR},i} \Delta t_i}{36 \Delta s_p} \quad (3\text{-}36)$$

（5）车身电器能耗

车身电器能耗分为低压电器能耗与高压电器能耗。当不开启空调时，高压电器能耗为0；开启空调后，高压电器能耗较高，同时，因为风扇开启，低压系统能耗也会增加。在剩余里程估算时应当对低压系统因开启空调而变化的部分加以区分。通过CAN数据获得车身电器高低压辅件的能流相关参数见表3-15。计算近5km能耗时采用下式：

$$C_{\text{ELE},q} = \frac{\sum\limits_{i=p}^{q} P_{\text{ELE},i} \Delta t_i}{36 \Delta s_p} \quad (3\text{-}37)$$

$$C_{\text{CLM},q} = \frac{\sum\limits_{i=p}^{q} P_{\text{CLM},i} \Delta t_i}{36 \Delta s_p} \quad (3\text{-}38)$$

车身电器负载功率与车速关系不大，其功率稳定，但计算近5km能耗时却是波动的，主要是因为当平均速度较高时，其消耗的能量平摊到单位里程后较少，车身电器的能耗占比就低；当平均车速较低时，平摊到单位里程的能耗量多，车身电器的能耗占比就高。但当车辆怠速时，里程不变，低压负载累计能量增多，整车能耗会随之增高。

（6）制动能量回收强度

与之前4个能耗参数不同的是，制动能量回收强度是有利于增加车辆续航的指标。但并不是制动能量回收强度越强，车辆越节能。基于制动能量回收强度的分析，可以判断工况减速度强弱，从而提供相应的建议。制动能量回收强度计算如下：

$$C_{\text{REGEN},q} = \frac{\sum\limits_{i=p}^{q} P_{\text{REGEN}i} \Delta t_i}{36 \Delta s_p} \quad (3\text{-}39)$$

3. 典型工况瞬时能耗估算实例及分析

某样本车辆风阻系数为0.31，迎风面积为2.5m²，整备质量为1700kg，驾驶员与配重为100kg。在桐乡庆丰路（市区工况）临杭大道（市郊工况）上循环行驶测试车辆实际道路试验，在桐乡至上海高速段作为高速工况测试高速路段试验，分析上节所述算法的性能。

（1）市区工况与市郊工况

图3-32所示为剔除动能前后的能耗对比，剔除动能影响前波动极大，剔除后波动较小。为了进一步令显示结果更稳定，采用了均值滤波方式消除微小波动，如图3-33所示。

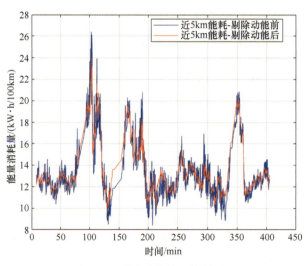

图3-32 剔除动能前后能耗对比

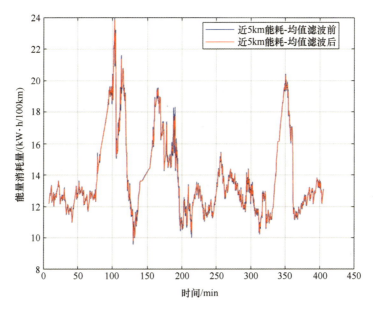

图 3-33　滤波前后能耗对比

经过本算法计算的近 5km 能量消耗量数据与本行程累计平均能量消耗量对比如图 3-34 所示，本行程共行驶了约 410min，前 50min 波动较大，而后逐渐稳定，300min 以后波动值在 0.2kW·h/100km 以内。行驶里程越长，累计能量消耗量越稳定，但对驾驶员反馈、能源管理策略调整、剩余续驶里程估算的参考性就较差。

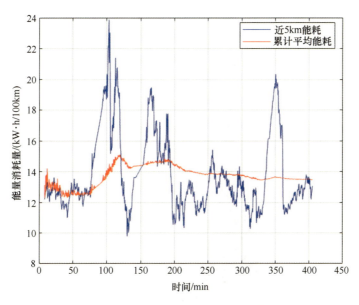

图 3-34　近 5km 能耗与本行程累计平均能耗对比

图 3-35 所示为截取的工况片段。车辆处于市区工况行驶时，能耗约为 12kW·h/100km，当车辆处于市郊行驶工况时，能耗约为 18kW·h/100km，能耗走势与路况走势吻合度较高。另外有两个较长的怠速工况片段，车辆停车时，由于没有里程贡献但

依然消耗整车电能,此时整车能量消耗量逐渐增加,停车时间越长,车身电器开得越多,整车能耗越高。

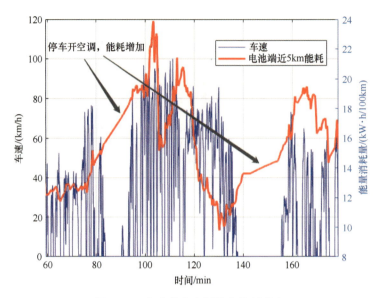

图 3-35 怠速状态车辆综合能耗升高

图 3-36 所示为市区/市郊工况电池端能量消耗量分布,大部分在 11～14kW·h/100km 之间。对于仪表显示的最近能量消耗量,如之前分析,其变化率最好小于等于 0.01kW·h/(100km·s),由图 3-37 可知,变化率分布符合要求。若需要进一步提高能耗评估稳定性,则需要提高评估里程,但里程太长不利于当前能耗的正确评估,5km 是对于当前算法较合理的里程。

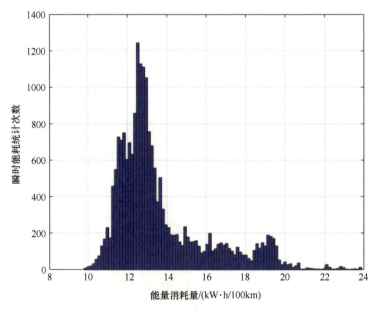

图 3-36 市区/市郊工况近 5km 能耗分布

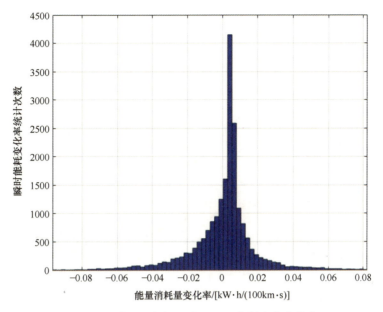

图 3-37　市区/市郊工况近 5km 能耗变化率分布

空气阻力也是影响整车能耗的重要组成部分，图 3-38 所示为市区/市郊工况空气阻力能耗与车速关系。在市区工况下车速相对较低，空气阻力能耗约为 2kW·h/100km，而市郊工况空气阻力能耗则达到 5kW·h/100km，两者相差明显，这也是影响能耗走势的重要原因。根据车身电器开启程度不同，最节能的行驶速度约为 30～50km/h。

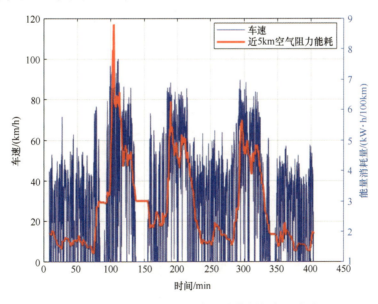

图 3-38　市区/市郊工况空气阻力能耗与车速关系

低压负载功率相对平稳，如图 3-39 所示。在开空调的状态下，低压负载约为 400W，高压负载约为 800W。但采用本算法计算低压负载近 5km 能耗时，则与空气阻力能耗刚好相反，车速越高，低压负载能耗越低，怠速状态低压负载能耗迅速升高，如图3-40所示。

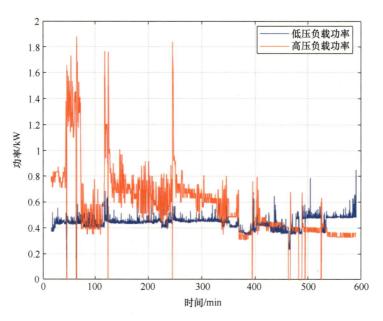

图3-39　低压负载与高压负载功率谱

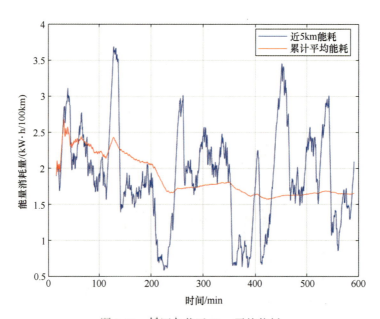

图3-40　低压负载近5km平均能耗

在本次试验中未发现市区/市郊工况对制动能量回收强度的影响差异。制动能量回收强度约为6.2kW·h/100km，如图3-41所示。制动能量回收强度与道路拥堵状况、坡道、驾驶员驾驶习惯、车辆配置制动能量回收策略等均相关。可以依据此指标，分析制动能量回收是否正常。

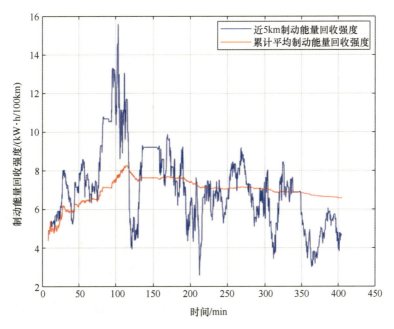

图 3-41　市区/市郊工况制动能量回收强度

(2) 高速工况

若车辆风阻系数较大，则在高速上能耗将显著增高。一般来说，轿车比 SUV 的风阻系数小，且迎风面积更小。如图 3-42 所示，试验车辆在高速上的能耗为 20kW·h/100km。图 3-43 所示为近 5km 能耗分布，大部分在 16～25kW·h/100km 之间。

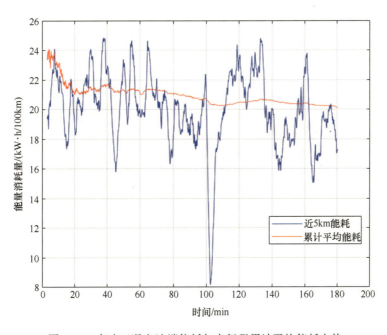

图 3-42　高速工况电池端能耗与本行程累计平均能耗走势

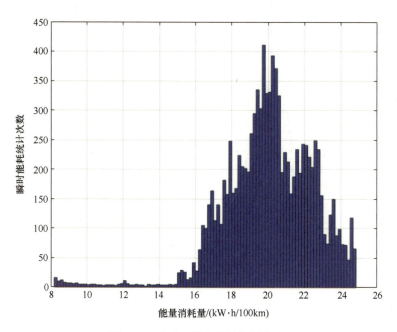

图 3-43 高速工况电池端能耗分布

将空气阻力损耗单独分析，与车速进行对比可知，空气阻力能耗约在 9 ~ 13kW·h/100km 之间，如图 3-44 所示，比市区工况/市郊工况损耗增加数倍。高速上制动能量回收较弱，仅为 1.5kW·h/100km，如图 3-45 所示。

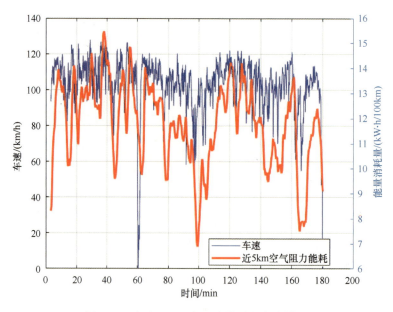

图 3-44 高速工况空气阻力能耗与车速关系

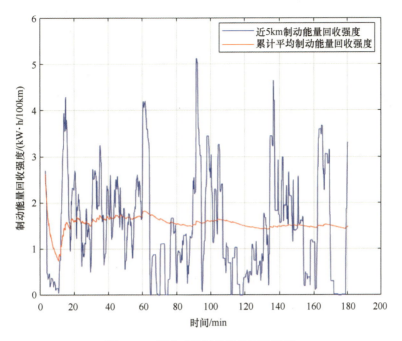

图 3-45 高速工况制动能量回收强度

4. 能耗估算算法的应用

电动汽车各能耗参数的估算主要应用于用户反馈、剩余里程估算、能源管理和车辆高能耗问题判断。

用户反馈：可在仪表上显示近 5km 能量消耗量，精确到 0.01kW·h/100km，及时将能耗状况反馈给驾驶员便于养成节能驾驶习惯。能耗估算法可应用于实时监控车辆能耗状态，可帮助驾驶员一方面养成节能驾驶的习惯，另一方面形成对行程能耗的判断，提前做好出行规划。长时间停车开空调、经常高速出行、经常急加速急减速等，均是较高能耗的驾车习惯。

剩余里程估算：剩余里程估算偏差的主要原因与电池 SOC 估算精度有关，但主要还是用户驾驶工况的差异。需要进一步规范剩余里程估算的标准，包括开关空调是否可以显示剩余里程跳变、剩余里程为 0 的标准状态、车辆起动时显示剩余里程是否可以采用自学习获取的剩余里程经验值而非公告值等。

能源管理：近 5km 能量消耗量在增程式电动汽车中对增程器起停控制、功率控制均有参考意义。便于辨识不同用户的需求，进而提出针对性的能耗优化建议，例如经常高速出行的用户建议选择低风阻轿车且加装空气动力学组件或增加 20kW 左右的增程器保证无里程焦虑；山区坡道较多的用户则建议选配协调式制动能量回收装置，且对制动能量回收能源管理进一步优化；而北方地区冬季续航衰减太明显的区域可配置小型柴油加热系统或小型燃油增程器。

车辆高能耗问题判断：在车辆开发阶段实际道路续驶里程试验、用户试驾与使用反馈实际里程较短时，提供相应能耗报告，分析用户在使用中能耗较高的主要原因。需要进一步对能耗分布进行更深入的研究，以获得更有分析价值的统计数据。

综上所述，各能耗参数估算有利于用户反馈、剩余里程估算、能源管理和车辆高能耗问题判断。本节对能耗的估算过程中，仅对动能进行修正，未对重力势能进行修正，因此在下长坡或者上长坡的工况下，估算的结果会波动较大。进一步的工作将通过大数据发掘分析不同子系统的能耗分布，定期自动生成某周期内车辆的能耗分布情况，并通过能耗分布为车主提供节能驾驶建议，为汽车开发者提供用户能耗分析报告。另外，可结合定位导航技术，为用户提供最节能的路线方案，并基于所选路线预测到达目的地时车辆的剩余里程。

第 4 章 车辆道路阻力测量及分析

本章重点介绍如何精确地测定车辆道路的阻力系数，采取什么优化技术来实现车辆机械系统的节能目标。对于纯电动汽车而言，机械阻力损耗的能量占比高达 60%～70%，道路阻力是节能减排的关键因素。整车轻量化、风阻系数优化、低滚阻轮胎、零拖滞卡钳等技术均可以改善车辆道路阻力系数，为机械阻力范畴。开发道路滑行阻力曲线的滑行距离、滑行时间、不同工况下机械阻力能量损耗计算器，将目标统一定义为能量消耗量，各种措施的贡献可较为直观地表现出道路阻力能耗水平。介绍一种将道路阻力常数项解耦的方法，与实验室建造成本巨大、测试费用不菲的动力学风洞试验相比，该方法简单有效地解耦了道路阻力系常数项，进而通过滑行试验获得解耦的阻力系数，应用价值较高。对单纯形优化法做了详细描述，使用单纯形优化法与二次曲线最小二乘法分析速度间隔对滑行试验精度的影响，体现单纯形法的优越性。介绍基于底盘测功机的等速法、减速法和循环能耗法，以及相应的改进措施。提出一种汽车旋转部件转动惯量的测试方法。考虑到道路滑行试验过程中的风速、温度、气压、湿度条件，对数据进行了修正，结合单纯形优化法处理汽车滑行试验数据。

4.1 车辆道路阻力

车辆道路阻力是影响车辆能耗的重要因素，行业内普遍认可实际道路滑行试验的结果。但由于各阻力的耦合性，以及实际道路试验受环境影响，导致实际道路滑行法获得的结果稳定性较差，各影响因素对整车的阻力影响难以通过滑行试验辨识。车辆的空气阻力通常通过整车动力学风洞试验获得，车辆的机械阻力则通过底盘测功机中的等速法或减速法获得。

4.1.1 相关标准

GB 18352.6—2016《轻型汽车污染物排放限值及测量方法（中国第六阶段）》于 2016 年 12 月发布，于 2020 年 7 月开始实施。其附件 CC（道路载荷测量与测功机设定）表述了车辆道路载荷测定方法，以及在底盘测功机上模拟道路载荷的方法。在底盘测功机上模拟道路滑行试验时，国内企业还参考美国标准 SAE J2264，其首版发布于 1995 年，最近更新于 2014 年。

4.1.2 测量方法

GB/T 18386.1—2021《电动汽车能量消耗量与续驶里程试验方法 第1部分：轻型汽车》中规定了电动汽车可以选择滑行法与查表法中的任意一种进行续驶里程与能量消耗量的测试。通常情况下，滑行法比查表法更精确，但选择哪种方法更有利于续驶里程测试结果，与车辆特性密切相关。本节对这些方法做以介绍，并提出一种可以快速分析滑行法和查表法的能耗差距水平的简单方法，而且给出了当不易获取滑行试验数据时，采用查表法如何做近似分析的建议。

1. 风洞法测量道路阻力

风洞法是将风洞与底盘测功机或者平带式测功机相结合，从而确定道路阻力的测量方法，分为风阻和机械阻力两部分进行。通过风洞试验获得风阻 F_{Aj}，通过底盘测功机等速法或减速法获得机械阻力 F_{Dj}，最后通过合成最小二乘法拟合为车辆行驶阻力。若为滚筒式底盘测功机，需对阻力做相应的修正工作。风洞法测量车辆道路阻力的过程如图4-1所示。

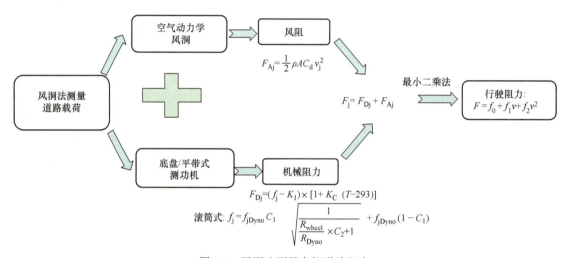

图4-1 风洞法测量车辆道路阻力

风洞法测量道路阻力虽然结果更精确可靠，但也需要付出较大的代价，尤其是风洞试验资源紧缺，成本高昂。机械阻力测试在底盘测功机上通过减速法或者等速法测量，成本相对较小。

减速法即试验车辆在底盘测功机上进行减速滑行。当车辆预热后，将车速提高到比最高基准速度至少高10km/h后开始滑行。若连续两次滑行试验测得的力的偏差都在±10N内，则滑行试验结束，否则进行三次以上滑行试验。按照下式计算每个基准速度点 v_j 的滚动阻力 F_{jDyno}。

$$F_{jDyno} = F_{jDecel} - C_D v_j^2 \tag{4-1}$$

式中 F_{jDecel}——以速度 v_j 在底盘测功机上滑行时的行驶阻力；
C_D——输入底盘测功机的空气阻力项系数。

等速法即试验车辆在底盘测功机上进行几个等速滑行，流程如下：

1）将冷态车辆固定在底盘测功机上；

2）10km/h 起，每隔 10km/h 测试一个等速点，直到 120km/h（或车辆最高车速），速度稳定时间为 30s，采样频率 ≥ 10Hz；

3）重复步骤 2，共 5 次；

4）等速 100km/h 预热 24min（或等速 80km/h 预热 30min）；

5）重复步骤 2，共 5 次。

2. 滑行法测量道路阻力

规定汽车试验的道路条件（空气温度、压力、风速），车辆试验前预处理等准备条件。在平直道路上汽车加速到最高车速，然后切断驱动来源，使汽车在空气阻力与车轮滚动阻力、自身机械传动系统阻力的作用下逐渐减速到 0，利用滑行的 t-v 曲线分段计算汽车阻力，最后使用最小二乘法拟合成二次系数，从而获得阻力系数的值。滑行过程的阻力方程描述如式（4-2）所示。

$$F_{阻} = A + Bv + Cv^2 \qquad (4\text{-}2)$$

式中　A——常数项系数；
　　　B——一次项系数；
　　　C——二次项系数；
　　　v——车辆速度。

在测功机上使用滑行法测量道路阻力系数时，需要根据标准 SAE J2264 执行，测功机有专项滑行功能，以测定车辆道路阻力系数。执行试验之前，应该在转鼓上多次修正以获得精确的测功机设定系数。

3. 查表法测量道路阻力

汽车的基准质量是汽车的整备质量加上 100kg，根据基准质量查表确定测功机设定的当量惯量与道路阻力系数。摘录部分查表信息，摘录部分车辆当量惯量对应的道路阻力系数，如表 4-1 所示。

表 4-1　摘录部分查表法确定车辆测功机道路阻力设定系数

车辆的基准质量 /kg	当量惯量 /kg	系数 A/N	系数 C/[N/(km/h)^2]
965 < RM ≤ 1080	1020	6.1	0.0412
1080 < RM ≤ 1190	1130	6.4	0.0433
1190 < RM ≤ 1305	1250	6.8	0.0460
1305 < RM ≤ 1420	1360	7.1	0.0481
1420 < RM ≤ 1530	1470	7.4	0.0502

使用查表法时，B = 0N/(km/h)，对应于式（4-2）。但在使用查表法时，不再需要进行 SAE J2264 的滑行试验，表 4-1 中查得的数值即为测功机阻力设定值，此时测功机会默认车辆机械损失为 0，测功机设定阻力与车辆道路阻力相等。

4. 滑行法与查表法比较

查表法与滑行法均适用于电动汽车和燃油车，而对于纯电动汽车，查表法与滑行法的结果存在一定差别。分析动力系统和各端能耗可知,纯电动汽车动力系统是一个链式结构,主要的部件有充电桩、车载充电机、电池、电机控制器及电机、减速器及传动轴、车轮、车身。为了区别子系统能耗,通常通过各端能耗分析,主要研究电网端、电池端、电机端、轮边的能耗。充电桩经过车载充电机到电池的能量是单向的,电池到电机、传动系统的能量是双向的,最后一个环节的迎风阻力则是最终的有效负载。各子系统及其能量流动关系如图 4-2 所示。

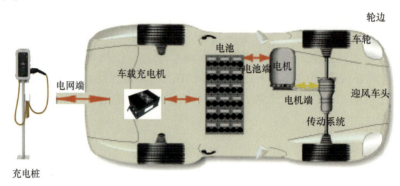

图 4-2　电动汽车各子系统及其能量流动关系

电动汽车各端能耗是研究各子系统能耗的测试接口。在测试整车续驶里程时,可以从电网的电表中读取电网端能耗数据,通过底盘测功机获取轮边及电机端的能耗数据。而电池端、电机端则需要布置相应的传感器获取。在整车测试阶段,电池端能耗通过 BMS 上传 VCU 的电压电流数据积分获取,电机端能耗通过读取 CAN 总线电机转速转矩信号获取。但要注意,这种方式仅作为数据分析的参考,数据精度通常不具备计量精度级别。可以通过动力系统台架更精确地分析获取。各端能耗与各子系统能耗关系见表 4-2。

表 4-2　各端能耗与各子系统能耗关系

能耗端	车载充电机	电池	电机控制器及电机	机械传动系统	车轮	迎风车头	说明
电网端	√	√	√	√	√	√	能量消耗量重点指标
电池端			√	√	√	√	剩余里程估算用
电机端				√	√	√	滑行法获得的损耗数据
轮边						√	查表法获得的损耗数据

注：带"√"符号表示该端能耗包含对应的子系统能耗。

由表 4-2 可知,查表法与滑行法的区别主要在于是否包含车轮及机械传动系统的损耗,查表法对车轮损耗做了细微修正。使用两种方法的目的都是获取电动汽车能耗数据,最直接的对比方法是使用同一辆车,分别用两种方法做试验,获取续驶里程和能耗对比结果。但是续驶里程与能耗试验耗费时间周期长,一个续驶里程与能量消耗量试验需要消耗 3 天时间,两次试验就需要 6 天时间。

(1)试验设计

本试验基于合众新能源汽车有限公司 EP10 车型。车辆整备质量 1176kg，基准质量 1276kg。

滑行法的试验步骤：

1）在盐城试验场做滑行试验，参考 GB/T 18352.6—2016，获取道路阻力系数 $A1$、$B1$、$C1$；

2）在底盘测功机上执行滑行试验，参考 SAE J2264，获取车辆测功机设定系数 $A2$、$B2$、$C2$；

3）在底盘测功机上执行道路阻力模拟模式，测功机设定系数为 $A2$、$B2$、$C2$；

4）汽车开到最高车速，然后挂 N 档，松制动和加速踏板，直到车速减为 0，获取 t-v 曲线。

查表法的试验步骤：

1）通过基准质量查表获取测功机设定系数 $A1'$、$B1'$、$C1'$；

2）在底盘测功机上执行道路阻力模拟模式，将查表结果填入测功机设定系数；

3）汽车开到最高车速，然后挂 N 档，松制动和加速踏板，直到车速减为 0，获取 t-v 曲线。

需要注意，在以上试验中，车辆的配重、胎压、传动系统润滑油等，均依照标准为同一状态。

(2)试验结果分析

执行上述试验，可以获取道路阻力模拟模式下的 t-v 曲线，查表法与滑行法 t-v 曲线对比如图 4-3 所示。可以看出，查表法在高速段减速更快，在低速段减速较慢。通过 t-v 曲线拟合成道路阻力方程，两种方法绘制成道路阻力曲线如图 4-4 所示。

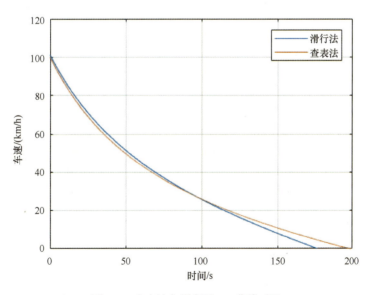

图 4-3 查表法与滑行法 t-v 曲线对比

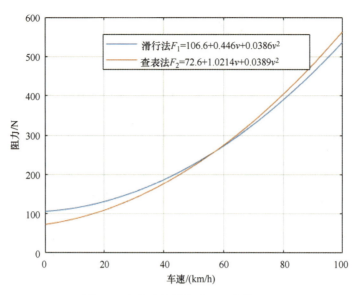

图 4-4 查表法与滑行法 v-F 曲线对比

由图 4-4 可知，在车速小于 60km/h 时，查表法优于滑行法，在车速高于 60km/h 时，滑行法优于查表法。使用仿真计算方式，获取电网端能量消耗。测功机设定系数、模拟道路阻力系数、车辆寄生损失系数等结果对比如表 4-3 所示。

表 4-3 查表法与滑行法各参数对比

序号	参数	查表法	滑行法
1	道路阻力系数 A/N	72.6	106.6
2	道路阻力系数 B/[N/(km/h)]	1.0214	0.446
3	道路阻力系数 C/[N/(km/h)^2]	0.0389	0.0386
4	测功机设定系数 A/N	6.8	44.04
5	测功机设定系数 B/[N/(km/h)]	0	−0.2758
6	测功机设定系数 C/[N/(km/h)^2]	0.0460	0.04058
7	车辆寄生损失系数 A/N	65.8	62.56
8	车辆寄生损失系数 B/[N/(km/h)]	1.0214	0.7218
9	车辆寄生损失系数 C/[N/(km/h)^2]	−0.0071	−0.00198
10	仿真电网端能耗/(kW·h/100km)	12.86	12.59
11	实测续驶里程/km	300.03	313.95
12	充电电量/kW·h	38.61	38.67
13	实测电网端能耗/(kW·h/100km)	12.87	12.32

使用同一辆车，做完整的电动汽车能量消耗量与续驶里程试验，测得续驶里程结果，与仿真分析结果对比有一定偏差。该偏差主要是因为 NEDC 工况在高速段，使用查表法能耗更高，相对于滑行法会提前跟不上线而停止试验。试验表明，使用道路模拟模式的滑行法与续驶里程试验法结果接近，因此该方法有效。但因存在截止条件的偏差，实际测试结果会有所偏差。

（3）差别总结

滑行法与查表法的本质是测功机设定系数的区别。道路上滑行获得的阻力系数与查表法获得的阻力系数对应于不同的子系统损耗部分，因此在测功机上使用时要分别分析。两种方法测得的车辆寄生损失系数是接近的，各子系统的能耗估算方法在电池端、电网端是相同的。总体区别见表4-4。

表4-4 查表法和滑行法能耗估算对比

比较项目	滑行法	查表法
当量惯量	基准质量	查表的当量惯量
包含阻力	风阻、滚阻、机械损失	主要是风阻，滚阻略微修正
是否可获得轮边能耗	是	是
是否可获得电机端能耗	是，需要附加测功机滑行试验	否，通过转鼓道路阻力模拟模式间接测得
是否可获得电池端能耗	否，但获得电机MAP时可估算	否，但获得电机MAP时可估算
是否可获得电网端能耗	否，但获得充电效率时可估算	否，但获得充电效率时可估算
精度	与车辆状况较接近	粗略估算法

综上所述，在能量消耗量与续驶里程试验中，查表法与滑行法都是合法的道路阻力系数的试验方法。对于造型偏向流线形设计的轿车或其他车型，使用滑行法具备明显的优势；如果造型优先设计，例如各类SUV车型，风阻系数较大时，使用查表法与滑行法接近，需要进一步分析哪种方法更优。本节提供的底盘测功机上道路阻力模拟滑行法，可以快速便捷地分辨查表法与滑行法能耗优势。在样车测试或道路阻力滑行试验数据较难获取的情况下，可以使用查表法，并根据汽车造型的空气阻力系数对仿真数据做适当修正。

4.2 测量方法校正

使用滑行法，每滑行一次就可得到一组结果，该组结果可以单独修正。而当前行业内通常使用的方法都是多次滑行之后，先计算力的平均值，再计算道路阻力，最后再修正道路阻力。通过对两种方法比较，确定哪种方法更合理。

有用户反馈在冬季外部环境为-5℃左右的条件下，在市郊行驶，为了节能而没有开空调，发现每行驶2km，仪表显示的估算剩余里程就下降3km。这一方面是剩余里程估算问题，另一方面，也有电池低温下的放电能力导致剩余里程映射不准的问题。但也有一个容易忽略的问题，即环境温度也会影响车辆道路阻力，因此在测定道路阻力的时候需要校正环境温度的影响。

标准的设计开发都是在静风的条件下开展的，滑行试验测定道路阻力也将风速进行测定和修正，校正到静风状态，但用户实际上在有风的环境下行驶。对用户的空气阻力损耗进行分解是一项必要的工作，为了更精确合理地分解出空气阻力损耗，需要考虑实际行驶路况下的风速对道路阻力的影响。

按照国家标准，在滑行试验中，需要在基准质量上加25kg作为车辆的旋转部件惯量等效质量，按照乘用车的经验，该值稍小于实际值。为了更合理地量化汽车旋转部件转动惯量对整车动力性经济性的影响，需要研究汽车转动惯量的测量与模拟方法。试验表明，需要对当前的底盘测功机加以改良才能达到更高的道路模拟精度。

4.2.1 滑行试验的校正技术

汽车的行驶阻力通常由整车滑行试验获取，精确的道路阻力对整车动力性经济性开发有着重要的意义。为了获取更精确的道路阻力，我国对滑行试验的标准做了修改。GB 18352.6—2016《轻型汽车污染物排放限值及测量方法（中国第六阶段）》（以下简称"国六"）附件CC中规定的道路载荷测量与测功机设定方法相对于GB 18352.5—2013《轻型汽车污染物排放限值及测量方法（中国第五阶段）》（以下简称"国五"）附件CH中规定的道路载荷测定方法有了较大改进。但在试验数据处理中的校正与拟合，还有待完善的地方。

本节讲述滑行试验数据的处理方法，将风速、坡度、温度、气压、湿度考虑到校正因素中，以获得更精确的道路阻力系数。对于各组滑行数据，应该先求出道路阻力系数，后校正系数，并引入中国工况下的轮边平均能量消耗量作为阻力大小和结果稳定性的判据。对校正公式进行推导，提出了一种一次性修正所有环境因素的公式，并得出了各因素修正对结果的影响程度。使用校正过的多组阻力数据在中国工况下的电机端能量消耗量作为结果稳定性的判据，结合测试理论，得出当组别误差超过3σ区域时才做无效测试点剔除处理的结论。

1. 滑行试验基本原理

汽车行驶过程中受到4个力的作用，分别为空气阻力、滚阻阻力、汽车机械传动系统寄生阻力、坡道力。汽车滑行试验的目的是测量汽车的道路阻力，不包含坡道力。根据牛顿第二定律得：

$$F_{阻} = m\frac{dv}{dt} \qquad (4-3)$$

式中　m——汽车整备质量、驾驶员质量、传动系统等效当量惯量的和；
　　　v——汽车车速；
　　　$F_{阻}$——汽车的道路阻力。

根据汽车理论推导，汽车滚动阻力近似为常数，车内寄生损失与速度成正比，空气阻力与速度的平方成正比：

$$F_{阻} = f_0 + f_1 v + f_2 v^2 \qquad (4-4)$$

式中　f_0——道路阻力常数项（N）；
　　　f_1——一次道路阻力系数 [N/(km/h)]；
　　　f_2——二次道路阻力系数 [N/(km/h)²]。

但在实际测试中，道路阻力受温度、气压、风速等不可控因素影响，因此需要做校准处理。

2. 国五、国六标准校正技术对比

滑行试验在室外长直跑道上进行，规定了环境条件：①固定式分数仪测量法要求，5s平均分数低于5m/s；2s峰值风速低于8m/s，横向风速矢量小于2m/s，车载风速计要求，总平均分数小于7m/s，峰值风速小于10m/s，横向风速矢量小于4m/s；②大气温度在5~40℃范围内；③道路平坦、干燥、清洁，纵向坡度不应超过±1%，最大弧度应不大于1.5%。

通常，试验场的道路路面平整度满足要求，不需要校正。但现场的温度、湿度、气压、风速往往与标准状态不一致，需要做校正处理。标准中规定的基准状态为：温度293K，气压100kPa，风速0m/s，当实测环境与上述不相符时，需要校正为标准状态。

国五与国六标准中均把道路阻力分为两部分：车辆机械阻力（包括滚阻、传动系统及轴承阻力、减速器阻力）和空气阻力。但在国五标准中，在拟合阻力 F 前对功率进行校正，在国六标准中风速校正使用平均阻力法校正后再求阻力系数。从理论上分析，两者校正的效果是相同的。国六校正风速时，对正反方向的时间修正使用了调和平均，而对阻力校正使用了算术平均。

但国六标准依然有以下问题：风速的校正处理了两次，是否可以一次完成？机械传动系统经过预热处理，其阻力受环境温度影响可以忽略，如何在数据处理中体现？如何判定试验结果的有效性？

3. 校正公式的理论推导

校正公式的目的是把非基准状态下的测试结果校正为基准状态下的结果。

（1）基准状态的定义及其理论结果

为了与相应的仿真、测试理论对应，这里未沿用标准中规定的基准状态，而是将基准状态定义为：气温 $T_0 = 298.15\text{K}（25℃）$，与实验室环境温度保持一致；压力 $P_{air0} = 101.325\text{kPa}$，与标准大气压保持一致；湿度 $RH_0 = 45\%$，与实验室湿度设置保持一致；风速 $v_{w0} = 0\text{km/h}$，纵向风速，顺风的时候为正，逆风的时候为负；坡度 $\dfrac{dh_0}{ds} = 0$，基准状态下默认为平面，下坡时为正值。

基准状态下道路阻力表述为

$$F_{基准} = A + Bv + Cv^2 \tag{4-5}$$

式中　A——道路阻力常数项（N）；

B——一次道路阻力系数 [N/(km/h)]；

C——二次道路阻力系数 [N/(km/h)^2]。

在实际的道路阻力中，轮胎阻力、车辆机械传动系统阻力、空气阻力均是非线性的。为了推导修正公式，需要做近似处理。阻力系数 A 主要对应轮胎滚动阻力，罗俊等在《影响轮胎滚动阻力的因素分析》中描述了子午胎在车速为160km/h 以下变化平缓；阻力系数 B 主要对应车辆传动系统机械阻力，朱爱华等在《滚动轴承摩擦力矩的计算分析》中分析了轴承摩擦力矩与转速的 2/3 次方成正比，因车辆试验前要求做预热处理，因此车辆机械损失可以认为不受温度、湿度、气压、风速、坡度的影响；阻力系数 C 主要对应车辆的空气阻力，在风阻分析中与侧向风、空气密度等有关，为简化校正，仅考虑空气密度的影响。

$$C = \dfrac{\rho_0 C_d S}{2 \times 3.6^2} \tag{4-6}$$

式中　ρ_0——基准状态下的空气密度（当环境条件为 25℃、101.325kPa、湿度45% 时，$\rho_0 = 1.1776\text{kg/m}^3$）；

C_d——汽车空气阻力系数；

S——汽车迎风面积。

（2）非基准状态下测试结果分析

在非基准状态下，以下参数需要实测修正。

实测气温：T；实测压力：P_{air}；实测湿度：RH；风速：v_w，纵向风速，顺风的时候为正，逆风的时候为负；坡度：$\dfrac{dh}{ds} = 0$，下坡时为正值，上坡时为负值。

实测状态下道路阻力表述为

$$F_{实测} = f_0 + f_1 v + f_2 v^2 \tag{4-7}$$

式中　f_0——实测道路阻力常数项（N）；

　　　f_1——实测一次道路阻力系数 [N/（km/h）]；

　　　f_2——实测二次道路阻力系数 [N/（km/h）^{2}]。

$$f_2 = \frac{\rho C_d S}{2 \times 3.6^2} \tag{4-8}$$

式中　ρ——实际测试环境空气密度，按下式计算：

$$\rho = \frac{\dfrac{P_{air} - \varphi(T, RH)}{287} + \dfrac{\varphi(T, RH)}{461}}{273.15 + T} \tag{4-9}$$

式中　$\varphi(T, RH)$——根据温度、相对湿度查湿空气焓湿图得到的水蒸气分压，见表4-5。

表4-5　理想湿空气中水蒸气分压　　　　　　　　　　　单位：kPa

温度/℃	相对湿度					
	0%	20%	40%	60%	80%	100%
0	0	0.1222	0.2445	0.3667	0.4890	0.6112
10	0	0.2456	0.4912	0.7368	0.9824	1.2280
20	0	0.4678	0.9355	1.4033	1.8710	2.3388
30	0	0.8492	1.6984	2.5476	3.3968	4.2460
40	0	1.4767	2.9534	4.4301	5.9068	7.3835

（3）非基准状态校正为基准状态的理论推导

影响校正的环境因素有温度、湿度、气压、纵向风速。其中温度、湿度、气压通过影响空气密度来影响空气阻力，温度通过影响轮胎性能来影响滚阻系数。用基准状态阻力系数与各条件因素表达实测下的道路阻力，如式（4-10）所示。

$$F_{实测} = \frac{A}{1 + K_0(T - T_0)} - mg\sin\left(\arctan\left(\frac{dh}{ds}\right)\right) + Bv + f_2(v - v_w)^2 \tag{4-10}$$

式中　K_0——滚动阻力修正因子，默认取值为 $8.6 \times 10^{-3}\,K^{-1}$；

　　　m——试验质量，$m = m_{car} + m_p + m_s$；

　　　m_{car}——车辆实测整备质量；

　　　m_p——驾驶员质量；

　　　m_s——试验过程车辆配重；

　　　g——重力加速度。

当 $\dfrac{\mathrm{d}h}{\mathrm{d}s}$ 很小时，要求 < 0.1%，可做近似处理：

$$\frac{\mathrm{d}h}{\mathrm{d}s} \approx \sin\left(\arctan\left(\frac{\mathrm{d}h}{\mathrm{d}s}\right)\right) \tag{4-11}$$

可得

$$F_{\text{实测}} = \frac{A}{1 + K_0(T - T_0)} - mg\frac{\mathrm{d}h}{\mathrm{d}s} + Bv + \frac{\rho_0 C_d S}{2 \times 3.6^2} \times \frac{\rho}{\rho_0}(v^2 - 2vv_w + v_w^2) \tag{4-12}$$

进一步简化，按照 v 的升幂整理后得

$$F_{\text{实测}} = \left(\frac{A}{1 + K_0(T - T_0)} - mg\frac{\mathrm{d}h}{\mathrm{d}s} + Cv_w^2\frac{\rho}{\rho_0}\right) + \left(B - 2v_w C\frac{\rho}{\rho_0}\right)v + Cv^2\frac{\rho}{\rho_0} \tag{4-13}$$

将式（4-13）与式（4-7）比较，得方程组：

$$\begin{cases} f_0 = \dfrac{A}{1 + K_0(T - T_0)} - mg\dfrac{\mathrm{d}h}{\mathrm{d}s} + Cv_w^2\dfrac{\rho}{\rho_0} \\ f_1 = B - 2v_w C\dfrac{\rho}{\rho_0} \\ f_2 = C\dfrac{\rho}{\rho_0} \end{cases} \tag{4-14}$$

解方程组（4-14）得

$$\begin{cases} A = \left(f_0 + mg\dfrac{\mathrm{d}h}{\mathrm{d}s} - f_2 v_w^2\right) \times [1 + K_0(T - T_0)] \\ B = f_1 + 2v_w f_2 \\ C = f_2\dfrac{\rho_0}{\rho} \end{cases} \tag{4-15}$$

4. 校正误差分析

校正是为了排除环境对试验结果的干扰，但实际上环境因素对汽车阻力的影响是非线性的，模型推导中做了大量的假设，因此规定了各环境因素的上下限，在允许的范围内才能开展试验。校正技术只是滑行试验在外部环境测试中无法完全控制环境成本的一种补充手段，在实际测试中各条件越接近基准状态越好。这里重点比较标准所规定的各环境因素对试验结果的影响。

（1）道路阻力系数的能耗评价

试验表明，使用等效能量消耗量描述滑行阻力结果，其平均相对偏差仅为 1.14%。使用等效能量消耗量描述还具备鲜明的物理意义，能够综合概括汽车各类阻力的大小。以 CLTC 中国工况为参考，比较每次试验的轮边能量消耗量。实测阻力下的轮边功率计算如下：

$$P_{\text{Wheel}} = (F_{\text{实测}} + F_{\text{惯性}})v = [f_0 + f_1 v + f_2 v^2 + (m + m_r)a]v \tag{4-16}$$

式中 m_r——车辆旋转部件等效惯量；

v，a——中国工况下的速度和加速度。

在该工况下电机输出端的能量消耗量为

$$C_{\text{ROAD}} = \frac{\int P_{\text{Wheel}} \mathrm{d}t}{\int v \mathrm{d}t} \tag{4-17}$$

（2）各因素极限条件下校正影响

前面分析了实测结果与修正结果的关系，下面分析各因素在允许的修正极限范围内对修正后系数的影响。以某款汽车实测结果为例：该车整备质量1170kg，驾驶员体重60kg，配重40kg，旋转当量惯量为50kg，实测阻力系数分别为f_0 = 123.49 N；f_1 = 0.338 N/（km/h）；f_2 = 0.0349 N/（km/h）^{2}，则中国工况下电机输出端能量消耗量为7.34kW·h/100km。各因素影响下的校正值及其比例见表4-6。

表4-6 各因素影响下的校正值及其比例

校正因素	上下限	A 校正值	A 比例	B 校正值	B 比例	C 校正值	C 比例	C_{ROAD} 校正值	C_{ROAD} 比例
基准	—	123.49	0.00%	0.3380	0.00%	0.03490	0.00%	7.34	0.00%
温度	5℃	102.25	−17.20%	0.3380	0.00%	0.03243	−7.08%	6.51	−11.33%
	40℃	139.42	12.90%	0.3380	0.00%	0.03691	5.76%	7.98	8.70%
湿度	0%	123.49	0.00%	0.3380	0.00%	0.03471	−0.55%	7.32	−0.26%
	100%	123.49	0.00%	0.3380	0.00%	0.03514	0.68%	7.36	0.32%
气压[①]	90kPa	123.49	0.00%	0.3380	0.00%	0.03932	12.66%	7.77	5.88%
风速	3m/s	119.42	−3.30%	1.0918	223.03%	0.03490	0.00%	8.34	13.65%
	−3m/s	119.42	−3.30%	−0.4158	−223.03%	0.03490	0.00%	6.11	−16.73%
坡度	0.10%	135.94	10.08%	0.3380	0.00%	0.03490	0.00%	7.69	4.71%
	−0.10%	111.04	−10.08%	0.3380	0.00%	0.03490	0.00%	7.00	−4.71%

① 标准大气压对应的海拔高度为0km，90kPa对应的海拔高度约为1000m，因此气压仅求下限。

由表4-6可知，各因素对试验结果的影响排序为：风速＞温度＞坡度＞气压＞湿度。当能量消耗量需要向更大方向修正时，极限状态为：温度40℃、湿度100%，气压90kPa，风速3m/s，坡度0.1%，此时能量消耗量校正后比校正前大34.72%。当能量消耗量需要向更小方向修正时，极限状态为：温度5℃、湿度0%，气压101.325kPa，风速−3m/s，坡度−0.1%，此时能量消耗量校正后比校正前小31.76%。

5. 试验实例

选取某款纯电动汽车做滑行试验，该车整备质量1170kg，驾驶员体重60kg，配重40kg，旋转当量惯量为50kg。在以下环境中进行试验：

气温 T = 22℃；

压力 P_{air} = 990kPa；

湿度 RH = 50%；

风速前四次 v_w = 0.5cos45° = 0.354m/s，后四次 v_w = 0.5m/s；

坡度 $\frac{dh}{ds} = 0$。

共执行了 8 组试验，每组试验进行系数求取，根据环境条件校正为基准状态。结果见表 4-7。

表 4-7 校正前后滑行试验结果对比

组别	A		B		C		C_{ROAD}	
	校正前	校正后	校正前	校正后	校正前	校正后	校正前	校正后
1	138.63	134.99	0.586	0.677	0.03539	0.03585	8.18	8.25
2	134.18	130.67	1.035	1.113	0.03057	0.03096	8.25	8.30
3	135.85	132.29	0.909	0.993	0.03317	0.03360	8.36	8.43
4	138.11	134.49	0.740	0.831	0.03569	0.03615	8.42	8.50
5	137.31	133.71	0.908	0.824	0.03316	0.03359	8.40	8.21
6	142.42	138.69	0.677	0.585	0.03598	0.03644	8.47	8.28
7	145.91	142.09	0.621	0.529	0.03612	0.03658	8.50	8.30
8	154.99	150.93	0.286	0.188	0.03862	0.03911	8.50	8.29
标准差	6.79	6.61	0.236	0.291	0.00245	0.00248	0.12	0.09
均值	140.92	137.23	0.720	0.717	0.03484	0.03528	8.38	8.32

由表 4-7 可知，校正后能量消耗量标准差由 0.12kW·h/100km 降到了 0.09kW·h/100km。第 4 组偏差最大，误差为 0.1758/0.09 = 1.953σ，在 3σ 区间内，故所有测试点均为有效点。最终测试结果为：$A = 137.23$N；$B = 0.717$N/(km/h)；$C = 0.03528$N/(km/h)^2。

综上所述，本节提出了一种道路阻力的修正方法，并给出了各物理条件在极限状态的修正比例。该方法相对于国六标准有如下变动：① 引入湿度校正条件；② 基准大气压修正为 101.325kPa，基准温度修正为 298.15K，增加基准湿度 45%；③ 顺风与逆风、道路坡度等在求取阻力系数后统一修正；④ 中国工况计算电机输出端能量消耗量作为误差判别依据，适用于 3σ 区间判定法。另外，在底盘测功机上测试时，通常要测试满载、半载、高温、低温等状态，此时沿用基准状态阻力不太合理，但考虑单独测试成本高，选择沿用基准阻力数据，再通过式（4-14）逆向推导对应的阻力系数值，拓宽了校正技术的逆向应用。

4.2.2 环境温度对车辆道路阻力的影响

低温环境下，以 -7℃ 为基准参考温度，电动汽车续航通常衰减 35% ~ 55%。孙砚田在《轮胎滚动阻力分析及其性能优化方法研究》中研究了不同温度下的车轮滚阻，莫易敏在《润滑油对变速箱传动效率影响的试验研究》中研究了不同温度下的变速箱油对传动系统效率，中国电动汽车测评（EV-TEST）与中国汽车消费者研究及测试中心（CCRT）则使用各阻力系数增加 10% 的方式设定车辆道路阻力。

节能工作是电动汽车研发的重要课题，电动汽车低温续航性能的重要影响因素除了电池的低温性能以外，环境温度对车辆道路阻力的影响也不容忽视。本节首先对电动汽车低温环境的能耗影响因素进行调研，分析各影响因素对里程衰减率的影响；然后，重点分析环境温度对车辆道路阻力的影响原理，分解为空气阻力、车辆机械阻力两类影响；接着，某车型为示例，设计实验，测试在不同温度下的车辆机械阻力；最后，对测试结果进行分析，结合 UF 系数，讨论低温环境下和车辆冷态下的车辆机械阻力测评方法。实验表明，在相同环境温度下，示例车辆冷态与热态的机械阻力差异高达 0.64kW·h/100km，环境温度每降低 10℃，示例车辆机械阻力能耗增加 0.53kW·h/100km。该评价方法替换现有只考虑常温预热后的机械系统阻力方法，可以更全面、更客观地反映实际用户能耗水平，从而找到更合理的整车匹配方案。

1. 电动汽车低温环境下的能耗问题

环境温度对电动汽车能耗的影响主要可以从 3 个方面考虑。首先是电池的温度适应性，在 −7℃ 环境下，电池放电能量通常仅为常温下的 80%~90%，且制动能量回收受回充电流限制严重，综合影响续驶里程衰减 10%~20%。其次是低温环境下的车辆采暖问题，相对于常温，不仅需要增加一部分能量用于车内采暖，同时还要给电池等车身部件加热，额外损耗约 2~6kW·h/100km 的能量，使综合续航下降 15%~25%。最后是低温环境对车辆行驶阻力的影响，在 CCRT 与 EV-TEST 中，规定了低温环境下的续驶里程测试时，车辆机械阻力相对于常温增加 10%，对里程衰减的贡献也近似为 10%。以上三个因素综合分析，低温下车辆续航衰减理论上为 35%~55%。研究提升电池低温适应性与提高车辆采暖能效方案的文献有很多，但是关于环境温度对车辆机械阻力的影响的研究较少。

2. 环境温度对车辆道路阻力影响的原理

低温环境下道路阻力较大的原因，有以下三个方面：①低温下空气密度较大，车辆空气阻力增加；②低温下轮胎材料特性影响，其滚动阻力较大；③低温下减速器、传动轴等相对活动部件之间的润滑剂黏度较大，影响其阻力。这三个部分需要分别细化研究。在整车滑行试验求取道路阻力系数的过程中，应用了温度修正的理论，仅对车辆预热后的状态进行阻力系数修正，并不考虑车辆冷态的机械阻力大小。一般的车辆阻力测试方法，结果都以获得阻力系数为准。但阻力系数是一组数据，采用等效百公里能量消耗量来衡量其阻力大小。

（1）环境温度对空气阻力的影响

由空气动力学方程可知，空气阻力与空气密度呈正比，如式（4-18）所示。影响空气阻力的大小因素主要有空气密度、迎风面积、风阻系数和车速。在这 4 个参数中，仅空气密度与环境温度相关。不同温度下空气密度如式（4-19）所示。

$$F_w = \frac{1}{2}\rho C_d S v^2 \tag{4-18}$$

式中　F_w——空气阻力（N）；

　　　ρ——空气密度（kg/m³）；

　　　C_d——风阻系数；

　　　S——迎风面积（m²）；

　　　v——车速（km/h）。

$$\rho = \frac{273.15\rho_0}{T+273.15} \qquad (4\text{-}19)$$

式中 ρ_0——标准状态下的空气密度（1.29kg/m^3）；

T——环境温度（℃）。

由此可知，-7℃相对于20℃，空气密度增加了10.14%。基本上与当前使用的阻力增加10%吻合。

（2）环境温度对车轮滚阻的影响

对于空气阻力的分析相对简单，但是对于轮胎滚阻和传动系统阻力等，并没有成熟的理论进行直接推导。查阅相关资料，可知轮胎滚阻在预热前约为预热后的1.3倍。如图4-5所示，某轮胎预热时间与其滚阻系数的关系。标准中以30min预热对应的滚阻作为轮胎的滚阻系数，该示例轮胎滚阻为6.8N/kW。折算成预热里程为40km，而大部分用户用车单程出行里程都在40km以内，显然，只用预热后的轮胎滚阻系数对轮胎滚阻性能进行评价是不合理的。图4-5只给出了常温预热前后的轮胎阻力差异，而关于低温环境下的阻力值，则依然没有数据作为支撑，需要进行试验验证。

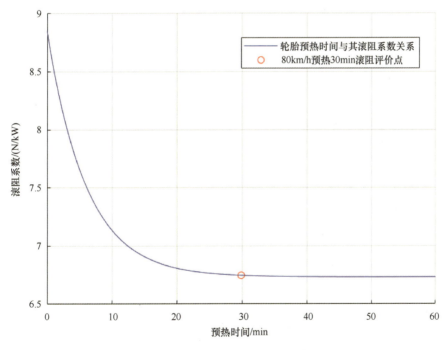

图4-5 某轮胎预热时间与其滚阻系数的关系

（3）环境温度对减速器与传动轴阻力的影响

影响减速器和传动轴效率的因素主要有箱体内部结构、轴承、油品黏度和油量等。其中，温度对传动系统的影响主要体现在影响油品的黏度，但与轮胎不同的是，其预热周期相对较短，油温对效率的影响约为1%。图4-6所示为某动力总成执行等速60km/h工况下的效率。

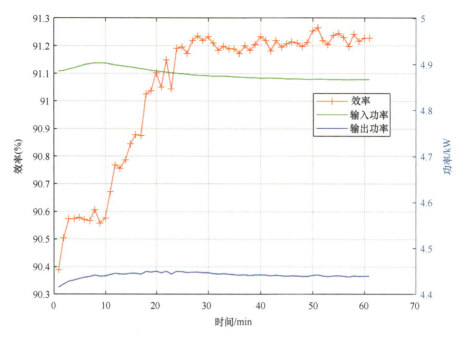

图 4-6 传动系统等速 60km/h 工况下的效率

传动系统效率变化 1%，对整车能耗影响约为 0.1～0.2kW·h/100km，相对于滚阻与风阻来说小很多。预热前后的效率差异不大，但在不同温度下的传动系统阻力，需要设计试验进行测试。

3. 环境温度对车辆机械阻力影响的试验设计

从以上分析可知，不同温度、不同预热状态对车辆的机械阻力有影响，但缺少成熟的理论依据，需要设计实验测量。依据 GB/T 18352.6—2016 附件 CC 中的测试方法，对车辆机械阻力的测试主要有等速法与减速法两种。这里采用改进的减速法进行测量，需要对车辆预热前后的状态重复多次测试。

（1）测试步骤

本试验为开发性试验，要考虑底盘测功机的零点漂移和不同温度下的预热。采用的测试设备是：①底盘测功机，型号 CDS150-2D-II；②高低温环境舱，型号 HQC484。本示例中对比车辆的前驱部分机械阻力，类似的方法可获得后轮的机械阻力。试验具体步骤为：

1）底盘测功机零点漂移测定；

2）检查车辆状态，将车辆固定在底盘测功机上；

3）将环境舱温度设置为 25℃，浸车 12h；

4）自动对中装置举升，预热底盘测功机后，自动对中装置再下降为测试状态；

5）车辆设置为空档模式，底盘测功机带动车辆至车速 120km/h，然后切换为道路阻力模拟模式。道路阻力设置为 $A=50N$，$B=0$，$C=0.035N/(km/h)^2$；

6）重复步骤 5，执行 5 次；

7）底盘测功机设置为等速 80km/h，预热 30min；

8）重复步骤 5，执行 5 次；

9）将环境温度分别设置为 10℃、0℃、-7℃、-20℃，执行步骤 3 至步骤 8；

10）试验数据处理，试验结束。

（2）试验结果

按照以上试验步骤，对某车型的前驱机械阻力进行测试，并进行数据分析，获得的测试结果见表 4-8。总共需要执行 5 个温度下的机械阻力测试，车辆预热前后分别为冷态、热态，各温度下测试 5 组减速法获得的阻力系数 A 与 B，并折算成 NEDC 工况下的能耗值。

表 4-8 各环节温度下车辆机械阻力及其能耗

序号	测试温度/℃	车辆预热状态	A/N	B/[N/(km/h)]	机械阻力能耗/(kW·h/100km)
1	25	冷	83.36	0.692	3.47
2	25	冷	81.23	0.646	3.33
3	25	冷	79.62	0.632	3.26
4	25	冷	79.32	0.607	3.21
5	25	冷	79.10	0.585	3.17
6	25	热	76.79	0.481	2.93
7	25	热	77.75	0.495	2.98
8	25	热	77.68	0.536	3.05
9	25	热	78.57	0.520	3.05
10	25	热	77.57	0.535	3.05
11	10	冷	87.59	1.028	4.14
12	10	冷	82.54	0.886	3.77
13	10	冷	81.76	0.814	3.63
14	10	冷	80.00	0.817	3.58
15	10	冷	81.98	0.787	3.59
16	10	热	85.37	0.583	3.34
17	10	热	87.35	0.602	3.43
18	10	热	87.88	0.631	3.49
19	10	热	88.96	0.654	3.56
20	10	热	89.25	0.645	3.55
21	0	冷	111.31	1.062	4.86
22	0	冷	108.63	0.911	4.53
23	0	冷	105.50	0.886	4.41
24	0	冷	102.48	0.858	4.27
25	0	冷	102.75	0.818	4.22
26	0	热	101.59	0.653	3.91
27	0	热	102.24	0.764	4.11
28	0	热	105.10	0.772	4.20
29	0	热	105.79	0.785	4.24
30	0	热	104.77	0.806	4.25
31	-7	冷	130.27	1.841	6.68
32	-7	冷	122.10	1.392	5.71
33	-7	冷	118.75	1.177	5.26
34	-7	冷	120.54	1.025	5.05

（续）

序号	测试温度/℃	车辆预热状态	A/N	B/[N/(km/h)]	机械阻力能耗/(kW·h/100km)
35	−7	冷	118.27	1.009	4.96
36	−7	热	111.13	0.690	4.24
37	−7	热	112.64	0.790	4.44
38	−7	热	112.87	0.856	4.56
39	−7	热	112.86	0.899	4.63
40	−7	热	114.49	0.896	4.67
41	−20	冷	159.88	2.371	8.39
42	−20	冷	150.82	1.618	6.88
43	−20	冷	144.77	1.415	6.38
44	−20	冷	141.07	1.289	6.06
45	−20	冷	139.08	1.226	5.90
46	−20	热	129.52	0.789	4.91
47	−20	热	134.06	0.957	5.32
48	−20	热	137.65	0.992	5.47
49	−20	热	138.52	1.068	5.63
50	−20	热	138.58	1.097	5.68

表 4-8 中，第 5 次与第 6 次之间执行预热操作，前 5 次为车辆冷态机械阻力，后 5 次为车辆热态机械阻力。绘制各温度下、第 n 次减速法测试结果如图 4-7 所示。从图中可知，前 5 次随着预热的进行，机械阻力越来越小；后 5 次为预热后的状态，其均值比预热前要小。随着温度的降低，机械阻力增加趋势也很明显。各温度下车辆预热后，机械阻力的有稍微回弹趋势，特别是在低温环境下回弹明显，说明预热操作相对于减速法测试的工况，对车辆机械系统的加热强度更高。

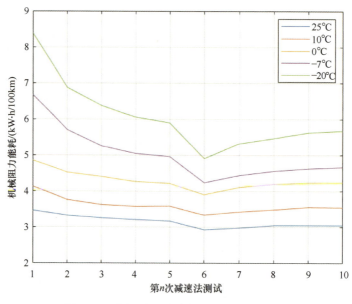

图 4-7 不同温度下的车辆机械阻力测试结果

表 4-8 中最重要的信息是各温度下冷态、热态均值。将预热前后的结果用均值整理后见表 4-9。

表 4-9 各环节温度下车辆机械阻力及其能耗均值

测试温度	测试结果	
	冷态机械阻力能耗均值/(kW·h/100km)	热态机械阻力能耗均值/(kW·h/100km)
25℃	3.289	3.012
10℃	3.741	3.475
0℃	4.457	4.144
-7℃	5.533	4.508
-20℃	6.722	5.400

在常温状态下,仿真时收集的信息为:减速器效率 97%,传动轴效率 98%,卡钳拖滞力为 2.5N·m/轮,轴承拖滞力为 0.8N·m/轮,轮胎滚阻系数为 7.5N/kN。对应的能耗为 4.74kW·h/100km,前轮的部分对应的能耗为 2.914kW·h/100km。实测所得常温预热后的机械阻力均值为 3.012 kW·h/100km,证明该车辆设计值与实际状态较为接近。由表 4-9 可知,常温下冷态机械阻力比热态机械阻力高 0.277kW·h/100km,低温环境(-7℃)下预热状态比常温预热状态下机械阻力高 1.496kW·h/100km,阻力增加 49.67%,远高于当前 CCRT 与 EV-TEST 引用的 10%。从热态均值来看,车辆每降低 10℃,平均能耗增加 0.53kW·h/100km,如图 4-8 所示。

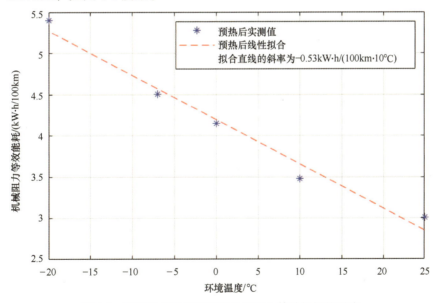

图 4-8 环境温度对车辆热态机械阻力等效能耗的影响

相同环境温度下,车辆预热前后机械阻力等效能耗均值相差 0.64kW·h/100km,如图 4-9 所示。常温下相差并不明显,但低温环境下差值巨大。这也是部分用户冬季环境下未开空调,其能耗依然很高的重要原因之一。

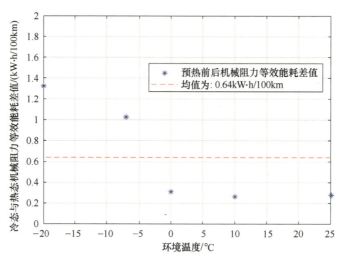

图 4-9 车辆预热前后机械阻力等效能耗对比

4. 结合 UF 系数对车辆机械阻力测评改进

以往的评测只考核常温预热状态下的车辆机械阻力，而试验证明了不同温度和不同预热条件下，车辆的机械阻力差异较大。而不同温度下的权重，可通过年度温度分布统计特征确定。不同预热状态下的权重，则可借助 UF 系数计算。UF 系数是混合动力汽车中常用的参数，参考 SAE J2841 的相关内容，定义为纯电利用系数。表达式如式（4-20）所示。

$$\mathrm{UF}_c(d_c) = 1 - \exp\left\{-\sum_{x=1}^{k} C_x \left(\frac{d_c}{d_n}\right)^x\right\} \qquad (4\text{-}20)$$

式中　d_c——单程行驶里程（km）；

UF_c——行驶里程为 d_c 时的纯电利用系数，取值范围为 0～1；

d_n——最大出行里程，标准中定义为常数 400km；

C_x——第 x 个系数，见标准 GB/T 19753—2021 附录 F。

将 UF_c 对 d_c 求导数，则获得用户单次出行里程概率密度函数，如图 4-10 所示。

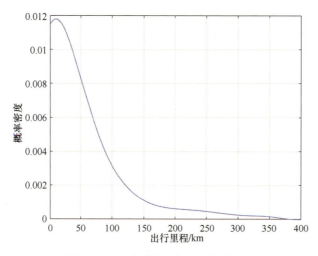

图 4-10　用户单次出行里程概率密度

由图 4-10 可知，用户单次出行里程 ≤ 50km 的概率较大，因此，冷态下的机械阻力权重较高。若车辆机械阻力衰减符合自然指数函数模型，则定义预热前车辆机械阻力为 EC_0，预热后车辆机械阻力为 EC_∞，则行驶里程 s 与车辆机械阻力能耗 EC 的关系为：

$$EC(d_c) = (EC_0 - EC_\infty)e^{-\frac{s}{R}} + EC_\infty \tag{4-21}$$

式中　R——衰减系数（km），由实验拟合获得。

概率密度函数表达为 $P(s)$，则综合出行能耗为

$$EC = \int_0^{400} \frac{\int_0^s EC(t)dt}{s} P(s)ds \tag{4-22}$$

将式（4-21）带入式（4-22）中，推导得

$$EC = \int_0^{400} (EC_0 - EC_\infty) \frac{R(1-e^{-\frac{s}{R}})}{s} P(s)ds + EC_\infty \tag{4-23}$$

由式（4-23）可知，衰减系数 R 越大，EC 越大。预热前车辆机械阻力 EC_0 与预热后车辆机械阻力 EC_∞ 的差值越大，则 EC 越大。$P(s)$ 是分布曲线，较难进一步化简。当带入经验数据，按照 80km/h 行驶 30min 预热条件为衰减系数，$R = 40$km，EC_0 是 EC_∞ 的 1.3 倍，计算获得 $EC = 1.0852 \times EC_\infty$，即当前热态的机械阻力测试结果乘以 1.0852 才与用户冷态、热态均考虑的真实情况接近。

综上所述，环境温度是影响电动汽车续驶里程的重要因素，除了改善电池低温放电性能和降低车辆低温采暖功耗以外，对电动汽车动力系统低温环境下的节能优化也必须重视。采用减速法测得不同环境温度下车辆冷态与热态的机械阻力，被测车辆冷态与热态的能耗差值高达 0.64kW·h/100km，环境温度每降低 10℃，车辆机械阻力增加约 0.53kW·h/100km，对车辆能耗测评具有重大影响。结合 UF 系数和环境温度统计，推导出与用户实际能耗更贴近的阻力系数值，当假设 80km/h 行驶 30min 作为预热条件，冷态比热态机械阻力大 1.3 倍时，热态的机械阻力测试结果乘以 1.0852 才与用户冷态、热态均考虑的真实情况接近。因此需要结合大数据采集，针对特定用户进行阻力系数评价，提出机械阻力系统定制化降能耗措施。

4.2.3　环境风速对车辆道路阻力的影响

节能减排已上升为衡量车辆技术水平的重要指标。仿真是节能开发工作的重要环节，而实际用户的使用情况与开发过程采用的假设条件常常有较大差异。为了更精确地分解用户实际能耗，需要对车辆环境工况做全方位的分解。如今，可以通过大数据技术远程判断车辆动力系统是否存在故障，并判断能耗高于设计值的原因。按照空气阻力损耗占比 30% 计算，纯电动汽车新车空气阻力的能耗水平需要降低到 3.6kW·h/100km。中国工况的空气阻力强度是 4.62kW·h/100km/m²，按照乘用车平均迎风面积为 2.3m² 折算，车辆的平均风阻系数要降低到 0.3388。这仅仅是考虑了标准工况中无风环境下的空气阻力。

李华林在《基于 FLUENT 的汽车外流场的空气动力学仿真及优化设计》中提出了一种车辆空气动力学仿真方法，但使用的模型是三维流体力学仿真，适用于车辆开发阶段，在

实际用户空气阻力损耗分析时可直接引用该模型的结论。本书第 2 章提出了如何通过云平台数据获得静风状态下的空气阻力损耗计算方法,并重点研究车辆空气动力学优化时考虑的经济性因素。

车辆的行驶速度是影响其能耗的最主要原因,但环境风速也会增加车辆的能量消耗量。本节首先调研当前工况的发展状况,将环境风速、湿度、温度等条件都逐渐增加到工况考虑的因素中;然后提出车辆的工况模型,采用车辆智能网联技术获取分解车辆空气阻力能耗所需要的参数;接着采用空气动力学原理推导环境风速对汽车能耗的影响,推导出不同风速等级条件下车辆能耗的大小,构建在用户实际道路情况下的空气阻力能量损耗模型;最后通过某用户的大数据实例,分析该用户的环境风阻修正后的能耗分布统计结果,计算车辆空气阻力损耗,并获得环境风速对汽车能耗的影响结果。将环境风速的随机加载工况应用于车辆的仿真开发中,在用户的大数据能耗分布分析时可起到积极作用,有利于更合理地改善车辆空气动力学性能。

1. 车辆空气动力学建模与环境风速影响分析

车辆受到的空气阻力按照 GB 18352.6—2016 附件 CC 中的风洞试验法测试测得的结果,是车辆空气动力学分析的重要依据。沿用该模型,分析在实际道条件下,考虑环境影响的车辆空气动力性建模如下。

(1)车辆空气动力学模型

在静风的环境下,车辆在行驶过程中受到的空气阻力如式(4-24)所示。

$$F_C = \frac{1}{2} C_d S \rho v^2 \tag{4-24}$$

式中 C_d——车辆风阻系数;
S——车辆迎风面积(m^2);
ρ——空气密度(kg/m^3);
v——车辆与空气相对速度(m/s)。

由式(4-24)可知,车辆的迎风面积与风阻系数对于某款上市的车型,设计阶段已经确定,视为常数。车辆行驶在实际道路中,只需要布置相应的传感器获得车速信号与空气密度信息即可。车速信号可通过 ABS 获取,空气密度可通过环境温度与海拔高度计算。在更精确的车辆动力性模型中,空气阻力与相对速度 v 的方向、高次方项相关。为了简化分析,仅取二次方项。

(2)环境风速对车辆能耗影响分析

当行驶在有风的环境中时,如果空气相对于地面的速度为 v_w,车辆相对于地面的速度为 v,两者夹角为 θ,如图 4-11 所示。由图 4-11 可知,根据速度合成原理,车辆受到的空气阻力如式(4-25)所示。

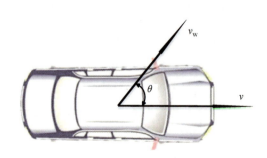

图 4-11 车辆速度与风速示意图

$$F = \frac{1}{2} C_d S \rho (v - v_w \cos\theta)^2 \tag{4-25}$$

式中　θ——车速与风速的夹角，取值范围为 $0 \sim 2\pi$；
　　　v_w——风速（m/s）。

假设车辆受到空气阻力的方向是随机且均匀分布的，则车辆在有风的环境下收到的空气阻力平均值如式（4-26）所示。

$$\overline{F} = \frac{1}{2\pi}\int_0^{2\pi} \frac{1}{2} C_\mathrm{d} S \rho (v - v_\mathrm{w}\cos\theta)^2 \mathrm{d}\theta \qquad (4\text{-}26)$$

式（4-26）中 C_d、S 和 ρ 是与 θ 无关的常量，可提取至积分号外部，同时，对平方项展开，如式（4-27）所示。

$$\overline{F} = \frac{C_\mathrm{d} S \rho}{4\pi}\int_0^{2\pi}[v^2 - 2v_\mathrm{w}\cos\theta + (v_\mathrm{w}\cos\theta)^2]\mathrm{d}\theta \qquad (4\text{-}27)$$

进一步化简，得到车辆受到的空气阻力平均值为两项：

$$\overline{F} = \frac{1}{2} C_\mathrm{d} S \rho v^2 + \frac{1}{4} C_\mathrm{d} S \rho v_\mathrm{w}^2 \qquad (4\text{-}28)$$

将式（4-28）与式（4-24）对比可知，车辆受到的空气阻力平均值增加了一项与风速相关的值。该项为因环境风速引起的平均阻力：

$$\overline{F_\mathrm{w}} = \frac{1}{4} C_\mathrm{d} S \rho v_\mathrm{w}^2 \qquad (4\text{-}29)$$

由此可知，车辆在有风的环境下受到的空气阻力平均值为

$$\overline{F} = F_\mathrm{C} + \overline{F_\mathrm{w}} \qquad (4\text{-}30)$$

因环境风速引起的车辆能耗增加，在行驶时间 T 时，其能量为

$$\overline{E_\mathrm{w}} = \int_0^T \overline{F_\mathrm{w}} v \mathrm{d}t \qquad (4\text{-}31)$$

（3）各级风速下车辆道路阻力及其能耗

风速可划分为 12 级，不同风级对应其风速上下限。将风速代入式（4-29）可计算各风速下车辆受到的空气阻力平均值。将 CLTC 工况循环带入式（4-31）可计算车辆因环境风速而增加的能耗。以某款迎风面积为 2.55m²，风阻系数为 0.313 的车辆为例，计算环境风速风级与行驶能耗增加量的关系，结果见表 4-10。

表 4-10　环境风速风级与标准 CLTC 工况下车辆出行能耗的关系

风级	名称	风速下限 /（m/s）	风速上限 /（m/s）	陆地物象	阻力下限 / N	阻力上限 / N	能耗下限 /（kW·h/100km）	能耗上限 /（kW·h/100km）
0	无风	0.0	0.2	烟直上	0.0	0.0	0.00	0.00
1	软风	0.3	1.5	烟示风向	0.1	1.3	0.00	0.04
2	轻风	1.6	3.3	感觉有风	1.5	6.3	0.04	0.17
3	微风	3.4	5.4	旌旗展开	6.7	16.8	0.18	0.47
4	和风	5.5	7.9	吹起尘土	17.4	35.9	0.48	1.00
5	劲风	8.0	10.7	小树摇摆	36.8	65.9	1.02	1.83

（续）

风级	名称	风速下限/（m/s）	风速上限/（m/s）	陆地物象	阻力下限/N	阻力上限/N	能耗下限/（kW·h/100km）	能耗上限/（kW·h/100km）
6	强风	10.8	13.8	电线有声	67.1	109.6	1.87	3.05
7	疾风	13.9	17.1	步行困难	111.2	168.3	3.09	4.68
8	大风	17.2	20.7	折毁树枝	170.3	246.7	4.73	6.85
9	烈风	20.8	24.4	小损房屋	249.1	342.7	6.92	9.52
10	狂风	24.5	28.4	拔起树木	345.5	464.3	9.60	12.90
11	暴风	28.5	32.6	损毁普遍	467.6	611.8	12.99	16.99
12	飓风	32.7	—	损毁巨大	615.6	—	17.10	—

由表4-10可知，9级风速以上时，其速度就相当于车辆在高速状态下行驶，车辆能耗成倍增加。而经常出现的3级、4级风天气，车辆的行驶能耗增加0.18~1.00 kW·h/100km。该等级的车辆，在无风的状况下能耗为3.8kW·h/100km，即考虑风速的情况下，车辆的空气阻力能耗增加4.7%~26.3%，在车辆经济性开发中应当充分考虑。

2. 空气阻力分解在用户车辆上的应用

以上分析是基于车辆开发阶段，对环境因素做了众多假设条件下的分析结果。随着智能网联技术的发展，整车能源管理已逐渐走出实验室，走向用户的大数据分析中，并通过友好的人际交互界面及时反馈给用户，通过云平台反馈给车辆性能开发工作人员。

为了分析车辆在实际道路行驶过程空气阻力的损耗，需要以车辆控制单元（VCU）为中心，收集各相关数据。从空调控制模块（CLM）中获得外部环境的温度，从ABS中获得车速信号，从T-BOX中获取海拔信号、经纬度信号。经过VCU计算后，将空气阻力损耗显示在信息娱乐主机（IHU）中。完整的信号流架构图如图4-12所示。

图4-12 空气阻力能耗信息采集架构

通过气象App可读取实时的天气状态,包括风速、风向信息,如图4-13所示。

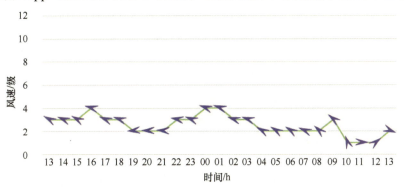

图4-13 通过气象App获取的风速、风向信息

将车辆迎风面积、风阻系数、空气温度、海拔高度、车速、风速、风向信息汇总后,计算车辆空气阻力实时损耗功率如式(4-32)所示。

$$P = \frac{1}{2} C_d S \left(\frac{v}{3.6} - v_w \cos\theta \right)^2 \frac{101 - 0.01h}{0.2869(T + 273.15)} \times \frac{v}{3.6} \quad (4-32)$$

式中 P——空气阻力损耗功率(W);

v——车速(km/h);与CAN车速信号单位保持一致;

h——海拔高度(m);海拔高度计算大气压力时,为了减少运算量做了近似处理,将海拔为0~4000m的大气压力做了线性拟合;

T——环境温度(℃)。

对某测试车辆采用该模型分析其空气阻力损耗,如图4-14所示。当不考虑天气风速与风向对车辆空气阻力损耗的影响时,代入 $v_w = 0$ 到式(4-32),得到空气阻力损耗如图4-14蓝色虚线所示;当考虑天气风速与风向,将其代入式(4-32)计算空气阻力损耗如图4-14红色实线所示。

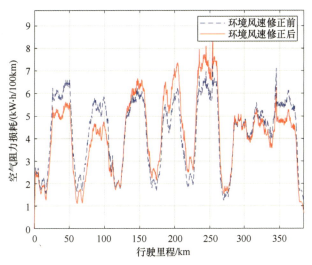

图4-14 某产品空气损耗以及考虑3级风环境条件下的能耗

由图 4-14 可知，空气阻力损耗一般在 2.0~6.0kW·h/100km 之间，三级的环境风速对空气阻力的影响为 -1.5~2.0kW·h/100km。环境风速对空气损耗的影响虽然占比较高，在精细化分析能耗问题时不应忽略。令车辆引入环境风速空气阻力损耗修正功能，缺点是需要增加车载控制器的计算资源，但随着汽车智能化发展，该计算量可忽略不计。优点是无需增加额外的硬件成本，就可提高空气阻力损耗分解结果的精度。

综上所述，环境风速对整车能耗的影响可以用本节提供的方法计算得出。在三级微风环境下，某款乘用车示例的整车能耗增加 0.18~0.47kW·h/100km，占比整车能耗的 1.43%~3.48%。随着智能网联汽车技术的发展，通过天气 App 获取路侧设备或者气象站的实时风速与风向，可以有效地确定车辆在有风环境下的空气阻力能耗。将环境风速考虑到车辆工况中，有利于开展更精细化的车辆空气动力学优化工作，进一步促进节能技术的开发。

4.2.4 旋转部件转动惯量对测试结果的影响

在汽车动力性经济性测试验证领域，国产测试设备在国内市场中占比极低，主要被奥地利李斯特、德国马哈、美国宝克、日本东芝三菱等品牌占据。底盘测功机是整车测试的重要设备，主要依据 BS ISO 10521-2—2006《道路车辆 道路阻力加载 底盘测功机上的再现》作为技术条件，但包括滑行试验的数据处理在内，均缺少对车辆机械传动系统转动惯量的深入探讨。在电动汽车节能优化中，整车轻量化对能耗影响极大。车辆旋转部件的转动惯量也是轻量化工作中较重要的任务之一。

本节推导汽车旋转部件的转动惯量等效于车辆重量的公式，研究车辆旋转部件的测量方法进，将转动惯量等效车辆重量应用于滑行试验分析与底盘测功机模拟原理中，分析转动惯量对能耗的影响。为汽车滑行试验标准的制定、底盘测功机的改进和整车动力性经济性的仿真分析提供实用工具。

1. 汽车转动惯量部件及其等效

以纯电动汽车为例，汽车的旋转部件主要包括：电机转子、各轴承、减速器输入轴、中间轴、输出轴和齿轮、差速器、传动轴、制动盘、轮辋、轮胎等。在众多参考文献中，都使用车辆整备质量乘以一个系数 δ，经验值约为 1.03~1.06 之间。为了更好地统计与分析测量转动惯量对整车动力性经济性的影响，需要单独统计其等效的质量。该等效质量在加速、减速时有等效的惯性力，但是在上坡、下坡时没有斜坡上的分力。所以，旋转部件的等效质量需要单独统计以作区别。

（1）公式推导

将转动惯量等效于轮边的等效质量，计算公式推导如下。

以车轮的转动惯量为例，若车轮的转动惯量为 $I_{车轮}$，轮胎滚动半径为 r，测量以加速度 a 匀加速运动，由惯量定律得

$$F_{惯性} = m_{等效} a \tag{4-33}$$

由旋转部件运动规律得

$$M = I_{车轮} \alpha \tag{4-34}$$

力与力矩换算关系为

$$M = F_{惯性} r \tag{4-35}$$

加速度与角加速度关系为

$$a = \alpha r \tag{4-36}$$

联立式（4-33）~式（4-36）推导得

$$m_{等效} = \frac{I_{车轮}}{r^2} \tag{4-37}$$

测量有部分旋转部件需要经过传动比 i 传递到轮边，需要推导其等效到轮边的等效质量。旋转部件转动惯量为 $I_{输入}$，经过速比为 i 的传动系统后，等效的转动惯量为 $I_{输出}$。

输入/输出端加载力矩与输入端转动惯量如下：

$$M_{输入} = I_{输入} \alpha_{输入} \tag{4-38}$$

$$M_{输出} = I_{输出} \alpha_{输出} \tag{4-39}$$

输入/输出端的力矩与角加速度，跟速比的对应关系如下：

$$M_{输出} i = M_{输入} \tag{4-40}$$

$$\alpha_{输出} i = \alpha_{输入} \tag{4-41}$$

联立式（4-38）~式（4-41）推导得

$$I_{输出} = I_{输入} i^2 \tag{4-42}$$

某旋转部件的转动惯量为 I，折算到轮边转速的速比为 i，车轮滚动半径为 r，则该旋转部件等效到轮边的质量由式（4-37）及式（4-42）推导得

$$m = \frac{I i^2}{r^2} \tag{4-43}$$

（2）计算示例

与整车轻量化工作统计各系统质量类似，转动惯量需要对各旋转部件转动惯量、数量、等效到轮边的速比以及车轮半径进行统计。并依据式（4-43）计算等效质量，最后求和汇总。某车辆各旋转部件及其等效到轮边传动比、车轮半径等信息统计如表 4-11 所示。

表 4-11 某电动汽车旋转部件惯量等效质量

序号	旋转部件	数量	转动惯量/$(kg \cdot m^2)$	车轮滚动半径/m	速比	等效质量/kg
1	轮胎	4	0.812	0.355	1	25.8
2	轮辋	4	1.021	0.355	1	32.4
3	制动盘	4	0.201	0.355	1	6.4
4	左传动轴	1	0.395	0.355	1	3.1
5	右传动轴	1	0.758	0.355	1	6.0

(续)

序号	旋转部件	数量	转动惯量 / (kg·m²)	车轮滚动半径 / m	速比	等效质量 /kg
6	差速器轮系	1	0.411	0.355	1	3.3
7	减速器输出轴及其齿轮	1	0.255	0.355	1	2.0
8	减速器中间轴及其齿轮	1	0.043	0.355	3.6	4.4
9	减速器输入轴及其齿轮	1	0.005	0.355	13	6.7
10	电机转子	1	0.006	0.355	13	8.0
11	电机轴承	2	0.0001	0.355	13	0.3
12	车轮轴承	4	0.021	0.355	1	0.7
	总计					99.1

注：该车整备质量为1700kg，可计算得转动惯量换算系数 $\delta=1.0583$。用等效质量的统计表，更容易分辨各转动惯量的贡献。

2. 旋转部件转动惯量的测量方法

旋转部件惯量可以在零部件状态对各旋转部件进行测量，通过等效公式计算得到整车等效旋转部件惯量，也可以通过整车在底盘测功机或举升机上进行测量。轮胎和减速器等台架可以单独测量零部件的转动惯量。这里主要研究整车状态下的车辆旋转部件转动惯量。

滚筒式底盘测功机的基准转动惯量通过匀加速、匀减速试验获得。某底盘测功机通过匀加速和匀减速测得的底盘测功机基础惯量见表4-12。

表4-12 底盘测功机测试滚筒基础惯量

组号	正向力 /N	负向力 /N	平均加速度 / [km/(h·s)]	平均减速度 / [km/(h·s)]	加速惯量 /kg	减速惯量 /kg	惯量测试结果 / kg
1	999.9	−1000.3	2.735	−2.724	1316.1	1322.0	1319.1
2	2000.7	−2000.2	5.467	−5.435	1317.5	1324.9	1321.2
3	3000.4	−3000.3	8.225	−8.137	1313.2	1327.4	1320.3
4	3995.6	−3998.6	10.936	−10.827	1315.2	1329.6	1322.4
均值	—	—			1315.5	1326.0	1320.7

在表4-12中，所加载的正向力和负向力令底盘测功机达到匀加速和匀减速状态。由于底盘测功机机械内阻的影响，所加载的电机力已经将寄生阻力加上。与底盘测功机的转动惯量测试方法类似，车辆在底盘测功机上首先做寄生损失测试，然后再加载剔除内阻以外的正向力，多次测量取平均值，最后获得车辆旋转部件的机械阻力。试验表明，该方法测得的车辆旋转部件机械阻力的3σ置信区间为2.8kg。

除了用底盘测功机测量车辆旋转部件的转动惯量以外，还可以用扭摆设备进行测量。

3. 汽车转动惯量应用

测得车辆旋转部件的转动惯量以后，将应用于动力性试验、滑行试验和底盘测功机道路模拟类试验中。

（1）动力性试验计算

动力性试验的测试项目繁多，包括加速时间、爬坡性能、最高车速性能等。为了简化试验内容，可以仅做加速试验。爬坡结果可以通过不同速度下的加速度等效。某车辆整备质量为 m，旋转部件转动惯量等效质量为 m_r，车辆配重为 m_p，车速为 v 的时候加速度为 a，则对应该车在速度 v 下的最大爬坡度为：

$$i = \tan\left[\arcsin\frac{(m+m_p+m_r)a}{(m+m_p)g}\right] \quad (4\text{-}44)$$

式（4-44）修正了转动惯量等效质量在爬坡时不产生重力以及坡度方向的分力。

（2）道路阻力计算

在滑行试验中，车辆在车速为 v 时失去动力，车辆动能和转动惯量动能受到道路阻力的影响逐渐转换为克服道路阻力的能量。假设道路阻力与车速呈二次曲线，则滑行试验过程满足如式（4-45）所示的微分方程。

$$(m+m_p+m_r)\frac{dv}{dt} = A + Bv + Cv^2 \quad (4\text{-}45)$$

在式（4-45）中，若忽略转动惯量的影响，即 $m_r = 0$，则求解得到的道路阻力系数结果将比实际偏小。

（3）底盘测功机模拟

在底盘测功机上测试时，对于四轮驱动的车辆，底盘测功机仅需模拟整备质量，旋转系统的等效质量在测试过程中真实存在，不需要底盘测功机模拟。在底盘测功机滑行试验时，应当输入车辆的整备质量。但对于两轮驱动的底盘测功机，有旋转部件在测试过程固定不动的情况，则需要将固定部件的转动惯量等效质量单独填写到底盘测功机中进行模拟。在底盘测功机进行上下坡道路阻力模拟试验时，由于转动惯量等效质量不产生坡道方向的分力，因此底盘测功机的当量惯量与等效转动惯量填写应当进行区分。

对于两轮驱动底盘测功机，转鼓模拟的惯量应当为 $m + m_p + m_{r\text{固定轴}}$，若忽略转动惯量的影响，即 $m_{r\text{固定轴}} = 0$，则底盘测功机模拟的惯性力将比实际偏小。

4. 试验分析

电动汽车能耗与整备质量能耗是相关的，根据统计经验，对于 1100kg 的乘用车，整备质量对能耗的影响约为 0.4kW·h/100km，对于 1700kg 的乘用车，整备质量对能耗的影响约为 0.3kW·h/100km。从理论模型上分析，轻量化技术对能耗影响明显。乘用车转动惯量等效质量约为 100kg，不增加重力方向的分力，没有滚动阻力。如轮胎滚阻系数为 6.8N/kN，转动惯量等效质量比整车整车质量滚阻少损耗 0.15kW·h/100km，转动惯量对能耗的影响约为 0.1~0.2kW·h/100km。转动惯量对加速性能影响明显，百公里加速时间影响 0.2~0.7s。从试验数据分析，转动惯量如果处理不当，则可能将试验结果的偏差放大。下面从动力性试验、滑行试验和底盘测功机道路模拟试验实际测试案例中分析转动惯量的影响。

（1）动力性试验

在动力性试验中，若要通过加速性能试验推导爬坡性能，则需要剔除转动惯量坡度分力的影响。车辆做全力加速试验得到加速度 a，代入式（4-44）计算得到不同转动惯量对应的最大爬坡度推导结果，如图 4-15 所示。

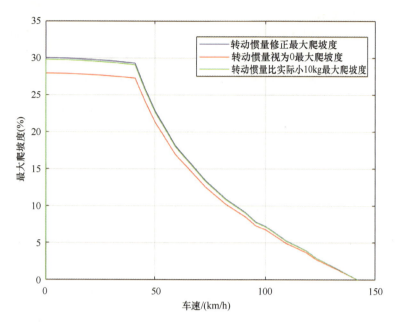

图 4-15 转动惯量对动力性试验结果的影响

由图 4-15 可知，忽略转动惯量时，折算最大爬坡度会比实际值小 2.1%。当转动惯量估计比实际少 10kg 时，最大爬坡度影响 0.2%。

（2）滑行试验

在滑行试验中，转动惯量等效质量应累加到整车质量中，否则得到的阻力系数测试结果将比实际的偏小。采用相同的道路滑行原始数据，将不同的转动惯量等效质量带入解算道路阻力系数，得到如图 4-16 所示结果。

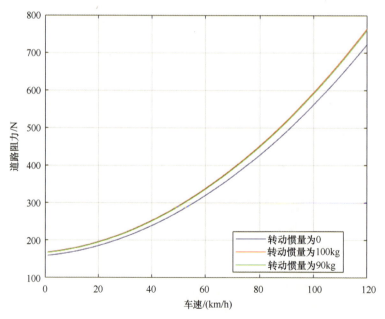

图 4-16 转动惯量对滑行试验结果的影响

从图4-16可知，当忽略旋转部件转动惯量时，解算得道路阻力NEDC循环能量消耗量是9.89kW·h/100km，当旋转部件转动惯量修正为正常值时，解算得道路阻力NEDC循环能量消耗量是10.47kW·h/100km，当旋转部件转动惯量估算值比实际小10kg时，解算得道路阻力NEDC循环能量消耗量是10.41kW·h/100km。

（3）底盘测功机模拟

采用NEDC工况循环百公里能量消耗量的模拟值，分析不同旋转部件转动惯量等效质量对车辆能量消耗量的影响。某车在执行35个NEDC工况后，根据不同的惯量模拟，获得如图4-17所示各循环能量消耗量。

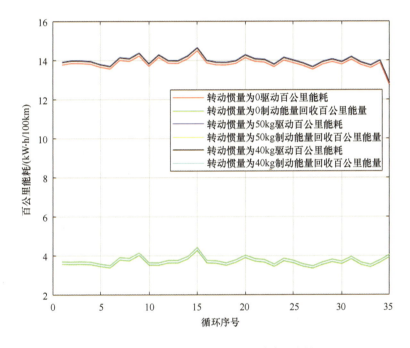

图4-17 底盘测功机NEDC工况道路阻力设置

试验共执行了35个NEDC工况循环，由于各循环驾驶员驾驶有误差，导致各循环略有波动。分析各类情况均值：忽略固定轴转动惯量时，驱动能量消耗量是13.83kW·h/100km，回收能量是3.65kW·h/100km；固定轴转动惯量修正为50kg时，驱动能量消耗量是13.97kW·h/100km，回收能量是3.79kW·h/100km；固定轴转动惯量偏差10kg时，驱动能量消耗量是13.94kW·h/100km，回收能量是3.77kW·h/100km。

综上所述，随着电动汽车降能耗工作越来越精细化，对电动汽车旋转部件转动惯量的等效质量进行统计分析与测试验证，有助于提高试验结果的精度，从而进一步分析问题，找到降能耗性价比最高的措施。电动乘用车的旋转部件转动惯量等效质量约为50~150kg，对推导爬坡性能的影响约为2.1%坡度，对滑行试验阻力结果百公里能量消耗量的影响约为0.58kW·h/100km，对底盘测功机道路模拟百公里能量消耗量的影响约为0.14kW·h/100km。正确地运用转动惯量在滑行试验、动力性试验和底盘测功机道路模拟试验，可以得到精度更高的试验结果。

4.3　改进措施

为了降低车辆能耗和提高续驶里程,将低滚阻轮胎、封闭格栅和取消行李架不同配置方案组合搭载在试验车辆上,通过滑行试验获得道路阻力系数进行对比分析方案的可行性。车辆的道路阻力表述为与速度相关的二次函数,行业内目前最长用的方法是绘制二次函数的图像直观比较阻力大小,但是这种比较方法并不能量化表达,在某些车型多次执行滑行试验后,需要将阻力系数设置到底盘测功机中,整车执行完能耗试验才能比较道路阻力的大小。上述方法组合多、试验多、试验周期长,导致项目开发成本偏高。而通过理论分析,将车辆执行完滑行道路阻力以后直接带入模型就能估算出能量消耗量,从而比较道路阻力,能够节约大量试验成本。滑行试验数据虽然用最小二乘法二次函数拟合的结果可以接受,但采用单纯形优化法可以解决其最小二乘法拟合时遇到的问题,而且精度更高。

滑行试验执行完以后,得到道路阻力能耗结果。为了进一步分解其组成成分,需要区分空气阻力、滚动阻力和卡钳拖滞力等。当前对这些阻力分解最大的弊端就是没有直接与能耗相映射,也不考虑预热之前的状态,脱离实际用户状态。道路阻力分解方法包括等速法、减速法、循环能耗法,它们各有优缺点。等速法可以分解到各个车轮的机械阻力损耗,但是其可重复性和精度相对较差,与实际道路滑行试验也略有差别。减速法相对来说,与车辆在道路上的滑行试验更为接近,试验过程、数据处理过程也更简便。循环能量法可直接测得能耗,为了更接近用户实际使用情况,测试过程应尽量模拟用户使用状态。对比分析各种解析阻力测试方法的优缺点,进而提出改进措施。

在低速状态下,车辆空气阻力小到可以忽略,则测出来的结果主要是滚阻、轴承与卡钳拖滞力等。低速滑行试验可以方便快捷地测定车辆的道路阻力常数项系数,对于准备去做滑行试验的车辆,需要快速检查车辆的机械系统状态,在没有长直跑道的条件下,低速滑行测试成本低、易操作。

4.3.1　利用滑行试验的能耗量描述道路阻力

测定汽车阻力对汽车动力性经济性试验及分析具有重要的意义。测定汽车阻力的方法通常有零部件试验法和整车试验法两类。零部件试验法首先在车轮台架单独测定轮胎的滚动阻力,其次在动力学风洞实验室测定车身的风阻,然后在动力总成台架上测定机械系统传动阻力,最后综合各类阻力分析。测定过程复杂繁琐,尤其是风洞试验,耗资巨大。整车厂通常使用滑行试验方法获取汽车行驶阻力。

针对整车试验常用滑行试验法,其数据处理方法有分段平均阻力法、遗传算法拟合 t-v 曲线法、单纯形法拟合 t-v 曲线法等,其目的是获取二次函数表达形式的汽车行驶阻力系数。然而在试验过程中发现,针对同一辆车重复试验,获取的系数值稳定性较差,尤其是一次项系数,稳定性很差。不能用于直接判断试验阻力值的稳定性。

通过汽车滑行试验可获取汽车阻力系数。在试验数据处理中发现,重复进行汽车滑行阻力试验,阻力系数求取结果一致性比较差。在试验实例中,平均相对偏差分别为:常数项系数 3.48%,一次项系数 27.66%,二次项系数 5.63%。由于阻力系数对汽车的减速作用是相互耦合的,导致了较大偏差,这就需要探索其他维度来描述滑行试验结果中的道路阻力。

本节提出了用等效能量消耗量来描述汽车滑行试验结果，通过对比同一辆车多次滑行试验的计算结果，发现使用特定工况下的能量消耗量综合描述汽车滑行阻力的大小，结果更为稳定，平均相对偏差仅为 1.14%。等效能量消耗量具有鲜明的物理意义，能够综合概括汽车各类阻力的大小，为试验人员判断自己试验结果的一致性以及动力系统设计人员分析仿真与实测结果的差距提供了参考。

1. 汽车道路阻力系数的获取

汽车道路阻力的测量需要在道路平直且具有足够长度、坡度恒定在 ±0.1% 以内，平均风速小于 5m/s，最大风速小于 5m/s，侧向风速小于 2m/s，道路干燥，空气密度与基准状态（P=100kPa，T=293.2K）相差不得超过 ±7.5% 等条件下测试并严格限定车辆要求。得到的滑行数据使用平均阻力法进行分段近似，并使用最小二乘法拟合成二次系数，从而获得阻力系数 A、B、C 的值。

2. 在特定工况下的能量消耗量分析

汽车道路阻力的测定主要用于在底盘测功机上测定汽车的能量消耗量，以及为动力系统设计者提供阻力参数的反馈。因此，直接获取的阻力系数对结果表现不直观的情况下，可以通过其设计过程中能量消耗量指标，从新的维度描述汽车行驶阻力的大小。

（1）轮边能量消耗量与电机输出端能量消耗量

当使用查表法获取道路阻力系数时，汽车质量为 M，根据查表获得当量惯量为 m。特定工况为 (t, v)，则轮边牵引力为

$$F = A + Bv + Cv^2 + ma \tag{4-46}$$

式中　a——汽车加速度。

轮边功率为

$$P = Fv = (A + Bv + Cv^2 + ma)v \tag{4-47}$$

则在该工况下电机输出端的能量消耗量为

$$C_{\text{ROAD}} = \frac{\int P \mathrm{d}t}{\int v \mathrm{d}t} \tag{4-48}$$

当使用滑行法时，上述阻力参数修正为在底盘测功机上完成滑行试验后测功机的设定系数。使用查表法时不能获得电机输出端能量消耗量。使用滑行法时，可使用式（4-48）计算电机端的能量消耗量。

（2）电网端能量消耗量

在测试电动汽车的能量消耗量时，我们最关心的能量消耗量数据是电网端的综合能量消耗量。而从道路阻力系数中不可能直接获得该参数，因此，需要引用一些预估数据，例如电机的平均驱动效率 η_{MOTD} 与能量回收效率 η_{MOTR}、电池的平均效率 η_{BAT} 以及车载充电机的平均效率 η_{CHG}。

由于电机工作是双向的，对于电机的损耗要分为正功率与负功率段分析，按下式可求得电池端的能量消耗量。

$$C_{\text{BAT}} = \frac{\int_{P>0} P\mathrm{d}t/\eta_{\text{MOTD}} + \int_{P<0} P\mathrm{d}t\eta_{\text{MOTR}}}{\int v\mathrm{d}t} \quad (4\text{-}49)$$

电池的损耗比较复杂,在充电阶段、驱动阶段、能量回收阶段均有损耗。这3部分损耗加起来为电池充电阶段输入能量 E_{bin} – 电池的视在输出能量 E_{bout},而这3部分电池流通的总能量为充电阶段输入能量 E_{bin} + 电池的驱动能量与电池的能量回收能量,所以电池效率表示为

$$\eta_{\text{BAT}} = 1 - \frac{E_{\text{bin}} - \int P_b \mathrm{d}t}{E_{\text{bin}} + \int |P_b| \mathrm{d}t} \quad (4\text{-}50)$$

式中 P_b——电池端的功率,与电机端的功率 P 的关系如下:

$$P_b = \begin{cases} \dfrac{P}{\eta_{\text{MOTD}}}, & P \geq 0; \\ \dfrac{P}{\eta_{\text{MOTR}}}, & P < 0 \end{cases} \quad (4\text{-}51)$$

车载充电机端的能量消耗量为

$$C_{\text{CHG}} = \frac{E_{\text{bin}}}{\int v\mathrm{d}t} = \frac{(1-\eta_{\text{BAT}}) \times \int |P_b|\mathrm{d}t + \int P_b\mathrm{d}t}{\eta_{\text{BAT}} \int v\mathrm{d}t} \quad (4\text{-}52)$$

由于车载充电机的损耗则是单向的,因此电网端的能量消耗量计算如下:

$$C_{\text{NET}} = \frac{C_{\text{CHG}}}{\eta_{\text{CHG}}} \quad (4\text{-}53)$$

关键环节的效率数据使用经验值,这里引用如下经验参数:电机的驱动效率 η_{MOTD} =89%,电机的能量回收效率 η_{MOTR} =80%,电池的平均效率 η_{BAT} =96%,车载充电机的平均效率 η_{CHG} =90%。

3. 试验应用

在试验场测试得到汽车道路阻力系数以后,利用已知环节重要效率参数,便可以计算出其各环节能量消耗量以及最关心的电网端能量消耗量 C_{NET}。在同一状态下进行多次试验,可以获得结果稳定性判断,通过试验结果的稳定性判定试验数据的有效性。

(1)同一状态多次试验结果稳定性分析

汽车当量惯量为 m=1350kg,使用滑行法,车辆相同状态下试验7次,获得其道路阻力系数。使用标准 NEDC 工况的情况下,得到结果见表 4-13。

由表 4-13 可知,因道路阻力系数 A、B、C 相互耦合,所以滑行试验直接获取的道路阻力系数,其稳定性较差。通过能量消耗量的稳定性判断,则更能体现出滑行试验结果的有效性及偏差范围。

表 4-13　道路阻力测试结果稳定性对比

序号	A/N	B/[N/(km/h)]	C/[N/(km/h)^2]	电网端能量消耗量/(W·h/km)
1	147.9	0.512	0.0391	151.66
2	143.9	0.869	0.0361	153.16
3	142.0	1.003	0.0352	153.89
4	143.9	0.828	0.0380	155.52
5	139.2	1.174	0.0340	154.68
6	148.3	0.744	0.0388	156.55
7	154.7	0.604	0.0392	156.28
平均值	145.7	0.819	0.0372	154.53
标准差	5.1	0.227	0.0021	1.76
相对偏差	3.48%	27.66%	5.63%	1.14%

（2）不同状态试验能量消耗量排名

某车型使用甲、乙、丙、丁四辆样车，在盐城汽车试验场进行滑行试验，不同测量状态方案总共需要进行 17 组滑行试验，分别获取道路阻力系数。如果在转鼓实验室对每个状态都验证一次，根据 GB/T 18386—2017，每个能量消耗量试验需要进行 3 天，全部验证需要 51 天，严重影响开发周期。最佳方法是通过所述等效能量消耗量法进行估算，并迅速算出匀速、ECE 和 NEDC 工况的能量消耗量，并对最关心的 NEDC 工况能量消耗量进行排名，选择较优的几组试验结果在转鼓实验室进行验证。使用该方法获得的能量消耗量预估结果见表 4-14。

表 4-14　不同状态滑行试验结果能量消耗量预估

序号	系数 A/N	系数 B/[N/(km/h)]	系数 C/[N/(km/h)^2]	匀速 60/(W·h/km)	ECE 工况能量消耗量/(W·h/km)	NEDC 工况能量消耗量/(W·h/km)	NEDC 能量消耗量排名	车辆状态[①]
1	127.86	0.5221	0.0345	106.46	82.37	135.73	14	甲车原车轮胎、拆行李架
2	123.49	0.338	0.0349	101.21	78.85	130.71	11	甲车方案三轮胎，拆行李架
3	110.99	0.6109	0.0321	98.88	76.49	127.58	6	甲车方案三轮胎、拆行李架，格栅全封闭
4	105.82	0.7752	0.0285	95.77	75.02	123.23	1	甲车方案三轮胎，拆行李架，封闭上部
5	109.03	0.7105	0.0288	95.93	75.50	123.44	2	甲车方案三轮胎，拆行李架，封闭下部
6	138.81	0.7466	0.0322	112.53	87.79	140.74	17	丙车原状态
7	106.1	1.1596	0.032	109.28	81.28	138.04	16	乙车方案二轮胎、其他原装

（续）

序号	系数 A/N	系数 B/[N/(km/h)]	系数 C/[N/(km/h)^2]	匀速 60/(W·h/km)	ECE 工况能量消耗量/(W·h/km)	NEDC 工况能量消耗量/(W·h/km)	NEDC 能量消耗量排名	车辆状态[①]
8	98.29	1.1932	0.0285	102.37	77.39	129.97	9	乙车方案二轮胎、换油、拆行李架、格栅全封闭
9	97.399	0.8976	0.0304	97.94	74.42	126.26	3	乙车方案二轮胎，拆行李架，封闭上部，换油
10	91.929	1.0794	0.0299	99.31	74.47	127.55	5	乙车方案二轮胎，拆行李架，封闭下部，换油
11	106.68	0.2433	0.0379	96.82	73.26	127.75	7	乙车方案二轮胎、换油、拆行李架
12	104.21	1.218	0.0307	108.13	80.73	136.44	15	丁车方案二轮胎
13	97.181	1.0150	0.0314	101.86	76.20	130.56	10	丁车方案二轮胎、换油、拆行李架
14	96.298	1.1707	0.0298	102.87	77.02	131.00	13	丁车方案二轮胎、换油、拆行李架、格栅全封闭
15	104.72	0.8056	0.0319	100.65	76.55	129.39	8	丁车方案二轮胎、换油、拆行李架、格栅上封闭
16	102.14	0.8406	0.0307	98.84	75.53	127.19	4	丁车方案二轮胎、换油、拆行李架、格栅下封闭
17	85.039	1.51	0.0276	103.31	76.16	130.84	12	丁车方案二轮胎、拆行李架

[①] 甲车、乙车磨合里程为 30000km，丙车、丁车磨合里程为 3000km。方案一轮胎为原车轮胎，新增方案二和方案三为低滚阻轮胎，方案二胎噪略优于方案三。原装润滑油型号 75W-90 GL4，换装润滑油型号 DEXRON VI，前脸进气格栅封闭选择有封闭上部、下部、全封闭三种情况，未描述部分为原车状态。

综上所述，等效能量消耗量既可以用来判断同一车辆多次试验结果的稳定性，也可以用来预判车辆在不同状态下多次试验的能耗结果。结果表明，使用能量消耗量判定滑行阻力的大小具有鲜明的物理意义，稳定性也比阻力系数高。通过能量消耗量预判，可以节约大量的试验资源和时间，从而快速获得初步的判定结果，这对纯电动汽车的动力性经济性性能开发具有非常重要的应用价值。

4.3.2 使用单纯形优化法处理滑行试验数据

汽车滑行试验可以精确测定汽车行驶阻力，从而为汽车动力性经济性的分析与优化提供重要依据。在此之前，对汽车滑行的试验数据处理较为繁琐。随着计算机技术的发展，数据处理越来越趋向于编程计算，计算速度快、精度高。

近年来，陆续出现了一些在该领域的研究方法。周荣宽等在《基于道路试验的电动汽车滑行阻力系数分析》采用处理后的 v-F 曲线拟合求解阻力系数。韩宗奇等在《测定汽车滑行阻力系数的方法》中对待定阻力系数进行分解，并构建最小差绝对值的逐渐逼近算法求解待定系数。朱卫东等在《汽车滑行阻力系数的测定方法研究》使用 MATLAB 自带函数非线性方程组求解器解算阻力系数。刘福才等在《基于遗传算法的汽车滑行阻力系数测定方法》使用基于遗传算法求解超越函数，从而获得阻力系数。

本节提出用单纯形法代替数最小二乘法来处理滑行试验数据，直接拟合 t-v 曲线获得汽车的道路阻力系数，相对于拟合 v-F 曲线，其得到的结果更精确；相对于遗传算法、MATLAB 非线性方程组求解器等方法，其求解过程更简便、更快捷。

1. 汽车滑行试验及其数据处理初探

汽车滑行试验是基于刚体动力学的测试技术，首先要研究其测试原理、测试方法和数据处理手段。

（1）汽车滑行试验原理

汽车滑行过程受力分析如图 4-18 所示。

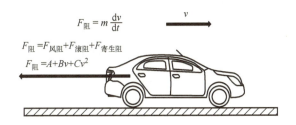

图 4-18　汽车滑行试验受力分析

汽车滑行试验是为了测量汽车的行驶阻力。行驶阻力作用于汽车行驶方向的反方向，根据牛顿第二定律分解：

$$F_{阻} = m\frac{dv}{dt} \tag{4-54}$$

式中　m——汽车等效质量（kg）；

　　　v——汽车车速（km/h）；

　　　$F_{阻}$——汽车行驶阻力（N）。

根据阻力产原理，汽车行驶阻力可以分解为空气阻力，轮胎滚动阻力和汽车动力系统传动寄生阻力：

$$F_{阻} = F_{风阻} + F_{滚阻} + F_{寄生阻} \tag{4-55}$$

式中　$F_{风阻}$——空气阻力（N）；

　　　$F_{滚阻}$——由轮胎滚动塑性变形引起的阻力（N）；

　　　$F_{寄生阻}$——又机械传动系统引起的阻力（N）。

根据汽车理论推导，汽车滚动阻力近似为常数，车内寄生损失与速度成正比，空气阻力与速度的平方成正比，表达式为

$$F_{阻} = A + Bv + Cv^2 \qquad (4\text{-}56)$$

式中　A——常数项阻力系数（N）；

　　　B——一次项系数 [N/（km/h）]；

　　　C——二次项系数 [N/（km/h）²]。

该问题转换成求系数 A、B、C。

（2）汽车滑行试验过程简述

目前，汽车滑行试验方法的标准有 GB/T 12536—2017《汽车滑行试验方法》。滑行试验的主要目的是获得汽车的行驶阻力参数，滑行的试验过程都类似，数据处理方式各有侧重。试验标准规定了道路平整度、干燥度、大气温度、风速、大气压力等环境条件，以及汽车胎压、配重、磨合等汽车自身条件。试验条件满足的情况下试验过程如下：

1）将车辆加速到比选定试验车速 v 高出 10km/h 的车速；

2）将变速器置于空档位置；

3）测量车辆从 $v_2 = v + \Delta v$ 减速至 $v_1 = v - \Delta v$ 所需时间 t_1，式中，$\Delta v \leq$ 5km/h；

4）在相反方向进行同样试验，获得时间 t_2；

5）取时间 t_1 和 t_2 的平均值 T_i；

6）重复上述试验数次，使平均值 $\overline{T} = \dfrac{1}{n}\sum_{i=1}^{n} T_i$ 的统计准确度 p 不超过 2%。

（3）标准中建议试验数据的处理方法

试验数据预处理是对风速、大气压力、大气温度等做相关修正的工作。其他研究者以及这里的数据处理方法默认已经包含该修正工作。由式（4-54）和式（4-56）可得

$$m\frac{dv}{dt} = A + Bv + Cv^2 \qquad (4\text{-}57)$$

取滑行过程中的两个时间段，将该阶段近似为匀减速运动，由式（4-54）求出该段的平均受力 F_i，带入式（4-56）可得

$$F_i = A + Bv_i + Cv_i^2, \quad i = 1, 2, \cdots, n \qquad (4\text{-}58)$$

式中　n——数据组数，可以得到 n 个关于 A、B、C 的一次方程，这些方程构成关于 A、B、C 的线性方程组。使用二次回归求解 A、B、C。

该方法实际是使用最小二乘法拟合 $v\text{-}F$ 曲线。

2. 数据分析与目标函数构建

根据现有标准拟合 $v\text{-}F$ 曲线而计算 F 时，已经做了一步近似处理，即将分割的一小段时间段看成是匀减速过程。因此，需要研究一种方法略过对原始数据的近似处理。

（1）汽车滑行过程的微分方程及其理论解

前面探讨了汽车滑行试验的测试方法以及各类改进的数据处理方法，其求解过程比较繁琐。为了更简便、更准确地求解 A、B、C 系数，这里提出直接拟合 $t\text{-}v$ 曲线，而不必过渡性地拟合 $v\text{-}F$ 曲线。

为此，要构造方程 $v = f(t, A, B, C)$，式（4-57）是一阶非线性微分方程，对其积分可得：

$$v = -\frac{B + \tan\left\{\dfrac{1}{2}\sqrt{4AC-B^2}\left[\dfrac{t}{m} - \dfrac{2\arctan\left(\dfrac{B+2Cv_0}{\sqrt{4AC-B^2}}\right)}{\sqrt{4AC-B^2}}\right]\right\}\sqrt{4AC-B^2}}{2C} \quad (4\text{-}59)$$

当车速从 v_0 滑行到 0 时，需要时间

$$t_0 = \frac{2m\left[\arctan\left(\dfrac{B+2Cv_0}{\sqrt{4AC-B^2}}\right) - \arctan\left(\dfrac{B}{\sqrt{4AC-B^2}}\right)\right]}{\sqrt{4AC-B^2}} \quad (4\text{-}60)$$

式中　v_0——汽车开始滑行初始车速（km/h）；

　　　t_0——汽车车速从 v_0 滑行至 0km/h 时的时间（s）。

（2）构造目标函数

在试验中获得 t-v 曲线，测试值是一系列的点，该曲线表述成时间序列（t_i，v_i），i=1，2，3，…，n。选择同样的时刻 t_i，代入式（4-60）中，求得 V_i。依据最小二乘法原理，构建目标函数：

$$\min z = \sum_{i=1}^{n}(V_i - v_i)^2 \quad (4\text{-}61)$$

则参数 A、B、C 的获取转变为求目标函数获得的值。

（3）方程中各变量的解析

A、B、C 初值选择问题：根据测试，初值选择越接近试验结果越好，但对优化结果影响不大。为此，初值只要在量级上与结果接近就可以了。选择初值：A_0=100，B_0=1，C_0= 0.1。质量 m 部件包括汽车的整备质量，还包含驾驶员与载重质量，以及传统系统的转动惯量等效质量。

某些竞品车项目，很难获取这些细致的参数，则使用近似公式：

$$m = \delta m_0 \quad (4\text{-}62)$$

式中　δ——等效质量系数，一般取值范围是 1.02~1.05；

　　　m_0——汽车整备质量（kg）。

3. 单纯形法优化原理

单纯形调优法由 Spendley、Hext 和 Himsworth 于 1962 年提出，被 Nelder 和 Mead 1965 年改进，旨在解决解决问题：$\min f(x)$，$x \in R^n$，$f(x)$ 是 R^n 上的连续函数。算法步骤如下：

1）初始步：给定初始点 x_0，构造初始单纯形，$S^0 = [V^0, V^1, \cdots, V^n]$，精度 $\varepsilon > 0$；

2）准备步：计算 $f(V^h) = \max\limits_{0 \le i \le n} f(V^i)$，$f(V^l) = \min\limits_{0 \le i \le n} f(V^i)$，$f(V^s) = \max\limits_{0 \le i \le n, i \ne h} f(V^i)$，$\bar{V} = \sum\limits_{i \ne h} V^i / n$；

3）反射步：$V^r = \bar{V} + \alpha(\bar{V} - V^h)$（$V^r$为反射点，$\alpha$为反射系数，一般取值$\alpha=1$）如果$f(V^r) < f(V^l)$，则转步骤4；如果$f(V^r) \geq f(V^s)$，则转步骤5；如果$V^h := V^r$，转步骤7；
（注："$:=$"是算法中的赋值作用，下同）

4）延伸步：$V^e = \bar{V} + \beta(\bar{V} - V^h) = \bar{V} + \beta(V^r - \bar{V})$（$V^e$为延伸点，$\beta$为延伸系数，一般$\beta=2$），如果$f(V^e) < f(V^r)$，否则$V^h = V^e$，如果$V^h := V^r$转步骤7；

5）收缩步：计算$V^h = \arg\min\{f(V^h), f(V^r)\}$。$V^c = \bar{V} + \gamma(V^h - \bar{V})$，$V^c$为收缩步，$\gamma$为收缩系数，一般$\gamma$为$\frac{1}{2}$，若$f(V^c) \leq f(V^s)$，$V^h := V^c$，转步骤7；

6）棱长减半步：$V^i = \dfrac{V^i + V^l}{2}$（$i = 0, 1, \cdots, n$），$S_{k+1} = [V^0, V^1, \cdots, V^n]$，转步骤7；

7）步骤步：计算$V = \dfrac{\sum\limits_{i=0}^{n} V^i}{n+1}$，如果$\sum\limits_{i=0}^{n} \|V^i - V\| \leq \varepsilon$ 或者 $\max\limits_{1 \leq i \leq n} \|V^i - V^j\| \leq \varepsilon$，则得到：

$x^* = V = \dfrac{\sum\limits_{i=0}^{n} V^i}{n+1}$（程序出口）。如果$\sum\limits_{i=0}^{n} \|V^i - V\| > \varepsilon$（$\max\limits_{1 \leq i \leq n} \|V^i - V^j\| > \varepsilon$），那么$S_{k+1} = [V^0, V^1, \cdots, V^n]$，$k := k+1$，转步骤2。

汽车滑行试验的数学模型使用经典微积分的极值求解方法比较困难，还尝试使用了遗传算法、粒子群算法等，不仅算法麻烦，而且计算量大。单纯形法虽然没有很好的理论性质，即使收敛也只是线性的，但它具有简单实用的优点。实例计算表明，在解决汽车滑行试验数据的问题上，单纯形法简便可靠。

4. 试验与对比

合众新能源汽车有限公司道路实验室利用V-box设备在试验场完成滑行试验，一款厢式物流车的滑行试验秒采数据利用空气动力学修正后的t-v曲线如图4-19所示。

（1）两种方法计算汽车道路阻力系数

经过称重测试，汽车整备质量1480kg，驾驶员体重70kg，载重200kg，汽车转动系统的转动惯量等效质量是50kg，故当量质量为1800kg。使用单纯形法对t-v数据进行拟合求解，获得结果：$A = 229.63\text{N}$；$B = 1.3889\text{N}/(\text{km/h})$；$C = 0.069928\text{N}/(\text{km/h})^2$；平均误差$0.6727\text{km/h}$。

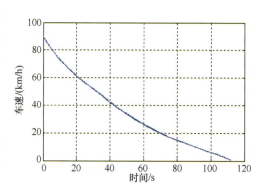

图4-19 某厢式货车滑行试验t-v曲线

使用传统方法，获取各时间点对应的车速见表4-15，将各车速段近似成匀减速，当量质量为1800kg，则获得各车速下汽车阻力见表4-16。

表4-15 选取时间点对应的车速

时刻/s	0	5.63	12.21	21.59	32.41	42.62	55.33	70.46	91.13	113
车速/(km/h)	90	80	70	60	50	40	30	20	10	0

表 4-16　各车速下汽车阻力

车速 /(km/h)	5	15	25	35	45	55	65	75	85
阻力 /N	228.6	241.9	330.6	393.4	489.7	462.1	533.0	759.9	888.1

将 v-F 采用最小二乘拟合，该函数恰好是二次函数，不需要使用数值解，可以直接求取理论解。获得如下结论：A =234.29N；B =0.92419N/(km/h)；C =0.076134N/(km/h)^2；平均误差：0.7121km/h。

（2）两种处理方法结果对比

试验最终目的是获得汽车行驶阻力系数 A、B、C，衡量其精度的参数是计算 t-v 曲线与试验 t-v 曲线的平均距离。结果对比如图 4-20、图 4-21、表 4-17 所示。

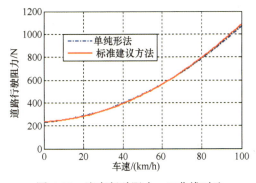

图 4-20　汽车行驶阻力 v-F 曲线对比

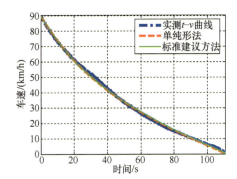

图 4-21　汽车滑行 t-v 曲线对比

表 4-17　不同方法的阻力系数对比

方法	A/N	B/[N/(km/h)]	C/[N/(km/h)^2]	平均差
标准建议方法	234.29	0.92419	0.076134	0.7121
单纯形法	229.63	1.3889	0.069928	0.6727
相差	2.03%	33.46%	8.87%	5.86%

综上所述，对比分析表明单纯形法在处理汽车滑行试验数据上更简便更精确，滑行过程曲线的拟合精度提高了 5.86%。求得的阻力系数相差较大，尤其是系数 B，相差了 33.46%，这说明该试验方法对这三个系数有较大的耦合性。解耦方式是对每个系数分别测量，例如风阻系数利用风洞试验测得，滚阻系数利用车轮及动力系统台架测得。有些研究人员想通过该试验把汽车重量和汽车传动系统效率等参数都辨识出来，理论上方程数够就可以求解，但结果不会准确，因为这里的非线性因素太多。需要研究如何解耦道路阻力系数 A、B、C，以获得更准确的汽车道路阻力系数，为汽车动力性经济性开发提供更可靠的参数依据。

4.3.3　速度间隔对滑行试验精度的影响

GB 18352.6—2016 附件 CC 中规定了道路载荷测定方法，当使用滑行法测量道路阻力时，均采用拟合 v-F 曲线的方式获取阻力系数。GB 18352.6—2016 规定了速度间隔必须为 10km/h。随着计算机技术的进步，试验数据处理的工具越来越丰富，标准中试验数据的处理方法也随着计算工具而变更，需要进一步做误差分析。

针对现有的数据处理方法存在精度不高和需要预先滤波处理等问题，本节基于构建理想模型做数据处理的方法，研究速度间隔与阻力系数精度的关系，提出直接拟合 t-v 曲线获取阻力系数的新方法。该方法提高结果精度且简化数据处理过程。由理想模型的数值分析可知，误差与速度间隔的平方成正比。实际案例表明，使用速度间隔趋于 0 的直接 t-v 曲线拟合法，精度更高且无需滤波处理。

1. 滑行试验基本理论

汽车滑行试验是将汽车在平直道路上开至一定车速后，撤销汽车动力，让汽车在空气阻力、轮胎滚动阻力、汽车传动系统机械阻力的作用下逐渐减速的过程，其目的是获得汽车的阻力系数。根据牛顿第二定律可得：

$$F_{阻} = m\frac{\mathrm{d}v}{\mathrm{d}t} = A + Bv + Cv^2 \tag{4-63}$$

式中　m——汽车整备质量、驾驶员质量、试验配重、传动系统等效当量惯量的和（kg）；
　　　v——汽车速度（km/h）；
　　　$F_{阻}$——汽车行驶阻力（N）；
　　　A——道路载荷常数项（N）；
　　　B——一次道路载荷系数 [N/（km/h）]；
　　　C——二次道路载荷系数 [N/（km/h）^{2}]。

这里仅研究由滑行曲线获取 A、B、C 数据的过程，暂不考虑环境因素的校正工作。在实际测试中原始数据是车载测速仪的 t-v 数据，采样频率通常 ≥ 1Hz。

2. 速度间隔与精度关系推导

在实际测试中，由于模型是近似处理的，且受各类环境因素的非线性影响，实测的阻力曲线需使用速度离散法，结合最小二乘法拟合成 v-F 曲线获取阻力系数。但在分析速度间隔与结果误差的关系时，可以人为构造理想模型。通过逆向求解理想模型，求得速度间隔与精度的关系。

（1）理想滑行 $v(t)$ 函数解析解

在理想状态下，汽车的滑行试验满足式（4-63）所示的一阶非线性微分方程。该方程有解析解，表达式如下：

$$v = -\frac{B + \tan\left(\frac{\frac{t}{m}\sqrt{4AC - B^2} - 2\times\arctan\left(\frac{B + 2Cv_0}{\sqrt{4AC - B^2}}\right)}{2}\right)\sqrt{4AC - B^2}}{2C} \tag{4-64}$$

式中　t——时间（s）；
　　　v_0——汽车开始滑行时 $t=0$ 时刻的初始速度（km/h）。

（2）速度间隔选取与拟合

在式（4-63）中当 $\mathrm{d}v$、$\mathrm{d}t$ 不趋于无穷小时，更换为符号 Δv，Δt。当选择 Δv 作为速度间隔时，从最小车速 $v_{\min}$ 到最高车速 $v_{\max}$ 被分为 n 段。根据式（4-64）的反函数计算得

时间间隔 Δt_i，则车速为 $v_{\min} + \frac{i}{2}\Delta v$ 处的道路阻力，对应表达式为

$$m\frac{\Delta v}{\Delta t_i} = A' + B'(v_{\min} + \frac{i}{2}\Delta v) + C'(v_{\min} + \frac{i}{2}\Delta v)^2 = F_i, \quad i=1, 2, \cdots, n \quad (4\text{-}65)$$

式中　Δv——速度间隔（km/h）；
　　　Δt——时间间隔（s）；
　　　$v_{\min}$——滑行最低车速（km/h）；
　　　A'——待定道路载荷常数项（N）；
　　　B'——待定一次道路载荷系数 [N/（km/h）]；
　　　C'——待定二次道路载荷系数 [N/（km/h）²]；
　　　F_i——第 i 段速度间隔对应的平均道路阻力。

将点集 $\left\{\left(v_{\min} + \frac{i}{2}\Delta v, F_i\right) \mid i=1,2,\cdots,n\right\}$ 拟合成二次函数，构建如下目标函数：

$$\min z = \sum_{i=1}^{n}\left(A' + B'\left(v_{\min} + \frac{i}{2}\Delta v\right) + C'\left(v_{\min} + \frac{i}{2}\Delta v\right)^2 - F_i\right)^2 \quad (4\text{-}66)$$

式中　z——最小二乘法距离平方和。

该优化问题是线性问题，分别对待定系数求偏导，采用最小二乘法相关理论计算，求解方程组：

$$\begin{cases} \dfrac{\partial z}{\partial A'} = 2\left[A' + B'\left(v_{\min} + \dfrac{i}{2}\Delta v\right) + C'\left(v_{\min} + \dfrac{i}{2}\Delta v\right)^2 - F_i\right] = 0 \\ \dfrac{\partial z}{\partial B'} = 2\left[A' + B'\left(v_{\min} + \dfrac{i}{2}\Delta v\right) + C'\left(v_{\min} + \dfrac{i}{2}\Delta v\right)^2 - F_i\right]\left(v_{\min} + \dfrac{i}{2}\Delta v\right) = 0 \\ \dfrac{\partial z}{\partial C'} = 2\left[A' + B'\left(v_{\min} + \dfrac{i}{2}\Delta v\right) + C'\left(v_{\min} + \dfrac{i}{2}\Delta v\right)^2 - F_i\right]\left(v_{\min} + \dfrac{i}{2}\Delta v\right)^2 = 0 \end{cases} \quad (4\text{-}67)$$

则可得到待定系数 A'、B'、C'。

（3）误差计算

解得待定系数后，与理想状态下 A、B、C 做对比，即可得到当速度间隔选择 Δv 时，各阻力系数误差，各阻力系数相对误差计算如下式。

$$\begin{cases} \varepsilon_A = \left|(A' - A)/A\right| \\ \varepsilon_B = \left|(B' - B)/B\right| \\ \varepsilon_C = \left|(C' - C)/C\right| \end{cases} \quad (4\text{-}68)$$

式中　ε_A——道路载荷常数项误差；
　　　ε_B——一次道路载荷系数误差；
　　　ε_C——二次道路载荷系数误差。

同时引入中国工况下电机端能量消耗量的误差分析，如下式所示。

$$\varepsilon_{C_{\text{ROAD}}} = \left| (C'_{\text{ROAD}} - C_{\text{ROAD}}) / C_{\text{ROAD}} \right| \quad (4\text{-}69)$$

式中 C_{ROAD} ——理想模型下的电机端能量消耗量（kW·h/100km）;

C'_{ROAD} ——速度间隔选择 Δv 时，对应的电机端能量消耗量（kW·h/100km）;

$\varepsilon_{C_{\text{ROAD}}}$ ——电机端能量消耗量误差。

3. 理想算例误差分析

为构建一理想模型，假设某车型当量惯量 m=1300kg，A=130N，B=0.4N/（km/h），C=0.035 N/（km/h）^{2}。选取采样频率为 1000Hz，根据式（4-64）求得 t-v 曲线如图 4-22 所示。

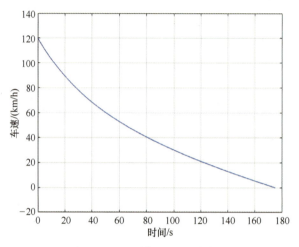

图 4-22 理想模型的 t-v 曲线图

最小车速 $v_{\min}$=0km/h 到最高车速 $v_{\max}$=120km/h，速度间隔选择按照对数形式选取如下 10 组：Δv=[40, 20, 10, 5, 2.5, 1.25, 0.625, 0.3125, 0.15625, 0.078125]km/h。

算得各速度间隔下的阻力及其精度见表 4-18。

表 4-18 各速度间隔下求解参数及其误差

速度间隔/（km/h）	A/N 计算值	误差	B/[N/（km/h）] 计算值	误差	C/[N/（km/h）^{2}] 计算值	误差	C_{ROAD}/（kW·h/100km） 计算值	误差
理想状态	130.00	0	0.4000	0	0.03500	0	7.623	0
40	136.67	0.051274	0.1452	−0.63704	0.03595	0.027242	7.525	−0.01293
20	131.48	0.011374	0.3414	−0.14653	0.03520	0.005817	7.598	−0.00337
10	130.36	0.002752	0.3857	−0.03581	0.03505	0.001391	7.617	−0.00085
5	130.09	0.000682	0.3964	−0.0089	0.03501	0.000344	7.622	−0.00021
2.5	130.02	0.00017	0.3991	−0.00222	0.03500	8.57E−5	7.623	−5.34E−5
1.25	130.01	4.25E−5	0.3998	−0.00056	0.03500	2.14E−5	7.623	−1.33E−5
0.625	130.00	1.06E−5	0.3999	−0.00014	0.03500	5.35E−6	7.623	−3.34E−6
0.3125	130.00	2.66E−6	0.4000	−3.47E−5	0.03500	1.34E−6	7.623	−8.34E−7
0.15625	130.00	6.64E−7	0.4000	−8.67E−6	0.03500	3.34E−7	7.623	−2.09E−7
0.078125	130.00	1.66E−7	0.4000	−2.17E−6	0.03500	8.32E−8	7.623	−5.21E−8

用对数坐标绘制 Δv 与 ε_A、ε_B、ε_C、$\varepsilon_{C_{\text{ROAD}}}$ 的关系，如图 4-23 所示。

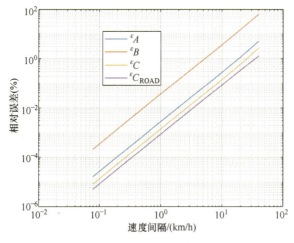

图 4-23 速度间隔与精度关系

在本理想模型中，Δv 与 $^\varepsilon A$，$^\varepsilon B$，$^\varepsilon C$，$^\varepsilon C_{\mathrm{ROAD}}$ 的函数关系推导如式（4-70）所示。

$$\begin{cases} ^\varepsilon A = 2.47 \times 10^{-5} \Delta v^{2.047} \\ ^\varepsilon B = 3.32 \times 10^{-4} \Delta v^{2.033} \\ ^\varepsilon C = 1.20 \times 10^{-5} \Delta v^{2.064} \\ ^\varepsilon C_{\mathrm{ROAD}} = 8.79 \times 10^{-6} \Delta v^{1.986} \end{cases} \quad (4\text{-}70)$$

由此可知，v-F 曲线拟合法对系数 B 的精度影响是最高的，当速度间隔为 10km/h 时，系数 B 的精度为 3.58%，在中国工况下电机端能量消耗量精度为 0.085%，但是如果考虑环境因素修正，该误差将被放大。从式（4-70）可知，四个参数的误差与速度间隔的 2 次方呈正比。

4. 实际应用案例

在实际测试中，受速度采集精度所限，速度间隔 Δv 不能过小。经过滤波处理后，Δv 可以适当减小。某车型整备质量为 1170kg，驾驶员体重为 60kg，传动系统等效惯量为 40kg，最高车速为 102km/h，做滑行试验时得到 t-v 曲线数据。将该数据分别使用滤波前 v-F 拟合法（Δv=10km/h）、滤波后 v-F 拟合法（Δv=10km/h）、滤波前 t-v 拟合法（Δv 趋于无穷小）进行数据处理，获得阻力系数与中国工况下等效能量消耗量结果，见表 4-19。将阻力数据重构与原始 t-v 曲线进行比较，如图 4-24 所示。使用拟合 t-v 曲线的方法，相当于 Δv 趋近无穷小，数据处理结果更可靠。

表 4-19 实测数据处理结果比较

数据处理法	A/N	B/[N/(km/h)]	C/[N/(km/h)^2]	C_{ROAD}/(kW·h/100km)
滤波前 v-F 拟合法（Δv=10km/h）	137.03	0.5756	0.0356	8.1417
滤波后 v-F 拟合法（Δv=10km/h）	135.68	0.6437	0.0350	8.1419
滤波前 t-v 拟合法（Δv 趋于无穷小）	139.13	0.4820	0.0368	8.1711

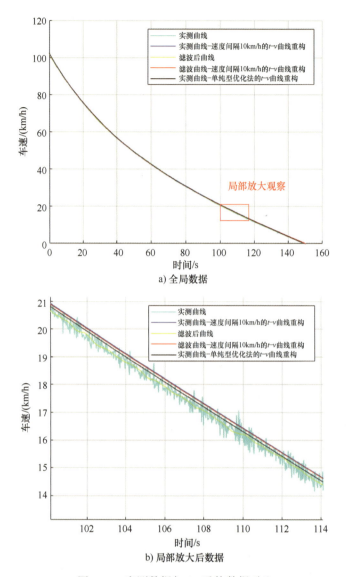

图 4-24 实测数据与 $t\text{-}v$ 重构数据对比

综上所述，选用速度间隔近似法处理汽车滑行试验数据，理论上速度间隔越小，所得阻力系数越精确。但由于实测数据的误差干扰，需要做滤波处理才能选择间隔更小的速度间隔，且间隔也不能无限小。随着优化理论的发展，通过直接拟合 $t\text{-}v$ 曲线，无需做滤波处理，即可获得理论上速度间隔无限小对应的精度，其精度仅与步数和步长跳出条件相关。实际应用表明，直接拟合 $t\text{-}v$ 曲线可以做到速度间隔无限逼近于 0，精度更高，数据处理更方便。

4.3.4 测量常数项阻力系数的简化方案

汽车动力性经济性是动力系统、机械传动系统、空气阻力与整车重量等所有子系统综合作用的表现结果。在能流分析中，与传统燃油车的区别是，燃油车的能量消耗主要在发动机中，该环节效率往往不到 30%。而电动汽车主要的能源消耗则是空气阻力和机械传动系统，占比高达70%以上。因此，电动汽车厂商比传统燃油车厂商更关注空气阻力与机械传动系统的能量损失，并在该领域愿意花大价钱做节能优化，所以低滚阻轮胎与低风阻造型在电动车上极为普遍。

汽车的道路阻力系数包含常数项系数f_0，一次项系数f_1，和二次项系数f_2。通常认为f_0主要由轮胎的滚阻系数影响，f_1系数主要由传动系统效率影响，f_2主要由车辆的风阻系数和迎风面积影响。众多文献希望通过滑行试验将这些参数解耦出来，例如赵相君等采用待定系数法直接解耦出滚阻系数、风阻系数和系统传递效率等3个待定系数；李晓甫等也采用类似的方法解耦出3个待定系数，但是在数学工具上选择了迭代优化法。作者发现使用完整阻力曲线解耦的系数精度并不高，因此这里采用了单纯形优化法。

对于零部件参数的确定，较精确的方法是不采用整车试验，而是在专用台架上测试获取。例如，车轮滚阻系数通过滚阻试验台架测量获得，制动卡钳与轮边轴承亦有相应的专业测试台架。对于主机厂而言，还要考虑车辆装配的整体状态，且常常需要确定各类整车因素对整车阻力的影响，包括磨合里程及四轮定位状态等因素。因此，需要一种高精度的整车试验方法来确定零部件参数。

本节建立了影响车辆常数项阻力系数的基本模型，并提出了若干假设，以整车为试验对象，将汽车的机械传动系统阻力解耦，在此基础上设计了一种台架试验方法和整车低速滑行试验方法。该方法精度高、结果稳定、成本低、试验周期短，可用于滑行试验的前期车辆状态确认和后期结果校对，亦可用来对不同厂家不同状态的机械传动系统零部件影响做快速解耦及判断。

1. 影响整车常数项阻力系数的因素及测试方案

汽车常数项阻力系数的影响因素主要有以下五项。

1）轮胎滚阻系数f：不同类型、不同厂家的轮胎，受轮胎材料及制造工艺的影响，其滚阻系数通常在6.5~12.5N/kN之间。

2）轮胎气压p：轮胎在各种胎压状态，车辆阻力会有差异。一般来说，在相同地面条件下，胎压越高，阻力越小。

3）制动器拖滞力矩T_{brake}：制动器有盘式制动器、鼓式制动器等，由于制动盘与刹车片之间需要液压油预紧，所以总存在拖滞力矩，与刹车盘的材料、同轴加工精度等因素有关。该拖滞力矩通常为1~3N·m之间。

4）轴承拖滞力矩$T_{bearing}$：汽车轮边轴承已发展至第三代，该力矩通常是0.8~1.5N·m之间。

5）整车载重m。

以上影响因素与整车常数项阻力系数的关系可以用下式表达：

$$f_0 = mgf + \frac{4(T_{brake} + T_{bearing})}{r} \quad (4\text{-}71)$$

式中 r——车轮的滚动半径。

（1）常数项阻力系数测定的台架方案

测定常数项系数可以直接在平直路面上用推拉力计对车辆进行测量，但研究发现，该方法测量结果不稳定，主要受人的加载力影响，车辆起动瞬间的加速度会有差异，导致常数项系数测不准。为此，设计如图4-25所示试验台架，通过滑轮与配重方案，令车辆匀加速运动，完成其常数项阻力系数测定。

图 4-25　常数项阻力系数台架试验方案

乘用车的常数项阻力一般为 100~200N，假设配重为 m_G（比常数项阻力大 50N 左右为宜），若此时车辆的质量为 m，旋转部件等效惯量为 m_r，测得重物 G 匀加速下降的加速度为 a，则常数项阻力系数计算如下：

$$f_0 = m_G g - (m_G + m + m_r)a \tag{4-72}$$

（2）常数项阻力系数测定的小坡缓降测试方案

图 4-25 需要重物及滑轮做辅助测试工具，目的是制造动力。如图 4-26 所示的方案，可以令汽车从一坡上滑行下来。对于 1500kg 的乘用车，在运动方向上的分力为 200N 左右为宜，按式（4-73）计算得到坡度约为 0.78°。

$$\theta = \arcsin\left(\frac{F}{mg}\right) \tag{4-73}$$

图 4-26　常数项阻力系数小坡缓降与低速滑行试验方案

此时若测得车辆匀加速度为 a，则一次项阻力系数计算如下：

$$f_0 = mg\sin\theta - (m + m_r)a \tag{4-74}$$

标准的小坡度依然需要耗费较大成本建造，试验资源约束条件较高，但相对于图 4-25 所示的台架试验方案，减少了滑轮的损失误差。

（3）常数项阻力系数测定的低速滑行测试方案

为了进一步节约成本，需要在平直路面上实现低速滑行。台架方案与小坡滑行方案均为加速过程，为了测定机械阻力的作用力，可以由低速滑行转换为减速过程。当车速较低的时候，可以忽略风阻的影响。即图 4-26 中 θ 角度为 0，车辆的初始速度 v_0，通过惯性定律可得：

$$f_0 = -(m+m_r)a \tag{4-75}$$

（4）三种方案的优缺点对比

三种方案测量的关键都是精确获得加速度 a，而台架与小坡滑行方案，加速度 a 都是通过配重或路面倾斜角控制的，因此精度较高，可在极低车速下测试从而获得精确值。而低速滑行试验方案 a 的大小是直接由常数项决定，相对而言精度较低。从试验成本的角度分析，台架试验法需要配套滑轮和配重块系统，小坡缓降方案需要修筑高精度小坡，均不够经济。因此，这里重点研究低速滑行方案。

2. 低速滑行试验条件要求

滑行试验中道路坡度、风速、空气温度为不可控因素。尤其在室外试验，只能在一定环境区间内进行，且需要采用修正技术进行处理。而低速滑行试验需要的滑行距离短，没有风阻测量的需求，所以可以在室内进行，相关的路面坡度、风速、环境温度因素可以得到有效的控制。下面分析各因素的控制程度，基准设为：阻力精度要求 $\delta \leqslant \pm 1\text{N}$，车重为 2000kg，二次项阻力系数为 0.035N/(km/h)²。

（1）道路坡度影响分析

在低速试验时不要采用双向滑行求平均的方式进行，因为道路不长，滑行段难以重叠。小坡对精度测试影响极大，根据式（4-74）可知，需要 $mg\sin\theta$ 项尽量小，为保证精度，需要小于 δ。由下式确定 θ 的上限值：

$$\theta \leqslant \arcsin\left(\frac{\delta}{mg}\right) \approx \frac{\delta}{mg} = \frac{1\text{N}}{2000\text{kg} \times 9.8\text{N/kg}} = 5.102 \times 10^{-5} \text{rad} \tag{4-76}$$

（2）风速影响分析

风速与车速的影响等同，尽量不采用双向滑行的方式消去误差，采用室内方案，空气流通风速可以得到较好的控制。为避免风阻引入的误差，车辆应控制在低速下进行。为满足精度要求，汽车相对于空气的运动速度不应超过 v，计算如式（4-77）所示：

$$v \leqslant \sqrt{\frac{\delta}{f_2}} = \sqrt{\frac{1\text{N}}{0.035\text{N}/(\text{km/h})^2}} = 5.34\text{km/h} \tag{4-77}$$

（3）环境温度影响分析

温度主要对轮胎滚阻系数有影响，对功率的修正系数为 $K_R = 8.64 \times 10^{-3} \text{°C}^{-1}$，推导得由式（4-78）确定温度需要控制的范围：

$$\Delta T \leqslant \frac{\delta}{f_0 K_R} = \frac{1\text{N}}{150\text{N} \times 8.64 \times 10^{-3} \text{°C}^{-1}} = 0.77\text{°C} \tag{4-78}$$

式中 f_0 为粗估算值。因此，为保证精度，需要将环境温度控制在（20±0.77）℃之间。

（4）道路长度要求

为保证精度，环境温度与风速要求决定了低速滑行试验需要在室内进行，因此室内跑道长度设计很重要。需要分为加速度段和滑行段长度设计，滑行段长度按下式计算。

$$s_{\text{滑行}} \geq \frac{v^2}{2a} = \frac{\left(\dfrac{5.34\text{km/h}}{3.6}\right)^2}{2\times\dfrac{150\text{N}}{2000\text{kg}}} = 14.7\text{m} \qquad (4\text{-}79)$$

而加速段和安全预留空间的估算较为困难,根据经验,与滑行段相等即可。综上,室内滑行跑道长度应 ≥ 30m。

3. 低速滑行试验测试及分析

某车型整备质量为 1176kg,驾驶员体重为 55kg,主要旋转部件转动惯量与当量惯量如表 4-20 所示。

表 4-20 主要旋转部件转动惯量与当量惯量

项目	数量	转动惯量 /(kg·m²)	当量惯量 /kg
车轮	4	1.2	50.75
传动轴	2	0.06	1.27
差速器	1	0.02	0.21
减速器输出端	1	0.02	0.21
减速器输入端	1	0.005	0.41
电机转子	1	0.006	0.49
总计	—	—	53.34

注:系数计算时,引用车轮半径为 0.3075m,减速器速比为 7.7,当量惯量总计为 53.34kg。

该车在室内做低速滑行试验,获得 t-v 曲线图。将曲线拟合成直线,获得斜率为 $k[\text{km}/(\text{h}\cdot\text{s})]$,则换算为一次项阻力系数为:

$$f_0 = -(m+m_r)a = \frac{-(1176\text{kg}+55\text{kg}+53.34\text{kg})k}{3.6} = -356.76k \qquad (4\text{-}80)$$

总共执行了 6 次试验,实测曲线及拟合曲线如图 4-27 所示。

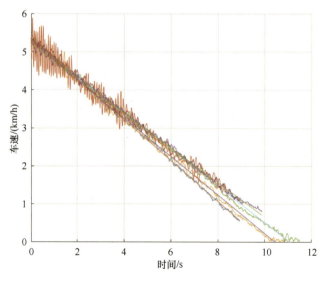

图 4-27 某车型低速滑行试验 t-v 实测曲线及拟合曲线

获得6个阻力值及其均值、标准差、误差信息见表4-21。

表4-21 低速滑行试验结果

项目	组别1	组别2	组别3	组别4	组别5	组别6	标准差	误差	均值
数值	191.13N	179.77 N	170.55 N	169.61 N	164.22 N	161.82 N	10.90 N	6.31%	172.85 N

4. 各方案优缺点及互补分析

台架方案、小坡缓降方案、低速滑行方案的区别与优缺点可从精度、成本、测试方式、加速度控制方式几个维度进行比较，结果见表4-22。

表4-22 三种常数项阻力系数测试方案优缺点比较

比较维度	方案		
	台架方案	小坡缓降方案	低速滑行方案
测试方式	匀加速	匀加速	匀减速
加速度控制方式	配重块	坡度	无控制
精度	高	中	低
成本	高	中	低

综上所述，汽车道路阻力对整车能耗的影响很大，尤其是纯电动汽车的电力系统效率较高，大部分能耗都用于克服空气阻力与滚阻中。完整的滑行试验需要在室外且长度不小于2km的长直跑道上进行。这里提出的低速滑行试验方案，可以解耦阻力系数的常数项，用较低的成本在室内验证各因素对行驶阻力的影响程度。

4.3.5 等速法的改进措施

电动汽车70%以上的能耗来自空气阻力及机械阻力中。因此，有必要针对电动汽车的特殊性，细化对该部分能耗的测量。本节阐述了等速法测试车辆机械阻力的基本原理，基于高岳等的《风洞法测量汽车道路行驶阻力》与易金花等的《车辆行驶阻力测量风洞法与滑行法对比试验研究》的理论基础及GB18352.6—2016的试验方法，在数据处理及预热问题上应用大数据技术展开更细致的研究。借助于用户用车习惯大数据分析提出了预热与加权问题的修正方法，设计了等速法车辆机械阻力测试流程，并改进底盘测功机专用测试程序，内置专用数据处理程序获取车辆机械阻力。该方法同时适用于轴耦合可转向式底盘测功机，亦适用于逐步拆解式机械阻力测试方法。以四驱底盘测功机上测试各轮胎机械阻力分配的实例证明了该方法的有效性。预期设备制造商改进底盘测功机专用测试程序，以简化操作流程，更容易获得测试结果。

1. 底盘测功机测试车辆机械阻力的原理

底盘测功机是为试验车辆提供精确的模拟负载或者各种道路试验条件，使试验车辆达到在试验场或者真实道路行驶相同效果的机电一体化设备。主要包括机械系统、电气系统、测量控制系统、辅助装置。测量控制系统主要包括了速度编码器、拉压力传感器和基于以太网的上下位机控制系统。其结构如图4-28所示。

速度编码器和拉压力传感器是测功机最重要的两个传感器，主要工作模式为恒速模式和道路阻力模式。基于各种阻力测试模式，通过采集分析速度编码器和拉压力传感器的数据，达成测量车辆机械阻力的目的。

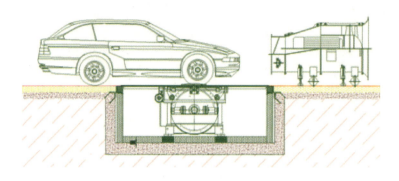

图 4-28 底盘测功机结构图

2. 基于大数据分析的电动汽车预热问题

车轮预热状态及磨损情况对车辆机械阻力具有显著的影响。GB 18352.6—2016 中规定，车轮至少在实际道路上磨合 200km，花纹深度在 80%~100% 之间。车辆的道路预热使用制动预热法，至少进行 20min 预热，预热后做双向滑行试验，令其误差不超过相应的统计误差值。

按照标准的预热方式，车辆至少应行驶 30km，但车辆在实际使用过程中，尤其是上下班代步用户，每趟行驶里程经常不到 30km，所以冷态的表现权重很高。为某车辆在冷态与热态的机械阻力测试结果见表 4-23，可以看出，在冷态下阻力逐次降低，在热态下测试结果则较为稳定。因此，需要对不同用户进行统计，对整体用户进行冷热态权重分析。

表 4-23　某车机械阻力测试结果

次序	状态	A/N	B/[N/（km/h）]	循环能耗/（kW·h/100km）
第 1 次	冷	104.88	0.7042	4.12
第 2 次	冷	101.76	0.6108	3.87
第 3 次	冷	98.04	0.6210	3.79
第 4 次	冷	97.07	0.5448	3.63
第 5 次	冷	97.35	0.5412	3.63
均值	冷	99.82	0.6044	3.81
标准差	冷	3.40	0.0668	0.20
80km/h 预热 30min				
第 1 次	热	91.32	0.4330	3.28
第 2 次	热	92.60	0.4504	3.34
第 3 次	热	92.31	0.4622	3.36
第 4 次	热	92.79	0.4515	3.35
第 5 次	热	90.56	0.4109	3.22
均值	热	91.66	0.4475	3.31
标准差	热	1.05	0.0231	0.05

通过大数据平台可以调取用户的工况，图 4-29 所示为某用户在 2019 年 5 月 13 日—2019 年 5 月 17 日的工况数据。该用户用车习惯比较固定，每天上下班时间相对稳定。

图 4-30 所示为该车在 2019 年 5 月份每天行驶里程，单趟行驶里程约为 7km，对于该用户而言，车辆机械系统冷态的能耗表现尤为重要。此时若用累加的方法核算其续驶里程与能量消耗量，则机械阻力的影响将比标准测试的结果高 0.5kW·h/100km。若此时某种轮胎冷态和热态相差不大，冷态的阻力表现也很优，则该轮胎对于该用户来说边际效用较高。实际上，防爆胎就是这种类型的轮胎。而图 4-31 所示为共享出行车辆在 2019 年全年每天的行驶里程，该车平均每天行驶 260km，则机械系统处在热态使用占比较高，用现行标准衡量其能耗水平，机械阻力部分相对比较接近。若此时某种轮胎冷态和热态相差不大，冷态的阻力表现也很优，则该轮胎对于该用户来说边际效用并不高。可见，为了更合理地确定用户使用车辆的机械阻力，并针对性地进行辨识和优化，需要对车辆冷态与热态进行加权分析。

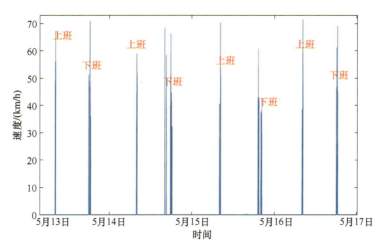

图 4-29 某用户用车工况

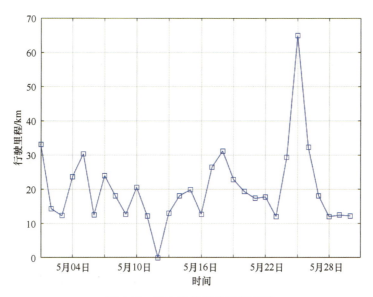

图 4-30 某上班族用户用车里程

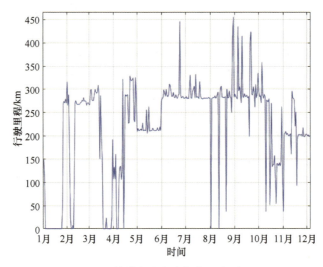

图 4-31　某共享出行车辆每日行驶里程

3. 等速法机械阻力测试流程设计

当前因设备能力有限，暂时未能使用道路模式获得车辆的机械阻力，而 GB 18352.6—2016 的机械阻力测试方法对冷态结果不予测量，且测试过程中未对结果的稳定性及零点标定进行说明。因此，需要对测试程序重新设计完善。改进的等速法测试车辆机械阻力流程如下。

1）将冷态车辆固定在底盘测功机上；

2）10km/h 起，每隔 10km/h 测试一个等速点，直到 120km/h（或车辆最高车速），速度稳定时间为 30s，采样频率≥10Hz；

3）重复步骤 2，共 5 次；

4）等速 100km/h 预热 24min（或等速 80km/h 预热 30min）；

5）重复步骤 2，共 5 次。

测试结果如图 4-32 所示。

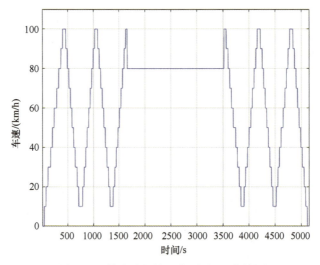

图 4-32　等速法机械阻力测试 t-v 曲线图

在每个步骤执行切换，目前都使用恒速模式下手工切换，操作频繁而且精度差。在该方法形成企标或团标以后，可以将底盘测功机设置专用的测试模式，车辆固定在底盘测功机上以后，后续的测试工作可自动执行。

底盘测功机的拉力传感器零飘也可采用相同的方法测得。如果使用滚筒式底盘测功机，测得的机械阻力使用 GB 18352.6—2016 的半径修正公式修正。

测得各车速下的机械阻力采用斜线拟合，获得常数项道路阻力系数与一次项道路阻力系数，适用于使用 GB 18352.6—2016 中循环能量的计算方式。

4. 测试实例

某车在中国汽车工程研究院股份有限公司（重庆）风洞实验室四驱底盘测功机进行等速法测试，获得各车轮机械阻力与整车综合阻力如图 4-33 所示。通过拟合获得常数项道路阻力系数与一次项道路阻力系数，采用叠加原理算得各车轮以及整车的阻力参数与循环能量消耗量见表 4-24。测试结果表明，左前与右前的一致性较好，左后比右后的机械阻力小 0.28kW·h/100km，需要进一步分解检查与优化。整车机械阻力能耗为 4.85kW·h/100km。

表 4-24　等速法测得某车辆各轮及整车的机械阻力系数与循环能量消耗量

序号	车轮	底盘测功机零位剔除前			底盘测功机零位剔除后		
		阻力系数 A/N	阻力系数 B/[N/(km/h)]	等效 CLTC 能耗/(kW·h/100km)	阻力系数 A/N	阻力系数 B/[N/(km/h)]	等效 CLTC 能耗/(kW·h/100km)
1	总	140.55	0.6190	4.97	134.60	0.6492	4.85
2	前左	42.97	0.2370	1.60	41.35	0.2331	1.55
3	前右	44.43	0.2398	1.65	43.01	0.2399	1.61
4	前	87.40	0.4768	3.25	84.36	0.4730	3.16
5	后左	20.67	0.0833	0.72	19.57	0.0823	0.68
6	后右	32.47	0.0612	1.01	29.42	0.0808	0.96
7	后	53.14	0.1445	1.73	48.99	0.1631	1.64

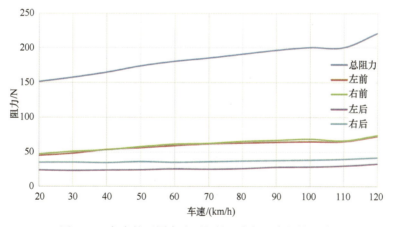

图 4-33　各车轮不同车速下机械阻力与整车机械阻力

综上所述，本节对 GB 18352.6—2016 规定的等速法做了如下改进：在预热与加权方面，提出了车辆预热原则因遵循大数据工况而非车辆稳定性；在等速数据点提取及零点处理方面，规定了等速时间、采样频率和稳定点的提取及剔除原则；规范了测量取平均值的思路，要求冷态和热态各测试 5 次。这些改进将保障试验结果的稳定性和可靠性，将该方法集成到底盘测功机测试设备软件功能中，可一键执行试验并生成试验报告。

4.3.6 减速法的改进措施

车辆道路阻力是影响车辆经济性的重要因素，行业内普遍认可实际道路滑行试验的结果。但由于各阻力的耦合性，以及实际道路试验受环境影响，导致实际道路滑行法获得的结果稳定性较差，各影响因素对整车的阻力影响难以通过滑行试验辨识。车辆的空气阻力通常通过整车动力学风洞试验获得，车辆的机械阻力则通过底盘测功机中的等速法或减速法获得。

本节在国标减速法的基础上，对惯量确定、二次阻力设定、数据处理方法、预热方案与测试稳定性等问题进行分析与改进。在实际应用中以车辆制动卡钳影响测试为例，结合新设计的试验方法，可在道路滑行试验中有效地解耦车辆空气阻力。

使用二次项阻力系数经验值 0.035N/(km/h)²，论证了其合理性。采用匀加减速测量车辆机械旋转部件转动惯量，并分析了惯量偏差对试验结果的影响。以阻力拟合值作为初值，采用单纯形法进一步寻优获得常数项阻力系数与一次项阻力系数。预热前后各进行 5 次试验，获得各次阻力测试结果，使用中国工况下百公里机械能耗表示机械阻力大小。改进后的减速法操作简便，精度和稳定性高，在整车经济性开发验证中发挥重要应用。

1. 减速法的原理

减速法即试验车辆在底盘测功机上进行减速滑行。具体而言，在车辆预热后，将车速提高到比最高基准速度至少高 10km/h 后开始滑行，若连续两次滑行试验测得的力的偏差都在 ±10N 内，则滑行试验结束，否则进行三次以上滑行试验。按照下式计算每个基准速度点 v_j 的滚动阻力 F_{jDyno}。

$$F_{jDyno} = F_{jDecel} - C_D v_j^2 \tag{4-81}$$

式中 F_{jDecel}——以速度 v_j 在底盘测功机上滑行时的行驶阻力；

C_D——输入底盘测功机的空气阻力项系数。

2. 减速法需改进的问题

GB 18352.6—2016 中对减速法测试的过程描述简略，其执行过程有很多需要完善的地方，包括最高车速、预热问题、精度判定、旋转惯量和二次项阻力系数的设定、数据处理方式和测试设备零点漂移修正等问题。

（1）最高车速

最高车速规定为比车辆基准车速至少高 10km/h，但在实际道路滑行试验中，车辆起始滑行速度不会比最高车速高 10km/h 的速度开始滑行。为统一可比性，可以参照工况能量消耗量与续驶里程试验方法最高车速的定义，修改为滑行起始车速为 120km/h，若车辆最高车速小于 120km/h，则滑行起始车速为车辆设计的最高车速，以保证在实际道路测试结果的可比性。

（2）车辆预热问题

车辆按照 GB 18352.6—2016 进行预热后再进行试验，则不能获得车辆冷态时的阻力。每次上下班行驶距离小于 10km 的用户，更注重冷态时的机械阻力。为了保留冷态时的机械阻力评价，测试方法需调整为冷态、热态均测量，热态测试的结果用于与实际道路滑行试验测试结果等效。企业自行开发或与零部件供应商对接，通过双方认可的加权方式得到测试结果。

（3）重复测试结果判定

当前测试结果的重复性判断依据是连续两次滑行试验测得的力的偏差都在±10N内，否则执行三次以上测试。在没有成熟的软件实时分析数据之前，很难一边测试一边迅速获得阻力结果。因此提出了循环能量等效性的判定方式，不需要重复判定。10N对车辆的循环能量消耗量是0.278kW·h/100km，偏差太大。较合理的方式是直接重复多次测量取平均值，将所测值的分布特性记录到试验结果中，建议预热前后各测试5次获得车辆道路阻力。由于GB 18386.1—2021已经推行，建议电动汽车滑行试验的精度判定选择使用中国工况对应的循环能量消耗量。

（4）旋转惯量测量与影响分析

滚筒式底盘测功机的基础惯量可以使用测试设备自带测试程序计量，其原理是测功机正反方向匀加减速测试获得。带车测试该基础惯量与转鼓自身的基础惯量之差，即为车辆的旋转部件的等效惯量。建议由设备厂开发专用测试程序进行测定。该方法受车辆状态的机械阻力干扰，测试结果存在偏差。直接根据各零部件旋转惯量计算获得轮边等效惯量将更精确。

以某次减速法试验数据为例，在数据数理过程中使用旋转部件等效惯量为30kg和40kg做分析对比，算得道路阻力循环能量差值为0.04kW·h/100km，见表4-25。估算惯量比实际惯量大时，对应的循环能量消耗量也较大。

表4-25　旋转惯量估算对测试结果影响

基准惯量	A/N	B/[N/(km/h)]	C/[N/(km/h)^2]	CLTC循环能耗/(kW·h/100km)
1825kg+30kg	95.59	0.6110	0.03774	3.56
1825kg+40kg	95.78	0.6342	0.03774	3.60

（5）二次项阻力系数影响分析与设置经验值

GB 18352.6—2016要求减速法设置的二次项系数由风洞试验估算而得，而风洞试验的成本很高，因此需要研究不同二次项设置的减速过程对测试结果的影响。设置如下试验：相同的车辆，采用相同的惯量、不同的二次项阻力系数进行滑行，最终对比出不同滑行结果的差异见表4-26。

表4-26　二次项阻力系数设置对测试结果影响

二次项阻力系数设置	A/N	B/[N/(km/h)]	C/[N/(km/h)^2]	CLTC循环能耗/(kW·h/100km)
设置为0	97.31	0.6194	0.00000	3.619
经验值	96.50	0.6020	0.03500	3.571
设置为仿真值	95.59	0.6110	0.03774	3.559

测试表明，当二次项阻力系数设置为0时，循环能量消耗量比实际值大0.06kW·h/100km，而采用经验值0.035 N/(km/h)^{2}与仿真值相差0.00274 N/(km/h)^{2}时，

循环能量消耗量相差仅 0.012kW·h/100km。所以，当不能精确获得车辆二次项阻力系数时，可以用 0.035N/（km/h）² 近似。

（6）拟合获得初值并用单纯型法优化测得机械阻力

GB 18352.6—2016 测得的机械阻力需要对应特定的基准速度，获得离散性结果。等速法测试过程主要以测功机的力传感器为数据源，而减速法测试过程则与道路滑行试验更为接近，使用底盘测功机的速度传感器作为数据源。这也是两种方法测试结果的本质差别。获得的机械阻力是一组离散的值 F_{Dj}，需要与风洞测试结果一起，最终再进行最小二乘法拟合，获得与道路阻力等效的阻力系数。这意味着机械阻力测试结果不具备独立性，需要同时与风洞测试结果进行数据分析才能判定结果的有效性。

为了将减速法测试机械阻力成为独立的试验方法，选择使用直接采用拟合实测 t-v 曲线来获得机械阻力。该方法的精度更可靠，所测机械阻力系数适用于 GB 18352.6—2016 中循环能量消耗量计算法。

（7）底盘测功机自校核与零点漂移修正

底盘测功机设备自带校准功能，通常使用无车滑行的方式确认底盘测功机的阻力模拟精度。如果试验精度要求较高，可以重新对底盘测功机进行校验，或者用更快速的方法获得底盘测功机的零点漂移。部分测试设备可以直接在道路阻力模式与等速模式之间切换，可以非常便捷地测定某一车速下的零点漂移。例如，底盘测功机无车状态，先设置为 20km/h 等速模式，然后将道路阻力模拟值设置为 1000kg，各阻力系数均设置为 0，然后切换为道路阻力模拟模式，测试车速逐渐变化，经过 60s，车速升高至 20.23km/h，根据动量守恒定理，求得底盘测功机在 20km/h 处的零点漂移是 −1.065N。

为了与减速法相对应，底盘测功机的零点漂移测试方法设计如下：无车状态下，使用相同的二次项阻力系数和惯量进行滑行模拟，分析减速滑行过程的车速数据，获得道路阻力值，该值即为零点漂移。测试结果见表 4-27。

表 4-27 底盘测功机减速法零点漂移测试结果

	A/N	B/[N/（km/h）]	C/[N/（km/h）²]	CLTC 循环能耗/（kW·h/100km）
底盘测功机设定（惯量 1328kg）	50	0	0.035	1.3889
t-v 曲线逆推	49.0786	−0.00081	0.035	1.3621
零点漂移测定值	−0.9214	−0.00081	0	−0.0268

循环能量消耗量为 −0.0268kW·h/100km。因此，底盘测功机的零点漂移通常很小，在精度要求较高时可执行底盘测功机零点漂移修正。

3. 测试实例分析

减速法测量车辆机械阻力与风洞试验解耦空气阻力一样意义重大，需要规范其测试流程，在实际道路上解耦风阻也有一定的应用。

（1）改进的减速法测试步骤

根据以上描述的对减速法测量车辆机械阻力进行若干改进，综合其测试流程如下：

1）底盘测功机进行零点漂移测定（选测）；

2）根据表 4-28 设定底盘测功机参数，车速从 120km/h 或车辆最高车速开始往下减速

法测试,直到车速为 0;

3)重复步骤 2 测试 5 次;

4)按照预热方法执行车辆预热处理,等速 80km/h 预热 30min;

5)重复步骤 2 与步骤 3;

6)试验数据分析,获得常数项阻力系数、一次项阻力系数、循环能量消耗量。

表 4-28 减速法道路模拟参数设定

设定参数	两驱底盘测功机			四驱底盘测功机		
	高精度	低精度	零点漂移测定	高精度	低精度	零点漂移测定
惯量模拟 /kg	整备质量+固定部件旋转惯量	整备质量	整备质量	整备质量	整备质量	整备质量
常数项阻力系数 /N	另一固定轴测定值	50	50	0	0	100
一次项阻力系数 / [N/(km/h)]	另一固定轴测定值	0	0.5	0	0	1
二次项阻力系数 / [N/(km/h)^2]	风洞法测定值	0.035	0.035	风洞法测定值	0.035	0.035

根据以上测试步骤,当底盘测功机具备实时恒速模式与道路阻力模拟模式切换功能时,则车速的控制完全用底盘测功机执行,否则,全程只能用道路阻力模拟模式,由驾驶员按要求操作车辆。开发专用车速程序后,可由底盘测功机全程接管,驾驶员可使用配重替代。图 4-34 所示是一项测试中速度控制随时间的变化曲线,全程 5430s,约 1.5h。

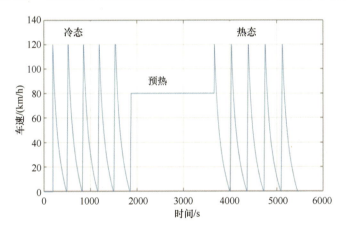

图 4-34 改进减速法测试示例 t-v 曲线

(2)卡钳拖滞力解耦试验

卡钳拖滞力有专用的测试设备进行测试,但只能测试转速极低状态下的拖滞力,不能精确反映车辆机械阻力的贡献。可以使用减速法对需要研究的机械传动系统部件进行顺序拆解的方式解耦。将某样车制动卡钳拆解后,在两驱底盘测功机上使用上述测试方法测量机械阻力,再将制动卡钳安装回去,重新测量对比,整个测试过程刚好一个工作日。测试结果见表 4-29。

表 4-29 减速法测得卡钳拖滞力解耦结果

使用序号	状态	前/后轮	阻力 A/N	阻力 B/[N/(km/h)]	循环能耗均值/(kW·h/100km)	循环能耗标准差/(kW·h/100km)	备注
1	冷	前	76.29	0.7304	3.37	0.43	无卡钳
2	热	前	65.81	0.4710	2.64	0.06	无卡钳
3	冷	后	35.30	0.2547	1.42	0.08	无卡钳
4	热	后	33.80	0.2217	1.32	0.04	无卡钳
5	冷	后	60.49	0.5848	2.68	0.11	有卡钳
6	热	后	65.96	0.4147	2.54	0.12	有卡钳
7	冷	前	86.13	0.8957	3.93	0.11	有卡钳
8	热	前	74.80	0.8576	3.55	0.02	有卡钳

从结果可知，比较热态时，前轮卡钳循环能量消耗量相差 0.91kW·h/100km，后轮卡钳循环能量消耗量相差 1.22kW·h/100km，卡钳损耗总量为 2.13kW·h/100km。车轮的滚动半径为 0.353m，折算到平均每个卡钳的拖滞力矩为 6.767N·m，而使用专用设备测试 10 圈平均拖滞力仅为 3.5N·m，两者相差巨大，但前者更接近实际道路滑行结果的测试方法，理论上可信度更高。

以上示例中，热态测试 4 组结果的平均标准差为 0.06kW·h/100km，3σ 精度可达 ±0.0805kW·h/100km，表明该方法稳定可靠。

（3）空气阻力试验设计

若为四驱底盘测功机，可以快捷地测得车辆的综合机械阻力；若为两驱的底盘测功机，则需要测试两次，两次测量结果可以叠加方式等效为整车的机械阻力。在没有足够预算执行风洞试验的情况下，可以使用底盘测功机滑行法解耦车辆的机械阻力，近似估算高速状态下车辆除了风阻以外的其他损失。此时，车辆在实际道路上进行高速滑行试验，高速状态下车辆阻力主要为风阻，减去近似估算的机械阻力，则获得风阻，从而计算测量的风阻系数。实测表明，使用该方法测定的空气阻力系数精度高达 5count，可通过重复多次测量取平均值的方式进一步提高精度。但实际道路测试过程同样会受到环境风速、温度、路面坡度等因素影响，需要引入适当的修正技术。

4. 改进减速法的优缺点

改进的减速法新增了旋转惯量、模拟阻力系数的设定规范；明确了冷态/热态均重复测量多次的规定，使用更合理的拟合方法处理原始数据，可以将测试结果的稳定性在结果中体现；还提出了零点漂移的修正方法。相比等速法测试，该方法人工操作步骤更少，在专用软件开发之前操作相对较为简便。在多轴底盘测功机中，可以通过等速法分辨不同轮胎的机械阻力大小，但减速法无法获得不同轮胎的阻力大小。减速法的测试过程与道路滑行法测试机械阻力的过程更为接近，理论上其测试结果更接近实际道路滑行试验结果。减速法与等速法均可以较好地分步拆解传动系统部件测试各部件的机械阻力，实际道路滑行法则较难实现这一对比过程。实际道路滑行法的行驶阻力耦合度较高，可以通过先测试获得机械阻力的方式，采用高速滑行段解耦车辆空气阻力系数，相比风洞试验虽然稳定性偏差，但成本更低，可以应用于部分气动组件的初步实测验证。

综上所述，改进的减速法接近实际道路滑行法测试过程，操作简便、结果稳定可靠。

该方法已编制成企业标准,在底盘测功机上操作步骤较多,数据处理依靠专用程序。标准 GB 18352.6—2016 中规定的操作步骤较多,普通试验员较难学习与操作,接下来将把该方法与数据处理算法集成到测试设备中,推动该测试方法形成团体标准,达成行业内测试结果互认目标。

4.3.7　循环能量法的改进措施

当前电动汽车的发展和应用受制于电池的能量密度偏低,如何降低整车能耗和提升续驶里程成为研究热点,而采用低滚动阻力轮胎是提升电动汽车续驶里程的一个快捷有效的方法。电动汽车机械阻力在能耗的占比中极大,如何精确测定机械阻力在用户行驶过程中的损耗并针对性的采取节能措施,对电动汽车节能技术开发意义重大。

GB 18352.6—2016 中规定了循环能耗的计算方法,但该方法是基于已知道路阻力系数的前提下计算能耗。本节则直接测量获取,并在此基础上进行以下研究:首先,描述机械阻力测量的若干方法及其原理;然后,重点阐述循环能量法测量机械阻力的原理与数据分析的方法;接着,通过试验分析循环能量法车辆机械阻力的完整过程;最后,对比各机械阻力测试方法的优缺点,说明循环能量法在能耗评价中的优势与劣势。对使用其他方法测量获得的能耗结果存在怀疑时,可使用循环能量法做为更可靠结果的判定,并对其他试验方法预热前后结果进行权重设置。

1. 循环能量法原理

循环能量 E 是在整个测试循环中车辆所需要的能量,与车辆的行驶阻力和行驶距离有关。计算方法如下:

$$E = \sum_{t_{start}}^{t_{end}} E_i = \sum_{t_{start}}^{t_{end}} F_i d_i \tag{4-82}$$

式中　E_i——试验车辆从 $i-1$ 时刻到 i 时刻的能量需求(J);

　　　F_i——试验车辆从 $i-1$ 时刻到 i 时刻的阻力(N);

　　　d_i——试验车辆从 $i-1$ 时刻到 i 时刻的行驶距离(m)。

为了与整车能耗相匹配,使用百公里能量消耗量的概念替换循环能量,用于衡量车辆机械阻力的大小。在已知阻力系数 A 与 B 的情况下,可以计算出该车的百公里能量消耗量,这是间接获得的结果,而直接通过底盘测功机也可获得该值,此时需要改进测试设备。当前底盘测功机通常只有两种模式,即道路阻力模拟模式和恒速模式,而在测试循环能量消耗量的时候,需要底盘测功机增加一种模式,即扫速模式。该模式下用户可以输入特定的时间-速度序列工况,底盘测功机根据该工况逐点扫速控制。扫速模式经常在电机台架工况仿真试验中应用,但市面上大多数底盘测功机不具备该功能,需要重新开发。

在扫速模式下,底盘测功机记录转速与轮边力的数据,其能耗试用式(4-82)积分计算。当没有车辆在转鼓上时,该值应当为 0。当有车辆在底盘测功机上时,所测值即为车辆的机械阻力损耗。依据该循环原理可以制定如下试验规则:冷态车辆在底盘测功机上固定,底盘测功机设置为扫速模式,循环测试若干中国工况循环或者特定用户工况循环,直到累计行驶里程达到车辆设计续驶里程。记录下底盘测功机力传感器数据与车速,按照式(4-82)计算车辆机械阻力下的百公里能量消耗量。

2. 循环能量法机械阻力测试流程设计

循环能量法最主要的特点是模拟车辆在实际道路上行驶的工况过程，可以保证测试过程中车辆的机械阻力损耗跟实际道路行驶更接近，特别适用于测量车辆半预热状态对能耗的影响变化趋势，但该方法在逆推车辆道路阻力系数时不能获得较精确稳定的道路阻力系数。通常的应用是依次为基准，逆推减速法与等速法测量机械阻力时的冷态、热态权重系数。循环能量法机械阻力测试步骤如下：

1）将冷态车辆固定在底盘测功机上，车辆设置为 N 档或无驱动、制动的状态；
2）底盘测功机设置以中国工况（或用户工况）扫速模式带动车辆行驶；
3）行驶里程与车辆设计续驶里程相同；
4）无车状态重复步骤 2 至步骤 3，空载测试获得底盘测功机零点误差，可选测；
5）数据处理与分析。

测试结果如图 4-35 所示。

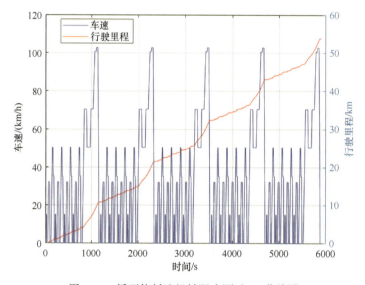

图 4-35 循环能耗法机械阻力测试 t-v 曲线图

底盘测功机的拉力传感器零点漂移可用上述步骤 4 的选测方式获得。如果使用滚筒式底盘测功机，测得的机械阻力使用 GB 18352.6—2016 的半径修正公式进行修正。测得各车速下的机械阻力采用斜线拟合，获得常数项道路阻力系数与一次项道路阻力系数，适用于使用式（4-82）计算测量循环能量消耗量。

3. 测试实例

以合众新能源汽车有限公司哪吒 N01 车型为例，测试其 NEDC 工况下后轮部分的机械系统百公里能量消耗量。按照本小节第 2 部分所述试验步骤在底盘测功机上执行 5 个 NEDC 工况循环，获得轮边速度、轮边阻力信号。分析得循环能量消耗量、累计循环能量消耗量、阻力系数、权重等计算结果如下。

（1）循环能量消耗量的计算

循环能量可根据式（4-82）计算，循环百公里能量消耗量计算方式则将能耗处理行驶里程，如下式所示：

$$C_i = \frac{E_i}{s_i} = \frac{\sum_{i=1}^{i} F_i v_i \mathrm{d}t_i}{\sum_{i=1}^{i} v_i \mathrm{d}t_i} \quad (4\text{-}83)$$

式中　v_i——第 i 时刻测试的车速；

　　　$\mathrm{d}t_i$——第 i 时刻的采样时间间隔；

　　　F_i——第 i 实测测试的机械阻力；

　　　s_i——第 i 时刻累计行驶里程；

　　　E_i——第 i 时刻累计损耗能量；

　　　C_i——第 i 时刻车辆累计百公里能量消耗量。

该车最终计算得百公里能量消耗量为：0.7366kW·h/100km。

（2）累计循环能耗及其趋势

采用式（4-83）可获得各时刻对应的里程与车辆累计平均机械阻力损耗。因为车辆从冷态开始被底盘测功机带着拖动，随着车辆机械系统预热，车辆的机械阻力会发生变化。另外，随着工况的变化，工作在低速区与高速区对车辆的机械阻力损耗也会产生影响。所以，绘制累计行驶里程与平均百公里机械阻力损耗有重要的参考意义，如图 4-36 所示。车辆行驶 6～10km 时，主要是因为进入高速区，车辆的机械阻力增加。而车辆机械系统随着预热越来越充分，趋向于阻力降低且稳定状态，最终稳定在约 7.3～7.4kW·h/100km。

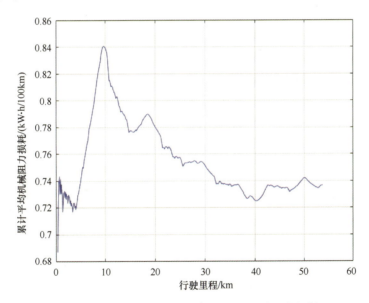

图 4-36　累计行驶里程与平均百公里机械阻力损耗

（3）各车速下对应不同阻力的估算

理论上可以获得不同车速下对应的车辆机械阻力值，但实际上由于是工况仿真过程，受限于设备精度，难以分解精确地获得各速度点对应的稳定机械阻力值。但可以通过拟合获得机械阻力常数项系数与一次项系数，如图 4-37 所示。拟合所得常数项阻力系数为25.01N，一次项阻力系数为 0.0264N/（km/h）。

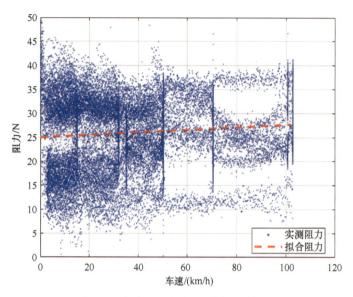

图 4-37　各车速下的底盘测功机测得阻力

（4）等速法与减速法预热前后的权重经验值

等速法与减速法测量车辆的机械阻力，都避免不了预热产生的误差。尽管采用一定的预热措施保证车辆在热态测试的结果更稳定，但是原理上与车辆实际道路中的机械阻力损耗预热状态还是不能吻合，且难以获得逐渐预热过程中的机械损耗变化值。因此，可以使用预热前后的等速法、减速法测试结果通过加权方式，获得与实际道路工况下车辆的机械阻力损耗更接近的结果。

4. 各车辆机械阻力测试方法优缺点对比

车辆机械阻力测试方法主要有实际道路滑行法、等速法、减速法和循环能耗法。其中，考虑车辆预热状态及工况特点的测试方法，应当以循环能耗法为基准。不同方法可以测量的结果及其优点对比见表 4-30 所示。

表 4-30　不同方法测量结果及其优点比较

测试方法	可获得结果				优点
	道路阻力（含风阻）	各车速下阻力	阻力系数	能耗	
道路滑行试验	√		√	√	可以与底盘测功机能耗试验对接，用于测功机道路模拟，可以同时获得空气阻力
等速法		√	√	√	可以获得不同车速下的机械阻力大小
减速法			√	√	可以精确地仿真实际道路上的滑行试验，复现实际道路滑行结果
循环能耗法				√	可以精确模拟用户用车工况，获得半预热状态下的车辆能耗

综上所述，一般的底盘测功机不具备扫速模式，所以循环能耗法测量车辆机械阻力在实际应用中较少。但因其独特的优点，可以更合理地估算实际用户的机械阻力损耗，因此该方法具有较大的发展潜力。

第 5 章 电驱动系统评价及优化

电驱动系统是一个复杂的机电一体化设备,自电机诞生以来,其功能完全没有变,都是将电能转换为机械能,但其技术应用已经发生了翻天覆地的变化,至今仍在成本与性能的平衡中不断创新。本章并不详细分析电机的内部构造,也不分析电能、机械能之间的转换原理,因为这些工作主机厂都会外包给产业链中的供应商,也有很多文献可以参考;本章以电机系统的外特性与效率 MAP 图为主要讨论对象,介绍电机与整车动力性经济性的匹配关系。主机厂的核心工作是建立相关的评价体系,在众多方案与报价中寻找性价比最优的方案,这也是主机厂"三电"技术部门的核心竞争力,同时对优胜供应商进行技术支持,提供技术发展方向。

将电机的外特性及效率 MAP 图与动力性指标及电机性能参数设计、经济性指标及电池容量设计相关联,通过恒转矩与恒功率转角速度与峰值速度比的经验系数,采用峰值功率完整描述电机外特性,便于动力性开发初期的电机选配设计;描述了恒功率段实际上功率会逐渐降低的特性,并在电机选配初期加以应用。随着电机数据库的建立,供应商提供电机方案越来越快速精确。

使用不同数学工具处理分析电机效率 MAP 图,结果表明,使用移动最小二乘法的处理精度更高。为防止因为选择不同拟合方法而导致的误差,要求供应商统一输入离散非网格化的转速 - 转矩 - 效率点云,主机厂内部用统一的拟合工具做电机的效率 MAP 图分析。基于该方法,构建了 PPO-SJK-PE-002-V1.0- 电机数据库,后期将制作电机仿真分析软件。

本书提出了采用大数据工况统计方法,基于随机抽样的思想对电机的效率测评工作进行改进,对电机的效率标定按照实际工作区间样本点出现频率进行筛选,提高电机与整车和用户的匹配度,对以往仅依靠标准的 NEDC 工况或中国工况的效率测试是一种颠覆。在当前阶段我们都参照标准的工作进行电机效率的测评与设计,但用户数据量积累到一定程度后,将切换为大数据统计优化方式,因此云平台、电驱动、性能集成、法规公告的相关工程师需要引起关注度。由于该方法直接获取电机的转速与转矩信息,电驱动工程师应当考虑各供应商提高电机转速、转矩报文的精度。以前这些数据只是用于判断故障状态,现在大数据挖掘与应用技术将其应用于设计,因此对精度要求相应提高。

减速器速比匹配是大数据挖掘反馈改善设计的典型应用案例。基于测评规则,可以对速比进行优化设计。当前产品多为单一速比,已提供各电机不同速比的匹配程序。速比匹配是性能开发工程师经常需要开展的工作之一。

电机零转矩控制对整车能耗试验影响是测试工程师经常遇到的问题，按照标准的试验流程执行，试验工程师对能量流进行分解分析，最经常出现的问题是电机效率分解结果与理论值存在较大差异。这与具有离合器的燃油车不同，纯电动汽车的空档不能完全切断电能与机械能之间的通道。电机在安装到整车后如何检查其效率是否符合设计要求，同时解释一些道路滑行试验和车辆寄生损失试验中的一些异常问题，是测试工程师的重要工作。

新的电驱动技术发展方向众多，包括轮边电机、轮毂电机等，受可靠性、产业链等因素影响，性价比并不高，未能在市场中大规模应用。在当前阶段比较有发展潜力的是同轴双电机单速比技术。

分析制动能量回收的影响因素可以看出，当电池 SOC 过高时不回收能量，在车速过低时为保证操作与控制性能也没有能量回收。在中国工况推行之际，制动能量回收将是热门技术。协调式制动能量回收可能成为后续车型的标配。能量回收里程贡献率高达 20%~35%，找出影响制动能量回收的因素并加以优化对节能意义重大。车速过低无法回收的技术需要进一步改善，电池 SOC 过高无法回收的问题，可以调整充电策略令续航与能耗之间取得平衡，该技术已经在合众汽车公司的车型上得到应用。

大数据技术与汽车制动策略是关于制动回收转矩策略的设定。在所有车辆上都可以设置滑行回收，以往都是由标定工程师根据驾驶体验设置。根据能耗优化标定的理论依据并未成熟，但因为 NEDC 工况制动强度非常规律，可以采用本章介绍的技术实现最优转矩设置，在有协调式能量回收装置的车辆上设置滑行跟线策略，而在没有协调式能量回收的车辆上设置轻踩制动踏板跟线策略，对能耗影响巨大。在中国工况提出以后，该技术依然适用。

5.1 电机的性能指标

整车性能集成开发工程师最关心的是电机的性能参数。性能开发工程师需要获取电机的外特性与效率 MAP，并匹配到自己开发的车型上，将零部件性能与整车性能之间建立联系，并将评价结果保存到数据库中。在与供应商联合开发驱动电机的情况下，电机与整车匹配度更高，电机性能的匹配分析能力要求更高。为了保供，整车厂通常要定点若干型号的驱动电机，所以构建规范的数据库非常有必要。

电机驱动系统是电动汽车发展的关键技术之一。由于永磁同步电机具有功率密度大、功率因数大、效率高等优点，已成为电驱动技术发展中的一个重要研究方向。随着研究的不断深入、电机性能的不断提高以及车载能源技术和动力控制系统的进一步发展，永磁同步电机将会有更广阔的应用前景。

电机效率 MAP 图（又叫等高线图、云图）是电机测试时生成的一种数据曲线图，反映在不同转速和转矩下的电机效率分布情况。在电动汽车用永磁电机的设计中，电机的效率分布区域以及高效区占总运行区域的比例非常重要。内置式永磁同步电机及其控制器作为电动汽车的动力源，其系统效率 MAP 及外特性直接关系到整车的运行性能，具体而言，效率 MAP 关系到整车的能耗，外特性的峰值转矩关系到整车的加速性能，外特性的堵转转矩关系到整车的起步性能。目前，研究永磁同步电机 MAP 与电机外特性的方向主要有理论推导、仿真分析和试验测试三种方法。在新能源汽车行业中，获取电机 MAP 与外特性参数，主要应用于整车动力性经济性仿真与匹配设计。

本节介绍永磁同步电机的 MAP 及其外特性的普遍规律，找到一种用少量参数近似估算实际电机 MAP 与其外特性的方法，以满足电动汽车在设计开发阶段的需求。只关注机械能与电能的总输入输出，不关注电机内部漏磁损耗与铜损耗等细节，使用若干个近似表达 MAP 与外特性的参数来构建电机的黑箱模型，该模型应用于电动汽车设计早期的电机初步选型工作中。

1. 永磁同步电机 MAP 与外特性的描述方法

目前，我国的新能源电动汽车主要使用永磁同步电机，而美国欧洲则主要使用异步电机。由于我国掌握丰富的稀土资源，材料成本较低，且永磁同步电机能量密度与效率方面都表现优异，因此，主要研究永磁同步电机的效率 MAP 及其外特性，通过对某款电机的 MAP 及其外特性试验结果进行研究，获得电机 MAP 与外特性的参数化表述方法。

（1）永磁同步电机的 MAP

永磁同步电机效率比较高，通常的参数化表述为：在其工作区域中，效率≥90% 的区域面积占总工作区域面积的 85% 以上，最高效率点高达 95% ~ 97%。在试验中测试每个转速与转矩输出对应的电机系统效率，获得的参数见表 5-1，包含驱动与发电两部分 MAP 数据。

表 5-1 永磁同步电机效率 MAP 数据

转矩 N·m	转速 / (r/min)										
	400	1600	2800	4000	5200	6400	7600	8800	10000	11200	12400
280	71.65	90.45	93.84	95.11							
270	72.22	90.67	93.97	95.24							
240	74.02	91.33	94.34	95.52	95.13						
210	75.85	91.97	94.69	95.73	95.57						
180	77.72	92.59	95.01	95.88	95.90	95.20					
150	79.61	93.17	95.28	96.00	96.19	95.67	94.74				
120	81.53	93.70	95.50	96.07	96.31	95.95	95.25	94.41	93.38		
90	83.69	94.23	95.70	96.11	96.26	95.99	95.41	94.74	93.95	93.12	92.19
60	86.32	94.71	95.72	95.92	95.88	95.67	95.15	94.36	93.50	92.76	91.83
30	89.58	94.67	94.93	94.69	94.33	93.84	93.11	91.93	90.77	89.41	88.30
3	78.84	74.97	70.48	66.15	61.53	56.96	50.37	45.86	40.16	32.11	25.51

因实验资源有限，电机 MAP 变化率并不剧烈，所以通常每隔 500 ~ 1000r/min，每隔 10 ~ 20N·m 测试一个点，形成离散分布的 MAP 数据表，再通过数据插值处理，制作成等高线图。不同的插值方法对精度有一定影响，兼顾精度与滤波，使用局部最小二乘法进行二次曲面拟合插值。MAP 数据表处理结果如图 5-1 所示。

（2）永磁同步电机的外特性

通常情况下，电动汽车行业关心的永磁同步电机的外特性主要有三个：最大转矩 T_{max}、最大功率 P_{max}，最大转速 n_{max}。理论上，电机的外特性在 n-T-η 图中，是一段直线段与一段反比例函数线，而实验室测得的电机外特性则稍有波动。

2. 永磁同步电机外特性的参数化描述

在纯电动汽车领域，我们分析永磁同步电机的外特性时，不仅关心其峰值转速、峰值功率、峰值转矩，还要在允用 5min 过载线考核汽车的爬长坡能力，允用 30min 过载线考核汽车的 30min 最高车速，额定功率考核汽车的持续工作能力。

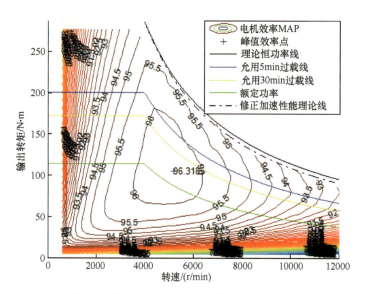

图 5-1 永磁同步电机 MAP 数据表与外特性

（1）瞬时输出外特性

表现汽车动力性参数最关键的指标是 0—100km/h 加速时间或者 0—50km/h 加速时间。加速时间除了与车轮滚动阻力、汽车外形特征决定的空气阻力、汽车的车身重量等因素有关之外，最关键的是电机的外特性表现。粗略的电动汽车外特性是由一段恒转矩与一段恒功率来描述，但实际的外特性在最高车速时，输出的功率与峰值功率之间有一个比值，电机输出的功率是逐渐下降而在最后趋于平稳的过程。为此，在计算汽车加速时间时，需要对电机的峰值功率恒功率段曲线修正，将恒功率段修正为二次函数，如图 5-2 所示，修正系数如下：

$$Ax = b \tag{5-1}$$

式中　A——系数矩阵；
　　　b——右端向量；
　　　x——待定系数。

$$A = \begin{pmatrix} \dfrac{1}{2}\left(\dfrac{n_{\max}}{r_{n0}}\right)^2 & \dfrac{n_{\max}}{r_{n0}} & 1 \\ \dfrac{n_{\max}^2}{2} & n_{\max} & 1 \\ n_{\max} & 1 & 0 \end{pmatrix} \tag{5-2}$$

式中　r_{n0}——峰值转速与额定转速的比值，取值范围一般为 2~4，默认值为 3；
　　　$n_{\max}$——电机最高转速。

$$b = (P_{\max} \quad P_{\max} r_{\max} \quad 0)^{\mathrm{T}} \tag{5-3}$$

式中　$P_{\max}$——电机峰值功率；
　　　$r_{\max}$——电机峰值功率修正系数。

解式（5-1）获得待定系数，对应于图 5-2 和图 5-3 中的修正外特性，如图中点画线所示。

电机峰值功率与最高转速下的最大功率的比值通常在 0.6～0.99 之间，称之为峰值功率修正系数 r_{max}。如图 5-2 所示的修正加速性能理论线，修正系数取值为 0.9。

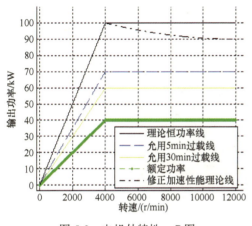

图 5-2　电机外特性 n-P 图

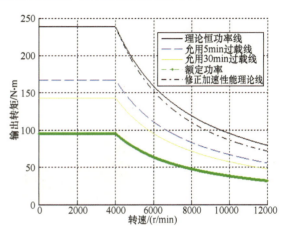

图 5-3　电机外特性 n-T 图

（2）允用 5min 与 30min 输出与额定输出外特性

永磁同步电机随着工作功率的增加，发热量也会增加。峰值功率通常只能过载 30s，之后会因为电机过热而被限制功率。而汽车爬长坡时，通常使用 5min 功率过载线；汽车能够持续 30min 平均的最高车速，使用电机允用 30min 过载线。GB/T 18385—2005《电动汽车动力性能试验方法》规定了汽车爬坡能力与 30min 最高车速的试验方法。

这几条特性与电机的峰值功率特性之间存在近似比值的关系：峰值功率 > 修正峰值功率 > 允用 5min 过载线 > 允用 30min 过载线 > 额定功率线，如图 5-2 和图 5-3 所示。

各系数取值范围、定义及动力性设计时默认取值见表 5-2。

表 5-2　永磁同步电机各外特性定义及其取值范围

系数	定义	取值范围	默认值	用途
峰值功率修正系数 r_{max}	电机在 30s 的持续功率输出内无限制功率与峰值功率比值	0.6～0.99	0.9	加速能力设计
允用 5min 功率系数 r_{5min}	电机在 5min 的持续功率输出内无限制功率与峰值功率比值	0.6～0.9	0.7	爬坡能力设计
允用 30min 功率系数 r_{30min}	电机在 30min 的持续功率输出内无限制功率与峰值功率比值	0.5～0.7	0.6	30min 最高车速设计
额定功率系数 r	电机可长时间工作的输出功率	0.3～0.55	0.42	长时工作设计

3. 永磁同步电机 MAP 及其参数化

永磁同步电机的 MAP 特性与众多因素有关，包括硅钢片的疏密度、永磁材料的电磁特性、电机本身的扁平率等。精细化的永磁同步电机设计通常使用有限元电磁仿真，并在电机测试台架上验证。但在电机正向开发设计阶段，电机的 MAP 特性只能根据已有经验进行估算，估算方法主要有平均效率法和比例缩放 MAP 法。

（1）平均效率法

电机 MAP 在仿真中主要应用于电动汽车续驶里程的计算，该续驶里程通常以 NEDC 工况作为参考。图 5-4 所示为某汽车在 NEDC 工况下在电机 MAP 上的取值。

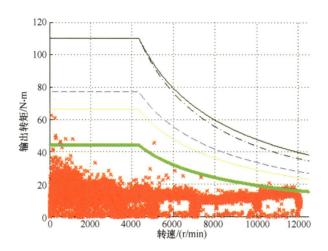

图 5-4　汽车 NEDC 工况在电机 MAP 中的工作位置

如果将电机 MAP 近似为一张平面，用一个平均效率即可描述电机 MAP，该平均效率并不是将现有 MAP 直接拟合成平面，而是在 NEDC 工况下的区域做平均等效处理。计算公式如下：

$$\eta = \frac{\int_t T(t) \times n(t) \mathrm{d}t}{\int_t \frac{T(t) \times n(t)}{\mathrm{MAP}[n(t), T(t)]} \mathrm{d}t} \quad (5\text{-}4)$$

式中　(t, n, T)——NEDC 工况下电机的转速、转矩采样数据；

函数 $\mathrm{MAP}(n, T)$——实测电机 MAP，通过 n，T 查表差值获得效率点。

计算得 $\eta=88.85\%$，即为永磁同步电机等效 MAP 的平均效率。

（2）比例缩放 MAP 法

图 5-1 是典型的永磁同步电机效率 MAP 图，对于不同的电机，最高转速与峰值功率将有所变化，但效率 MAP 分布规律总是接近于图 5-1 所示分布。最高效率的区域位置将由电机设计者通过电机的凸极率、磁夹角等参数做微调。为此，可以近似认为不同永磁同步电机 MAP 分布是按照图 5-1 所示沿着转速方向与转矩方向等比例缩放的。例如，某款电机的最高转速是 8000r/min，峰值功率是 60kW，通过等比例缩放，得其 MAP 与外特性如图 5-5 所示。

4. 参数化数据与实测数据对比

永磁同步电机的 MAP 与外特性可以通过三种途径获得，不同途径在电机设计开发阶段有着不同的作用，其精度及结果获取的便捷性对比见表 5-3。在合众新能源汽车公司的实验室测得某款电机选型阶段的参数与实测参数，对比见表 5-4。

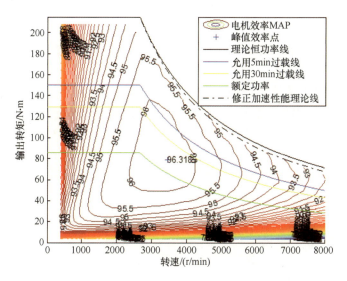

图 5-5 永磁同步电机等比例缩放示例

表 5-3 永磁同步电机 MAP 与外特性获取途径及其特点、精度比较

获取方法	近似参数化	电机有限元仿真分析	电机试验台架
获取难度	易	中	难
精度	差	中	高
适用阶段	电机选型阶段	电机设计阶段	验证阶段，整车动力性经济性仿真阶段

表 5-4 被测电机选型阶段参数选择

参数	选型阶段	实测阶段	相对误差
最高转速 n_{max}	10000r/min	10006 r/min	0.06%
峰值功率 P_{max}	110kW	113.8kW	3.34%
额定转速系数 r_{n0}	3.0	3.0	0.0%
峰值功率修正系数 r_{max}	0.95	0.97	2.06%
平均效率 η	88.85%	90.34%	1.65%

综上所述，本节介绍了永磁同步电机的 MAP 及外特性，提出了一种对永磁同步电机实现参数化描述的方法，并提供了这些参数的建议取值范围与通用默认值。该方法被成功应用于电动汽车早期设计阶段对电机的初步选型。

5.2　电机效率 MAP 的拟合方法

在执行电机效率 MAP 试验以后，很重要的一项工作是对数据进行网格化处理，而不同的拟合工具会产生较大的差异。电机工程师、电机供应商也会要求性能开发工程师提供工况和道路阻力数据，以便他们仿真驱动电机的效率。由于效率 MAP 拟合工具的不同，性能开发工程师仿真的结果往往与供应商仿真的结果有差异。特别是在边界延拓的问题上，低转速、低转矩工况点的能量占比小，延拓方式直接采用当前测试工况点的最低效率。

在当前阶段，电机 MAP 的数据处理方法相对粗糙，通常用以下两种方法：一是临近网格点法，边界使用等曲率延拓；二是使用高次曲面最小二乘拟合法。两种方法都有各自的缺点：第一种方法在实测点非网格均匀化分布时，误差会很大；第二种方法在边界延拓上，失真率过高，整体曲面精度低。

为了获得高精度的电机效率 MAP，以应用于整车动力性经济性仿真开发与整车动力系统标定等领域，本节采用移动最小二乘法对电机效率 MAP 数据进行处理，获取高精度的网格化 MAP 数据。为保证拟合精度，需要对原始数据进行适当缩放处理，并选择合适的紧支域半径与权函数。实例分析中的曲面平均误差仅为 0.335%，证明该方法有效且可靠，精度满足电机试验与电动汽车动力性经济性开发的需求。相对于网格插值而言，MLS 插值计算量较大，不适合直接应用于整车控制器程序烧录或仿真模型中。因此，这里仅使用其做电机试验数据的网格化处理。

1. 电机效率 MAP 试验

依据 GB/T 1029—2021《三相同步电机试验方法》，电机效率试验需要在台架中进行。电机试验台架结构原理如图 5-6 所示。试验时，驱动电机与控制器冷却装置的冷却效果与车辆中的实际使用条件尽可能相同。

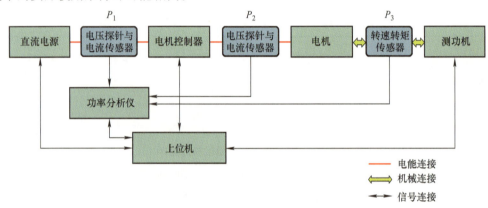

图 5-6 电机试验台架结构原理图

效率 MAP 测试过程为：给测功机加载，使得驱动电机运行在某一恒定转速，要求转速测试点在 10 个以上；驱动电机实际运行转速稳定时，设定转矩指令值，观察驱动电机及其控制器发热部件温升变化不超过 2℃时，驱动电机达到热平衡。

测功机和驱动电机之间转速转矩仪测量得到的驱动电机的转速 N、转矩 T 和输出功率 P_3；用电压探头、电流传感器测试控制器输入功率 P_1 和控制器输出功率 P_2。

驱动状态效率计算如下：

$$\begin{cases} \eta_{D\_MCU} = \dfrac{P_2}{P_1} \\ \eta_{D\_MOT} = \dfrac{P_3}{P_2} \\ \eta_{D\_SYS} = \eta_{D\_MCU}\eta_{D\_MOT} = \dfrac{P_3}{P_1} \end{cases} \quad (5\text{-}5)$$

式中 η_{D_MCU}——驱动状态电机控制器效率；
η_{D_MOT}——驱动状态电机效率；
η_{D_SYS}——驱动状态电驱动系统效率；
P_1——控制器输入功率（kW）；
P_2——控制器输出功率（kW）；
P_3——电机输出功率（kW）。

能量回收状态效率计算如下：

$$\begin{cases} \eta_{R\_MCU} = \dfrac{P_1}{P_2} \\ \eta_{R\_MOT} = \dfrac{P_2}{P_3} \\ \eta_{R\_SYS} = \eta_{R\_MCU}\eta_{R\_MOT} = \dfrac{P_1}{P_3} \end{cases} \quad (5\text{-}6)$$

式中 η_{R_MCU}——能量回收状态电机控制器效率；
η_{R_MOT}——能量回收状态电机效率；
η_{R_SYS}——能量回收状态电驱动系统效率。

由以上方法测得电机工作特性点（N, T, η_{D_SYS}）和（N, T, η_{R_SYS}）等效率工作点，用于生成网格化效率曲面，并进一步应用于整车动力性经济性仿真开发与整车动力性经济性标定等领域。

2. 移动最小二乘法及其紧支域与权函数

近年来，移动最小二乘法成为曲线曲面拟合问题中的热门方法，它首先由 Lancaster 和 Salkauskas 提出，并引入到曲线曲面的构建当中。移动最小二乘法相对于最小二乘法的优点有：①点云分布不均匀时有更好的拟合性能，包括延拓性；②具有连续平滑过渡的特性；③当曲面细节剧烈变化时，移动最小二乘法具备更精确的细节刻画能力。

（1）移动最小二乘法基本原理

为叙述方便，在描述移动最小二乘法时，不再描述普适公式，而是直接以电机效率 MAP 数据应用为实例。效率 MAP 是一张曲面，因此需要选用二维基。而电机测试中 0 转速、0 转矩的效率点无法测试，因此选用线性基，以利于拟合过程的可延拓性。

现有三维散乱点云 $\{(x_i, y_i, z_i) | i = 1, 2, \cdots, n\}$，需要将其网格化插值。与局部最小二乘法拟合相似，在拟合区域的一个局部子域上，拟合函数 $f(x, y)$ 表示为

$$f(x, y) = a_1 + a_2 x + a_3 y \quad (5\text{-}7)$$

式中 x——基平面上的坐标，对应于电机的转速（r/min）；
y——基平面上的坐标，对应于电机的转矩（N·m）；
$f(x, y)$——拟合函数对应电机的效率；
$\alpha = (a_1, a_2, a_3)$——拟合函数的待定系数。

构建移动最小二乘法目标函数

$$\min J = \sum_{i=1}^{n} w(s_i)[f(x_i, y_i) - z_i]^2 \tag{5-8}$$

式中　$w(s_i)$——权函数。

s_i 用于计算参与拟合点与局部拟合中心点的距离：

$$s_i = \sqrt{(x-x_i)^2 + (y-y_i)^2} \tag{5-9}$$

为确定系数值，将式（5-8）对系数进行求导，得

$$\frac{\partial J}{\partial \alpha} = A(x,y)\alpha(x,y) - B(x,y) \times z = 0 \tag{5-10}$$

式中

$$A(x,y) = \sum_{i=1}^{n} w(s_i)(1+x_i^2+y_i^2) \tag{5-11}$$

$$B(x,y) = [w(s_1)(1,x_1,y_1), w(s_2)(1,x_2,y_2), \cdots, w(s_n)(1,x_n,y_n)] \tag{5-12}$$

$$z = [z_1, z_2, \cdots, z_n]^T \tag{5-13}$$

解式（5-10）得

$$\alpha(x,y) = A(x,y)^{-1} B(x,y) \times z \tag{5-14}$$

由此获得 (x, y) 处的函数表达式（5-7），从而确定该点的值。如果 (x, y) 是网格化定义的值，则可以计算出网格化曲面 (x, y, z)。

（2）紧支域与权函数

MLS 与最小二乘法最大的区别是引入了紧支域与权函数的概念。权函数通常有三次样条曲线和高斯曲线两种形式。而在电机效率 MAP 中，因为边界处需要延拓处理，经测试发现，选用高斯权函数更有利于边界延拓性。为了满足延拓性需求，参与拟合的点越多越好，因此不设置支撑域截断，而是选择控制高斯函数中 σ 的大小。此方法相对于三次样条曲线权函数精度较高，计算量较大。但对于电机 MAP 点数不多的情况，当前的计算机能力是足够的。权函数表达如下：

$$w(s) = \frac{1}{\sqrt{2\pi}\sigma} \exp\left(\frac{-s^2}{2\sigma^2}\right) \tag{5-15}$$

式中　σ——高斯紧支域半径；

　　　s——点云与局部拟合中心点的距离。

σ 越大，高权值参与拟合的点越多，精度越低，可延拓性增加；σ 越小，高权值参与拟合的点越少，精度越高，但可延拓性减弱。综合精度与延拓性，在电机效率 MAP 的 MLS 拟合时，σ 取值为 0.25。

3. 电机效率 MAP 的 MLS 拟合

前面简述了电机效率 MAP 的测试方法以及 MLS 的基本原理。电机测试结果的（N, T, $\eta_{\text{D\_SYS}}$）等三维点云即对应 MLS 方法中的点云 $\{(x_i, y_i, z_i) | i=1, 2, \cdots, n\}$。针对电机效率 MAP

数据的处理,需要做数据缩放处理与紧支域半径的选择。

(1)数据缩放与紧支域半径选择

原始数据量纲一般为:转速(r/min)、转矩(N·m)。转速测量分布范围为0~12000r/min,转矩分布范围一般为0~300N·m,若直接使用圆形紧支域,则因点云分布的非均匀性结果呈现误差偏大的现象。因此,要对原始数据进行缩放处理。由电机试验方法可知,若每个转速下测试的转矩点有a个,总共测试了b组转速,最大转矩为T_{max},最高转速为n_{max},则为了可以选用圆形紧支域,需将转速坐标缩小比例为

$$\rho = \frac{bn_{max}}{aT_{max}} \quad (5\text{-}16)$$

式中 ρ——比例系数;

n_{max}——电机最高转速(r/min);

T_{max}——电机最大转矩(N·m)。

因为选择二维线性基,所以支撑区内至少应能包含3个点。在示例的效率测试点近似为阵列分布,紧支域半径选择为

$$r = \frac{T_{max}}{a} \quad (5\text{-}17)$$

若改进试验方法,为了综合精度和测试成本,选择非均匀式阵列测试时,紧支域选择自适应方法确定,则可以在相同精度要求时,测试点数量可以减少,节约测试成本。

(2)MLS拟合实例

某款型号电机基本参数如下:最高转速n_{max}=9500r/min,最大转矩T_{max}=170N·m,最大功率P_{max}=55kW。非均匀化地测试了28组转速,每组转速下转矩测试步长为10N·m。

直流母线电压为355V时测试电驱动系统效率获得点云$\{(N_i,T_i,\eta_{D\_SYSi})|i=1,2,\cdots,391\}$和$\{(N_i,T_i,\eta_{R\_SYSi})|i=1,2,\cdots,382\}$。使用MLS方法拟合以下网格化区域:转速0~9500r/min,每200r/min一个间隔;转矩0~170N·m,每10N·m一个间隔。处理后的原始点云与拟合曲面如图5-7所示。

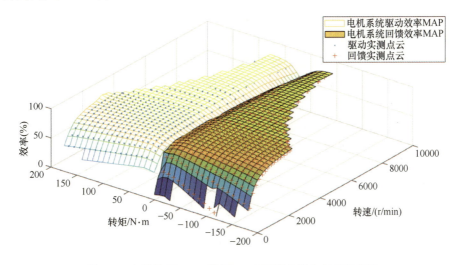

图5-7 电机效率MAP使用MLS网格化拟合与实测点云

4. 精度对比分析

使用 MLS 方法获取的拟合曲面与原始网格化数据之间的误差分布如图 5-8 所示。误差较大的区域依然是边界处，最大误差约为 1%。而中间大部分区域误差不超过 0.1%。本实例中的曲面拟合平均误差为 0.335%。

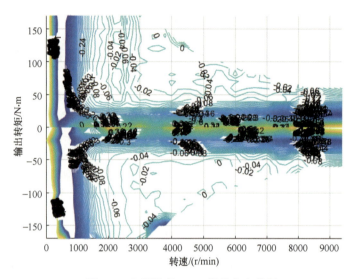

图 5-8　电机效率 MAP 误差分布分析

综上所述，使用移动最小二乘法拟合曲面，可以获得高精度的电机效率 MAP 网格化曲面。选择适当的紧支域和权函数，可以改善其精度和边界延拓性。当原始数据中点云噪声较大时，使用移动最小二乘法拟合出的曲面会反映噪声分布情况，起不到消噪效果，此时需要结合最小二乘法先对曲面进行滤波处理。实例分析表明，用该方法制作网格化电驱动系统效率 MAP 高效可靠，在整车动力性经济性仿真与整车动力系统标定等领域有较高的应用价值。

5.3　电机高效区域的评价方法

上一节采用与整车匹配的方式评价电机的效率水平，但是在没有备选匹配车型之前，如何单独评价电机的效率性能，是一个具有现实意义的问题。业内经常会出现"8090"电机或"9085"电机等说法，前面两位数字代表的是面积占比，后两位数字是效率。"8090"电机的意思是：80% 的 MAP 区域效率超过 90%。简单的方法是将测试的工况点总数作为分母，效率高于某一阈值的工况点总数作为分子，作为 MAP 面积占比；也有采用阈值效率插值获取等高线，围成闭环的面积作为面积占比的依据。这种方法不稳定也不精确，需要研究更好的方法。

新能源汽车的续驶里程与动力总成的效率息息相关，动力总成的效率是电机的效率、电机控制器的效率和传动效率的综合体现，但主要取决于电机效率。反映在相同的整车负载和电池能量前提下，电机效率高则续驶里程长，电机效率低则续驶里程短。

电机的效率不仅仅是看某一点的效率，而是体现在电机的效率区间。新能源汽车的整车负载是一个相对变化较大的负载，其工作点会随着车辆的负载状态、路面坡度和行驶阻力发生变化，因此，追求某一个工作点的高效率而忽略整个工作区域的效率特性是毫无意义的，需要考虑电机全转速和全转矩范围内的效率区间。新能源汽车将电机效率大于75%以上的区间称为高效区间，随着新能源汽车电机技术的进步以及圆线电机向扁线电机的发展，要求电机效率大于75%的区间大于85%。

本节阐述了随机抽样法在电机效率测评与标定中的应用。受布丰投针测试圆周率试验启发，由电机效率MAP通过随机抽样法获取各效率面积占比曲线，并通过大数据技术获得实际道路载荷下各工作区域概率密度，根据密度权重分布标定点，用于电机标定优化与电机效率评价。实测表明，边界线性延拓后用随机点法测评效率面积占比的方法稳定可靠，在实践中有重要的应用价值。

1. 电机效率MAP测试及其评估指标

电机效率MAP测试依据标准GB/T 18488.2—2015《电动汽车用驱动电机系统　第2部分：试验方法》，但该标准并未对效率进行提炼综合衡量。首先描述当前电机效率MAP的测试方法，并基于效率MAP数据进一步获得更有意义的参数。

（1）电机效率MAP测试

首先给测功机加载使得驱动电机运行在某一恒定转速，一般要求转速测试点在50个以上。驱动电机实际运行时的运行区域设定转矩指令值，观察驱动电机及其控制器发热部件温升变化不超过2℃时驱动电机达到热平衡。

测功机和驱动电机之间转矩转速仪测量得到驱动电机的转速N和转矩T，用功率分析仪测试电控制器输入功率P_1和控制器输出功率P_2，以及直流母线电压和电流。

计算功率和效率：由瞬时测量结果直流母线输入电压U和直流母线电流I可得控制器输入功率为

$$P_1 = \frac{UI}{1000} \tag{5-18}$$

驱动电机控制器输出给电机的电力功率P_2已知。驱动电机转轴的输出机械功率为

$$P_3 = \frac{TN}{9549} \tag{5-19}$$

驱动电机控制器效率η_c、驱动电机效率η_m和系统的总效率η为

$$\begin{cases} \eta_c = \dfrac{P_2}{P_1} \times 100\% \\ \eta_m = \dfrac{P_3}{P_2} \times 100\% \\ \eta = \eta_m \eta_c \end{cases} \tag{5-20}$$

以上式中　U——输入电压（V）；
　　　　　I——直流母线电流（A）；
　　　　　P_1——输入功率（kW）；
　　　　　P_2——控制器输出给电机的电力功率（kW）；

P_3——输出机械功率（kW）；
T——输出转矩（N·m）；
N——电机转速（r/min）；
η_c——控制器效率（%）；
η_m——驱动电机效率（%）；
η——驱动电机及控制器的总效率（%）。

根据不同负载条件下的转矩与转速特性，绘制驱动电机效率分布图，全面评价驱动电机的效率分布，为驱动电机及其控制器的进一步优化提供技术支持。为了测试驱动电机及其控制器在各个工作点的效率，需要在其工作范围内各点扫描测试，如图5-9所示。测试点越密，测试结果越准确，但测试工作量越大。为了避免较大工作量，可以有针对性地选择测试点，需要驱动电机系统长时间工作的区域或重点工作区域，选择较多测试点，其他区域工作点可以少些。得到各个点的驱动电机效率后，利用数学插值拟合，可以得到驱动电机未测点的效率。

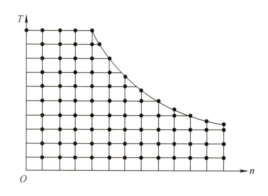

图5-9　效率测试工况点

（2）电机效率的评估指标

依据标准测试，一款电机对应一个效率MAP，但无法从标量上对电机效率进行量化表述与对比。为描述电机效率性能，通常使用最高效率、高效区面积占比、标准工况下或者大数据随机工况下的综合效率。

1）最高效率：在MAP中寻找到最高效率点，依据此评定电机的效率性能水平。用该技术参数评定电机效率，优点是直观，获取便捷，缺点是不能综合描述电机与车辆的匹配关系，不能综合描述电机效率状态。

2）高效区面积占比：描述方式是效率高于η的区域面积占比为s。通常用75%的区间面积占比作为不同电机的效率性能对比参数。该方法优点是可以获得不同电机更为综合的对比指标，缺点是计算量大。这里研究随机抽样法可更便捷地获取面积占比-效率曲线。

3）标准工况下的综合效率：标准工况，当前主要使用NEDC工况，计算各工况点落在电机效率MAP的区域，并做能流分析，获得驱动状态下电机子系统的综合效率。该方法计算简便，计算量次于求取效率曲线，可以较好地反映电机与车辆的效率匹配关系。

4）基于大数据随机工况评估下的综合效率：该方法是将标准工况替换成大数据随机样本点，计算各随机样本工况点落在电机效率MAP的区域，并做能流分析，获得驱动状态下电机子系统的综合效率。该方法首先要获得用户数据，并进行随机样本提取，可以极好地反映电机与车辆以及用户的效率匹配关系。

各电机效率评估指标对比分析见表 5-5。

表 5-5　各电机效率评估指标对比

	计算量	电机单一效率	电机综合效率	车辆匹配关系	用户匹配关系
最高效率	无	√	×	×	×
高效区面积占比	中	√	√	×	×
标准工况下综合效率	低	×	√	√	×
大数据随机工况下综合效率	高	×	√	√	√

注："√" 表示具备该指标评价参考性，"×" 表示不具备该指标评价参考性。

2. 随机抽样法计算效率面积占比-效率关系曲线

电机效率 MAP 是三维曲面，可以用等高图示例，如图 5-10 所示。为了获得更容易比较的数据，可以绘制电机的效率面积占比-效率关系曲线。传统获取该曲线的方式是求取不同效率点下的等高线，然后用等高线所围成面积计算得到效率对应的面积。这里研究使用随机抽样法绘制该曲线，计算程序更简便，结果更直观，且在大数据映射中有应用。

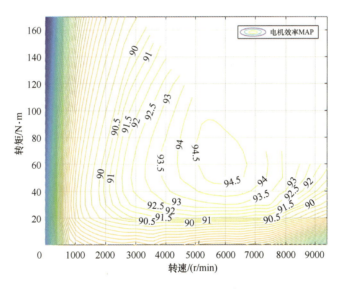

图 5-10　电机效率 MAP 等高图

（1）基于布丰投针试验的类比推导

18 世纪，法国数学家布丰设计了一种投针试验，用于获取圆周率。使用类似的方法，通过在电机效率 MAP 中随机取点后做分布统计的方式，获取电机效率-效率区域面积占比的关系曲线。

该方法执行步骤如下：

1）在区间 $[0, N_{max}]$ 与 $[0, T_{max}]$ 中均匀分布随机生成 n_0 个点对，每个点对应一个转速、转矩点，记为点集 $V=\{n_i, T_i | i=1, 2, 3, \cdots, n_0\}$。

2）通过插值函数获取各点的效率 η_i，$i=1$，2，3，…，n_0；为保证精度，本章采用移动最小二乘拟合法。

3）对插值结果为空的数据进行剔除，剩余 p 个有效点。

4）统计大于某效率值 η_x 的值的点数 q，则 q/p 为效率大于 η_x 的区域面积占比。用红色表示大于 η_x 的点，蓝色表示其他点，则获得如图 5-11 所示的样本分布情况。

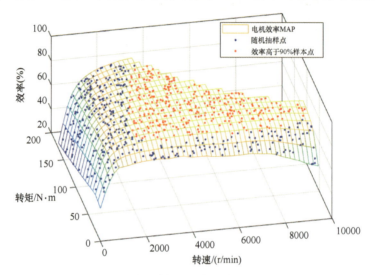

图 5-11　随机抽样法均匀分布样本点示意

（2）电机高效区面积占比 - 效率关系曲线求取与精度分析

随机抽样法的精度与样本量有关，样本量越高，精度越高。但效率需要有 0.01% 的精度时，需要 10^5 个样本点。随机样本点数量从 100 增加至 10^5 个，获得面积占比 - 效率关系如图 5-12 所示。

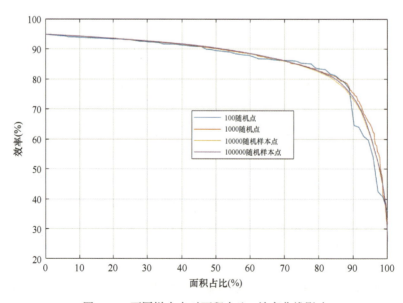

图 5-12　不同样本点对面积占比 - 效率曲线影响

3. 基于大数据技术的电机工况概率密度工作区及其随机样本提取

通过云平台，可提取电机转速、转矩大数据信息。因回收 MAP 性能受到制动能量回收策略影响，所以分析电机效率时，只比较驱动状态下的电机效率。

（1）标准工况与用户工况

纯电动乘用车当前所适用的标准工况是 CLTC 工况（中国工况）。NEDC 和 CLTC 两种工况所落在电机效率 MAP 上的工况点如图 5-13 所示。

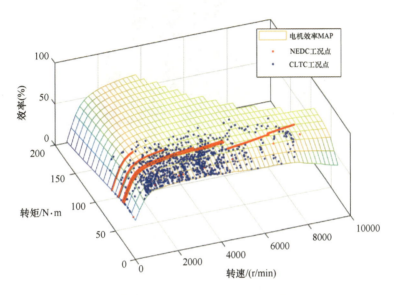

图 5-13　标准工况电机效率工况点

为了令电机更好地匹配用户及车辆，需要采集用户的工况大数据。为了避免上下坡、空气密度、道路状态等对车辆行驶阻力的影响，在分析电机效率时，可以不采用从车速信息中逆推电机工况，而是可以直接读取 CAN 上电机的转速、转矩信息。

（2）随机样本点的提取及其应用

大数据样本量较多，影响设计开发过程中的计算量，因此，可以通过概率密度获取有代表性的样本。当样本量高于 10^4 时，驱动效率精度便可高于 ±0.1%。

但 10^4 个点对于电机软件标定工作而言，数量依旧过于庞大。如果不采用网格化方式，而是根据密度点提取出等效样本点，则将大幅度降低标定工作量，且保证所标定点更贴合实际工作点的密度分布情况。图 5-14 所示样本点为 10^4、采样 100 次的驱动效率分布分析，说明效率计算精度高于 ±0.1%。

4. 应用示例

某款在用电动汽车通过云数据获取其的转速和转矩信息，需要基于该典型用户进行车辆更换动力总成升级匹配，已知电机实验室获得的效率 MAP，可求取该款电机应用在该用户车型上的效率，并获得该电机在标定过程中的标定点，以便软件可针对性地优化关键工作点。

（1）获取大数据工况

获得某用户 2020 年 1 月 1 日—30 日出行时电机转速和转矩信息，如图 5-15 所示。

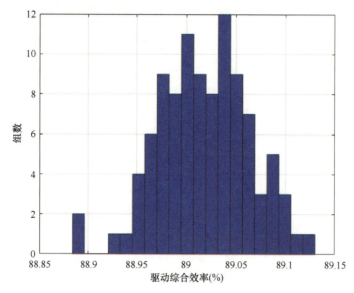

图 5-14　100 组采样数为 10^4 的驱动效率计算分布

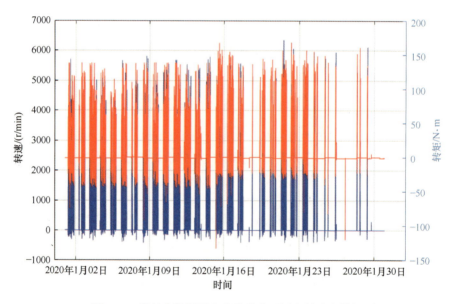

图 5-15　通过大数据平台获取某典型用户转速和转矩

（2）面积占比 - 效率曲线绘制

计算得出待升级电机的效率 MAP 最高效率为 94.83%，75% 以上高效区面积占比为 89.16%，面积占比 - 效率曲线如图 5-16 所示。

（3）随机抽样法计算电机效率

基于 NEDC 工况评估，该电机驱动效率为 89.96%；基于 CLTC 工况评估，该电机驱动效率为 90.52%；基于大数据工况评估，该电机驱动效率为 89.06%。大数据工况在电机 MAP 中的工况点如图 5-17 所示。

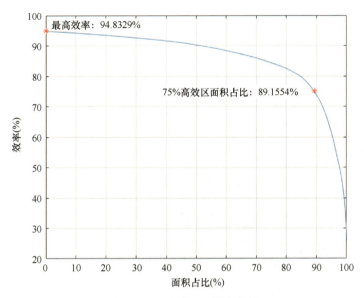

图 5-16　面积占比-效率曲线

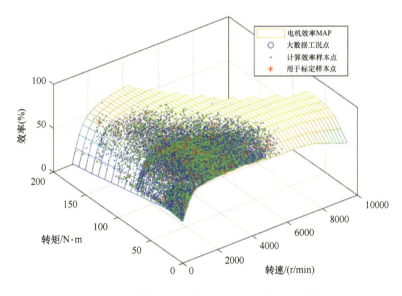

图 5-17　大数据工况在电机 MAP 中的工况点

（4）随机工作点的获取

图 5-18 所示是基于大数据工况 2.9×10^5 个工况点中提取 10^4 个计算效率点与 100 个标定点。

综上所述，统计分析是大数据挖掘与应用的重要工具，基于用户工况大数据的随机抽样法在电动汽车电机效率性能测评与标定中有较高的应用价值。试验表明，该方法对电机效率评价的精度高于 0.01%，而且可以快速获得面积占比-效率曲线。

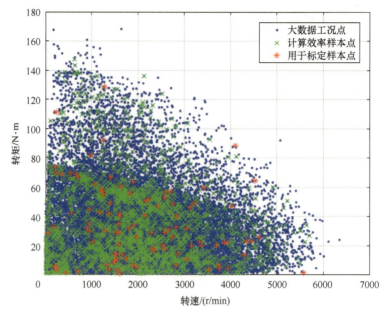

图 5-18 基于大数据样本点提取的随机效率计算样本点与效率标定样本点

5.4 减速器速比匹配优化

速比匹配需求通常由动力总成集成部发起。开发新的减速器速比相对于开发新的电机成本要小得多。在电机与整车匹配的工作中,一款驱动电机经常要匹配仿真多个速比,结合工况变化,针对不同用户驾驶工况选择不同速比,是一种定制化方案,结合大数据技术的发展将具有较大的潜力。

传统的汽车速比匹配至少需要执行以下工作:首先,通过车辆的滑行试验或者仿真数据获取车辆的道路阻力系数;其次,通过当地的标准确定所选择的工况,中国地区当前使用CLTC 工况,欧洲地区使用 WLTC 工况;接着,通过电机效率试验或仿真获得效率 MAP;最后是仿真不同速比进行寻优工作。然而该方法过程过多,每一个环节都会有误差引入,导致结果与实际情况相差较大,且工况中不能反映坡道情况、驾驶员操作习惯等信息。

随着汽车逐渐进入电动化、智能化、网联化和共享化的"新四化"阶段,汽车的整车设计和结构开发过程也发生了相应的变化,并行开发和定制化产品逐渐成为主流。通过大数据技术获取车辆的状态信息已变得简单易行,利用大数据挖掘技术反馈给汽车设计开发者以完成车辆的优化设计是汽车发展的必然趋势。

针对电动汽车减速器速比匹配问题,本节提出一种基于大数据技术的优化理论,基于 MATLAB 建模方法对电动汽车速比进行优化,获得更接近实际最优状态的减速器速比。该方法可应用于未来汽车的定制化服务中,达成降低能耗、提升续驶里程的目标。在实例分析中,使用大数据技术的速比优化相对于使用基于模型的速比优化,电驱动系统效率提高 1.34%,百公里能量消耗量降低 0.174kW·h。

1. 各类减速器速比优化流程

减速器速比优化是动力系统匹配设计的关键工作之一,通常使用车辆动力性模型进行优化设计。根据模型输入数据的不同,分为设计模型数据和试验数据。在实车做出来之前,通常只能用设计模型数据进行建模。在实车做出来之后，可以将模型中的部分数据替换为试验数据，以令结果更接近实际情况。

（1）基于设计模型的减速器速比优化流程

汽车动力性系统的建模有多种工具，例如 ADVISOR、AVL CRUISE 等，或者基于 MATLAB 等工具建立数学模型。数学建模需要输入迎风面积、风阻系数、车轮滚阻系数、整车重量和传动系统效率等信息，电机 MAP 通常由电机的电磁仿真数据获取，道路载荷则通过选定工况和模型仿真的阻力系数确定。最终，把所有数据输入到整车动力学模型中进行仿真来确定最优速比。其流程如图 5-19 所示。

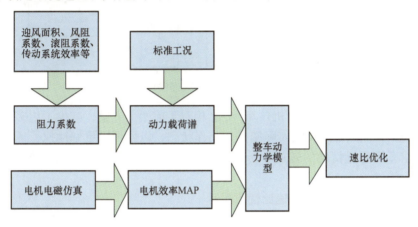

图 5-19　基于设计模型的速比优化流程

（2）基于试验数据的减速器速比优化方案

模型中假设的数据越多，模型的可信度越差，因为假设误差会通过模型进一步放大。为提高精度，需要使用部分模型数据由试验数据替代。对于速比匹配工作，通常在样车阶段或选择近似竞品车型进行滑行试验以获得道路阻力系数，并通过电机台架试验获得电机效率 MAP 特性，再将这两种数据导入到整车动力学模型中进行速比优化，流程如图 5-20 所示。

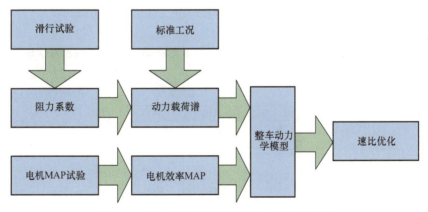

图 5-20　基于试验数据的减速器速比优化流程

基于试验数据的减速器速比优化方案依然有两个缺点：一是工况为标准工况，不能反映每个用户实际用车情况，标准工况中考虑不到不同地域坡道因素，也考虑不到每个驾驶员是否有急加速急减速的驾驶习惯；二是需要多个试验测试，电机效率 MAP 未能考虑电池输出电压变化的情况,数据综合导入模型中,相对于完全使用设计模型的仿真环节减少,但依然有改善的空间。

(3)基于大数据技术的减速器速比优化方案

基于大数据技术,采集实际道路状态下的车辆动力系统信息,将驾驶员、实际道路载荷直接反映为电机输入端的转速转矩,并采集电池输出到电机输入端的电压电流。其流程如图5-21所示。

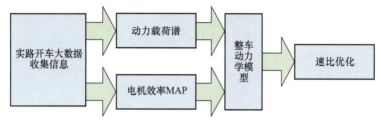

图5-21 基于大数据技术的减速器速比优化流程

图5-21中的动力载荷谱与电机效率MAP相对于前两个方案,减少了更多的假设环节,直接实测获得,其优点是能反映实际测量的工作状态,以便可以更好地执行速比优化工作。但该方案要求车辆配置精确的转速、转矩、电压和电流传感器,同时允许使用大数据技术将这些信息上传。

2. 基于大数据技术的减速器速比优化过程

应用大数据技术的前提是获取有效可靠的数据。为此,需要先制造一辆安装有高精度转速、转矩、电压和电流传感器的样车,并为其初选一个减速器速比。该样车制造完成后,到常用路况上行驶,获得动力系统秒采数据。

(1)样车制造及数据采集

对于使用永磁同步电机的纯电动汽车,转速通常使用旋转变压器形式测量转速,电芯电压精度通常在±3mV以内,电池组的电压精度在±0.3V以内,电流精度在±1%以内。而转矩通常使用计算方法通过MCU发出,精度相对较低。作为数据采集的样车,可以适当提高电流精度。样车中的速比,可以选择根据标准工况优化的初始速比。

(2)速比优化建模

样车在常用路况上行驶,采集行驶过程中的MCU输入电压U、MCU输入电流I、电机输出转速n、电机输出转矩T。这4个量非常重要,在能流中如图5-22所示。

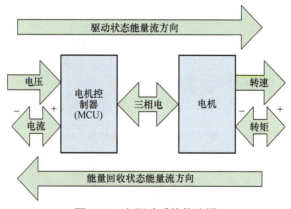

图5-22 电驱动系统能流图

图 5-22 中电流为正表示驱动状态，电流为负表示能量回收状态；扭力为正表示驱动状态，转矩为负表示能量回收状态。这 4 个量与待优化的效率关系如下：

电驱动系统驱动效率为

$$\eta_D = \frac{\int_{T>0} nT\frac{\pi}{30}dt}{\int_{I>0} UI dt} \quad (5\text{-}21)$$

电驱动系统能量回收效率为

$$\eta_R = \frac{\int_{I<0} UI dt}{\int_{T<0} nT\frac{\pi}{30}dt} \quad (5\text{-}22)$$

电驱动系统综合效率为

$$\eta = \frac{\int nT\frac{\pi}{30}dt}{\int UI dt} \quad (5\text{-}23)$$

基于当前的转速、转矩、电压、电流，可以构建效率 MAP。该 MAP 是三维的点云，需要做拟合处理才能形成效率 MAP，插值如下：

$$\eta_i = \text{MAP}(n_i, T_i) = \begin{cases} \dfrac{n_i T_i \dfrac{\pi}{30}}{U_i I_i}, & T_i > 0, I_i > 0 \\ \dfrac{U_i I_i}{n_i T_i \dfrac{\pi}{30}}, & T_i < 0, I_i < 0 \end{cases} \quad (5\text{-}24)$$

该电机 MAP 相比试验中的 MAP，相当于考虑了电压、温度等综合因素，但其缺点是集中在某个区域，而电机效率 MAP 试验时，可以测量电机的全区域。因此，基于大数据的处理方法也可以使用 MAP 替代，表达式与式（5-24）相同，此时仅需获取行驶时的转速与转矩信息。

速比优化工作最重要的是构建不同速比与电驱动综合效率的关系，设 i_0 为样车基础速比，i_x 为优化速比变量，则 i_x 与综合效率 η_x 关系为

$$\eta_x = \frac{\sum n_i T_i \dfrac{\pi}{30}}{\sum \dfrac{n_i T_i \dfrac{\pi}{30}}{\text{MAP}(n_i \dfrac{i_0}{i_x}, T_i \dfrac{i_x}{i_0})}} \quad (5\text{-}25)$$

通常，减速器速比在 5~15 之间。速比优化模型为 $\max(\eta_x)$，求对应的 i_x。

3. 优化实例

使用合众新能源汽车有限公司的哪吒 N01 车型作为样车对象，该车减速器速比 i_0=7.7，在桐乡市二环路实路开车进行数据收集，如图 5-23 所示。采集到的电压、电流、转速、转矩信息如图 5-24 所示。按照式（5-24）构建 MAP 点云，如图 5-25 所示。按照式（5-25）模型优化速比，因为是单变量优化，所以可以选择绘制不同速比与系统综合效率的关系，如图 5-26 所示。

图 5-23　车辆动力系统实路数据采集路线

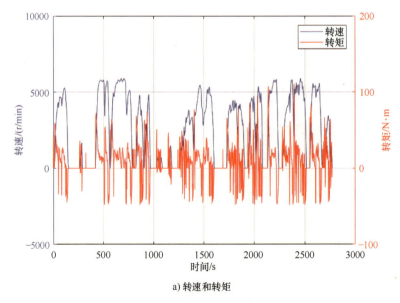

a）转速和转矩

图 5-24　实路采集的车辆动力数据

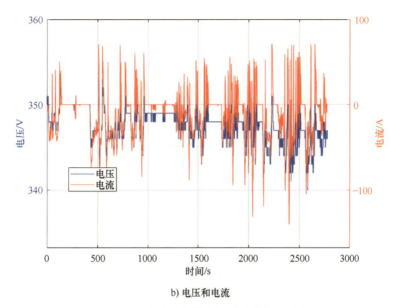

b) 电压和电流

图 5-24 实路采集的车辆动力数据（续）

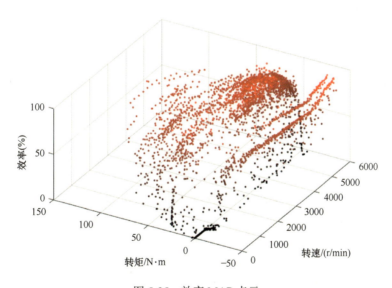

图 5-25 效率 MAP 点云

由此可知，动力系统若选择速比 i_x=5.5，则效率将提升 1.34%，整车能耗将降低 0.174kW·h/100km。

4. 各方案优缺点及互补分析

使用基于大数据的速比优化方案自身也存在优缺点，不能完全替代现有速比优化方法。需要对不同的应用场景进行分析，从适用阶段、精度、成本三个维度进行优缺点比较见表 5-6。

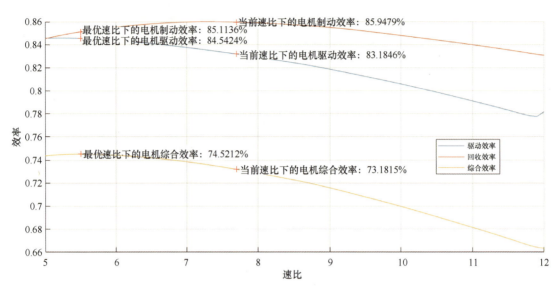

图 5-26　不同速比对应的电驱动系统综合效率

表 5-6　各种速比优化方法优缺点比较

比较维度	基于设计模型的速比优化方案	基于试验数据的速比优化方案	基于大数据技术的速比优化方案
适用阶段	适用于全新车型概念设计阶段	适用于全新车型部分零部件已初步选型或手工样车成型阶段	适用于全新车型手工样车成型阶段或下一代车型开发阶段或用户定制化服务阶段
精度	与实际相差相对较大	与实际结果相差中等,但与设计选用工况结果相差较小	与实际用户情况相差较小,但与设计时选用的标准工况相差较大
成本	低,所有数据均为假设建模	高,部分数据需要试验获取	高,需要制作出样车,且需要特定的驾驶员在其常用的路况上行驶一段时间采集数据

综上所述,本节提出了采用基于大数据采集进行电动汽车减速器速比优化的方法,通过对具体用户的实际工况电机端阻力采集分析,运用 MATLAB 建模仿真,得出最优速比;并与当前的基于模型的速比设计方案和基于试验数据的速比设计方案进行对比分析,发现该方法对实际工况下降能耗具有积极的意义,能够为车辆在具体应用场景下降能耗提供定制化方案。进一步研究工作包括基于特定用户或用户群体的大数据分析、动力性需求与经济性优化的综合设计,以及双速比变速器在纯电动汽车上应用的必要性。

5.5　电机零转矩控制对能耗的影响

按照标准执行试验后,为了分析能量损耗流向,需要构建能量流,从能量流中可以反推各子系统参数,从而确定试验结果指标是否符合设计值。最常发生的问题是电机的效率与仿真阶段给定的值差异较大。作者经过多年摸索,发现一个影响最大的因素是滑行状态下电机有零转矩控制模式,提出在底盘测功机上测试电机效率,但是很多电机供应商不认可。需要在电机台架上做滑行试验,让两个试验结果可以更好地等效;需要测试电机、减速器、传动轴系统及零部件级别机械阻力的方法。

整车能量消耗量与续驶里程试验中,在整车试验台架上分解驱动电机的能流,并测定其效率,对电机匹配结果的整车验证评价意义重大。但是驱动电机输出轴或者传动轴位置加装高精度转速传感器和转矩传感器难度极大,通常认为传动系统带载状态与整车滑行状态的损耗相等。底盘测功机自身的机械损失测定亦使用相同的原理:测功机通过滑行试验测定寄生损失,并将电机力与测功机损失力相加,从而模拟轮边阻力。

实际道路滑行试验使用 GB/T 18352.6—2016 附录 C 规定的试验方法,车辆需要挂空档滑行,此时电机处于零转矩模式,实际输出转矩并非绝对为 0,而是处在零转矩控制,转矩为较小的状态。当该转矩人为设定与速度关系非线性时,将导致车辆在底盘测功机上的滑行阻力测定难以用二次曲线精确拟合。当该转矩人为设定有微弱驱动或回收时,底盘测功机滑行阻力可以做二次曲线最小二乘拟合,但评价电机驱动效率时与台架上的测试存在较大偏差。

为了在整车能量消耗量与续驶里程试验中分解驱动电机损耗,从而获得较精确的电机效率,需要对电机零转矩控制机理在滑行试验与车辆寄生损失测试中进行分析。本节首先分析电机零转矩控制的特性,并通过试验测得某款电机零转矩控制力矩的大小;然后分析整车能耗试验中电机零转矩控制对滑行试验结果、机械寄生损失测试结果的影响;接着设计对比试验,通过两款电机的对比试验分析,测得相对可靠的电机效率;最后总结电机零转矩控制转矩的测量方法与应用前景,为整车降能耗与电机匹配验证提供有效的参考。试验表明,电机零转矩控制状态下,对整车能耗测试结果影响 0.1~0.3kW·h/100km,对电机效率的评价影响约偏差 1%~3%。

1. 电机零转矩控制的基本特性

当车辆处于行驶状态,不需要驱动力矩也不需要能量回收力矩时,MCU 处于开管状态,此时电机处于零转矩控制状态,理论上电机输出转矩为 0,但由于控制策略的差异,不同电机会有不同输出转矩,部分电机会设置成抵消电机自身摩擦机械阻力后,输出轴转矩为 0。可在测功机台架上进行测量各转速下的零转矩模式电机输出转矩。某电机在电机测功机台架上测得其零转矩控制状态的转矩与功率见表 5-7。转矩在 0.2~0.53N·m 之间,功率在 0.02~0.83kW 之间。各转速下电机零转矩控制转矩与功率关系如图 5-27 所示。

表 5-7 某电机在电机测功机台架上测得其零转矩控制状态的转矩与功率

转速/(r/min)	测试转矩/N·m	测试功率/kW	空转转矩/N·m	空转功率/kW	电机转矩/N·m	电机功率/kW
1000	0.239	0.025	0.031	0.003	0.208	0.022
1999	0.277	0.058	0.038	0.008	0.239	0.05
3000	0.313	0.098	0.043	0.014	0.27	0.084
4000	0.355	0.149	0.051	0.021	0.304	0.128
4999	0.395	0.207	0.059	0.031	0.336	0.176
6000	0.419	0.263	0.067	0.042	0.352	0.221
7000	0.46	0.34	0.076	0.055	0.384	0.285
7999	0.499	0.418	0.088	0.074	0.411	0.344
9000	0.53	0.5	0.102	0.096	0.428	0.404

（续）

转速 /（r/min）	测试转矩 /N·m	测试功率 /kW	空转转矩 /N·m	空转功率 /kW	电机转矩 /N·m	电机功率 /kW
10000	0.564	0.591	0.117	0.123	0.447	0.468
10999	0.59	0.679	0.137	0.158	0.453	0.521
12000	0.631	0.792	0.162	0.204	0.469	0.588
13000	0.674	0.918	0.183	0.25	0.491	0.668
13999	0.721	1.056	0.212	0.311	0.509	0.745
14999	0.775	1.217	0.247	0.388	0.528	0.829

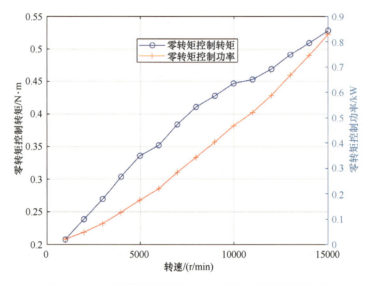

图 5-27　电机零转矩控制转矩 / 功率与电机转速的关系

若车辆处在运动状态，MCU 强行断电。某电机在底盘测功机上下电滑行，未上高压，此工况水循环不工作。130km/h 的状态电机转速为 13000r/min，反电动势为 530V 左右。电机转速达到 5000r/min 以上，MCU 会进入 ASC（主动短路功能）状态。ASC 状态会造成 IGBT 下三桥直通，长时间、大电流的直通导致 IGBT 温升过高，在水循环不工作的状态下，导致 IGBT 烧毁，如图 5-28 所示。

图 5-28　在底盘测功机上进行 KEY OFF 滑行测试后 MCU 烧毁拆解

2. 整车能耗试验中电机零转矩控制的影响

电机零转矩控制状态在某些情况下也称为零转矩模式。实际上由于各家电机制造商的控制策略的差异，有些产品为正转矩，另外一些产品为负转矩，且转矩的大小通常小于 0.5N·m。正是这个微弱的转矩，导致滑行试验、机械寄生损失试验、道路模拟工况试验的结果与分析存在较大的偏差。假设电机弱磁状态的控制力矩为 δ_{T_q}，分析其对各类试验结果的影响如下。

（1）实际道路滑行试验

假设任意车速下，电机弱磁状态的控制力矩为 δ_{T_q}，车辆的速比为 i，轮胎滚动半径为 r，则轮边驱动力变化为

$$\mathrm{d}F = \frac{\delta_{T_q} i}{r} \tag{5-26}$$

该轮边力可视为常数，轮边测试结果的百公里能量消耗量变化量与阻力变化的关系如下：

$$\mathrm{d}E = \frac{\mathrm{d}F}{36} \tag{5-27}$$

假设 δ_{T_q}=0.1N·m，i=10，r=0.3m，代入式（5-26）得到轮边阻力变化 dF=3.33N，代入式（5-27）得到对整车机械阻力百公里能量消耗量的影响是 dE=0.0926kW·h/100km。若电机零转矩控制为微弱驱动，则测得道路阻力将偏小，若电机零转矩控制为微弱制动，则测得道路阻力将偏大。

（2）机械寄生损失试验

车辆在路面上滑行出来的道路阻力系数包含了车辆损失，车辆在转鼓上先要通过 SAE J2264 滑行试验程序确定出车辆损失系数后，再进入道路模拟试验进行加载。此时，测功机加载系数等于道路阻力系数减去车辆损失系数。

若电机零转矩控制为微弱驱动，则车辆寄生损失系数将偏小，此时测功机加载系数偏大。相反，若电机零转矩控制为微弱制动，则车辆寄生损失系数将偏大，此时测功机加载系数偏小。与实际道路相比，若是同一款电机，则测功机加载的结果与电机零转矩控制是否有转矩无关，会通过机械寄生损失试验加以修正。

（3）底盘测功机道路模拟工况试验

车辆执行以上试验以后，将进行底盘测功机上道路模拟工况测试。为了从测试结果中分解电驱动系统损耗，可以采集 MCU 输入端的电压与电流，同时获得底盘测功机所记录模拟到电机输出端的道路阻力。

若实际道路与底盘测功机上均采用同一款电机，电机零转矩控制力矩相同且较小线性，则最终测得整车的能量消耗量与续驶里程与电机零转矩控制的力矩无关。但分析电机效率时，若电机零转矩控制为驱动状态，则测得电机效率偏低；若电机零转矩控制为制动状态，则测得电机效率偏高。

3. 电机零转矩控制影响对比试验

为了进一步量化分析电机零转矩控制对整车能量消耗量与续驶里程试验结果的影响，需要设计电机处于上电和断电状态对其进行机械寄生阻力试验，并对试验结果进行对比。

（1）对比试验设计

为了分辨电机零转矩控制对整车的影响，需要进行零转矩控制与非零转矩控制的试验对比。选择同一车型不同电机做对比试验，通过增加样本量来反映不同电机的零转矩控制策略差异。为排除测试设备精度的影响，需要对底盘测功机进行3次空转滑行。电机零转矩控制采用ready+N档位模式滑行，电机非零转矩控制采用下电滑行。若有条件，对于电机与电机控制器分离的系统，可直接拔掉三相线滑行，可测得更可靠结果。本示例中为排除实际道路滑行结果对电机效率测试的影响，选择相同的道路阻力，排除前驱的机械阻力条件下，测功机设定系数均为 $A=50\mathrm{N}$，$B=0\mathrm{N}/(\mathrm{km/h})$，$C=0.035\mathrm{N}/(\mathrm{km/h})^2$。试验样本、试验设备与试验步骤设计如下：

1）试验样本：同一车型状态的两台车，分别安装A款电机与B款电机，整备质量为1086kg。

2）试验设备：底盘测功机，本示例中被测样品为前驱车辆，底盘测功机为两驱中置电机类型，型号为CDS150-2D-Ⅱ。

3）试验步骤：

① 底盘测功机空转3次，当量惯量1186kg，设定系数：$A=50\mathrm{N}$，$B=0\mathrm{N}/(\mathrm{km/h})$，$C=0.035\mathrm{N}/(\mathrm{km/h})^2$。

② 车辆上转鼓，ready+N档位，100km/h车速热机20min。

③ 100—0km/h滑行3次，设定系数同上。

④ 马上再执行下电状态，100—0km/h滑行3次。

⑤ 做等速15km/h、30km/h、40km/h、50km/h、60km/h、70km/h、80km/h、90km/h、100km/h下的效率试验，各等速行驶5min，阻力系数同上。

⑥ 制动能量回收关，执行3个NEDC工况循环，车下底盘测功机。

⑦ 测试另一款电机的样本车辆，重复以上步骤。

（2）试验结果对比分析

通过以上对比试验，可获得不同电机在不同控制模式下测得的机械系统阻力、电机等速效率与工况效率。A款电机机械阻力测试见表5-8，B款电机机械阻力测试见表5-9。由表5-8与表5-9的底盘测功机无车滑行可知，测功机的道路阻力模拟精度为0.056~0.077kW·h/100km，折算到轮边阻力模拟精度为≤2.77N，精度满足要求。由表5-8中电机A的ready+N档位滑行均值与下电滑行均值结果可知，该电机零转矩模式相对于下电状态有微弱的回收，制动转矩约为0.079N·m。表5-9中电机B的ready+N档位滑行均值比下电状态滑行均值能耗要低，说明它有微弱的驱动，驱动转矩约为0.228N·m。

采用相同的测功机阻力设定系数进行各速度下等速行驶5min与工况效率试验，测得结果见表5-10和表5-11。将车辆机械传动系统与电机、MCU看成一个整体，NEDC工况平均效率对比，A款电机的驱动效率为48.1%，B款电机的驱动效率为46.5%。若根据标准要求，车辆采用ready+N档位状态进行滑行，A款电机测得效率为89.3%，B款电机测得85.5%，相差较大。结合表5-8与表5-9的机械阻力测试结果可知，机械阻力测试结果大的，效率较高；机械阻力测试结果较小的，效率较低。较可行的结果是开发特殊模式掉电滑行阻力获得的效率。

表 5-8 A 款电机机械阻力测试

序号	项目	阻力系数 A/N	阻力系数 B/(N/km·h^{-1})	阻力系数 C/[N/(km/h)^2]	车辆寄生损失 A/N	车辆寄生损失 B/(N/km·h^{-1})	能耗/(kW·h/100km)
1	空滑	49.96	0.0431	0.0350	−0.04	0.043	0.073
2	空滑	49.81	0.0302	0.0350	−0.19	0.030	0.047
3	空滑	50.00	0.0278	0.0350	0.00	0.028	0.048
4	空滑均值	49.92	0.0337	0.0350	−0.08	0.034	0.056
5	rendy+N	125.67	0.3101	0.0350	75.74	0.276	2.578
6	rendy+N	128.08	0.3066	0.0350	78.15	0.273	2.639
7	rendy+N	127.96	0.3158	0.0350	78.03	0.282	2.651
8	rendy+N 均值	127.23	0.3108	0.0350	77.31	0.277	2.623
9	下电	128.43	0.2520	0.0350	78.51	0.218	2.555
10	下电	127.37	0.2690	0.0350	77.45	0.235	2.555
11	下电	128.22	0.2466	0.0350	78.30	0.213	2.540
12	下电均值	128.01	0.2559	0.0350	78.09	0.222	2.550

表 5-9 B 款电机机械阻力测试

序号	项目	阻力系数 A/N	阻力系数 B/(N/km·h^{-1})	阻力系数 C/[N/(km/h)^2]	车辆寄生损失 A/N	车辆寄生损失 B/(N/km·h^{-1})	能耗/(kW·h/100km)
1	空滑	52.14	0.0261	0.0350	2.14	0.026	0.104
2	空滑	49.84	0.0310	0.0350	−0.16	0.031	0.049
3	空滑	50.55	0.0361	0.0350	0.55	0.036	0.077
4	空滑均值	50.84	0.0311	0.0350	0.84	0.031	0.077
5	rendy+N	124.43	0.3240	0.0350	73.59	0.293	2.546
6	rendy+N	124.86	0.3151	0.0350	74.02	0.284	2.543
7	rendy+N	123.80	0.3263	0.0350	72.96	0.295	2.533
8	rendy+N 均值	124.36	0.3218	0.0350	73.52	0.291	2.541
9	下电	129.26	0.3840	0.0350	78.42	0.353	2.784
10	下电	130.11	0.3489	0.0350	79.27	0.318	2.747
11	下电	129.60	0.3436	0.0350	78.76	0.313	2.724
12	下电均值	129.66	0.3588	0.0350	78.82	0.328	2.751

表 5-10 A 款电机等速效率与 NEDC 工况效率测试

序号	项目	速度/(km/h)	电机输入/W·h	测功机吸收/W·h	电机输出/W·h	电机驱动及传动系统效率	电机效率	断电效率
1	等速	15	62.9	21.0	50.6	33.4%	80.5%	80.4%
2	等速	30	141.1	57.8	119.8	40.9%	84.9%	84.5%
3	等速	40	206.4	98.9	181.7	47.9%	88.1%	87.4%
4	等速	50	281.3	152.4	254.5	54.2%	90.5%	89.7%
5	等速	60	357.0	214.3	330.8	60.0%	92.7%	91.8%
6	等速	70	585.5	380.6	550.1	65.0%	93.9%	93.0%
7	等速	80	780.6	538.1	738.6	68.9%	94.6%	93.7%
8	等速	90	1001.2	720.0	948.5	71.9%	94.7%	93.8%
9	等速	100	1237.8	917.8	1167.1	74.1%	94.3%	93.4%
10	工况	NEDC	1310.0	624.7	1163.4	47.7%	88.8%	87.9%
11	工况	NEDC	1296.7	625.3	1158.8	48.2%	89.4%	88.5%
12	工况	NEDC	1295.3	626.6	1161.3	48.4%	89.7%	88.7%
13	工况均值	NEDC	1300.6	625.5	1161.2	48.1%	89.3%	88.4%

表 5-11　B 款电机等速效率与 NEDC 工况效率测试

序号	项目	速度/km/h	电机输入/W·h	测功机吸收/W·h	电机输出/W·h	电机驱动及传动系统效率	电机效率	断电效率
1	等速	15	59.1	18.5	44.3	31.2%	74.9%	78.1%
2	等速	30	134.9	51.5	105.9	38.2%	78.4%	81.5%
3	等速	40	212.1	92.1	171.2	43.4%	80.7%	83.6%
4	等速	50	344.8	174.3	289.5	50.6%	84.0%	86.6%
5	等速	60	454.9	260.8	398.8	57.3%	87.7%	90.1%
6	等速	70	619.4	388.4	556.9	62.7%	89.9%	92.1%
7	等速	80	808.2	541.2	737.8	67.0%	91.3%	93.3%
8	等速	90	1043.6	740.9	967.3	71.0%	92.7%	94.5%
9	等速	100	1291.4	951.6	1199.8	73.7%	92.9%	94.5%
10	工况	NEDC	1393.3	644.3	1187.1	46.2%	85.2%	86.7%
11	工况	NEDC	1382.7	642.9	1182.5	46.5%	85.5%	87.0%
12	工况	NEDC	1366.8	639.1	1173.5	46.8%	85.9%	87.3%
13	工况均值	NEDC	1380.9	642.1	1181.0	46.5%	85.5%	87.0%

4. 试验改进与应用

从 NEDC 工况切换到 CLTC 工况，工况效率的评价方法依然有效。各等速工况下的效率可以作为辅助参考。由于电机零转矩控制实际上不能做到绝对 0N·m 输出，但假设以零转矩输出为基准，分析零转矩控制模式下微弱驱动与微弱制动转矩对滑行试验道路阻力、机械寄生损失、工况效率以及整车能耗影响，汇总见表 5-12。

表 5-12　电机零转矩控制对各试验结论的影响汇总

电机零转矩控制状态	滑行试验道路阻力	机械寄生损失	工况效率	整车能耗
绝对零转矩	基准	基准	基准	基准
微弱驱动	偏小	偏小	偏低	不变
微弱制动	偏大	偏大	偏高	不变

通过量化分析可知，0.1N·m 的控制偏差即可造成电机效率 1% 的估算偏差，对电机与整车匹配、能耗优化工作定量分析极为不利。为了改善这种情况，提出以下建议：

1）开发工程师专用程序，车辆在特殊情况下可以切断电机与 MCU 的能量流，短时间滑行无能量流。并且仅在进行实际道路滑行试验与底盘测功机滑行试验时，开放此程序。

2）电机与减速器在系统与零部件级的试验中，模拟滑行试验，测出其零转矩控制的转矩与下电状态的转矩，从而对实际道路滑行与底盘测功机滑行试验的结果进行修正。

综上所述，为了保护电机，车辆在上电状态时，电机处于零转矩控制模式。理想的输出转矩为 0N·m，实际上会有微弱转矩，导致实际道路滑行与底盘测功机滑行试验结果与理论值存在偏差。最终导致在整车能量消耗量与续驶里程试验的数据分析中，电机效率失真。不严重的情况失真 1%~3%，严重的情况导致底盘测功机上的滑行试验无法采用二次阻力曲线拟合，从而无法正常执行试验。利用专用程序在零部件状态对电驱动系统的零转矩控制转矩进行测量与修正，可以有效避免电机效率分析与台架试验结果不符的问题，在电机性能测评与整车经济性验证试验中起到重要作用。

5.6 制动能量回收优化设计

控制系统开发与节能关系最大的是制动能量回收策略,电动汽车与混合动力汽车借助这项技术可实现节能 20% 以上。但如何设置制动策略这项任务一部分给了性能开发工程师,另一部分给了控制系统开发工程师。两者如果对制动能量回收的能流没有清晰的认识,会导致用户车辆的制动能量回收策略既不节能也不舒适。

对于使用锂离子动力蓄电池为储能系统及协调式制动策略的纯电动汽车,在仿真开发阶段对制动能量回收策略的仿真不够成熟。分析其主要影响因素,并通过经验公式插值,可以提供快速分析工具。从制动工况来看,纯电动汽车可看成是电能回收和机械制动器的混合动力汽车。通过研究该类汽车的能量流和制动策略的力矩分配及其受限因素,来确定各因素与能量回收利用率的定量关系及经验公式。

随着汽车制动技术的迅速发展,能量回收的制动方式已在众多混合动力汽车和电动汽车上得到应用。结合汽车的智能网联及大数据技术,进一步优化电动汽车的制动技术,以实现节能、安全、舒适驾驶的目的。所提出的制动方法应用到 NEDC 工况下的续驶里程实测中,续驶里程提高了 3.26%。因为 NEDC 工况的制动减速度非常规律,很容易计算最适宜的制动力矩,而对于 CLTC 工况与用户实际工况,则需要更加深入的分析。

5.6.1 制动能量回收过程的能流分析

制动能量回收技术主要分为协调式制动能量回收技术和叠加式制动能量回收技术,其评价方法主要使用为制动能量回收率、节能贡献度和续驶里程贡献度三个回收效能指标。本节对制动能量回收的能量流与各环节进行了详细的原理剖析。首先,分析可回收的制动能量源头表现为重力势能和动能,行驶工况与道路阻力影响了可回收能量的大小;其次,分析机械环节通过使用协调式制动能量回收技术可明显提高制动能量回收率;接着,分析电机环节则将机械能转换为电能,其转矩负半轴效率 MAP 决定了转换效率;最后,解释了由于电池防止过充的特性,限制了制动能量回收。这些依据能流图与能源分布图分析的制动能量回收优化措施,有利于电动汽车制动能量回收优化程度的评价。

1. 制动能量回收过程理论分析

制动能量回收是车辆的机械能经过制动卡钳、机械传动系统和电机,最后回充到电池中。涉及的环节较多,主要分为工况环节道路阻力损耗、制动环节卡钳损耗、传动环节机械阻力损耗和机械能转换为电能环节电机损耗。图 5-29 所示为制动能量回收能流环节在整车能流环节中的位置示例。要改进制动能量回收性能,往整车能耗更低的方向发展,需要对各环节进行分析。

(1) 工况制动能量

车辆行驶工况决定制动能量回收的大小,当车辆经常处在加减速、上下坡工况时,其可回收能量较多。工况的制动能量回收强度通常使用单位车重每百公里可回收能量量化。为排除道路阻力系数对制动能量回收强度影响的判定,将有速度下降的过程均视为能量回收过程,有势能转换的过程即视为有能量回收。所回收的能量可表述为:

$$E_{regen i} = \begin{cases} \frac{1}{2} m v_i^2 - \frac{1}{2} m v_{i+1}^2 + mg(h_{i+1} - h_i), & E_{regen i} > 0 \\ 0, & E_{regen i} \leq 0 \end{cases} \quad (5-28)$$

式中　$E_{\text{regen}i}$——可回收动能（J）；

　　　v_i——车速（m/s）；

　　　h_i——车辆各时刻高度差；

　　　m——汽车质量（m）；

　　　g——重力加速度（9.8m/s²）。

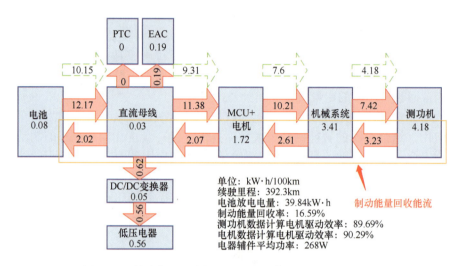

图 5-29　制动能量回收能流环节在整车能流环节中的位置

排除车辆当量惯量对该值的影响，定义工况的制动能量回收强度为：

$$C_{\text{BRS}} = \frac{\sum_{i=1, v_i > v_{i+1}}^{n-1}(v_i^2 - v_{i+1}^2)}{\sum_i^n 2v_i \text{d}t_i} \times \frac{1000}{36} \quad (5\text{-}29)$$

式中　C_{BRS}——制动能量回收强度系数 [kW·h/(100km·t)]。

将速度量纲进行调整，获得制动能量回收强度系数量纲为 kW·h/(100km·t)。常用工况的制动能量回收强度见表 5-13。当前常用的测试工况中，坡度工况应用较少。随之能耗优化技术要求越来越严格，坡度工况对能耗的影响也将考虑其中。主要需要针对如重庆一样的山区城市量身定制分析坡度工况。

表 5-13　常用工况制动能量回收强度系数

序号	工况	制动能量回收强度系数 /[kW·h/(100km·t)]
1	NEDC	3.15
2	FTP75	4.80
3	WLTC	4.19
4	CLTC-P	4.70

（2）轮边可回收制动能量

工况可回收势能首先要通过道路阻力的损耗才能流向车辆机械系统。测量行驶过受到风阻、滚阻影响，通过滑行试验获得道路阻力。通常用二次函数表达，如式（5-30）所示。

$$F_{阻} = A + Bv + Cv^2 \quad (5\text{-}30)$$

测试方法是通过车辆滑行试验获得，车辆在行驶在平直道路上，在某一速度下失去动力滑行，车辆受阻力条件下逐渐减速。所以，当驾驶员期望减速时，若车辆减速力小于道路阻力，则不会有能量回收。车辆减速力由惯性力和坡道力两部分组成，如式（5-31）所示。当回收力大于道路阻力时，才会有回收功率，如式（5-32）所示。

$$F_{regen} = ma + mg\sin(a\tan(\varphi)) \quad (5\text{-}31)$$

$$P_{regen} = (F_{regen} - F_{阻})v \quad (5\text{-}32)$$

式中　F_{regen}——回收力（N）；
　　　P_{regen}——回收功率（W）；
　　　v——车速（m/s）。

滑行制动能量回收强度设置和协调式制动能量回收在该环节上的应用对节能效果非常明显。

（3）电机端可回收能量

能量流经过机械系统后流向电机端，电机通过负转矩控制实现制动机械能转换为电能。在该环节中，能量约损耗 10%。同时，当制动能量处在低速区，超过电机可控制的极限，能量将通过油电混合制动系统协调，损耗在制动卡钳上。另外，当车辆处于紧急制动状态，或者制动力矩超过电机峰值时，能量也将通过油电混合制动系统协调，损耗在制动卡钳上。电机端制动能量回收转矩密度图如图 5-30 所示。

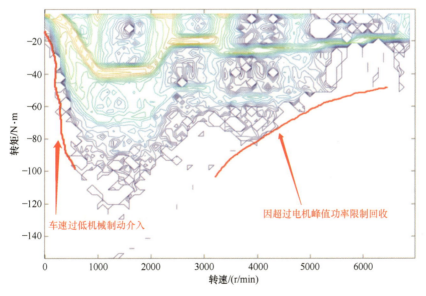

图 5-30　电机端制动能量回收转矩密度

通过制动能量回收状态下的电机转速-转矩停留点，可以逆向汽车制动能量回收策略。当制动工况停留点聚集成某种特征时，可清晰判断制动力矩分配过程。如果在底盘测功机上测试，可以与假设机械制动力不起作用的情况对比，判断被限制的力矩分布。如果在实际道路测试，则较为复杂，但依然可从图谱中辨识制动能量回收工作状态。在制动能量回收优化时，电机制动力矩分配是极为核心的工作。图 5-31 和 5-32 所示分别为叠加式与协调式制动能量回收图谱特征。

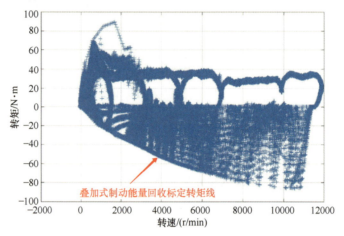

图 5-31　叠加式制动能量回收图谱特征

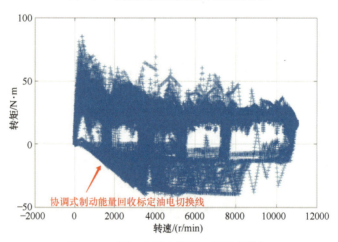

图 5-32　协调式制动能量回收图谱特征

在机械能转换为电能的过程中，电机通过负转矩控制，等同于发电机原理。通常通过调整电机结构、材料等特性调整高效区，令车辆工况点尽量落在高效区中。当前的设计方案主要沿用 NEDC 工况最终落在高效区的范围，随着车辆云数据系统架构的完善，已经有企业开始研究依据用户工况的大数据挖掘迭代升级的技术。

电机环节的回收效率通常为 90% 左右，但由于制动能量回收转矩若以轮边机械仿真阻力为参考，则其平均效率仅为 80% 左右，其中 10% 损耗在电机能量转换中，另外 10% 由于电池电压过高和车速过低，机械制动卡钳起作用而损耗的能量。图 5-33 所示为某车型 NEDC 工况试验过程中电机回收环节效率。

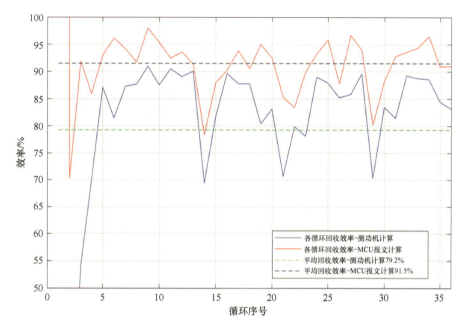

图 5-33　NEDC 工况试验过程中电机回收环节效率

（4）直流母线上车身电器损耗

发电机经过 MCU 逆变，制动能量表现为直流母线中的电能。电动汽车的高压架构通常都是直流母线上接 DC/DC 转换器，以供低压用电器使用，再接上空调与 PTC 等高压车身电器。在制动能量回收的过程中，车身电器的电能由制动能量提供。在测试研究中通常把高压电器关闭，低压用电器单独记录 DC/DC 变换器的输入/输出电压/电流。低压用电器损耗约为 150~200W，回收过程平均功率约为 5kW，车身用电器损耗占比约为 3%~4%。

（5）电池端可回收能量

电池 SOC 过高时为防止过压风险而限制制动能量回收的特性，也影响了制动能量回收效率。与电池的能量管理策略、电池的特性等密切相关。目前常用的技术水平是 SOC 在 97% 以上禁止制动能量回收，SOC 在 94%~97% 的范围内逐渐限功率回收。在全程影响中，因该因素减少的制动能量回收约为 5%。高电压不回收的特性导致叠加式制动能量回收技术的制动踏板感觉线性度变差。而选择液电混合的协调式制动能量回收策略，可以起到提升车辆操控体验的作用。从图 5-34 的电池主回路功率谱可知，第一个循环几乎没有制动能量回收，第 2~3 个循环制动能量回收功率逐渐放开。通过该能耗试验的功率谱分析，可以验证车辆的电池管理策略是否符合预期状态，从而针对制动能量回收限制措施进一步调整优化。在安全性、经济性、舒适性之间寻找最佳平衡点。

2. 制动能量回收评价指标及其分解

有文献提出采用电机回收的能量与制动过程中的总能量的比值，即制动能量回收率作为纯电动汽车制动能量回收评价指标。为了更直观地表达制动能量回收效能，引入了里程贡献率与制动能量回收占比两个指标。这里基于能流和能量分布分析，可直观表达为能量分布图，为整车设计时提升制动能量回收、降低整车能耗提供更有效的分析工具。

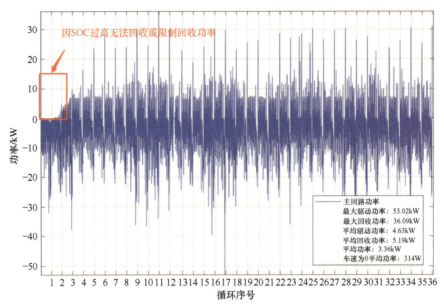

图 5-34 电池主回路功率谱

制动能量回收占比可直接通过直流母线电压/电流计算推导，在 GB/T 18386.1—2020《电动汽车能量消耗量与续驶里程试验方法》中，已允许使用车载电压/电流传感器的信号作为整车能耗与续航分析的原始数据。因此，用制动能量回收占比分析制动能量回收效能精度较高，如图 5-35 所示。另外，为排除驱动系统的影响，可以使用百公里回收能量作为制动能量回收性能的依据。为进一步排除车型的影响，可用单位质量百公里回收电能作为车辆的制动能量回收性能的评价指标。在如图 5-29 所示的能流中，制动能量回收性能为 2.02kW·h/100km。车辆当量惯量为 1228kg（即 1.228t），则其制动能量回收强度为 1.645kW·h/(100km·t)。

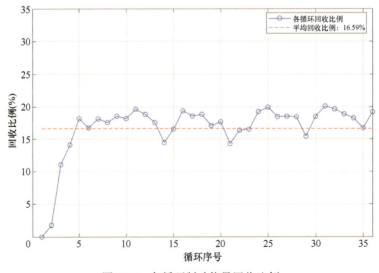

图 5-35 各循环制动能量回收比例

（1）驾驶习惯导致的动能与势能 - 轮边制动能量回收率

如图 5-29 所示，时域上的能量分析较难看出制动能量回收问题。制动能量回收主要与车速和 SOC 相关。为了观察不同车速下的制动能量回收分布，将时域上的信号通过统计方式映射到车速对应结果上，如图 5-36 所示，图中蓝色区域外边界与坐标轴围成的面积为理论可回收势能。蓝色区域为道路阻力损耗的能量。在车速较高时，该面积较大。这是由于车速较高时风阻较大导致的。出现若干峰值主要是因为 NEDC 在这几个车速下有等速工况，驾驶员非严格控制等速，控制速度波动导致可回收势能增加。蓝色区域表示势能直接转换成道路里程。

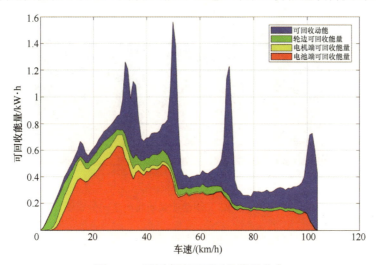

图 5-36　不同车速下可回收能量分布

在实际分析中，首先应当减少蓝色外边界，这是驾驶工况决定的。其次要增加蓝色区域的面积，实际可回收能量虽然少了，但能量直接流向道路损耗转换成里程，有利于实际的能耗水平降低。绿色区域除以蓝色区域为制动能量回收势能通过率。

（2）制动硬件导致的轮边制动能量 - 电机端可回收能量通过率

在图 5-36 中，绿色区域为制动硬件起作用导致回收能量损耗。在高速段卡钳机械制动起作用较少，绿色面积小。因为高速段制动能量回收起作用时，通常因制动功率不够大，机械卡钳才会介入。中低速段可回收能量较大，因为协调式制动能量回收在低速段电能回收逐渐退出，机械制动逐渐替代回收转矩。黄色区域除以绿色区域为机械能量通过率。

（3）电机效率 MAP 导致的制动能量损耗

在图 5-36 中，黄色区域的面积为机械能通过发电机转换为电能的损耗，包括电机铜损和铁损、电机控制器开关损耗等。红色区域除以黄色区域为发电机回收效率。图中可知，电机损耗主要集中在车速为 10~50km/h 的区间段。首先是该区域的可回收能量较多，其次是该区域电机效率较差。

不考虑低压用电器的损耗，则红色部分面积为回收到电池包中的能量。红色区域面积除以绿色区域面积，即为制动能量回收率。在当前技术条件下，叠加式制动能量回收率一般为 70%，协调式制动能量回收率可高达 80%。

（4）电池电压过高导致的制动能量损耗

从图 5-36 比较难分辨出电池损耗影响因素。因为制动能量回收与电池 SOC 相关。从

图 5-34 中可以看出限功率回收的现象,但较难以通过量化数据进行对比。按照图 5-36 的原理,将可回收能量映射到不同 SOC 分布中,如图 5-37 所示。可以直观发现,SOC 高于 95% 时,制动能量回收率极少。全程绿色区域和蓝色区域面积没有明显变化,而黄色区域和红色区域在在 SOC 较高时明显偏小。通过调整电池回收功率限制,可以改变该区域面积进而提升制动能量回收率,降低整车能耗。

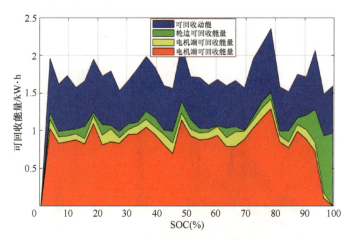

图 5-37 不同 SOC 下制动能量回收电量的分布图

3. NEDC 工况下制动能量回收策略验证试验示例

以合众新能源汽车有限公司 EP12 项目车型为例,在底盘测功机实验室中进行 NEDC 工况试验,试验条件设置如下:

1)环境温度:25℃。
2)空调与 PTC 系统:关闭。
3)最高车速:102km/h。
4)车辆基准质量:1228kg。
5)道路阻力系数:阻力系数 A=86.56N。
6)阻力系数 B=0.9455N/(km/h)。
7)阻力系数 C=0.0291N/(km/h)^2。

测试过程中需要的设备见表 5-14。

表 5-14 试验设备清单

序号	设备名称	型号规格
1	高低温环境舱	HQC484
2	底盘测功机	CDS150-2D-Ⅱ
3	胎压计	SATA 62701
4	电参数测量仪	8775B1
5	交流充电桩	TCDZ-C0.22-7

获得 36 个循环能流以及若干结论后,统计各循环从测功机流向车辆机械系统,再流向电机、接着流向直流母线,最后流向动力蓄电池的全流程。各循环的制动能量回收能流分析见表 5-15。

表 5-15　各循环制动能量回收能流分析

循环号	测功机→机械系统 /W·h	机械系统→电机 /W·h	电机→直流母线 /W·h	直流母线→电池 /W·h	回收比例（%）	里程 /km
1	338	271	24	0	0%	11
2	345	281	30	25	1.8%	11
3	369	292	158	149	11.1%	11
4	344	282	197	198	14.1%	11
5	333	278	242	236	18.2%	11
6	334	278	226	217	16.7%	11
7	340	278	242	234	18.1%	11
8	333	273	239	233	17.6%	11
9	356	283	257	240	18.5%	11
10	345	279	244	235	18.2%	11
11	360	293	265	257	19.6%	11
…	…	…	…	…	…	…
35	342	277	234	229	16.7%	11
36	316	248	206	201	19.2%	10

进一步对各循环、各车速、各 SOC 下制动能量回收分析，最终获得制动能量回收相关结论见表 5-16。

表 5-16　部分重要试验结果

序号	参　　数	值
1	续驶里程 /km	392.337
2	电池输出端百公里能耗 /(kW/100km)	10.1558
3	制动能量回收率（%）	16.6%
4	最大回收电流 /A	96.2361
5	平均回收电流 /A	14.5083
6	最大回收功率 /kW	36.0879
7	平均回收功率 /kW	5.1907
8	工况制动能量回收强度 /[kW·h/(100km·t)]	3.150
9	轮边制动能量回收强度 /[kW·h/(100km·t)]	2.647
10	电机端制动能量回收强度 /[kW·h/(100km·t)]	2.125
11	电池端制动能量回收强度 /[kW·h/(100km·t)]	1.645

4. 制动能量回收策略优化若干技术探讨

由以上分析可知，制动能量回收技术的可提升空间相对较少，相比当前较先进的协调式制动能量回收技术，距离理论最高值已不足 20% 的提升空间。由于制动能量回收技术与其他技术相关，全局调整制动策略，将有利于进一步提高制动能量回收效能，降低车辆能耗。

（1）加速踏板与制动踏板对应转矩映射优化

在行驶过程中若有重力势能与动能需要转换为电能，如果从节能的角度分析，最优的方案是尽量少启动制动能量回收，而通过无驱动、无回收的滑行状态，令势能转换为行驶里程，比能量重新回到电池要节能。简言之，用户若想开车更节能，应当尽量少踩制动踏板，若要减速，尽量使用滑行方式减速。但实际行驶过程中一定是有制动需求的，应当优化加速踏板与制动踏板对应的驱动/制动力矩，精确判断驾驶员意图。在节能、安全与舒适之间寻找平衡点。因此，在配置协调式制动能量回收功能的车辆上，将松加速、制动踏板状态下的制动能量回收策略调整为零转矩模式，有利于车辆节能。

（2）电机与P档减速器单配制动/取消或弱化机械制动卡钳作用

以NEDC工况为例，理论上制动能量回收上限值与当前的技术达到的状态相比，已没有太多空间。而减少车辆道路阻力对节能有积极作用，对于制动能量回收，则意味着有更少的道路阻力损耗，更多的能量可回收。而机械卡钳的拖滞力对道路阻力影响极大，拖滞力矩通常在 2.0~3.5N·m/轮，能量耗损 0.6~1kW·h/100km。如果完全取消机械制动系统，采用电机反拖力矩提供制动力，对节能将起到巨大贡献。驻车时，采用带有P档减速器提供驻车力矩。该措施将对提高制动能量回收率、降低能耗具有积极意义。但没有机械制动系统，则意味着制动安全风险增加，需要将电机制动性能提高到更高水平。因此，最终需要在安全和技术成本等多维度协调寻找平衡点。

（3）发电机效率优化

如前所述，提高制动能量回收过程中发电机的性能，需要提高其对应的效率MAP，调整效率MAP高效区令其更符合用户制动能量回收工况点的分布。这与驱动效率的优化方法类似，可通过调整电机结构、减速器速比等方案优化。采用双电机技术，可以有效提高制动效率MAP高效区面积占比。

（4）低压锂电技术

直流母线上的低压电器在制动能量回收的时候会消耗其3%~4%的能量。而将低压电器的铅酸电池替换为锂离子储能电池时，可令DC/DC处于常闭状态。车辆在行驶过程中，车身低压用电器能量可完全由低压锂电池提供，在充电时再启动DC/DC为低压锂电池充电。该方案需要增加整车配电量，但在评价电池制动能量回收指标以及计算制动能量回收里程贡献率时是有积极意义的。

（5）充电上限手动设置技术

车辆在SOC较高时限制制动能量回收，但如果用户可以手动设置充电上限，一是可以保护电池的安全，降低过充风险；二是可以延长电池的使用寿命；三是可以提高制动能量回收率，降低能耗。但该措施需要牺牲一定的续驶里程，如图5-38所示。在用户充电方便的条件下，应当提倡用户使用锂电池浅充浅放。

综上所述，通过能流图、速度分布下的能耗图和SOC分布下的能耗图对制动能量回收特性进行表达，通过各环节制动能量回收强度的概念，便于不同车辆横向对比。首次提出制动能量回收势能到可回收机械能的转换环节，便于开发车辆滑行状态的制动回收转矩。接下来需要进一步具体分析各环节制动能量回收的优化方案。

5.6.2 制动能量回收的影响因素

汽车在行驶过程中，在不同的行驶工况下，约有35%~80%的能量损失在制动过程中。为了降低汽车行驶能量消耗量，将汽车的制动过程能量回收从新利用，能带来明显的经济效益。具有能量回收功能的悬架系统可以将汽车在颠簸路上的振动能量回收利用，但相比汽车行驶动能回收，其经济效益更小，且成本高。在纯电动汽车渗透率不断提高的情况下，分析研究制动能量回收的原理及影响因素，对进一步提高制动能量回收利用率具有重大意义。

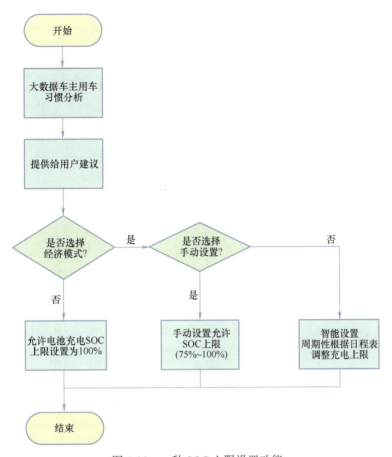

图 5-38　一种 SOC 上限设置功能

汽车制动能量回收的方式有很多，根据回收储能装置的不同，可以分为超级电容、锂离子动力蓄电池、飞轮和机械发条等形式。而当前技术成熟且能大规模应用的混合动力汽车和纯电动汽车，储能单元大多是锂离子动力蓄电池。根据制动力分配形式不同，可分为叠加式（部分文献称为并联式）与协调式（部分文献称为串联式）能量回收系统。协调式比叠加式在硬件上增加一个制动踏板开度传感器，在软件上增加了一套制动分配力控制策略，成本更高，但是能有效提高汽车制动能量的回收利用率。在未来的可能量回收制动系统中，协调式能量回收将成为主要方向。

本节研究以锂离子动力蓄电池为储能系统且采用协调式制动策略的纯电动汽车，首先分析该类汽车的能量流，再分析制动策略的力矩分配及其受限因素，最后确定各因素与能量回收利用率的定量关系及经验公式。

1. 汽车制动过程能量流分析

汽车制动过程与汽车驱动过程涉及的能源部件相同，都要流经从轮边到储能原件中。区别是制动能量回收相比驱动过程更为复杂，涉及制动力矩分配问题，这类似于混合动力汽车驱动力矩的分配。从制动工况上看，纯电动汽车可看成是电能回收和机械制动器的混合动力汽车。制动过程的能流方向及其所涉及汽车部件的示意如图 5-39 所示。

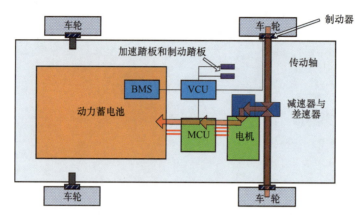

图 5-39 电动汽车制动能量回收能流示意

由图 5-39 可知，汽车制动能量需要从车轮依次经过机械制动器、传动轴、差速器、减速器、电机、电机控制器和动力蓄电池环节。其中，参与控制能量回收的单元是 BMS、VCU、加速踏板和制动踏板。部分控制策略中，松开加速踏板和制动踏板，汽车就可以处于能量回收状态。研究各环节的参数与制动能量回收率的关系是接下来的工作。

2. 制动力矩分配策略

制动能量回收系统的优劣程度可以通过能量回收率来量化，而能量回收率与各环节的损耗有关，这就需要分析各能流通道中的各环节的损耗。理想的能量回收系统是机械制动器完全不动作，能量 100% 通过该环节，且尽量减少在减速器、电机、电机控制器等环节的能量损失。但是，机械制动系统不能取消，主要有三个原因：

1）当储能系统处于满电或接近满电状态时，不允许再存储更多的能量，此时需要轮边机械制动器动作。量化此影响因素，需要已知电池的温度-SOC-允许回充电流 MAP。

2）当制动力矩需求超过电机最大回馈力矩时，为了安全，机械制动器需要提供部分制动力矩。量化此影响因素，需要已知电机制动能量回收模式的最大力矩外特性曲线。

3）当车辆车速较低时，不能与车辆蠕行策略冲突，此时需要机械制动器介入，且能量回收模式退出。量化此因素的影响，需要已知车辆的截止能量回收的最低车速，该车速必须大于车辆蠕行工况的最大车速。或者需要取消蠕行策略，最低车速可以逼近 0，而在车辆止动时由机械制动器介入。

由制动过程影响因素分析可知，整车控制器需要接收并解析加速踏板和制动踏板的信号，获得驾驶员意图控制力矩，再根据控制力矩及各因素影响情况，分配制动力。因为有协调制动力分配过程，因此被称为协调式制动能量回收系统。其控制流程如图 5-40 所示。

如果希望更多的轮边能量回到电池包，则在解析驾驶员制动意图时，需要更多的制动力矩作用在电机回馈转矩上，尽量少地采用机械制动器。如前所述，必须由机械制动器提供制动力的情况有三种，与电池允许回收电流特性、电机外特性、最低允许能量车速相关。

以某款纯电动汽车为例，其锂离子动力蓄电池的允许能量回收强度与电池 SOC 和电池温度的关系特性如图 5-41 所示，电机允许最大能量回收转矩与电机转速外特性如图 5-42 所示，最低允许能量回收车速为 7km/h。依据此数据可做仿真分析，量化各因素的影响。

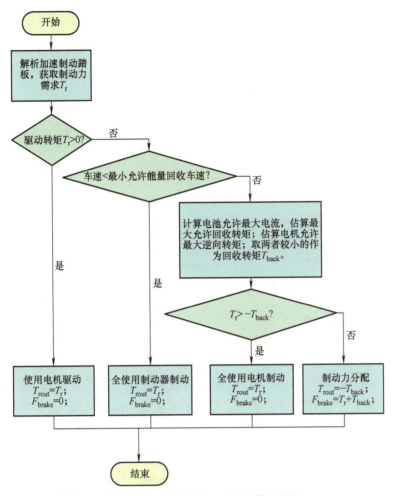

图 5-40 协调式制动力矩分配策略流程

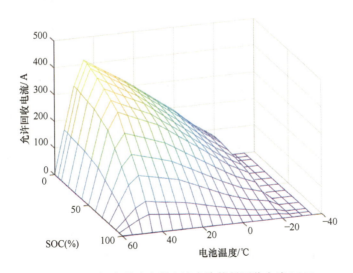

图 5-41 锂离子动力蓄电池允许能量回收电流 MAP

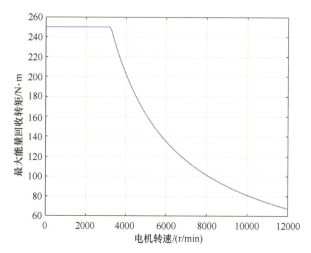

图 5-42 电机允许最大能量回收转矩与电机转速外特性

3. 仿真分析及经验公式

由图 5-39 可知，参与能量回收的系统包括整车道路载荷、车轮、机械制动器、传动轴、差速器及减速器、电机和电池。各环节的通过效率以机械制动器最为复杂，需要采用如图 5-40 所示的控制流程，其余环节在仿真精度不高的情况下可等效为固定的效率。因此，本仿真模型重点研究机械制动器环节的效率，采用 Simulink 建模，如图 5-43 所示。

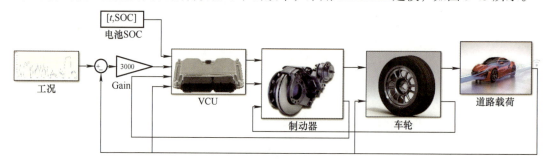

图 5-43 机械制动系统 Simulink 建模

依据图 5-43 的仿真模型，将某典型车辆的数据导入模型中，仿真分析各因素的对机械制动器能量损耗的影响情况。并根据仿真模型修改影响因素数据，量化分析各因素的影响程度，将结果拟合成经验公式，用于动力性经济性前期开发的仿真分析中。

进行制动系统仿真，已知该汽车的参数如下：整备质量 1560kg，附加质量 100kg，滚阻系数 0.01N/kN，风阻系数 0.32，迎风面积 $2.5m^2$，轮胎型号 185/60R18，车轮转动惯量 $0.6kg \cdot m^2$，传动轴传递效率 98%，传动轴转动惯量 $0.01kg \cdot m^2$，减速器效率 97%，减速器输入轴转动惯量 $0.005kg \cdot m^2$，电机能量回收峰值转矩 $250N \cdot m$，电机能量回收峰值功率 85kW，电机最高转速 12000r/min，电机等效效率 90%，电机外特性及电池特性如图 5-41 和图 5-42 所述。选择 30 个循环的 NEDC 工况，动力蓄电池平均电压为 350V。制动环节的仿真结果如图 5-44 所示。

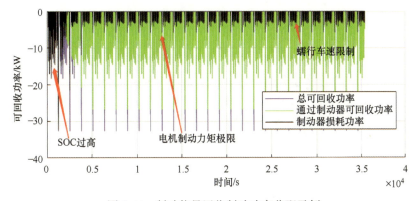

图 5-44 制动能量回收制动功率分配示例

在该仿真模型中，通过制动器可回收功率占比为 91.47%。其中，机械损耗在前两个循环中作用更大，部分因为电机制动功率限制，另一部分因为最低车速限制。

工况对制动效率的影响很大，匀速工况没有能量回收效率的概念，NEDC 工况是目前被广泛研究的工况，因此以 NEDC 工况为研究对象，并预估车辆续驶里程为 324km（或 30 个 NEDC 工况循环）。

在协调式制动能量回收系统中，对于 NEDC 工况，电机制动力可以满足最大减速度要求，因此该项视为对机械制动器无影响。在有些策略中，以车辆减速度大小为机械制动器动作的控制参数，亦可满足 NEDC 工况最大减速度需求。但如果是叠加式制动能量回收系统，则要额外单独分析。

仿真所得允许能量回收 SOC 上限 - 允许能量回收车速下限 - 机械制动器通过效率 MAP 如图 5-45 所示。

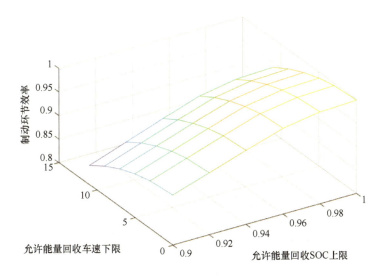

图 5-45 机械制动器通过效率 MAP

由图 5-45 可知，该分布近似于第一象限内的抛物面。构造抛物面经验公式，并采用最小二乘法获得系数，得出经验公式

$$\eta = -6.755+15.31\text{SOC}_{\max} -0.005383v_{\min} -7.552\text{SOC}_{\max}^2 +0.005847\text{SOC}_{\max}v_{\min} -0.0005269v_{\min}^2$$

（5-33）

式中　$\text{SOC}_{\max}$——允许能量回收 SOC 上限，取值范围为 90% ~ 100%；

　　　$v_{\min}$——允许能量回收车速下限，取值范围为 0 ~ 11km/h。

综上所述，当前优秀的协调式制动能量回收策略的机械系统的等效效率已经达到 95%，一般也能达到 90% 以上，但依然有一定优化空间。经能流分析可知，将 90% 优化到 95%，则整车能耗降低约 2.5%。改善电池回收特性、改善低车速能量回收控制策略，将对进一步降低能耗起到积极作用。

5.6.3　基于大数据的制动策略

制动能量回收技术如今主要采用以电机效率为主要依据的最优能量回收效率策略以及叠加式或协调式制动策略的能量回收技术，围绕着能量回收技术也产生了很多能量回收的测试方法。本节研究纯电动汽车的制动策略，引入了驾驶员驾驶习惯因素，结合智能网联大数据系统所提出的制动策略，不仅考虑安全和节能指标，还引入了提高驾驶舒适性指标。

1. 汽车制动技术的发展

传统燃油车上的制动系统通常是机械制动，在下长坡或非紧急制动时，可通过变速器降档令发动机参与制动作用。根据制动器不同，可分为鼓式和盘式制动器。为了进一步提高制动性能，电控系统引入了防抱死制动系统。但传动的制动方式都是将车辆的动能转换为制动片的热能，为了减少制动片因过热而失效，引入了发动机辅助制动。尤其是下长坡时，不建议驾驶员挂空档踩制动，而是通过降档令发动机提供一定的制动力。

混合动力汽车或纯电动汽车上有了蓄电池或超级电容等储能单元，为了降低汽车的能量消耗量，出现了能够回收能量的制动技术。但最初的制动方式是在制动过程中，电机和机械制动盘同时参与制动过程，该方法相当于在制动轴上增加了一个发电机，两者不能联动，因此称为叠加式制动方式。为进一步提高能量回收的效率，就要减少能量在机械制动器上的能量损耗，通过制动踏板的解析，提出了发电回收优先，机械制动力补足的方式进行能量回收，此时可以联动控制电机和制动器的制动工作，因此被称为协调式制动方式。

目前，协调式制动方式是相对较优的制动方式。随着大数据技术的发展，挖掘驾驶员的驾驶习惯数据，为驾驶员提供可自定义或量身定制的最优制动方案，可以进一步发挥协调式制动方式的节能性能。

2. 基于大数据的制动工况采集

GB/T 32960.1—2016《电动汽车远程服务与管理系统技术规范　第 1 部分：总则》中规定了电动车辆需要上传到云端的数据。因此，汽车的大数据资源已经存在，如何将其利用，是当前需要研究的重要课题。提取汽车的车速数据，对驾驶员的制动习惯进行分析，从而定制化设定制动策略，对提高驾驶舒适性、安全性和节能环保性均有积极的意义。

（1）制动工况 t-v 谱

驾驶员通过加速踏板和制动踏板控制车速。以某电动汽车在浙江省桐乡市二环路行驶数据为例，获得如图 5-46 所示的 t-v 工况图。将制动的工况单独提取，获得如红色点所示的制动工况。

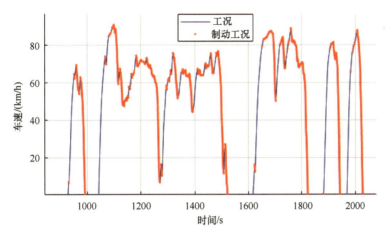

图 5-46 某电动车的 t-v 工况图

（2）制动工况 v-a 谱

将 t-v 曲线进行滤波后，速度对时间做微分，得到近似加速度。将制动的工况绘制成 v-a 轨迹图，则获得如图 5-47 所示的轨迹。可以发现，在不同车速下的汽车制动减速度呈一定的规律分布。计算各车速的平均减速度，则得到如图 5-47 中红线所示结果。

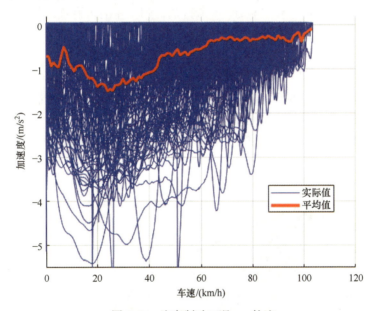

图 5-47 汽车制动工况 v-a 轨迹

3. 制动规律的提取与拟合

车速与减速度的关系与驾驶员的习惯以及当地的路况相关。但统计出来的平均减速度是不平滑的曲线，或者需要非常大量的统计数据作为结果，与路况的时效性构成一对矛盾。因此，这里采用高次曲线拟合法将制动分布做平滑处理。

如图 5-48 所示，将曲线拟合成 4 次曲线：

$$a = 1.243 \times 10^{-7} v^4 - 3.394 \times 10^{-5} v^3 + 3.073 \times 10 - 3v^2 + 0.09015v - 0.4579 \quad (5\text{-}34)$$

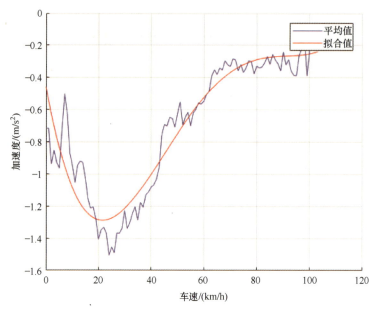

图 5-48 拟合平均制动曲线

将式（5-34）视为 $a=f(v)$，构建 t-v 滑行线，则汽车的滑行线方程满足

$$v(t)=\int_0^t \rho f(v)\mathrm{d}t, v(0)=v_{\max} \tag{5-35}$$

式中 ρ——比例系数。$\rho=1$ 时滑行线代表着平均制动强度下的曲线，$\rho=2$ 时滑行线代表着制动力是平均制动强度的 2 倍，$\rho=0.5$ 时滑行线代表着制动力是平均制动强度的 0.5 倍。ρ 越大说明制动强度越大。

解该积分方程，即可获得汽车滑行线。将滑行线与各制动工况相结合，绘制如图 5-49 所示结果。

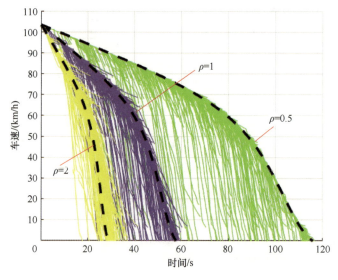

图 5-49 制动工况与滑行线

当汽车使用叠加式制动能量回收时，比例系数 ρ 越大越节能，代表着驾驶员松加速踏板后踩下制动踏板前，能有更多的汽车动能回收到储能装置中。但是 ρ 越大，驾驶舒适性会越差，车辆有急减速的感觉，并且太大也不利于安全。

当汽车使用协调式制动能量回收时，比例系数 ρ 越小越节能，代表着驾驶员松加速踏板后踩下制动踏板前，能有更多的能量直接转换为行驶里程，即便踩下制动踏板，若不是急减速，机械制动盘也不会介入，这样可将尽可能多地将汽车动能转换为储能装置中的化学能。但 ρ 太小会导致汽车相对于传统燃油车而言，失去了发动机制动的感觉，趋近于开燃油车直接挂空档滑行，这也不利于安全。

因此，比例系数 ρ 应当调整适中，在节能、安全和舒适之间找平衡点。该参数可开放给驾驶员，默认设定一个值为 0.5，驾驶员可根据舒适性与安全性做自定义调整。

4. 该方法在 NEDC 工况中的应用

GB/T 18386—2017 中规定了工况法测试车辆的续驶里程与能量消耗量的方法。引用欧洲的 NEDC 工况，将制动工况单独提取并按照图 5-47 所示的方法求算出各车速下的平均减速度，结果如图 5-50 所示。

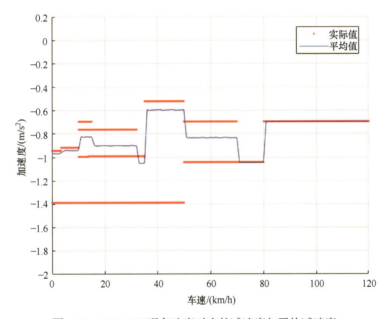

图 5-50　NEDC 工况各速度对应的减速度与平均减速度

该工况规定的制动部分是重复固定的，因此其规律性很强，不需要做如图 5-48 所示的平滑处理。图 5-50 中的平均减速度用 $\rho = 1$ 的制动强度，解出如图 5-51 所示的制动曲线。与 NEDC 工况的制动曲线相比可知，该制动曲线贴近大部分的制动工况。

为了在 NEDC 工况下更节能地行驶，制动策略应设置成尽可能地不踩制动踏板的情况下，仅依靠电机的制动力矩就能实现跟线能力。为此需要设置汽车电机的制动力矩，电机的制动力矩与减速度之间的关系为：

$$ma = F_{驱} - F_{阻} \tag{5-36}$$

式中 m——汽车整备质量与驾驶员体重、车辆配重、汽车旋转部件等效质量的和；
a——减速度。

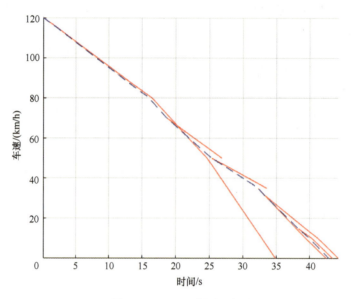

图 5-51 NEDC 制动滑行线

轮边驱动力 $F_{驱}$ 和阻力 $F_{阻}$ 如式（5-37）和式（5-38）所示。

$$F_{驱} = \frac{Ti_{GB}}{R} \qquad (5-37)$$

式中 T——待解的电机制动力矩；
i_{GB}——减速器传动比；
R——车轮有效半径。

$$F_{阻} = A + Bv + Cv^2 \qquad (5-38)$$

式中 A、B、C——道路滑行阻力系数。

将式（5-37）和式（5-38）代入式（5-36）可解得制动策略。以某车型为例，m = 1270kg，A = 123.49N，B = 0.338N/（km/h），C = 0.0349 N/（km/h）^{2}。减速器传动比 i_{GB} = 7.7，车轮有效半径 R = 0.283m，代入计算得如图 5-52 所示的电机制动转矩策略图。

该车型实际测试时，使用普通叠加式制动策略续驶里程为 337km；使用所示方法制动策略时，续驶里程为 348km。续驶里程提升了 3.26%。

综上所述，汽车制动能量回收技术的改进，对提高车辆的安全性、舒适性和节能性均有重要的意义。结合大数据分析做出的制动策略，提供给驾驶员自定义的能量回收参数设置接口，有利于驾驶员在安全性、舒适性和节能性中寻找平衡点。该技术作为电动汽车能量回收技术的辅助技术，具有较高的应用价值。

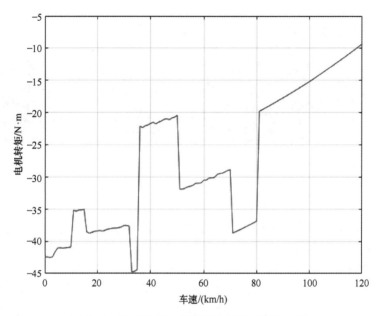

图 5-52 NEDC 工况某车辆电机制动转矩策略

第 6 章 动力蓄电池性能测评

本章从电池系统的建模、仿真、测试和大数据应用方面,对行业内关注度较高的梯次利用、能量密度、快充基础设施和数字化等问题展开研究。主要讲述与经济性相关的电池评测技术,后续将补充动力性经济性的匹配也有很多需要研究成果。

锂离子动力蓄电池建模主要研究电池的电气化模型的建立,模型从简单到复杂,至今已发展到第 4 代电池模型,最终以改进的 GNL 模型作为研究对象。电池模型的工作模式在锂离子动力蓄电池建模的基础上进行模式设计,具体研究电池的恒负载阻抗、恒压、恒流和恒功率四种工作模式。工作模式的概念在仿真领域首次被明确提出,有较高创新性。

动力蓄电池电压电流采集方法论述了车载传感器精度、采样频率与整车能量消耗量分析的关系。提出了采用云平台监控数据来分析整车经济性,在可控的条件下,可以不外接功率分析仪,节约测试成本。

动力蓄电池在线参数辨识是基于测试数据与模型的综合应用,主要是对电池的直流内阻与开路电压进行仿真辨识,较为精确地估算电池的百公里能量消耗量,为热管理分析提供参考。所提出的技术已经被加入到企业内部能量消耗量与续驶里程试验数据自动处理的软件中,在实车上对动力蓄电池整体内阻进行动态辨识,可能会对电池老化程度及起火安全风险预警有帮助。

电池回收利用余能检测结合电池的仿真与试验,为相关标准的制定提供参考。对电池技术的发展,尤其是能量密度参数的发展趋势做了概述。

电池能量密度价值评估主要引用了竞品能量消耗量分布规律的分析方法,提出了电池能量密度边界价值的估算方法,为选型与成本控制提供参考。若将低压锂离子电池的能量密度提升,其边界价值估算约为 400 元 / 车。

使用大数据技术研究用户充电习惯及电池使用规律,针对不同的用户,提出快慢充电习惯和充电分布规律等内容,可引导用户更合理地使用电池资源,作为主要的设计依据,针对不同用户定制化设计其动力蓄电池的容量和充放电倍率等。目前相关研究还停留在分析阶段,设计开发和用户应用的功能落地,还需要开展较多规范化工作。

对低压锂离子蓄电池替代铅酸电池的方案进行详细设计及优缺点分析。理论上可行,且成本上有优势,具有较大的经济效益潜力。下一步工作将继续优化能源管理策略以及低压电池硬件设计,并将该方案在实车上验证。

势能的虚拟储能模型对整车的能量流进行进一步完善,实现更合理的车辆能源管理策略，可应用于整车动力性经济性建模、优化车辆能耗估算算法、优化剩余续驶里程估算算法和改善制动能量回收策略。应用能耗估算算法可以解决在高海拔下行驶工况能耗预估的实际问题，对用户抱怨能耗较高的问题进行远程诊断，为用户提供合理的出行规划。

6.1 电池容量设计概述

动力蓄电池是电动汽车的核心技术之一，不仅影响到整车性能，还关系到续驶里程，而且价格昂贵，在整车成本中占重大比例，所以电池的选型工作十分重要。本节概略介绍电池容量的初步设计，具体的电池性能测评和节能技术在其余节中展开论述。

车企在开发新车型的时候，首先要根据市场分析和产品定位来确定该车型的续驶里程要求、整车质量范围及百公里能耗水平。设计动力蓄电池系统时除了要考虑上述条件以外，还要结合整车动力性（加速时间、最高车速、爬坡度等）需求、使用工况（已经由NEDC工况切换到CLTC工况）、国家标准（GB/T 31466—2015《额定电压及电压应用范围》、GB/T 28382—2012《电池系统质量限制》）、可用SOC范围（通常纯电动汽车的动力蓄电池系统SOC可用窗口为5%~95%）和温度应用范围等的数据引入。整车动力性决定了功率和工作电流：在急加速情况下，动力蓄电池系统需要提供短时脉冲放电功率，对应工作电流为峰值放电电流。在紧急制动情况下，需要提供短时能量回收功率，对应回馈电流为峰值充电电流；在平路持续加速或长坡道时，需要提供持续稳定的放电功率，对应的电流为持续放电工作电流。动力蓄电池系统容量主要基于总能量和额定电压来进行计算，即电池系统容量＝总能量/电池系统额定电压；电池系统可用容量＝系统容量×可用SOC(%)。

举例，某综合工况条件下达到500km续驶里程的纯电动乘用车，百公里耗电量约15kW·h，整车重量约1500kg，动力蓄电池重量要求小于整车重量的1/3，初步设计为450kg。则动力蓄电池系统总能量＝5×15kW·h，约为75kW·h；可用能量＝75kW·h×90%，约为67.5kW·h。整车选用的电动机和电动机控制器额定工作电压约为400V，则电池系统总容量＝总能量/电池系统额定电压＝75000W·h/400V＝187.5A。电池系统质量能量密度＝总能量/总重量＝75000W·h/450kg，约为166W·h/kg。应选用具有高能量密度的三元体系锂离子动力蓄电池。

6.2 锂离子动力蓄电池模型

锂电池以其能量密度高、自放电率低和污染小等特点，迅速在手机和电动工具等领域得到了大规模应用。1991年日本索尼（SONY）公司首先实现了锂离子电池的商业化，其正极材料为LCO，负极材料为石墨。1996年Goodenough与Padhi等开发出了橄榄石结构的磷酸铁锂正极材料，1998年Zaghib展示了以钛酸锂为负极材料的锂离子电池，1999年Liu Zhaolin合成了三元锂正极材料。2013年上海复旦大学吴宇平教授课题组发明的新型水溶液可充锂电池的能量密度比普遍采用的有机电解质的锂离子动力蓄电池要高出了80%。2016年山东奥冠与华高墨烯就共建"石墨烯电池工程技术中心"，石墨烯作为负极能支持更高倍率充电以及更长寿命。

随着各种正负极材料的不断开发、改进和商业化，锂离子电池的性能不断提高。然而，作为纯电动汽车的锂离子动力蓄电池，现有电池模型已不能满足设计开发应用的需求，建立高精度的电池模型对于电动汽车动力蓄电池的应用研究有重大意义。电池模型经历多代发展,形成了庞大的电池模型体系。本节将电池模型的发展做了概述和归类,并在此基础上基于 Simulink 建模构建一种实用的电池模型,进行功率拉载仿真测试。实测表明,该模型更可靠精确,且相对于 S 函数建模法更具有健壮的可成长性,为后续改进模型打下基础。

1. 电池模型的发展概述

电池模型主要有电化学模型和电气模型两大类。其中电化学模型是指建立电池的化学反应机理,主要用于优化电池的设计结构,计算电池的温度等参数。但是这类模型的结构复杂,模型参数受到电池材料、形状、电解液成分等影响,很难准确计算,不适合用于控制设计。电气模型是指利用电气元件组成的电路,包括电压源、电流源、电容、电感和电阻等来模拟电池的动态工作特性,电气模型又叫做等效电路模型。因为使用电气元器件,此类模型很适合结合电路进行仿真计算,计算结果也比较容易通过数学方程表示出来,方便分析和应用。

电池电气模型经历了 4 代发展,随着电池模型越来越复杂,在纯电动汽车动力蓄电池领域需要的高精度电池模型越来越实用。因为模型越复杂,其计算量越大,复杂的电池模型通常仅应用于动力蓄电池领域,第 1 代与第 2 代的电池模型则常应用于电路分析中。各代电池电气模型及其特点见表 6-1。

表 6-1　各代电池电气模型特点

代别	模型名称	电气模型	特点描述
第 1 代	恒压源模型	 DC3	输出恒定电压
	恒流源模型	 Current Source1	输出恒定电流
第 2 代	戴维南模型	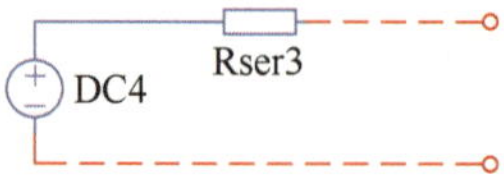 DC4, Rser3	输出电压因电池内阻分压而有调整
	诺顿模型	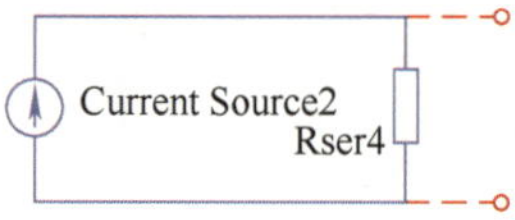 Current Source2, Rser4	输出电流因等效内阻分流而有调整
第 3 代	一阶 RC 模型	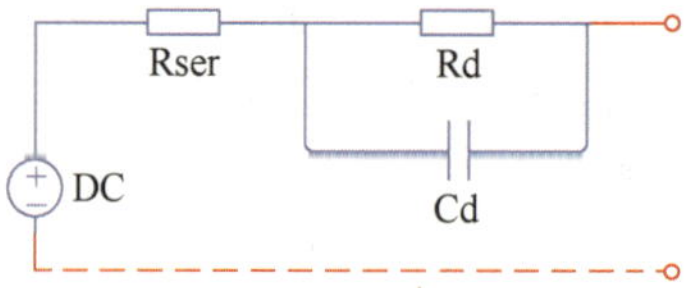 DC, Rser, Rd, Cd	具备电池动态响应特性
	二阶 RC 模型	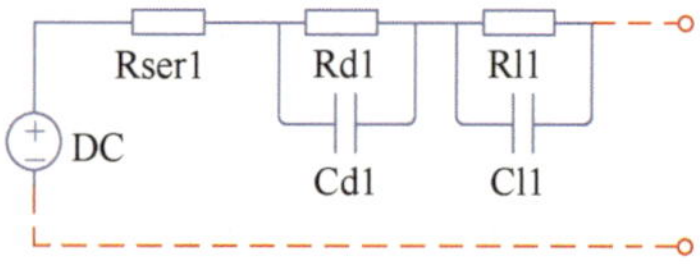 DC, Rser1, Rd1, Cd1, Rl1, Cl1	电池动态响应特性优于一阶模型,但计算量偏大

（续）

代别	模型名称	电气模型	特点描述
第4代	PNGV 模型		可以模拟电池输出电压随着放电增加而电压衰减的特点
	GNL 模型		模拟电池具有自放电率的特点
	改进 GNL 模型		将自放电率从电阻形式修改成恒流源形式

对 GNL 模型进行 Simulink 建模，为了后续模型参数修改便捷性，这里使用控制系统框图对电池 GNL 模型进行建模。该模型属于第 4 代电池电气模型，具备自放电率特点，可精确仿真电池动态响应。

2. GNL 模型的 Simulink 建模

GNL 模型是对 PNGV 模型的改进与推广。U_0 是电源的开路电压，两个并联的 RC 网络用来描述充放电累积引起的电池端电压的变化，Rser 表示电池的欧姆内阻，Rsd 表示电池的自放电电阻。该模型可以模拟电池的欧姆极化、电化学极化、浓差极化和电池自放电现象。使用状态方程可以描述该模型，但对于电池电压、欧姆电阻、自放电电阻可根据当前电压、电流、温度状态而变化的情况，使用状态方程描述不便于观察与控制。因此，基于基尔霍夫定律与各电路元器件方程，构建了模块化的 GNL 电池模型，如图 6-1 所示。

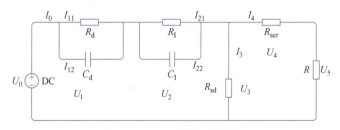

图 6-1 GNL 模型电器结构

（1）基尔霍夫第一定律

根据基尔霍夫第一定律，从图 6-1 可获得如下方程：

$$I_0 = I_{11} + I_{12} \quad (6\text{-}1)$$

$$I_0 = I_{21} + I_{22} \quad (6\text{-}2)$$

$$I_0 = I_3 + I_4 \quad (6\text{-}3)$$

（2）基尔霍夫第二定律
根据基尔霍夫第二定律，从图 6-1 可获得如下方程：

$$U_0 = U_1 + U_2 + U_3 \tag{6-4}$$

$$U_3 = U_4 + U_5 \tag{6-5}$$

（3）各电路元器件方程
图 6-1 所示电路中，总共有 2 个电容器，5 个电阻。根据每个元器件的电路特性，可得如下方程：

电化学极化电容　　　　　　　$U_1 = \dfrac{1}{C_d} \int I_{12} \mathrm{d}t$ 　　　　　　　　　（6-6）

电化学极化电阻　　　　　　　$U_1 = R_d I_{11}$ 　　　　　　　　　　　　　（6-7）

浓差极化电容　　　　　　　　$U_2 = \dfrac{1}{C_l} \int I_{22} \mathrm{d}t$ 　　　　　　　　　（6-8）

浓差极化电阻　　　　　　　　$U_2 = R_l I_{21}$ 　　　　　　　　　　　　　（6-9）

电池欧姆电阻　　　　　　　　$U_3 = R_{ser} I_4$ 　　　　　　　　　　　　（6-10）

电池漏电电阻　　　　　　　　$U_4 = R_{sd} I_3$ 　　　　　　　　　　　　（6-11）

模拟负载　　　　　　　　　　$U_5 = R I_4$ 　　　　　　　　　　　　　　（6-12）

3. Simulink 建模

根据式（6-1）~ 式（6-12），调整输入输出及位置，在 Simulink 中可构建如图 6-2a 所示的模块，再经过连线，可获得图 6-2b 所示的电池 Simulink 模型。

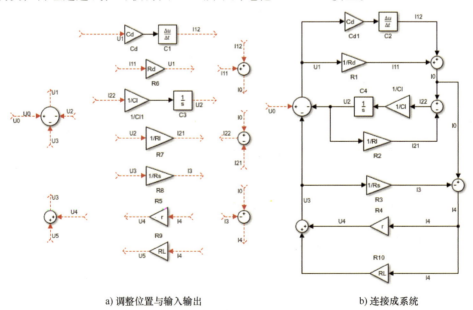

a）调整位置与输入输出　　　　　　　　b）连接成系统

图 6-2　构建 Simulink 电池模型

4. 功率拉载仿真

（1）数据初始化

图 6-2b 所示的模型需要输入一系列初始化数据才能工作。根据某锂电池特点，其初始化数据如下：

电池开路电压 $U_0 = 4.2\text{V}$；

电化学极化电容 $C_d = 100\mu\text{F}$；

电化学极化电阻 $R_d = 2\text{m}\Omega$；

浓差极化电容 $C_1 = 100\mu\text{F}$；

浓差极化电阻 $R_1 = 3\text{m}\Omega$；

电池欧姆电阻 $R_{ser} = 25\text{m}\Omega$；

电池漏电电阻 $R_{sd} = 88\text{k}\Omega$。

（2）仿真结果

将数据导入模型中，并输入一个动态的负载，可获得模型仿真电池的输出电压与输出电流。导入的动态负载，当阻值高于漏电电阻 10 倍时，可近似认为电池处于开路状态。仿真时长为 20s，在第 10s 时负载从开路状态变为 10Ω 拉载。负载、电压、电流、功率的仿真结果如图 6-3 所示。

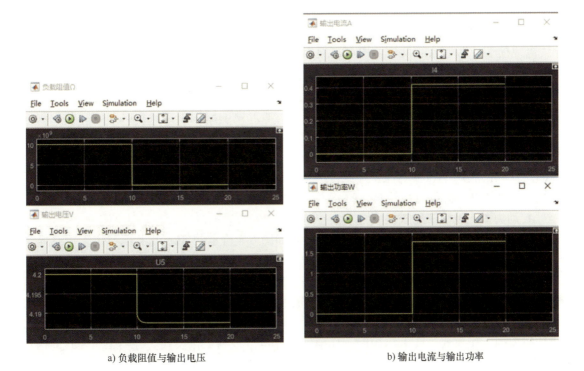

a）负载阻值与输出电压　　　　　　　b）输出电流与输出功率

图 6-3　电池模型的仿真结果

（3）建模工具对比分析

使用 Simulink 建模的优点是建模方便直观，且易于各种模型之间的调整比较。使用 Simulink 工具做系统分析，简便快捷，但灵活性稍差，尤其是多电池串并联且参数差异的情况，模型输入输出框架搭起来麻烦。使用 Simulink 建模相对于使用 Simspace 而言，建模过程复杂，但灵活度高；相对于面向对象的直接编制 M 文件而言，建模过程简单，但灵活度低。三者在建模难易程度与灵活性对比如图 6-4 所示。

综上所述，GNL 模型在温度仿真、寿命仿真和荷电状态修正上有优越性。Simulink 建模的灵活性优于 Simspace，而且具有模块化特点，相对于面向对象的 M 文件建模，模型建立较为容易。综合考虑，在模型分析阶段，Simulink 建模更有优势。对于电池性能，最关键的指标还有极限放电能

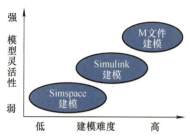

图 6-4 电池建模难度与灵活性对比

力，该能力在实验室实测后，需要有 BMS 控制限定。这些限定条件并没有构建在本模型中，是以后需要完善的方向。

6.3　电池模型的工作模式

当前阶段电动汽车的技术瓶颈仍然是动力蓄电池，开展积极有效的动力蓄电池建模分析意义重大。主流的动力蓄电池建模形式的是状态方程建模，至今已经发展到第 4 代电池模型，模型的计算量越来越大，复杂度越来越高。随着人工智能技术的发展，逐渐出现第 5 代电池模型，即电池的自学习模型，但因其计算量及数据量很大，在工程分析时主要还是使用改进的 GNL 模型。当前的电池模型主要提供负载控制工作模式或功率控制工作模式，这影响了电池模型的应用兼容性。

本节基于 Simulink 建模的改进 GNL 模型，研究电池的四种工作模式，即负载控制模式、功率控制模式、电压控制模式与电流控制模式。基于负载模型，采用过零调整和系统稳定点调整等技术，建立了兼容各种工作模式且适用于多种应用领域的电池模型。该模型提高了代码的利用率和可读性，降低了因重复建模引起的参数错误风险，可应用于整车动力性经济性仿真、充电过程仿真、BMS 模型在环测试和 BMS 算法开发等。

1. 动力蓄电池的工作模式

上一节描述了改进的 GNL 电池模型，在如图 6-5 所示的 Simulink 模型中，负载 R 是一个常数。当电池作为纯电动汽车动力蓄电池时，其负载随着车辆的工作状态而改变，是一个变量。在车辆行驶模式下，对动力蓄电池的拉载是驱动功率。而在电池的充放电测试中，有恒压/恒流充放电测试，此时对电池模型工作的输入数据是电流、电压指令。因此，不同应用领域，需要电池的工作方式是不一样的。主要有以下四类：①负载控制工作模式；②功率控制工作模式；③电压控制工作模式；④电流控制工作模式。各类工作模式的构建如下。

（1）负载控制工作模式

为使图 6-5 所示的工作模型高效利用，设计模型时将各类工作模式最终归为负载控制模式。图 6-5 所示的模型可以很便捷地调整为负载控制模式，将常数 R 修改为随着时间变化的变量 R，便可以实现负载控制模型的转变。修改后的模型如图 6-6 所示。

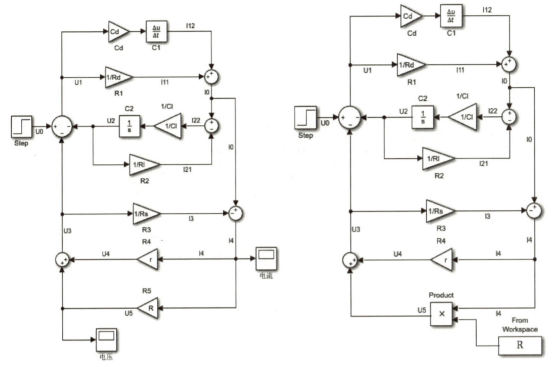

图 6-5 改进 GNL 模型的 Simulink 模型　　　　图 6-6 负载控制电池模型

（2）功率控制工作模式

功率控制模式要转换成负载控制模式，则需要了解其关系。电压、电流、功率、负载与阻值的关系如式（6-13）所示。

$$P = UI = \frac{U^2}{R} = I^2 R \qquad (6\text{-}13)$$

因此得

$$R = \frac{U^2}{P} \qquad (6\text{-}14)$$

该公式模型构建如图 6-7 所示。

由于功率 P 可能是 0，当 P 是 0 的时候方程式无意义，做近似的过零调整，单功率小于 10^{-5} W 时，认为功率为 10^{-5} W，该量级高于仿真精度所需要的量级，如图 6-8 所示。

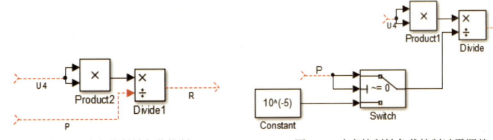

图 6-7 功率控制转负载控制　　　　图 6-8 功率控制转负载控制过零调整

该模型在运行的时候发现，开路电压 U_4 是来自模型中负载控制直接影响的量，因此存在控制不稳定的情况。主要是因为功率瞬间过大引起的，为此，当功率过大时，该值应当选用开路电压近似。对于单体电池而言，此处限值为 $\geqslant 2V$ 的压差，选择更稳定的电池开路电压 U_0。模型调整如图 6-9 所示。

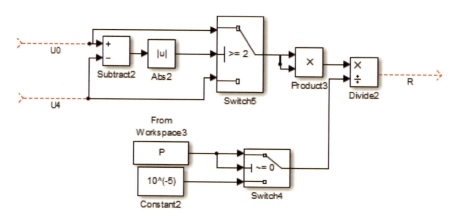

图 6-9　电池电压稳定性调整

（3）电压控制工作模式

由欧姆定律得电压与负载的关系

$$R = \frac{U}{I} \tag{6-15}$$

对电流做过零处理，电压控制模型如图 6-10 所示。

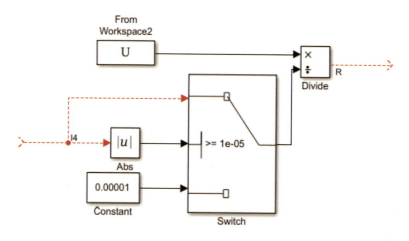

图 6-10　电压控制工作模式

（4）电流控制工作模式

与电压工作模式类似，根据欧姆定律，对 I 做过零处理，对 U 做稳定性处理，则模型如图 6-11 所示：

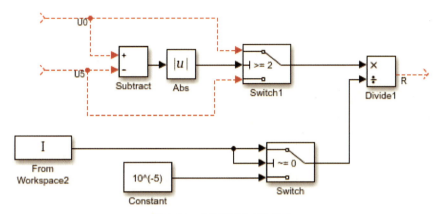

图 6-11 电流控制工作模式

(5) 工作模式的集成选择

将 4 种工作模式集成于一个模型中,如图 6-12 所示。

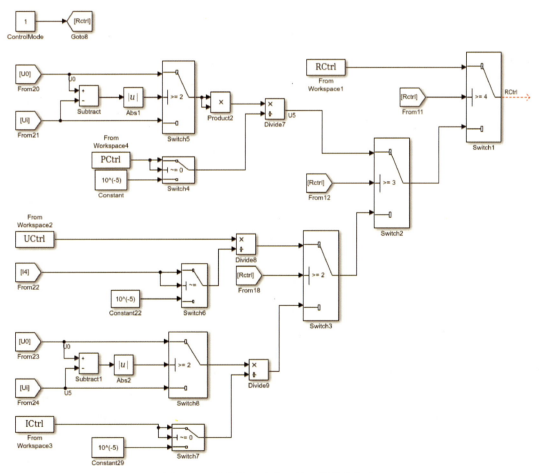

图 6-12 动力蓄电池的 4 种工作模式集成

通过 ControlMode 参数设置其工作模式。
ControlMode = 1 时，动力蓄电池模型使用负载控制模式工作；
ControlMode = 2 时，动力蓄电池模型使用功率控制模式工作；
ControlMode = 3 时，动力蓄电池模型使用电压控制模式工作；
ControlMode = 4 时，动力蓄电池模型使用电流控制模式工作。

2. 应用场合与仿真试验

研究电池模型的工作模式，对模型在不同的应用场景发挥其能力有重要意义。

（1）工作模式的应用场合

电池模型具有多种用途，不同用途需要不同工作模式。以电池在纯电动汽车中的应用为例，电池模型主要用于动力性经济性仿真、充电过程仿真、BMS 模型在环测试、电池试验与参数辨识仿真、BMS 算法开发。各类工作模式与用途的关系如表 6-2 所示。

表 6-2 应用场合与工作模式需求

工作模式	动力性经济性	充电过程	BMS 模型在环	电池试验仿真	BMS 算法开发
负载控制				√	√
功率控制	√	√	√	√	√
电压控制		√	√	√	√
电流控制		√	√	√	√

由表 6-2 可知，功率控制模式应用最为广泛，BMS 算法开发需求的电池模型最为复杂。动力性经济性仿真时可以使用单个电芯放大近似代替，而 BMS 算法开发所需要的电池模型，则需要电池串并联，且要考虑电池电压、内阻、温度的一致性问题。

（2）各类工作模式仿真测试

以某种锂离子动力蓄电池电芯参数为例，该电池数据基本参数如下。

电池开路电压 U_0 = 4.2V；电化学极化电容 C_d = 100μF；电化学极化电阻 R_d = 2mΩ；浓差极化电容 C_1 = 100μF；浓差极化电阻 R_1 = 3mΩ；电池欧姆电阻 R_{ser} = 25mΩ；电池漏电电阻 R_{sd} = 88kΩ。各模式下仿真 20s。

负载控制工作模式：初始控制值为 1010Ω，在第 10s 突变为 10Ω；

功率控制工作模式：初始控制值为 0W，在第 10s 突变为 4.2W；

电压控制工作模式：初始控制值为 4.2V，在第 10s 突变为 4.17V；

电流控制工作模式：初始控制值为 0A，在第 10s 突变为 0.42A。

各工作模式仿真结果如图 6-13 所示。

综上所述，基于改进的 GNL 模型及其负载控制模式，通过使用过零处理和系统稳定点调整处理等技术，提高了模型的兼容性，使其能够兼容功率控制、电压控制和电流控制 3 种工作模式。该模型提高了代码利用率和可读性，降低了因重复电池建模引起的参数错误风险。仿真表明，该模型适用于整车动力性经济性仿真、充电仿真、电池仿真、BMS 算法开发和 BMS 软件在环测试等多种领域，在电动汽车整车动力性经济性设计阶段和电池 BMS 开发验证阶段具有重要意义。

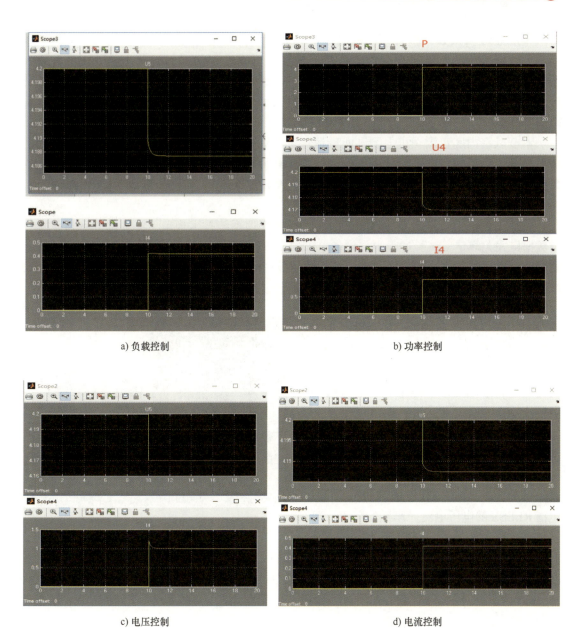

图 6-13 锂离子电池 4 种工作模式的仿真结果

6.4 能耗测评时的采样频率

随着汽车智能网联技术的发展，整车能量消耗量与续驶里程试验方法不断更新。2019年 3 月，中国汽研在北京发布"中国新能源汽车评价规程"体系框架，评价分为单车测试评价和车群大数据评价两个方面，根据消费者使用习惯和新能源汽车特点，拟定能耗、安全和体验 3 个评价维度，并从上百项测试指标中遴选了能量消耗量、续驶里程、充电效能、使用安全、驾驶体验和质量体验等 10 个二级指标。

电动汽车领域的大数据具有规模大、类型多、价值密度低和变化快的"4V"特征。电动汽车产业进入大数据移动互联网时代,应该用大数据的思维观念来挖掘数据的潜在价值。大数据分析的基础是车载传感器数据采集的可靠性,GB/T 18386.1—2021亦允许在证明车载传感器精度满足要求的情况下使用其数据作为能量消耗量与续驶里程结果的分析依据。如何保证车载传感器的精度以及采样频率满足精度分析的需求是个值得深入讨论的问题。

本节以室内底盘测功机上测试能量消耗量与续驶里程试验为基础,基于车载传感器与功率分析仪采集的数据进行分析比较,分析车载传感器的分析结果的精度,以及提出在大数据平台能量消耗量及续驶里程相关指标采样频率的要求。

1. 新标准对REESS电压电流的采集要求

GB/T 32960.3—2016《电动汽车远程服务与管理系统技术规范 第3部分:通讯协议及数据格式》规定了试验过程中,采集电压的设备精度满足:单位为V,分辨率高于0.1V,准确度±0.3%FSD或读数的±1%;采集电流的设备精度满足:单位为A,分辨率高于0.1A,准确度±0.3%FSD或读数的±1%,且采样频率应高于20Hz。

电流传感器应通过连接到REESS电缆对REESS电流进行测量,所测电流应为REESS总电流。在装有屏蔽线的情况下,应根据汽车生产企业要求并经由检验机构的确定进行适当处理。通常企业的做法是做转接一套接插线束,如图6-14所示。

2. 循环能量消耗量定义及传感器电压/电流精度

车辆按照标准工况在底盘测功机上行驶,可测得车辆行驶过程中的秒采数据,包括REESS的电压电流、车辆的车速。通过秒采数据的积分处理,可以获得在一个

图6-14 企业外部REESS电压/电流转接测试装置

循环下车辆驱动能量、回收能量、综合驱动能量、驱动电量、回收电量、综合电量、能量回收率、电量回收率、循环行驶里程、百公里能量消耗量等参数。同一次试验中,使用功率分析仪和车载传感器获取的5个循环分析数据见表6-3。实际上测了36个循环,这里选择前5个循环作为示例。

表6-3 不同传感器获得的分析结果

循环号	传感器类型	驱动能量/kW·h	回收能量/kW·h	综合驱动能量/kW·h	驱动电量/A·h	回收电量/A·h	综合电量/A·h	能量回收率	电量回收率	循环行驶里程/km	百公里能量消耗量/(kW·h/100km)
1	功率分析仪	2.00	−0.04	1.96	4.73	−0.10	4.63	2.1%	2.1%	11.08	17.68
2		2.00	−0.16	1.84	4.74	−0.39	4.35	8.2%	8.1%	11.05	16.62
3		2.04	−0.31	1.73	4.85	−0.73	4.12	15.2%	15.1%	11.01	15.69
4		2.03	−0.34	1.69	4.86	−0.80	4.06	16.7%	16.5%	11.04	15.35
5		2.04	−0.34	1.71	4.92	−0.80	4.11	16.4%	16.3%	11.04	15.47

（续）

循环号	传感器类型	驱动能量/kW·h	回收能量/kW·h	综合驱动能量/kW·h	驱动电量/A·h	回收电量/A·h	综合电量/A·h	能量回收率	电量回收率	循环行驶里程/km	百公里能量消耗量/(kW·h/100km)
1	车载传感器	2.00	−0.04	1.96	4.73	−0.10	4.63	−2.1%	−2.0%	11.08	17.68
2		2.00	−0.16	1.84	4.74	−0.38	4.35	−8.1%	−8.1%	11.05	16.62
3		2.04	−0.31	1.73	4.84	−0.73	4.12	−15.1%	−15.0%	11.01	15.70
4		2.03	−0.34	1.69	4.86	−0.80	4.06	−16.6%	−16.4%	11.04	15.34
5		2.04	−0.33	1.71	4.91	−0.79	4.11	−16.3%	−16.2%	11.04	15.47

传感器的精度比较维度很多，最基本的维度是比较传感器自身的计量精度，通常在传感器的规格书上可以获取。本例中，车载传感器型号为 LEM 的 CAB500-C/SP5，精度为 <0.5%；功率分析仪所用传感器型号为 YOKOGAWA 的 WT3000E 与 CT1000，精度为 <0.05%。

在测试过充中，测试人员最关心的结果是循环能量消耗量。在缩短法的试验中，该值用于计算直流输出端的百公里能量消耗量和续驶里程。因此，这里用各循环的百公里能量消耗量作为传感器精度的判定依据。

3. 功率分析仪与车载传感器采集电压/电流数据精度分析

在同一次试验中采用两种测试方法获得电压电流数据，共执行了 36 个循环，分别对电压、电流、能量消耗量的精度进行分析如下。

（1）电压/电流传感器数据插值及其分布

车载传感器数据可通过解析车辆 CAN 数据获得，功率分析仪数据可直接获得。获取数据后首先要对数据进行时钟对齐处理，因采样时间点不一致，导致对齐后的数据不能直接对比。由于车载传感器电压分辨率较低，因此，将功率分析仪采集的电压数据采样时间点以车载传感器的测试点为基准进行线性插值，以获取相同时刻下的电压数据对比。

示例中共进行了 12h2min26s 的数据采集，采样频率为 20Hz，共获得 866743 个采样点进行对比和分布分析，可获得图 6-15 所示结果。电压差值的均值为 0.2577V，标准差为 0.2129V。同理，可获得电流分布如图 6-16 所示，电流差值的均值为 −0.0388A，标准差为 4.0172A。

该评价方法是基于时间是绝对精确的条件下对比的。当时间采样有推前或滞后时，所获得的对比结果将受影响。由于工况影响，电流随时间变化更为剧烈，所以上述分析结论中得出电流标准差较大，插值分布较广的结论。

（2）循环能量消耗量比较

为了综合考核时间、电压、电流的采集精度，第 2 节提到使用循环能量消耗量对比的方法。图 6-17 展示了 36 个循环能量消耗量，将其差值做分布分析，结果如图 6-18 所示。均值为 −0.0304kW·h/100km，标准差为 0.0786kW·h/100km。

标准规定循环能量精度修整到 0.1kW·h/100km，因此，以功率分析仪采集数据为基准，车载传感器所采集的电压电流精度符合循环能量消耗量的要求。

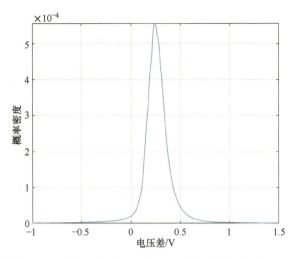

图 6-15　功率分析仪与车载传感器测试 REESS 电压差值分布

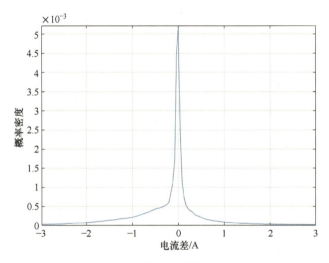

图 6-16　功率分析仪与车载传感器测试 REESS 电流差值分布

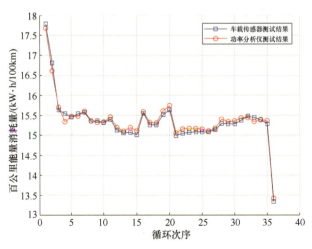

图 6-17　循环能量消耗量对比

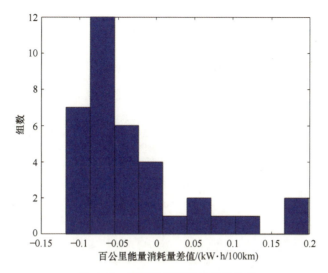

图 6-18 循环能量消耗量差值分布

4. 不同采样频率下循环能量消耗量分析及其大数据应用

GB/T 32960.3—2016《电动汽车远程服务与管理系统技术规范 第3部分：通讯协议及数据格式》规定了车辆需要上传相应的数据至云端。随着大数据技术的发展，各企业均已实现该能力。当前，标准规定的上传时间间隔不能高于10s。为了使大数据能提供给开发人员逆向分析与不同客户定制化辨识，需要对部分数据的采样频率进行确定。采样频率太低会造成分析失真，采样频率太高又会造成历史数据量太大，存储成本太高的问题。因此需要详细分析采样频率对精度的影响。这里主要研究能量消耗量，因此分析的数据主要为车速以及 REESS 的电压与电流。依然以前面所示数据为例，分析不同采样时间间隔对车辆循环能量消耗量的影响。人为调整采样间隔，如图 6-19 所示，人为将采样时间间隔调整成 1s 对应的两种采样间隔数据对比，依然能较好地表现电流的变化状态。将采样时间间隔从 0.05s 到 12s，每个采样间隔分析一段循环能量消耗量的均值和标准差，得到如图 6-20 所示的结果。

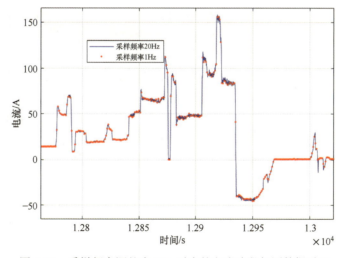

图 6-19 采样频率调整为 1Hz 对应的电流片段与原数据对比

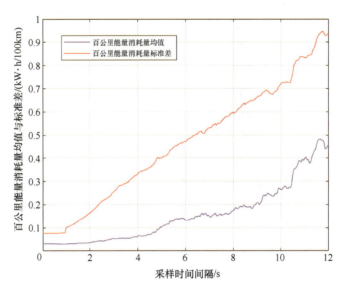

图 6-20 采样时间间隔与循环能量消耗量精度的关系

由图 6-20 可知，为了使能量消耗量精度估算准确，应将采样频率提高到 0.2Hz 以上。而采样频率高于 1Hz 时，精度已变化较小，此时传感器精度起主导作用，而不是采样频率起主导作用。因此，大数据采集数据时，对 REESS 的采样频率应控制在 0.2～1Hz 之间，集车速、电压、电流的采样频率应提升到 1Hz 较为合理。

综上所述，采用车载传感器数据来测评整车能量消耗量及续驶里程等众多动力性经济性指标，将是电动汽车大数据应用的重要方向。以功率分析仪所采集的数据为基准，进行车载传感器数据在能量消耗量的评价，精度可达 0.02kW·h/100km。大数据的电压、电流和车速信息采集频率应高于 0.2Hz，才能较为精确地分析测量达到能量消耗量 ≤ 0.1kW·h/100km 的精度要求。需要进一步研究车载电机转速及转矩信号的精度分析并应用于大数据挖掘。

6.5　动力蓄电池在线参数辨识

动力蓄电池是电动汽车的核心部件，其性能参数直接决定了整车的性能表现。为了更好地衡量电池的性能，行业内构建了各种电池模型应用于仿真分析。电池模型可应用于 SOC 估算、整车动力性经济性仿真、电池安全性评价和电池寿命预估等领域。仿真模型和试验数据分析通常采用从零部件数据中查询到电池的内阻信息，然后采用查表的方法估算电池的损耗，这个方法的弊端是必须在先获得被测车辆电池的参数信息。如果只通过工况循环测试就将电池的内阻信息逆向辨识，则有利于判断电池是否正常，也有利于提高试验效率。

针对动力蓄电池在实测工况下的参数辨识、求算电池的能量损耗、能量效率解耦等问题，本节构建了一种电池模型并提出了一种基于道路工况下获得的电池输出电压和电流谱，逆推电池模型参数的方法。首先分析电池能量效率对于整车能量消耗量的意义；然后构建电池模型，以输入电流谱，输出电压谱的方式运行模型；接着通过对输出电压谱与实测电压谱的比较逐渐优化电池待辨识参数；最后通过试验验证该方法的有效性。试验表明，该方法对电池内阻与工况下效率辨识具有较高的可信度，对整车动力性经济性开发具有积极意义。

1. 电池参数辨识技术现状

锂离子电池的模型主要分为两类，一类是电气化模型，另一类是电化学模型。对于电化学模型：R.E.White 等首先采用非线性最小二乘法对等效电路模型和单粒子模型中的几个关键参数进行辨识。Speltino 等人通过获得电池负极电势平衡方程，根据电池的开路电压测试曲线来辨识得到正极电势平衡方程，通过测量电池动态的充放电曲线实现单粒子模型中其他参数的辨识。A. P. Schmidt 等利用非线性最小二乘法实现扩展单粒子模型中 33 个参数的辨识。Santhanagopalan 在恒流充放电工况下采用最优化方法对准二维数学模型和单粒子模型中的 5 个参数实现辨识。对于电气模型：第 34 章提出了各类电气模型及其表达形式，分别有戴维南模型，诺顿模型，一阶 RC 模型、二阶 RC 模型，GNL 模型等，并研究了一类改进 GNL 模型的恒压、恒流、恒功率、变阻抗 4 种模型仿真方式。聂文亮/罗勇等在《动力锂电池模型在线参数估计的研究》通过构建电池的二阶 RC 模型，辨识 6 个参数。孙涛等在《锂电池参数辨识模型的设计与研究》通过构建电池的一阶 RC 模型，辨识其中的 4 个参数。

电化学模型需要辨识的参数量通常要比电气模型多。不同模型的参数之间很难有可比性，但如果采用能量效率或容量效率的指标进行对比，则模型的预测精度有较强的可比性。辨识过程所使用的数学工具通常有模拟退火算法、遗传算法、最小二乘拟合法等。

当前的电池参数模型通常需要根据特定的恒流工况对电池进行试验，从而得到较好的拟合序列。当电池已安装在车上进行道路工况充放电时，其参数辨识的难度迅速增加。随着汽车智能网联化技术的发展，电池数据被上传至云端，如何通过大数据挖掘，采用实测工况逆向辨识电池的参数，将具有重要的应用价值。

2. 用于参数辨识的电池模型

采用电池的电气模型，对比分析恒压源戴维南模型、线性变压源戴维南模型、一阶 RC 模型、二阶 RC 模型，并说明其待识别参数。基于工况的电池参数识别步骤如下：

1）通过大数据或者实测方式获得动力蓄电池的电压谱与电流谱；
2）对所采集电流谱做窗口化分段截取；
3）选择适当的电池模型，确定若干待辨识参数；
4）构建输入电流谱获得其电压谱的仿真模型；
5）对模型中需要输入的参数进行初始化；
6）选择适当的寻优算法，令输出电压与实测电压残差和最小，以获得最优电池参数。

所获得的电池参数可应用于各种场景中，包括电池能量效率分析、热管理分析、剩余容量预估、寿命与安全预估等。

（1）恒压源戴维南模型

戴维南模型如图 6-21a 所示，由恒压源与直流内阻构成，需要辨识恒压源电压 U_0 和直流内阻 R，总共 2 个参数。输入电流与输出电压电压的关系如式（6-16）所示。表达为 Simulink 框图如图 6-21b 所示。模型中电流的方向引用车辆电池包技术标准规定的方向，当处于放电时，电流为负，当处于充电时，电流为正，下同。

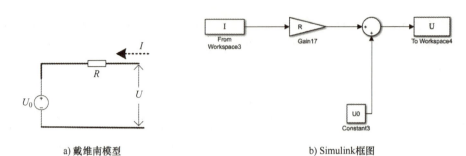

a) 戴维南模型   b) Simulink框图

图 6-21 戴维南模型及其 Simulink 框图

$$\frac{U(s)}{I(s)} = R \tag{6-16}$$

（2）线性变压源戴维南模型

线性变压源戴维南模型如图 6-22a 所示，将恒压源变更为随着放电容量增加而线性下降的电压源与直流内阻构成，需要辨识恒压源电压 U_0、直流内阻 R 以及下降斜率 k 总共 3 个参数。输入电流与输出电压电压的关系如式（6-17）所示。表达为 Simulink 框图如图 6-22b 所示。

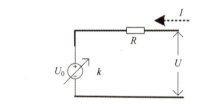

a) 线性变压源戴维南模型

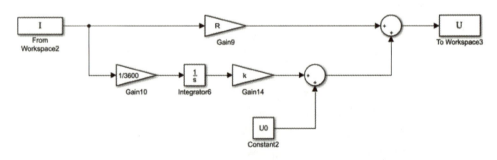

b) Simulink 框图

图 6-22 线性变压源戴维南模型及其 Simulink 框图

$$\frac{U(s)}{I(s)} = R + \frac{k}{s} \tag{6-17}$$

（3）一阶 RC 模型

一阶 RC 模型如图 6-23a 所示，在线性变压源戴维南模型的基础上，增加一个 RC 电路，需要辨识的参数是恒压源电压 U_0、直流内阻 R、下降斜率 k、RC 电路中的电阻 R_1 与电容

C_1,总共 5 个。输入电流与输出电压电压的关系如式(6-18)所示。表达为 Simulink 框图如图 6-23b 所示。

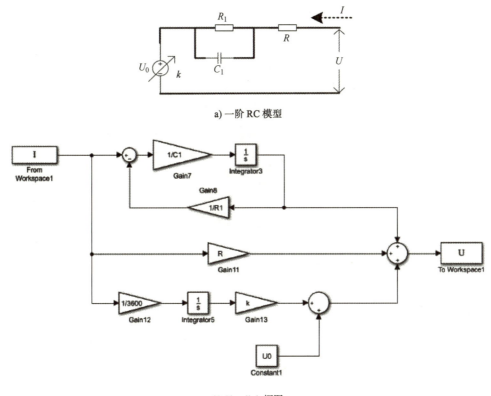

图 6-23 一阶 RC 模型及其 Simulink 框图

$$\frac{U(s)}{I(s)} = R + \frac{k}{s} + \frac{R_1}{R_1 C_1 s + 1} \qquad (6\text{-}18)$$

(4)二阶 RC 模型

二阶 RC 模型如图 6-24a 所示,在一阶 RC 模型的基础上,增加一个 RC 电路,需要辨识的参数是恒压源电压 U_0、直流内阻 R、下降斜率 k、RC 电路中的电阻 R_1 与电容 C_1、另一个 RC 电路中的电阻 R_2 与电容 C_2,总共 7 个。输入电流与输出电压电压的关系如式(6-19)所示。表达为 Simulink 框图如图 6-24b 所示。

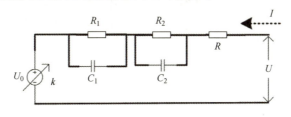

图 6-24 二阶 RC 模型及其 Simulink 框图

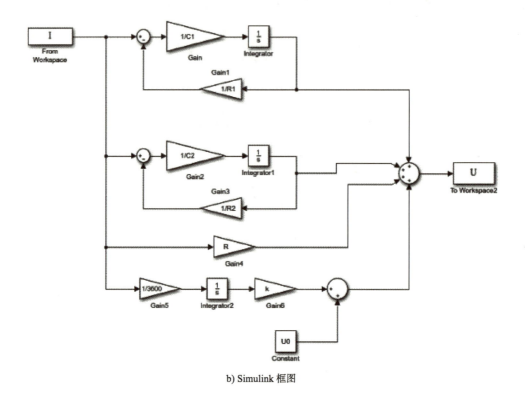

b) Simulink 框图

图 6-24 二阶 RC 模型及其 Simulink 框图（续）

$$\frac{U(s)}{I(s)} = R + \frac{k}{s} + \frac{R_1}{R_1C_1s+1} + \frac{R_2}{R_2C_2s+1} \qquad (6\text{-}19)$$

3. 基于道路工况的电池参数辨识

电池模型构建完成后，对电池参数的辨识通常需要使用特殊的测试手段，最常用的测试方式是在充放电测试设备上对被测电池进行恒流充放电或者脉冲恒流充放电。需要辨识的参数越多，测试方法越复杂，需要积累的样本量越大。例如，需要获得电池的耐久、受环境温度影响和自放电率等特性，甚至需要几百个电芯同时执行数月才能构建较合理的电池模型。而基于大数据挖掘在线分析的电池参数辨识，则可辨识参数量一般不可能太多，多了也不精确。这里列举了 4 种电池模型，分别需要辨识参数数量是 2 个、3 个、5 个和 7 个。基于实测道路工况下的电压电流谱，推导这四种电池模型的电池参数辨识过程，并对比各模型的精度及计算量。

（1）电池参数辨识优化函数描述

已知某电池在行驶过程中采集得到电压信号和电流信号是 $\{t_i, U_i, I_i | I = 1, 2, \cdots, n\}$，电池模型传递函数用 $G(s, K)$ 表达，式中 K 根据不同模型输入的模型参数，根据式（6-16）～式（6-19）选择不同的模型，输入电流数据可以获得仿真电压数据 $\{t_i, U_i' | i = 1, 2, \cdots, n\}$，用实测电压数据与仿真模型获得的电压数据求残差平方和，求该值的最小

值对应的电池参数,优化模型表达如式(6-20)所示。

$$\min \varepsilon = \sum_{i=1}^{n}(U_i - U_i')^2 \qquad (6\text{-}20)$$
$$\text{s.t.} U(s) = G(s, K) \cdot I(s)$$

(2)辨识窗口的确定

辨识窗口指的是采集电压信号与电流信号的连续片段时长。在普通参数辨识模型中,通常按照脉冲测试,一个周期持续约5~10s,测试10个周期,所获得的数据进行模型带入以优化模型参数。而在电池包装入整车的实际使用工况下,因其使用的不规律性,需要对辨识窗口提出更多的限制条件。

首先,辨识窗口的条件不能再以时长作为定义条件,因为在实际工况下,车辆可能长时间处在静置状态或遇到堵车工况,车辆充放电均很微弱,通过时长定义的方式会导致辨识结果精度较差。其次,也不能只将电池累计放电容量作为定义条件,例如车辆较长时间处于匀速行驶时,则其输出电量相对稳定,模型对恒流工况的辨识难度极大。最后,电池累计放电容量过大也不适用于开路电压随容量线性变化的假定。完整的动力蓄电池的OCV曲线通常是非线性的。

因此,将辨识窗口定义为满足如下条件的数据片段。

条件1:累计放电容量应小于电池包标称容量的$1/n$,且不超过电池包标称容量的$1/m$;$n > m$,根据电池类型不同而调整;一般情况下,n 设置50,m 设为5,如式(6-21)所示。

$$\frac{Q}{n} < \sum_{i=2}^{n}\frac{(I_i + I_{i-1})(t_i - t_{i-1})}{2} < \frac{Q}{m} \qquad (6\text{-}21)$$

条件2:片段中电流的分布标准差 I_{st} 应大于阈值 I_{th},如式(6-22)所示。

$$I_{st} = \sqrt{\frac{1}{n}\sum_{i=1}^{n}(I_i - \bar{I})^2} \geq I_{th} \qquad (6\text{-}22)$$

当执行NEDC工况或CLTC工况试验时,可令一个循环作为一个辨识窗口,便于做能耗分析。标准差阈值设定可参照标准工况对应的电流标准差。

4. 实际测试示例

为体现不同模型参数辨识效果,采用某车型一个标准NEDC工况循环所测试得到的电压谱与电流谱进行参数识别对比。实测电压谱与电流谱如图6-25所示。

(1)各模型参数辨识结果比较

将实测结果代入优化模型,选用单纯形优化法进行求解,获得各参数的辨识结果如表6-4所示。

各模型实测电压与参数辨识后仿真电压对比如图6-26所示。

由表6-4和图6-26可知,根据拟合情况,后3种电池模型的结果相差不大,但一阶RC模型与二阶RC模型计算量均较大。基于实用性考虑,应当选择线性变压源戴维南模型作为整车大数据挖掘中的应用模型。

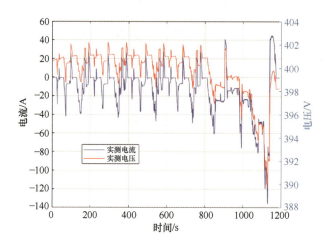

图 6-25　实测电压谱与电流谱

表 6-4　各模型及其参数辨识结果

模型	开路电压 U_0/V	内阻 R/mΩ	电压变化斜率 k/(V/A·h)	电阻 R_1/mΩ	电容 C_1/μF	电阻 R_2/mΩ	电容 C_2/μF
戴维南模型	400.6	71.7	0	0	0	0	0
线性变压源戴维南模型	401.5	55.8	0.892	0	0	0	0
一阶 RC 模型	401.5	54.6	0.893	1.2	33.8	0	0
二阶 RC 模型	401.5	53.6	0.893	1.2	90.4	1.0	100.0

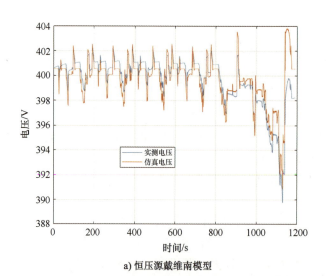

a) 恒压源戴维南模型

图 6-26　各模型实测电压与参数辨识后仿真电压对比

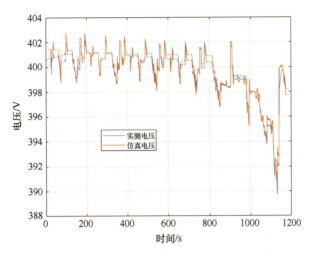

b) 线性变压源戴维南模型

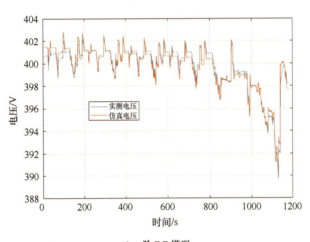

c) 一阶 RC 模型

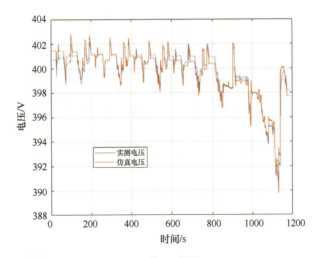

d) 二阶 RC 模型

图 6-26　各模型实测电压与参数辨识后仿真电压对比（续）

（2）实际道路工况电池内阻与能量效率仿真分析

采用线性变压源戴维南模型，对实际道路采集的工况进行分析，某一辆车在桐乡市临杭大道循环行驶340km，获得各放电容量下的电池开路电压、直流内阻如图6-27所示。电池损耗功率的仿真结果如图6-28所示，对图6-28进行积分可得车辆行驶过程中电池损耗总共为0.918kW·h，而车辆行驶里程为340km，所以车辆在实际道路上行驶时，动力蓄电池系统的百公里能量消耗量是0.2697kW·h/100km。电池总放电能量为61.61kW·h，折算电池的放电效率为1.49%。

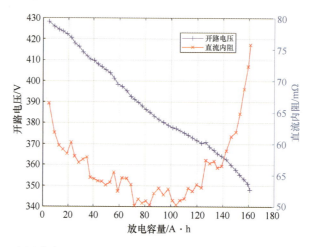

图6-27　实际道路工况线性变电压模型分段辨识车辆开路电压与直流内阻

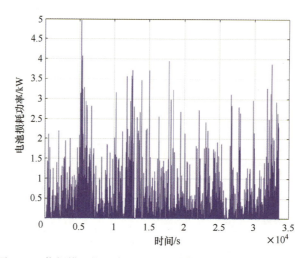

图6-28　依据模型推导电池在实际道路工况中的电池损耗功率

综上所述，本节提出了一种使用实测整车工况数据逆推电池参数的模型，还提出了辨识窗口的概念。在内阻辨识与能量效率精度逆推时，适合采用可变电压戴维南模型。当车辆在做能量消耗量与续驶里程试验时，该模型应用于逆推电池环节的损耗。该模型也可应用于实际道路运行状态下监控电池的健康状态。需要进一步研究如何提高模型的仿真精度，例如加入温度参数及引入热管理模型。

6.6 电池回收利用余能检测

车用动力蓄电池梯次利用是新能源汽车发展的关键技术之一,美国、日本以及欧洲等发达国家和地区在电池梯次利用方面进行了大量技术投入,主要在如下几个方面进行了关键技术研究:①在动力蓄电池梯次利用领域,分析和研究了梯次利用动力蓄电池使用寿命与经济效益的联系。进行了锂电池全寿命经济效益分析与研究,建立了相关的经济效益模型,并设计了相应的成本预测管理系统,以达到优化锂电池使用寿命和经济效益的目的;②研究在动力蓄电池梯次利用过程中,根据不同的影响因素,采用动力蓄电池合理选型、数学建模等手段,估计锂电池剩余容量和健康状态(State of Health,SOH),加强和完善合理的电池管理、使用制度,达到延长其使用寿命、降低使用成本的目的;③研究了梯次利用动力蓄电池储能系统在新能源发电中的应用,分析了因地区、环境差异造成的负载变化及其对动力蓄电池使用寿命的影响,并将梯次利用动力蓄电池与环境保护产业相结合;④研究与制定梯次利用锂电池的测试方法和测试标准。中国在2022年大概有12~17万吨的电动乘用车和混合动力乘用车的电池报废量,如何处置大规模的退役动力蓄电池将成为重大课题,能否妥善处理将影响新能源汽车的发展。

动力蓄电池的主要指标有能量密度、充放电倍率、循环寿命,梯次利用需要综合考虑这三个指标。本节重点研究梯次利用锂电池的测试方法与测试标准,分析 GB/T 34015—2017《车用动力蓄电池回收利用 余能检测》中的余能检测方法。基于电池能量密度预判,构建初始检测电流的经验公式,结合电池耐久试验分析,提出一种余能检测方法,并应用实测修正容量检测电流的余能检测方法。通过实测与对比耐久老化试验,比较该方法与现有余能检测标准的优缺点。基于对比分析结果,建议采用动力蓄电池回收利用的余能检测方法。

1. 锂电池技术发展趋势分析

第一代商业化应用的锂离子电池是索尼在1990年推向市场的以石墨为负极、以钴酸锂为正极的锂离子电池,随后在消费类产品中得到大规模应用。然而因成本问题,钴酸锂逐渐被磷酸铁锂和三元正极取代,至今大规模量产的第二代锂电池的单体能量密度约130~250W·h/kg。第三代锂离子电池将现有锂离子电池的负极石墨碳材料更换为硅基负极,单体电池比能量有望达到300~350W·h/kg,2014年11月日立公司在日本电池讨论会上报道了高镍正极、硅合金负极的30A·h锂离子电池能量密度达到了335W·h/kg,通过进一步提高负极中硅基材料的含量,能量密度可达到350W·h/kg左右。最近,富锂锰基正极材料的出现,为研制出第四代具有350~400W·h/kg高能量密度锂离子电池带来了曙光。

锂离子电池的性能参数众多,影响电池商业化的性能参数有是否支持快充快放,是否具备长寿命以及高低温适应性等。但是毫无疑问,其最核心的参数是能量密度。因此,可以以能量密度作为锂电池发展的代级划分,见表6-5。由于正负极材料及商业化水平的共同作用,锂电池是依据锂电池的材料变迁以及商业化兴替作为代级划分标准的。

由表6-5可知,当前阶段锂离子电池的能量密度主要不是由方壳、圆柱、软包等外形决定的,而是由正负极材料决定的。而且能量密度是其代级划分的主要标志,第一代基本淘汰,第三、四代还处在试验或量产前准备阶段,400W·h/kg是当前可知的锂离子电池能量密度的物理极限。现在主要使用的第二代锂电池平均能量密度约为200W·h/kg。依据锂电池的这类特性,对锂电池回收利用的余能检测方法指定具有重要的参考意义。

表 6-5 锂电池的代级划分

代级	年份	正负极材料	能量密度/(W·h/kg)	当前现状
第一代	1990—2005	以石墨为负极、以钴酸锂为正极	—	因成本问题,基本淘汰
第二代	2005 至今	以磷酸铁锂和三元为正极	130~250	大规模商业化进行中,三元锂将是主流产品
第三代	—	负极石墨碳材料更换为硅基负极	250~350	目前暂未实现商业化,但将是趋势。也可能与第四代融合推向市场
第四代	—	富锂锰基正极材料	350~400	试验阶段

2. 依据能量密度构建经验公式的余能检测方法

GB/T 31486—2015《电动汽车用动力蓄电池电性能要求及试验方法》规定,电池的额定容量指室温下完全充电的蓄电池以 $1I_1$(A)电流放电,达到终止电压时所放出的容量。GB/T 31484—2015《电动汽车用动力蓄电池循环寿命要求及试验方法》中规定了蓄电池循环寿命的试验方法,截止条件就是放电容量相对于初始容量的下降程度,容量检测方法沿用 $1I_1$(A)电流放电所测容量。但 GB/T 34015—2017《车用动力蓄电池回收利用余能检测》中余能计算以及余能容量均使用 I_5 放电容量。I_5 放电容量定义为:蓄电池在室温下,以 $1I_5$(A)电流放电,达到终止电压时说放出的容量(A·h)。这两种容量分别表述为 $1I_1$(A)容量和 $1I_5$(A)容量。

(1)能量密度法估算 I_5 经验公式

理论上,相同状态的电芯,放电电流越小,所测的容量和能量越大,且测试值越稳定。这是由锂电池 CV 曲线特性决定的。对于有标签的电芯,直接通过标签可以确定 I_5,但对于没有标签的锂电池,则使用区分代别的方法估算 I_5。该经验公式推导如下。

已知某电芯的能量密度 ρ(W·h/kg)以及电池的质量 m(kg),则求得电芯的标称能量

$$W_n = \rho m \qquad (6-23)$$

进一步推算出首次充放电电流

$$I_5 = \frac{W_n}{5U} = \frac{\rho m}{5U} \qquad (6-24)$$

对于第二代锂离子电池,能量密度约为 200W·h/kg,标称电压约为 3.7V,则

$$I_5 \approx \frac{200m}{5 \times 3.7} = 10.81m \qquad (6-25)$$

同理,对于未来第三代、第四代的锂离子电池,对应的能量密度均值为 300W·h/kg 与 400W·h/kg,对应的首次充放电电流分别为 $I_5 = 16.21m$,$I_5 = 21.62m$。

(2)实验法修正 I_5

当前使用最多的第二代锂离子电池能量密度范围为 130~250W·h/kg,仅用 200W·h/kg 估算所有锂离子电池的方法太过粗糙,因此需一步修正过程。首次使用式(6-25)估算的电流测得电池的容量为 C_{n1}(A·h),则修正其 I_5' 如下:

$$I_5' = \frac{C_{n1}}{5} \tag{6-26}$$

则完整的电池余能检测流程如图 6-29 所示。

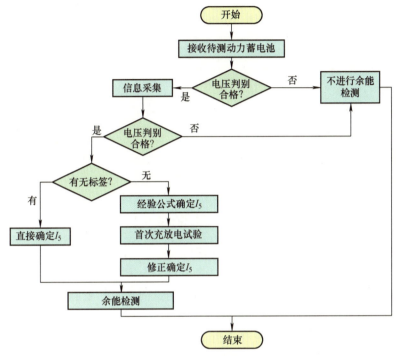

图 6-29 车用动力蓄电池回收利用余能检测流程

3. 使用标签法与经验公式法余能检测示例

某送检三元锂电池电芯质量为 1.8kg，标签额定容量为 106A·h，标称电压为 3.65V。电压使用范围为 3.0 ~ 4.1V，已使用了一段时间，该样品经检验外观良好，初始电压在 3.0 ~ 4.2V 之间。现需要完成其余能检测。

（1）标签法余能检测

由标签可知，确定余能检测电流 I_5 = 106/5 = 21.2A。做 3 次满充满放试验，并选择容量居中的一次绘图，计算 3 次的平均容量。其 CV 曲线如图 6-30 所示。测得的容量值为 95.93A·h。

（2）经验公式法余能检测

该三元锂电池属于第二代电芯，根据式（6-25），选择 I_5 = 1.8 × 10.81 = 19.46A。使用 19.46A 进行一次充放电循环，测得容量为 96.15A·h。修正 I_5 = 19.23A，做 3 次满充满放试验，并选择容量居中的一次绘图，计算 3 次的平均容量，测得的容量值为 96.04A·h。两者 CV 曲线对比如图 6-30 所示。

本方法使用 200W·h/kg 的初始能量密度公式进行一次估算，该示例中电池能量密度为 197W·h/kg，与之较为接近。但如果此时使用 300W·h/kg 的经验公式估算，则首次充放电电流 I_5 = 29.19A，使用该电流测试电池，测得其放电容量为 95.58A·h，重新修正后 I_5 = 19.12A，与上述结果接近。

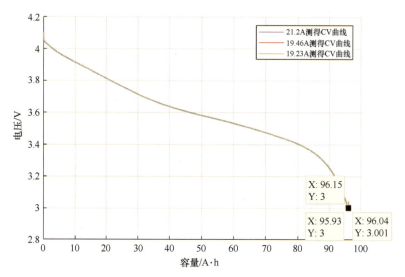

图 6-30 标签法与经验公式法测试某电芯 CV 曲线对比

4. 余能检测方法与耐久试验结果对比分析

试验证明，测试电流越小，所测容量结果越稳定。这是由于放电末端电池温度状态及内阻状态较稳定造成的。但电流越小，一个循环测试周期时间就越长。为了节约时间，通常使用 1C 循环强化耐久，作为电池寿命的测试方法。

图 6-31 所示为某 2P1S 电池模组在进行 1600 次循环寿命时，每隔 50 次测一次 0.5C 容量，每隔 200 次测一次 0.2C 容量下降曲线图。

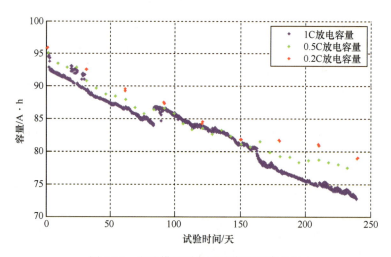

图 6-31 电池模组耐久试验容量下降曲线

由图 6-31 可知，整个老化趋势中，0.2C 容量下降更为平顺。用 1C 作为加速老化的基础，0.2C 作为老化程度的衡量标准以及余能检测标准，可以令结果更稳定。

当被测电池无标签时，需要估算电池的初始容量，但又不知道当前被测电池的老化程度，因此在本方法中做了一次容量预估并矫正。两种方法所测得的容量值偏差仅为 0.11%。

实测表明，该经验修正法有效可靠。

综上所述，本节提出了一种无标签情况下的电池余能检测的首次充放电容量经验公式，以及按照锂电池能量密度划分电池代别并区分的经验公式。为了使结果更稳定，经验公式所测电流需要经过一次充放电试验矫正。实测表明，该方法适用范围较广，适用于所有锂离子电池的余能检测，该方法测试结果与标签法测试结果接近。

6.7 电池能量密度价值评估

电动汽车续驶里程依然是广大消费者关心的重要指标，与其密切相关的技术参数是动力蓄电池包的能量密度。有预言氢氧燃料电池将以高能量密度长续航的优势替代锂电池，但氢氧燃料电池的成本、安全性能和使用寿命等还不及锂电池。提高锂电池能量密度将是重要的方向，短期内低能量密度的电池不会被完全取代。需要一种评估电池能量密度价值方法，以在高、低能量密度电池中做出取舍。

电池能量密度直接关系到纯电动汽车的续驶里程，追求高能量密度的电池是解决纯电动汽车"里程焦虑"的重要方案，但电池能量密度越高，成本和安全性等方面的问题也会越突出。补贴政策与电池能量密度挂钩，补贴退坡后，能量密度稍低的磷酸铁锂电池成本优势凸显。在研发过程中，动力蓄电池部的工程师会向性能开发工程师提出估算电池能量密度对整车性能的影响并折算成相应的经济价值的需求，分析三元锂电池替换为磷酸铁锂电池和动力蓄电池轻量化结构调整等方案的性价比。

本节主要从经济性角度评价电池能量密度的价值差异，为主机厂在选择不同能量密度电池的时候提供价值评估算法做参考。首先建立能量密度与整车续驶里程及能量消耗量的关系模型，接着以某一能量密度电池为参考基准，评价另一能量密度电池基于相同续驶里程条件下的配电成本及能量消耗量成本，最后选择综合成本较优的电池方案。该方法可应用于整车电池匹配选择，提高整车的性价比。

1. 电池能量密度及其发展趋势

铅酸蓄电池 1859 年诞生时能量密度约 25W·h/kg，发展到现在约 50W·h/kg。但锂离子电池自 1991 年起，通过不断地改善电池的设计和生产工艺，基于钴酸锂/碳负极体系的电池的能量密度已经由最初的 90 W·h/kg 提升到目前的 260W·h/kg，成本相对较低的磷酸铁锂电池能量密度也达到了 160W·h/kg。《中国制造 2025》制定了动力蓄电池发展路线图，要求我国动力蓄电池单体能量密度 2020 年达到 300W·h/kg，2025 年达到 400W·h/kg，2030 年达到 500W·h/kg。近期目标（2020 年单体动力蓄电池达到 300W·h/kg）可以通过高镍三元正极搭配石墨掺杂硅碳负极来实现；中期目标（2025 年达到 400W·h/kg）有望通过富锂锰基正极搭配高容量 Si/C 负极来实现；远期目标（2030 年达到 500W·h/kg）有望通过锂-硫、锂-空气电池来实现。

中国对能量密度高的电池包也提供政策性支持，促使三元锂电池从 532 向 811 变更，一方面减少钴的含量能降低原材料成本，另一方面能提高电芯的能量密度。但其制造工艺、安全性能并未成熟，因此未能大规模应用。从 2018 年开始，动力蓄电池行业已有超过 80%以磷酸铁锂电池为主的企业开始向三元电池路线布局。从近几年国内三元材料不同型号市场份额占比情况来看，高镍低钴或无钴材料的市场占比正逐步增加，是最有应用前景的正极材料。随着补贴政策退坡，部分企业开始再研究磷酸铁锂电池。通过改善制造工艺，获得高密度、长寿命、低成本、安全可靠的动力蓄电池方是出路。对于主机厂而言，应当具有不同能量密度电池的评价能力，为用户选择性价比最高的电池方案。

2. 基于等效续驶里程的不同能量密度电池匹配分析

配置相同续航里程的同一款车可以配置不同种类的电池，如果两种电池的能量密度有差异，则需要求出两种电池各需配置多少电量，以及配置后的整车能量消耗量差异，并基于所配置的电量与整车能量消耗量差异评估不同能量密度电芯的价值。

（1）模型构建

以基准车型的能量消耗量与续驶里程为参考，基于相同的续驶里程设计备选车辆。模型相关符号说明，见表6-6。

表6-6 模型相关符号说明

序号	名称	符号	单位
1	基准车辆/备选车辆整备质量	m_0, m_1	kg
2	基准车辆/备选车辆续驶里程	s_0, s_1	km
3	基准车辆/备选车辆电池包能量密度*	ρ_0, ρ_1	W·h/kg
4	基准车辆/备选车辆电网端能量消耗量	EC_{AC0}, EC_{AC1}	W·h/km
5	基准车辆/备选车辆电池端能量消耗量	EC_{DC0}, EC_{DC1}	W·h/km
6	基准车辆/备选车辆设计寿命里程	S_0, S_1	km
7	基准车辆/备选车辆配电量	E_0, E_1	kW·h

注：本模型能量密度均指电池包整包能量密度。因电芯能量密度与整包能量密度并非绝对的线性关系，因此不引用电芯能量密度作为参考。低能量密度的电芯可通过组装技术达成高能量密度的电池包，例如宁德时代的无模组电池CTP。而高能量密度的电芯因结构需要，也可能组装成低能量密度的整包，例如软包电芯。这里选择使用动力蓄电池包能量密度作为研究对象。

已知基准车型的所有数据，当备选车辆的配电量为 E_1 时，则备选车辆的整备质量计算如式（6-27）所示。

$$m_1 = m_0 + \left(\frac{E_1}{\rho_1} - \frac{E_0}{\rho_0} \right) \tag{6-27}$$

从工业信息化部公告网站获取2017年1月23日—2019年11月4日期间1171款纯电动车型数据，可得到电网端能量消耗量与整备质量的关系曲线如式（6-28）所示。

$$EC_{AC} = 8.312\ln(m) - 45.10 \tag{6-28}$$

式（6-28）假设车辆整备质量与车辆能量消耗量变化率呈反比，考虑不同车型风阻因素与车载充电机效率关系、基准车型初始能量消耗量因素，可获得如式（6-29）所示方程。

$$\frac{dEC_{DC}}{dm} = \frac{5.5}{m} \tag{6-29}$$

解式（6-29）微分方程，可得备选车辆的电池输出端的能量消耗量如式（6-30）所示。

$$EC_{DC1} = 5.5\ln(m_1) + C_0 \tag{6-30}$$

式（6-30）中，C_0 由基准车辆数据获得，如式（6-31）所示。

$$C_0 = EC_{DC0} - 5.5\ln(m_0) \tag{6-31}$$

备选车辆的续驶里程如式（6-32）所示。

$$s_1 = \frac{E_1}{\mathrm{EC}_{\mathrm{DC1}}} \quad (6\text{-}32)$$

若充电效率始终为90%，即

$$\mathrm{EC}_{\mathrm{DC1}} = \mathrm{EC}_{\mathrm{AC1}} \times 90\% \quad (6\text{-}33)$$

则备选车辆全寿命电网耗电能量如式（6-34）所示。

$$E_{1\mathrm{all}} = \frac{S_1}{\mathrm{EC}_{\mathrm{AC1}}} \quad (6\text{-}34)$$

（2）模型求解

当已知基准车型的所有数据以及备选车型的电池能量密度，要求基于相同的续驶里程对备选车辆进行配电，则需令

$$S_1 = S_0 \quad (6\text{-}35)$$

并求解式（6-27）~式（6-35）组成的方程组。

该方程组为非线性方程组，没有解析解，因此用数值算法求解该模型。转换为如下优化模型：

$$\begin{aligned} & \min r = (s_0 - s_1)^2 \\ & \text{s.t.} \{\text{式}(6.7\text{-}1) \sim \text{式}(6.7\text{-}8)\} \end{aligned} \quad (6\text{-}36)$$

3. 算例分析

求解模型需要给定基准车辆的信息，将不同能量密度的电池包作为备选车型进行配电求解，最终基于配电结果获得能量消耗量和全寿命充电电量差异，从而评估电池能量密度变化的边际价值。

（1）实际车型算例

某款采用三元锂电池的纯电动汽车，整备质量为1150kg，电池输出端能量消耗量为10.8kW·h/100km，电池配电量为32.4kW·h，续驶里程为300km，充电效率为90%，电网端能量消耗量为12kW·h/100km，电池能量密度为170W·h/kg，设计寿命里程为30万km，全寿命充电量为36000kW·h。

基于该车，计划该用磷酸铁锂电池，整包能量密度为130W·h/kg，根据模型，基于相同的续驶里程，求算磷酸铁锂电池方案的配电量、电网端能量消耗量、全寿命充电电量。

编程实现求解算法，解得磷酸铁锂电池需要配电33.317kW·h，配电后整备质量为1216kg，电网端百公里能量消耗量为12.34kW·h/100km，全寿命充电电量为37018kW·h。

所以，若磷酸铁锂电池的成本低于1018kW·h×平均电网电价+0.917kW·h×磷酸铁锂价格，则选择磷酸铁锂电池性价比更高。

（2）不同能量密度电池与配电差异/全寿命耗电量差异关系

以上述车型为基准车型，假设备选电池能量密度为100~300W·h/kg，基于相同续驶里程配置不同电量，则电池能量密度与整备质量、百公里能量消耗量的关系如图6-32所示。

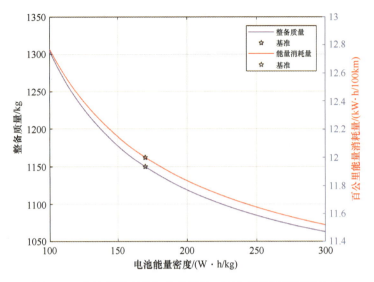

图 6-32 电池能量密度与整备质量、百公里能量消耗量关系

基于上述配电结果，计算与成本相关的能量消耗量变化量、全寿命耗电量变化量的关系如图 6-33 所示。

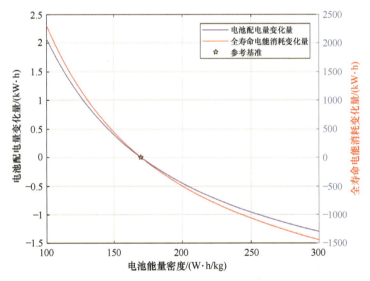

图 6-33 电池能量密度与能量消耗量变化量、全寿命耗电量变化量的关系

由图可知，电池能量密度越低，配置相同续驶里程的配电方案需求的电池包电量越多，整车百公里能量消耗量越大，致使全寿命内从电网获取的能量越多。从造车成本的角度，应更注重整车的配电成本变化，从消费者的角度，则更注重使用过程中车辆的耗电水平。上述方法对该结论进行了量化分析。

若参考基准车型的电池配电价格为 1200 元 /kW·h，用户平均充电成本为 0.7 元 /kW·h，则在能量密度为 130～220W·h/kg 的区间近似为线性关系，则能量密度每提升 10W·h/kg，配电成本降低 0.166kW·h，即 199.2 元；全寿命耗电量成本约 184.4kW·h，即 129.1 元。综合节约成本 328.3 元，即电池能量密度的收益是每车 32.83 元/（W·h/kg）。采用 130W·h/kg 的磷酸铁锂方案，电池成本应降低 1313.2 元才能收益平衡，配电成本应低于（1200×32.4－1313.2）/33.32 = 1127.5 元/kW·h 才能实现性价比更优。

另外需要注意，本模型并未考虑能量密度变化导致的整车配置方案的可行性。例如，依据以上模型，选择能量密度为 50W·h/kg 的铅酸电池，理论上配置到整备质量 1745kg，需要铅酸电池配电量 39.3kW·h，整车能量消耗量为 14.55kW·h/100km，该问题有数值解，但铅酸电池重量为 786kg，基于现有车身结构在安装布置上是不可行的。对于有高、低配续驶里程的车型，选择能量密度更低、价格更便宜的电池作为低配方案，可能优于直接从高配电池包中减少模组的方案。结论是，低能量密度的电池配置低续航的车，高能量密度的电池配置高续航的车。

4. 电池价值评估的其他问题

以上模型主要考虑电池配电成本与寿命周期中的充电成本，并未考虑政策（政策对高能量密度的电池进行补贴）、快充性能、循环寿命、耐高低温性能等因素。

快充性能：通常用快充充电速度衡量，当前三元锂电池普遍能达成 30min 从 30% 充至 80%，石墨烯电池快充速度可增加一倍。快充性能影响着用户选择纯电动车型，但未有较好的模型将其折算成收益。

循环寿命：当前大部分三元锂电池使用寿命均能达到 1000 次充放电循环，对于 300km 续驶里程的车辆设计总里程为 30 万公里。但不同电池的循环寿命差异较大，磷酸铁锂的寿命稍低，石墨烯电池寿命可达 3600 次充放电循环。循环寿命的价值折算相对简单，直接分配到单位里程的成本即可。

耐高低温性能：当前锂电池在高低温状态下的放电能力均大打折扣，尤其是低温特性。固态锂电池可以部分克服该问题，而更多的方案是使用辅助柴油加热系统。该方案需针对特定用户选配，不宜作为普适性的电池价值评估指标。

以上特性在有明显互补的条件下可适当考虑复合电源方案。例如，为了解决动力性需求较强的车辆，可适当配置超级电容；对于低压用电器耗电较大的车辆，可单独配置低成本低压蓄电池。对于一年中较长时间处于低温工作环境时，可配置辅助加热方案等。

综上所述，从能量消耗量与配电量角度分析，以 300km 续驶里程、使用 170W·h/kg、配电成本为 1200 元/kW·h 的车辆为基准，电池能量密度的边际价值约为 32.83 元/（W·h/kg）。该结论将随着不同版本续航车型、主流电池能量密度、电池制造工艺成熟度及市场价格变化而变化。利用所述模型可根据实际情况再计算电池能量密度的边际价值，为主机厂对不同续航版本的车型做电池选配时提供参考和依据。需要进一步研究电芯其他性能的价值评估模型。

6.8　用户充电习惯分析

过去的产品开发起始阶段，都是先由市场部进行市场调查并提交调研报告，确定将要开发的产品的目标用户人群；然后由研发、采购、制造等部门完成市场部预期产品实现交付；最后产品完成交付给用户以后，通过售后收集车辆的问题。而现在，基于大数据万物互联技术，可以直接通过车辆的云平台数据进行挖掘分析，获得用户都无法察觉到的车辆问题，并针对问题加以改善。

什么样的充电习惯对于用户来说最节能、最有利于提高电池寿命？这些问题对于降本、整车轻量化、节能减排，针对不同用户的电池充电倍率设计方案等，都有实际应用价值。用户的充电习惯直接影响电动汽车动力蓄电池的使用寿命与整车能量消耗量，汽车厂应该基于用户充电习惯的大数据挖掘分析，为用户提供其充电习惯报告，给出合理化充电计划建议。

本节基于用户的云平台采集数据进行挖掘研究，对用户的充电习惯进行分析与评价。首先，对动力蓄电池的储能原理进行说明；然后，研究整车续驶里程设计与用户匹配设计，推导出不同用户的里程需求与电池使用习惯；最后，从云平台中抽取典型用户进行数据分析与评价。分析表明，有一部分用户需要进行充电习惯培训，部分用户的整车续航能力设计与其出行习惯不匹配，建议为用户提供量身定制充电计划。大数据分析在用户充电习惯评价分析中有重要的实际应用价值。

1. 动力蓄电池充放电特性简介

当前纯电动汽车常用的动力蓄电池为锂离子动力蓄电池，具有循环寿命长、能量密度高和没有容量记忆特性等优点，但与燃油车不同的是，动力蓄电池储能充放电具有较大的非线性特点。当SOC较高时，限制回充功率，导致快充末段速率较慢；当SOC较低时，限制放电功率，给用户造成动力不足的不良驾驶体验。用户在平时用车过程中较难直接感受寿命、安全和能耗等相关特性，有必要初步了解电池的工作特性。

（1）允用SOC窗口

徐成善等在《车用锂离子电池放电区间与容量衰减关系的研究》中研究了不同放电区间电池的容量衰减情况，其中高SOC区间的电池容量衰减比低SOC区间快。在1.0~0.4放电区间内电池的容量衰减速度比0.4~0.2放电区间内电池衰减速度快了近一倍，比0.2~0放电区间内的电池衰减速度快了约两倍。分析发现，可用锂离子的损失是1.0~0.2放电区间电池容量衰减的主要因素，对于0.2~0放电区间的电池，在初始循环下可用锂离子损失是容量衰减的主因，而随着循环次数的增加，石墨负极的容量衰减成为该放电区间电池容量衰减的主要原因。

为了提升电池使用寿命，应当减少SOC较高区间段的使用。锂离子电池单体电压通常在2.6~4.3V的窗口，但实际使用中，为了防止电池过充与过放，通常使用3.0~4.2V的窗口。另外，电池在SOC状态较高时，会处于膨胀状态，增加电池起火风险。

（2）充放电倍率与老化

范智伟等在《锂离子电池充放电倍率对容量衰减影响研究》中通过研究电动汽车用三元锂离子电池的老化特性，分析总结了充放电倍率对单体容量的影响，探究了充放电倍率对电池循环老化性能的影响，得出结论如下：单体电池容量随充放电倍率增大而减小，充电容量以0.2C充电为基准，1C充电衰减约2%，3C衰减约6.3%；放电倍率对电池容量有明显影响，4C放电容量相较于0.3C放电容量衰减约32.4%；不同放电时期对电池容量衰减速率的影响关系为：循环前期放电倍率＞充电倍率，后期充电倍率＞放电倍率，放电倍率的增大对负极材料和活性物质影响明显，充电倍率增大对正极三元材料影响明显；在100次循环内，容量衰减的主要原因是可循环锂离子减少和活性物质的损耗。

（3）电池限功率特性

电池在高SOC状态需要限制充电功率，以防止电池过充；电池在低SOC状态要限制放电功率,以防止电池过放。电池在各 SOC 段由电芯特性决定其放电倍率上限。由于电池的这种特性,导致快充时电池在 80%SOC 以前可以以较高的倍率充电,而在 80%~100%SOC 的区间,由于充电功率限制,充电速度就慢了下来。所以汽车厂家宣传快充时间通常指的是 30%~80% 的快充区间,而部分用户由于不了解电池的限功率特性而造成误会。

2. 用户充电习惯对整车能量消耗量、安全与电池寿命的影响

由电池的特性可推导充电习惯对电池安全、寿命和整车能量消耗量的影响,从而引导用户调整为良好的充电习惯。因此,需要分别讨论充电习惯对电池安全、电池寿命和整车能量消耗量的影响。

(1)充电习惯对电池安全的影响

由于电池物理特性,汽车厂家已经在其物理极限、保证安全的前提下,已经做了一步允用 SOC 窗口设计。用户在确定出行计划的条件下,手动设置充电上限值至 90%SOC 是有利于提高电池安全系数的。但充电限制到 90%SOC 不符合用户的用车习惯,不应当强制执行。车企应当在车辆开发试验阶段,将所有车辆满充满放进行测试验证。由于电池的固有性质,用户在确定出行计划的时候,有手动调整设置电池充电上限的功能,无疑是较好的方案。充电上限限制在 90%SOC 并不意味着完全可以避免电池安全事故,但可以大大降低电池过充事故的概率。

(2)充电习惯对电池寿命的影响

由电池放电倍率与老化的关系可知,尽量选择慢充方式,有利于延长电池的使用寿命。尤其是新车前 100 次充电,电池容量衰减与充放电倍率关系非常明显。建议新车用户在前第一季度用车时,有条件的情况下,尽量均使用慢充充电。当前电池标准循环寿命通常在 1000~2000 次循环之间,若设计续航为 300km 的纯电动汽车,其全寿命里程约为 30~60 万 km。当充电习惯控制得较好时,理论上使用寿命可超过 60 万 km。

(3)充电习惯对能量消耗量的影响

在行驶过程中,由于控制上的安全限制,通常在 SOC 为 95%~98% 时不允许启动制动能量回收,之后再逐渐放宽允许制动能量回收功率。这导致部分用户经常使用 80%~100%SOC 段,制动能量回收较少,导致整车能量消耗量明显提高。对于有条件经常充电,且出行里程在续驶里程范围内的用户,建议手动设置充电上限为 90% 不仅有利于安全,也有利于降低车辆能量消耗量。在全寿命周期内,至少可节约电能 1000kW·h 以上。

3. 实际用户充电习惯云数据分析

以某款已售电动汽车为例,从云平台上下载 2020 年 5 月 1 日—2020 年 7 月 25 日的充电相关数据进行统计分析。下载的数据变量包括车辆 SOC、电池主回路电压、电池主回路电流、电池快/慢充标记状态,统计分析如下。

(1)充电相关信息统计

根据充电标志位的起始状态和截止状态,绘制电池 SOC 走势图中的起始充电/结束充电标记,如图 6-34 所示。

将图 6-34 的起始充电时刻、终止充电时刻提取,对电压、电流进行积分,获得各次充电能量。可以给出的统计信息包括每次充电的快/慢充选择、充电起始 SOC、充电结束 SOC、充电 SOC 变化量、充电电量、充电起始时刻、充电截止时刻。其近一个月的充电数据,见表 6-7。

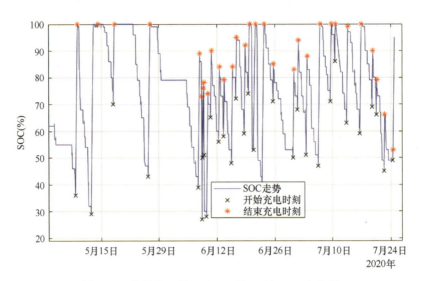

图 6-34 某用户 5 月 1 日—7 月 25 日 SOC 走势图

表 6-7 某用户近一个月充电数据统计

序号	快/慢充	起始 SOC（%）	结束 SOC（%）	SOC 变化（%）	充电电量 /kW·h	起始时刻	终止时刻	充电时间 /h
1	快充	53	89	36	23.93	2020/7/1 13:34	2020/7/1 14:07	0.54
2	慢充	45	66	21	13.15	2020/7/2 8:10	2020/7/2 10:31	2.34
3	慢充	63	84	21	13.46	2020/7/2 13:20	2020/7/2 15:50	2.49
4	慢充	57	93	36	24.98	2020/7/3 12:22	2020/7/3 16:54	4.54
5	快充	34	100	66	46.46	2020/7/5 7:40	2020/7/5 9:57	2.28
6	慢充	53	62	9	5.80	2020/7/9 13:23	2020/7/9 14:20	0.95
…	…	…	…	…	…	…	…	…
29	快充	73	89	16	10.56	2020/7/21 16:49	2020/7/21 17:05	0.27
30	快充	17	95	78	49.21	2020/7/22 6:50	2020/7/22 8:07	1.29

该车辆近期的充电参数是：快充次数 16 次，快充时间 12.49h，快充电量 415.86kW·h；慢充次数 14 次，慢充时间 37.30h，慢充电量 195.97kW·h；总充电 SOC933%，总充电时间 49.79h，总充电电量 611.83kW·h；平均 100%SOC 充电能量 65.58kW·h。

（2）开始充电 SOC-充电完成 SOC 关系图

统计车辆快慢充充电特性，可以知道电池因快充而老化的速率。但更多的充电习惯信息还是要通过起始/结束 SOC 以及各次充电 SOC 变化量的统计进行分析，如图 6-35～图 6-37 所示。

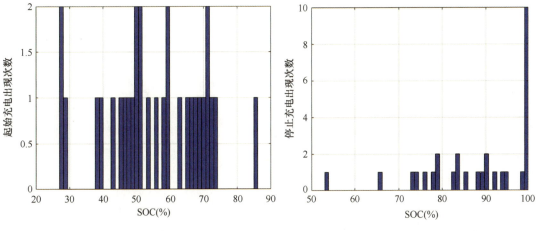

图 6-35　起始充电 SOC 分布　　　　图 6-36　结束充电 SOC 分布

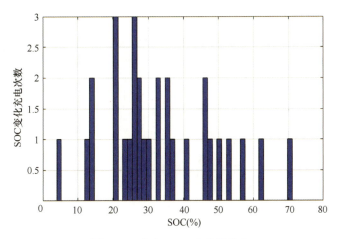

图 6-37　充电 SOC 变化量分布

　　从图 6-35 可知，该用户经常在 SOC 为 40%～75% 的区间开始充电，在大多数情况下，直接充电至 100%SOC 结束充电。各次充电 SOC 变化量为 15%～50%。由前面分析可知，良好的充电习惯应当尽量不充满，SOC 尽量保留 10%。另外，每次充电 SOC 电量应尽量超过 10%。将起始充电 SOC 与结束充电 SOC 进行联合分布，如图 6-38 所示，其中绿色区域为有利于车辆能耗、安全、使用寿命的区域。

　　为了对比不同用户的充电习惯对整车能量消耗量的影响，分析了两位用户的充电 SOC 分布与制动能量回收率。图 6-38、图 6-39 为甲用户的充电习惯及其对应的制动能量回收率，该用户经常充满电，但大多数情况是 SOC 小于 70% 以下再充电，其制动能量回收率为 32.67%，制动能量回收强度为 8.36kW·h/100km。图 6-40、图 6-41 为乙用户的充电习惯及其对应的制动能量回收率，该用户经常在 SOC≥80% 的时候就充电，且充到满电状态。其制动能量回收率仅为 14.61%，制动能量回收强度为 3.53kW·h/100km。制动能量回收与工况也有较大关系，经常行驶在等速工况的用户，其制动能量回收率也较少，并未在此处体现，因为这里仅从 SOC 较高限制制动能量回收的维度说明了充电习惯对制动能量回收的影响，从而影响整车能量消耗量。

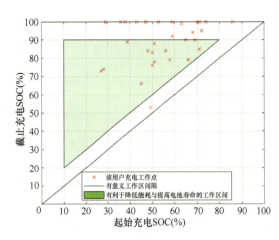

图 6-38 甲用户充电习惯

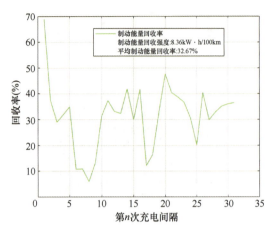

图 6-39 甲用户制动能量回收率

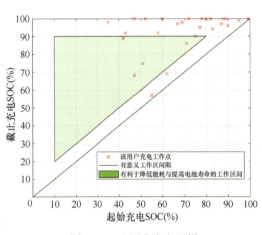

图 6-40 乙用户充电习惯

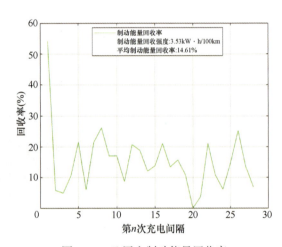

图 6-41 乙用户制动能量回收率

（3）各次充电 100%SOC 对应电量

电池的老化状态通常用容量衰减率来描述。电池处于初始状态下，100%SOC 通常对应电池的标称电量。示例中的电池标称电量为 68.5kW·h。随着电池的老化，剩余使用电量将小于标称电量。电池各次充电均可测得一次 100%SOC 对应的剩余可用电量，计算如式（6-37）所示：

$$E = \frac{E_{充电}}{SOC_{结束} - SOC_{起始}} \tag{6-37}$$

在示例中最近 30 次充电对应的剩余电量统计如图 6-42 所示。由于云平台数据中 SOC 的分辨率仅为 1%，当充电电量较少时，会导致使用该方法计算出的结果偏差较大。后续云平台数据的优化中应当提高 SOC 记录值的精度。当车辆行驶里程超过 15 万 km 时，该统计值将会出现明显的容量衰减趋势，这也是判断用户电池是否已达到实用寿命的重要参考信息。

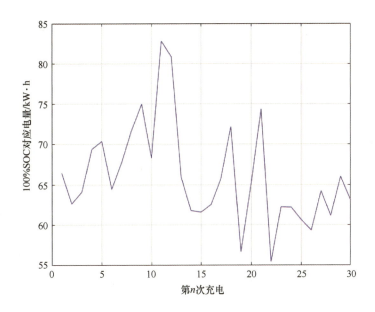

图 6-42　各次充电 100%SOC 对应电量

4. 数据分析报告的应用

基于大数据的电动汽车充电习惯分析,可直接应用于为用户提供定制化充电时间/充电方式;可以应用于产品开发阶段电池的模拟验证,整车的仿真设计;可以应用于电网/充电桩的网点布局建议等。

(1) 为用户提供定制化充电建议时间表

电池特性不同于燃油车的油箱,当前纯电动汽车的普及率不高,用户对电动汽车的使用与保养方式未达成良好的共识。基于统计结果提供给用户,并根据其用车习惯为其提供定制化充电时间/充电方案建议。

(2) 为产品开发阶段提供模拟验证方案

电池循环耐久老化试验通常实用标准循环工况进行评价。而基于用户大数据统计的充电习惯数据,直接发给电池厂商进行匹配测试,可以更好地模拟实际用户的使用工况,更精确地评估电池的寿命。为电池开发提供更合理的工况信息帮助完善电池性能提升。

(3) 为电网与充电桩运营商提供布置方案

基于大数据技术的分析,结合用户出行习惯的特点,可以设计更合理的配电方式。并与充电桩网点布置设计相互迭代优化,形成用户与车辆、车辆与充电桩、充电桩与电网之间更为协调合理地布局方案。

综上所述,精确统计用户的充电习惯,有助于弥补动力蓄电池先天不足特性。用户可以通过充电习惯分析报告,了解电池与整车的特性,并为其制定充电计划。良好的充电习惯有助于降低整车能量消耗量、提高用车安全系数、延长电池寿命。基于大数据的用户充电习惯分析与评价技术将在用户市场调研、产品初期设计、用户用车习惯引导等领域有重要的应用。

6.9 储能节能技术创新

在各个应用领域，锂离子动力蓄电池都有替代铅酸电池的趋势，梯次利用的锂离子动力蓄电池通常流通到电动自行车、两轮电动车和低速物流车等领域。而汽车上低压电池还是铅酸电池，是否可以被低成本锂电池替代呢？这需要分析低压铅酸电池替换为高密度的锂离子电池的节能经济价值。通过改善低压系统及策略来降低整车能耗水平的空间极其有限，但是配置低压锂离子电池，可以使动力蓄电池输出端的能耗直接降低约 0.6kW·h/100km，对续驶里程的提升意义重大。将制动过程的能量流单独分解分析，采用面积表示各环节能量回收，可以快速找到制动能量回收过程出现异常的子系统。

在能量流分析中容易忽略车辆的势能。车辆运动和爬坡所需的能量，都是动力蓄电池的能量转换而来，但制动和下坡过程，势能都在驱使车辆运动，其能效价值比电池还高，转换为克服道路阻力的能量上，效率可以认为是 100%，将其看成一个虚拟储能电源，对整车节能开发与能源管理策略开发都有很重要的价值。另外，结合以后的虚拟电表技术，整车的能源网络将与电网拓扑等效，很多能源管理的理论方法都可以互相套用。

6.9.1 低压锂离子蓄电池技术

近年来，在国家引导和市场推动下，新能源电动汽车产业进入快速发展期，"造车新势力"争相崛起，传统车企快速布局，我国电动汽车销售量和保有量不断增加。电动汽车的补贴政策对动力蓄电池能量密度、整车续驶里程与能量消耗量做了相关限定，2020 年补贴退坡切换为双积分政策，依然将电动汽车的这三个技术参数作为主要的积分计算依据。可见，提高车辆储能密度，提高车辆轻量化系数，提升车辆续驶里程对于新能源汽车厂商而言非常重要。

为提升电动汽车的续驶里程，对动力蓄电池的能量密度要求越来越高，车辆的轻量化也越来越重要。本节提出了采用低成本低压锂离子蓄电池替代铅酸电池作为备用电源的技术方案，对该技术方案的可行性进行了分析，并对其容量与能量管理策略进行设计。从轻量化、单位里程配电成本等多维度分析替代方案的优缺点，挖掘该技术的实际应用价值，达成了提高电动汽车轻量化系数、增加车辆配电量、提升车辆续驶里程的目的。具体而言，采用低成本低压锂离子蓄电池可使续驶里程增加约 7%，增加里程的部分每公里配电成本降低 50% 以上。

1. 汽车低压蓄电池技术发展

在 20 世纪 70 年代，车用电气系统得到了一次大规模升级，形成了目前较为普遍的 12V 系统。在 20 世纪 90 年代，美国曾试图主导新一次电气系统升级，推动 42V 系统的应用。受限于当时的技术水平，这次升级以失败告终。近年来，由于各种大功率电子器件不断集成，节能减排技术不断更新，出现了采用 48V 弱混合动力系统的汽车，其混动架构如图 6-43 所示。

目前，主流的纯电动汽车低压系统依然沿用 12V 铅酸电池的方案。电动汽车的大功率用电器可从动力蓄电池中取电，而低压用电系统通常使用动力蓄电池经过 DC/DC 变换器转换后间接驱动。该架构如图 6-44 所示。

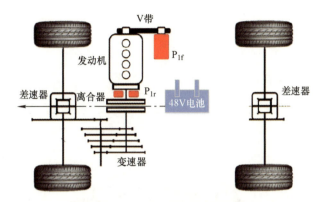

图 6-43 48V 汽车弱混动力系统架构

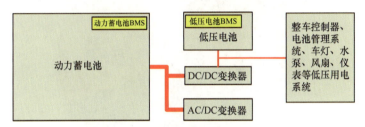

图 6-44 纯电动汽车高/低压系统架构

2. 基于大数据采集的低压锂离子蓄电池容量定制化设计

当低压电池的作用从备用电源切换为储能电源时,其容量设计与能源管理工作尤为重要。

(1)容量设计

纯电动汽车主要的低压用电器有仪表、水泵、车灯和控制与网关等,以某款纯电动汽车为例,各低压用电器功耗设计值见表 6-8,占比如图 6-45 所示。其中制动系统与冷却系统损耗较大,且不确定性较强,与环境和工况等相关。用 NEDC 工况平均损耗计算,低压用电器的平均损耗功率为 221.18W。

表 6-8 各低压用电器功耗

低压用电器	电流/mA	功率/W	占比
仪表	1600	19.20	8.68%
BCM	525	6.30	2.85%
MFCP	650	7.80	3.53%
IHU	2000	24.00	10.85%
Tbox	30	0.36	0.16%
OBC	800	9.60	4.34%
水泵与风扇(非长时消耗)	2500	30.00	13.56%
MCU+网关+变速器	1457	17.48	7.90%
VCU	100	1.20	0.54%
EPS	600	7.20	3.26%
ESC	370	4.44	2.01%

（续）

低压用电器	电流/mA	功率/W	占比
IRS	300	3.60	1.63%
日行灯	2500	30.00	13.56%
XBS（含制动灯，非长时消耗）	5000	60.00	27.13%
汇总	18432	221.18	100.00%

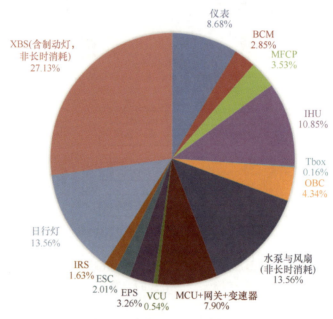

图 6-45　各低压用电器损耗占比

NEDC 的平均车速为 33km/h，则车辆每行驶 100km，低压用电系统损耗

$$E_\mathrm{L} = \frac{100 P_\mathrm{L}}{\bar{v}} \quad (6\text{-}38)$$

式中　P_L——低压用电系统平均耗电功率（W）；

$\bar{v}$——车辆平均行驶车速（km/h）；

E_L——低压用电系统损耗（W·h）。

计算得，百公里配电量为 0.67kW·h，若该车设计续航为 500km，则小电池配电量应为 3.35kW·h。

随着电动汽车的智能化发展，低压用电器将越来越多，中控大屏、收音机、手机充电器、智能机器人、各类雷达及线控系统等，均要消耗低压能量。且音量设置大小，导航开启频率等均与驾驶员的习惯紧密相关。因此需要从真实的驾驶路况大数据中获取低压用电器功率数据，如图 6-46 所示。该采集区间的峰值功率为 748W，平均功率为 240.34W。

同步采集该用户的驾驶工况，如图 6-47 所示。该时间段的平均速度为 28.8km/h，行驶距离为 346km，怠速占比为 26.0%。根据式（6-38）计算该用户适宜的百公里低压蓄电池配电量为 0.833kW·h。若该车动力蓄电池输出端能耗为 14kW·h/100km，DC/DC

变换器效率为85%,则配置低压电池后,动力蓄电池输出端能耗变为 14 − 0.833/0.85 = 13kW·h/100km,续航增加7.7%,续航增加至373km,小电池配电容量为 3.73 × 0.833 = 3.11kW·h。

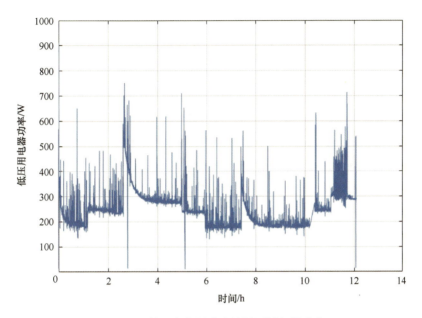

图 6-46　某用户实际道路的低压用电器功率

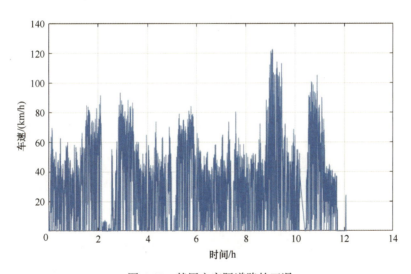

图 6-47　某用户实际道路的工况

（2）能源管理策略

从图 6-46 可知,在车辆行驶的过程中,低压蓄电池处于放电状态,且功率相对于动力蓄电池而言更稳定,偶尔出现 600W 左右的负载。如果电池储能 3.11kW·h,则峰值电流也不超过 0.25C,因此可以选择梯次利用电池或者其他高密度低成本锂电池。在车辆给动力蓄电池充电的同时,通过 DC/DC 变换器为该小电池补电。因此,该方案不能直接降低整车电网端能量消耗量。

锂电池的单体电压区间通常是 3.0～4.2V 之间，4 个电芯串联可到达 12～16.8V 的区间。因低压系统正常工作电压一般都设计在 9～16V，且梯次利用电池剩余电量及寿命、安全等问题，单体电压使用范围为 3～4V。若因堵车或其他驾驶员习惯，导致低压小电池 SOC 先到 0%，此时可切换为 DC/DC 输出 12V 的模式，后续低压用电器耗能由动力蓄电池包补充。

综上，低压蓄电池能源管理流程如图 6-48 所示。

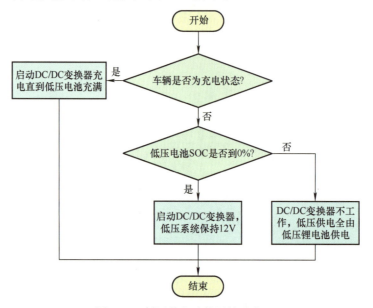

图 6-48　低压蓄电池能源管理流程

3. 使用锂离子电池替代铅酸电池优缺点分析

对于传统燃油车而言，低压电池起到低压系统备用电源的作用，车辆在起动以后，通常由发动机带发电机提供低压电源。而对于纯电动汽车而言，车辆起动后，通常由动力电源经过 DC/DC 变换器转换为低压用电器供电。所以，对于纯电动汽车而言，如果低压电池仅仅是备用电源的作用，是不需要这么大的容量的。但因动力蓄电池价格昂贵，能否将低压电池备用电源的身份切换成低压蓄电池储电系统的身份，以产生明显的经济效益？低压锂离子蓄电池替代铅酸电池的优缺点是相对性的，下面从使用寿命、能量密度、配电成本等维度分析锂离子电池替代铅酸电池的优缺点。

（1）使用锂离子电池替代铅酸电池的优点

优点 1：提高车辆续驶里程。对于 NEDC 工况，可提升 4%～6% 的续驶里程，对于实际驾驶工况，可提升 7.7% 左右。低压蓄电池的电量配置大了会浪费，配置小了会不够经济节能。因此低压蓄电池容量需要经过定制化设计。

优点 2：提高整车储能密度。锂离子动力蓄电池的密度可达 260W·h/kg，梯次利用的电池能量密度也高达 200W·h/kg，而铅酸电池能量密度仅为 45W·h/kg。配电 3.11kW·h 需要 69kg 铅酸电池，与之对应，仅需要 15.5kg 锂电池。等效提高电池包能量密度，示例中动力蓄电池包储电为 50kW·h，小电池配电 3.11kW·h 方案的车辆，在行驶过程中 DC/DC 变换器不工作，所以等效于给动力蓄电池包配多配了 3.66kW·h。等效于提升电池能量密度 7.23%。

优点 3：降低每公里配电成本。相对于动力蓄电池而言，梯次利用锂电池价格便宜 50% 以上。该部分电池可选择从车辆动力蓄电池退役梯次利用的电池，降低出行成本。依据该方案，汽车行业自身可以消化掉 5% ~ 10% 的退役动力蓄电池。当前，动力蓄电池的价格约为 800 ~ 1000 元 /kW·h，梯次利用电池的价格约为 200 ~ 400 元 /kW·h。若动力蓄电池增加 3.66kW·h，则动力蓄电池成本需增加约 3294 元，若采用低压锂离子蓄电池配电 3.11kW·h 方案，仅需要成本增加约 933 元。相当于每车降本 2361 元，经济效益明显。

优点 4：降低车辆行驶过程 DC/DC 变换器的损耗，提升储电效率。如示例分析，当前技术条件下，由于低压负载通常在较小的区间，平均仅为 240W，因此 DC/DC 变换器效率不高，通常在 85% 左右。选用低压锂电池储电方案后，可以在充电阶段令 DC/DC 变换器处在高效工作区，且车辆运行状态下若低压用电器配置合理，则行驶过程 DC/DC 变换器无须工作，从而提升储电效率。

（2）使用锂离子电池替代铅酸电池的缺点

缺点 1：锂离子电池低温特性不如铅酸电池。若遇到寒冷的天气，锂电池备用电源可能完全放不出电来。因此，对于极端天气的情况，低压锂离子电池需要集成到动力蓄电池中，如图 6-49 所示，同时配置辅助加热系统。

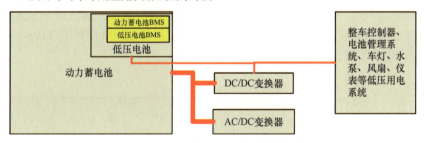

图 6-49　纯电动汽车高低压系统架构

缺点 2：需要增加电池管理系统。低压电源从备用电源的身份切换为储能电源身份，电池需要经常处于充放电工作状态。

缺点 3：需要根据具体的使用习惯配置电量。电量配少了，会导致有较长时间车辆 DC/DC 变换器处于工作状态，不利于节约出行成本。配置多了则会造成浪费，增加整车重量。且不同驾驶人员的低压用电水平稳定性有待进一步通过大数据分析确认。

综上所述，低压锂离子蓄电池替代铅酸电池的方案在理论上可行，而且成本上有优势，具有较大的经济效益潜力。但需要继续优化能源管理策略以及低压电池硬件设计，并将该方案在实车上验证。

6.9.2　重力势能的虚拟储能模型

以电机驱动为主要动力的混合动力汽车发展迅猛，车载电源呈现多样化发展趋势。孔伟伟在《汽车蓄电池管理方法的研究》中将 12V 低压电源变更为梯次利用锂离子蓄电池；聂开俊等在《超级电容与锂离子电池混合储能技术的发展》中结合超级电容充放电倍率大和寿命长的特点，应用于车辆制动能量回收系统的能源调节中；其他文献也提出将太阳能电池作为能源之一，增加电动汽车的续驶里程，建议将氢氧燃料电池与锂离子电池结合作为混合动力，实现高续航目标。这些储能方式都借助于特殊的储能设备，最主要的技术参数有储能量、能量密度和功率等。

有一类无形的能量表现形式极易被忽略，那就是车辆的动能与重力势能。在车辆的动力性经济性开发中，将坡度引入到工况开发中是目前在探索中的技术。将车辆的动能与重力势能视为虚拟电源，有利于整车能源管理策略的优化工作开展，有利于剩余里程估算方法与最近百公里能量消耗量算法的改进。在电网系统中，也引入了虚拟电源的概念，便于能源调度。

电动汽车的储能形式一般认为只储存在动力蓄电池中，持该观点的算法在计算车辆剩余里程与能量消耗量时会出现误差较大的问题。由于电动汽车具备制动能量回收功能，能将车辆的动能与重力势能重新转换为动力蓄电池的电能，因此，车辆的重力势能与动能从该角度观察，可视为一种车辆的储能形式。本节构建了一种虚拟储能电源模型，用于描述车辆动能与重力势能状态，并在车辆能耗与剩余续驶里程估算中应用。分析表明，虚拟电源模型在车辆能源管理和整车动力性经济性开发工作中具有积极作用。

1. 车辆经济性测试遇到的重力势能与动能相关问题

随着电池储能密度的提高，电池包可储存的能量越来越多，车辆续驶里程焦虑得到一定程度的缓解。但是，对电池 SOC、剩余里程和行驶能耗的估算等工作需要进一步细化。

合众汽车的哪吒 U 在第七届环青海湖（国际）电动汽车挑战赛续驶里程测试中，导出其云数据分析，从青海湖至西宁段，海拔高度落差约 1000m，里程约为 34km。该车在下坡过程中，电池 SOC 不降反升，如图 6-50 所示。

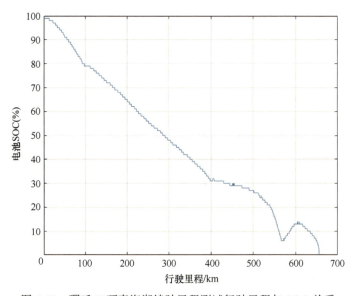

图 6-50 哪吒 U 环青海湖续驶里程测试行驶里程与 SOC 关系

在图 6-50 中，车辆行驶至 570~604km 段时，电池 SOC 从 7% 回升到了 12%，增加了 5%，折算到车辆电能，相当于电池增加了 3.4kW·h。查看地图可知，这两点对应的海拔落差约为 1000m。车辆整备质量为 1700kg，载荷 180kg，1000m 的重力势能等价于 5.2kW·h。正是这部分能量致使车辆行驶过程中电池 SOC 升高。

在售后服务中反馈能耗较高的用户中,出现相反的问题,即爬坡状态车辆能耗极高。有一位用户从北京行驶至崇礼,海拔落差约为1200m;另一位从嘉兴行驶至吉安的用户,海拔落差约300m。这些出发点与终点海拔高度落差较大的,都抱怨去程车辆能耗偏高,而返程时能耗又降了下来,对电动汽车不了解的用户就会怀疑是车辆出现了问题。这是由于用户对车辆重力势能理解不够充分造成的。引入重力势能虚拟电源模型,有利于用户理解真正的行驶能耗,修正车辆剩余里程,有助于用户更好地规划行程。

车辆动能主要影响其最近行驶里程的百公里能耗估算。我们在市面上很多电动汽车的最近里程能耗显示界面中发现,该数据常波动在 −20 ~ 60kW·h/100km 之间,曲线波动极大,严重影响用户对自己最近行驶里程能耗的判断。这是由于未能引入车辆动能修正造成的结果。提出虚拟电源的模型,与重力势能虚拟电源相似,能够为整车能源管理提供一个新视角,为用户更准确地把握出行能耗提供帮助。

2. 虚拟电源模型构建

电动汽车的储能单元是动力蓄电池,能量损耗形式包括车身电器损耗、电驱动系统能量转换损耗、减速器传动轴能量损耗、轮胎滚动阻力与空气阻力损耗等。车辆的动能与重力势能也是一种能量表现形式,但在车辆开发中往往被忽略。以总质量为2000kg,最高车速150km/h,标准工况下百公里能耗为10kW·h/100km的车辆为例,当海拔落差1000m时,其存储的重力势能为5.44kW·h,该部分能量足够驱动车辆行驶54.4km,当其处于最高车速时,其动能为0.48kW·h,该部分能量足够驱动车辆行驶4.8km,可见重力势能与动能对能量管理影响之大。估算用户剩余里程与最近行驶能耗时,必须进行修正。修正的方案是引入虚拟电源模型。

(1)虚拟电源模型原理

将车辆动能与重力势能视为一种储能形式时,由于这两种能量在轮边、车辆电力系统切断的情况下,也可转换为车辆道路阻力损耗的能量;当车辆启动制动能量回收时,可以视为从虚拟电源中将能量传递重新储存在动力蓄电池中,因此,可将虚拟电源视为与车辆机械系统直接连接的储能单元,如图6-51所示。

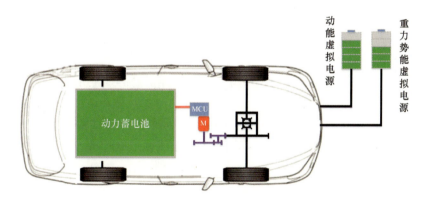

图 6-51 电动汽车虚拟电源模型

动能与重力势能的储能形式不同,因此区分为两个模型。之前提到了工况的制动能量回收强度属性,可以视为该虚拟电池的储能潜力。对于不同工况、不同地区的用户而言,其储能多少是不固定的，但有相应的统计规律。需要对两种虚拟电源进行量化定义，给出其储能性能量化结果。

（2）重力势能的虚拟电源定义

重力势能虚拟电源定义为车辆相对于海平面的重力势能，计算方法如下：

$$E_h = mgh \qquad (6\text{-}39)$$

式中　m——车辆整备质量与乘客、行李质量和（kg）；
　　　g——重力加速度（9.8N/kg）；
　　　h——海拔高度（m）。

目前还没有技术能精确获取车辆的动态载荷，是否上下乘客、是否装行李等，都影响整车质量的估算。在此条件下，可以用半载状态替代。海拔高度使用卫星定位信号，当前GPS精度为10m，不足以支撑车辆最近行驶里程平均能耗的计算，但随着北斗卫星定位技术的发展，海拔高度的精度也达到了厘米级别，这对车辆重力势能的分解，对车辆能耗是否处于正常水平的判断，将具有重要的意义。

由于负海拔的城市与海拔4000m以上的城市较少，因此重力势能虚拟电源电量为0对应海拔0m，满电状态对应海拔为4000m，再换算为kW·h。例如，质量为1.5t的乘用车，其重力势能储能能力为16.3kW·h。每次上坡-下坡循环，都相当于重力势能虚拟电源进行了一次充放电。

（3）汽车动能的虚拟电源定义

动能虚拟电源定义为车辆相对于车速为0时具备的动能，计算方法如下：

$$E_v = \frac{1}{2}(m+m_r)v^2 \qquad (6\text{-}40)$$

式中　m——车辆整备质量与乘客、行李质量和（kg）；
　　　m_r——车辆旋转部件转动惯量等效至轮边的等效惯量（kg）；
　　　v——车速（m/s）。

车辆质量m与重力势能计算类似，要注意动能计算时，增加一项旋转部件转动惯量等效至轮边的等效惯量，通常是整备质量的3%～5%，车辆设计阶段即可确定。要注意车速单位与能量单位的换算。

显然，当车速为0时，对应动能虚拟电源储能为0，储能的大小与车速的平方呈正比。最高车速状态下，对应该虚拟电源为满电状态。例如，某车型整备质量与载荷重量为1.5t，旋转部件等效惯量100kg，最高车速为130km/h，则计算得其动能虚拟电池储能能力为0.29kW·h。由于每次加速-减速循环，都相当于对动能虚拟电源进行了一次充放电，因此，其开发潜力远不止0.29kW·h的量级。

3. 虚拟电源模型的实际用户数据论证分析

虚拟电源在动力性经济性开发中主要应用于仿真分析与能源管理策略优化，在用户车辆上主要应用于剩余里程估算与最近里程平均行驶能耗估算。使用某用户的云数据进行相应的理论分析与论证。选择某用户从嘉兴市桐乡市同仁路出发至湖州市吉安县杭垓镇的路线，如图6-52所示。

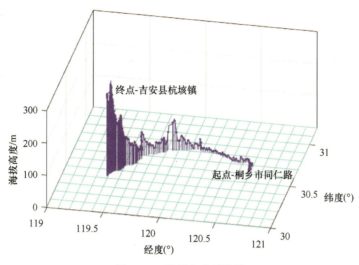

图 6-52 某用户出行轨迹

该用户出行信息如下:出发时车辆 SOC 为 88%,到达目的地时 SOC 为 33%;始发点海拔高度为 5m,目的地海拔高度为 255m;全程行驶了 160km,其中高速路 105km。各里程对应的车速与海拔高度信息如图 6-53 所示。

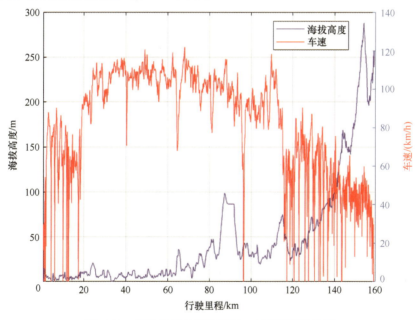

图 6-53 行驶里程与海拔高度、车速的对应关系

由图 6-53 可知,该用户在高速路上的平均车速为 80~120km/h,其他路况为市郊路况,速度主要分布在 40~80km/h。在整个行程中海拔高度呈逐渐走高的趋势,出现若干上坡与下坡,整体趋势是上坡。将数据代入上述模型,计算各时刻车辆的重力势能虚拟电源储电量与动能虚拟电源储电量,结果如图 6-54 所示。

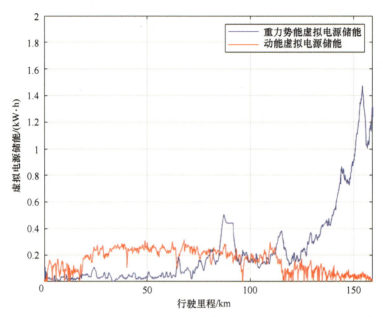

图 6-54　行驶过程中动能虚拟电源与重力势能虚拟电源储能量变化走势

由图 6-54 可知，动能的储电量峰值为 0.3kW·h，重力势能的储电量峰值为 1.45kW·h。该车型道路阻力能耗为 9.8kW·h/100km，意味着车辆从车速 120km/h 滑行至 0，可滑行约 3.1km，从海拔高度为 270m 的区域滑行至海拔高度为 0，可滑行 14.5km。

在能源管理开发模型中，通常使用电能的通用单位 kW·h 分析储能对象。但展现给客户的人机交互界面中，还需要以主电池包储能的百分比进行显示，方便用户理解。该示例中，车辆标称储电量为 54kW·h，出发前剩余 SOC 为 88%，到达目的地时剩余 SOC 为 33%。将虚拟电源储能等效为动力蓄电池 SOC 百分数，如图 6-55 所示。

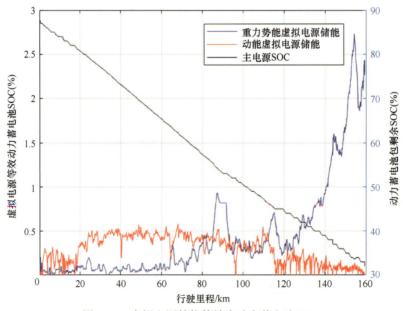

图 6-55　虚拟电源储能等效为动力蓄电池 SOC

由图6-55可知，动能虚拟电源对SOC的影响≤0.5%，意味着如果用户从车速为0全力加速到120km/h，动力蓄电池SOC至少下降0.5%。重力势能虚拟电源对SOC影响高达2.5%，意味着用户在该行程中动力蓄电池有2.5%的能量以车辆重力势能的形式储存起来了，在返程的时候这部分能量才会释放。该行程SOC下降约为55%，即如果返程，将只需要损耗50%的能量，用户感觉节能了10%。当理解了重力势能虚拟电源以后，将有助于用户理解能量损耗原因并更好地规划行程。但行程信息可集成到整车控制系统用于剩余里程估算，将有助于车辆更加精确地计算和合理规划车辆行程，提升智能化水平。

4. 虚拟电源应用

虚拟电源是对整车能源管理系统的完善，对虚拟电源的理解有助于车辆节能开发。具备制动能量回收功能的车辆，相当于充分使用了该虚拟电源资源。据分析，制动能量回收功能对车辆的里程贡献率高达20%~50%，对节能减排贡献巨大。引入虚拟电源模型以后，将更有利于节能减排相关优化工作。

（1）应用于车辆能耗估算

目前大多数车辆计算车辆的能量消耗量时都会出现负值，这是由于将车辆的动能与重力势能视为车辆的外部能量。将损耗在道路阻力与车身电器上的能量视为车辆的能量损耗，车辆的能耗才不会出现负值的情况，更便于更精确地估算车辆行驶能耗。对车辆各部分能耗的精确分解，有助于车辆能源管理策略优化。目前海拔高度参数还难以较精确估算，在用户的能耗分解中依然有困难。目前已有多种方式引入坡度信息，包括提高定位精度，引入高精度地图技术等，还有尝试使用多传感器融合进行估算的方法。下一步工作将结合这些技术基础实现车辆海拔高度与坡度的估算与应用。

（2）应用于剩余续驶里程估算

纯电动乘用车用户常常抱怨续驶里程不够或打折的问题，要提高续驶里程，需要增加充电桩，提高车辆快充性能等。但这些措施还不够，消除用户里程焦虑还要提高车辆剩余里程的估算精度。从分析可知，车辆的行驶能耗与行驶工况相关性极高，提高剩余里程估算精度就要结合车联网技术对车辆行程进行规划，引入车辆虚拟电源概念，并规划中途停靠充电桩补电方案。

（3）应用于制动能量回收策略优化

将动能与重力势能视为车辆的虚拟电源时，可发现这样的现象：启动制动能量回收功能，实际上是将虚拟电源的能量转换为动力蓄电池储能。车辆频繁加速与减速，动力蓄电池也会频繁充放电，这会提高电池的充放电倍率，降低动力蓄电池的使用寿命。因此有方案提出增加一个超级电容作为制动能量回收去加速时的能量储存单元，超级电容正好有充放电倍率大，寿命高的特点。此时超级电容与车辆动能相当于两个此消彼长的电源，类似于电梯配重，将超级电容容量设置与车辆动能相同，可以有效降低动能回收系统对动力蓄电池的冲击，如图6-56所示。

图6-56中虚拟电池与机械传动系统通过机械连接结合在一起，超级电容则通过一套电驱动系统与机械传动系统相连接。动力蓄电池输出的能量始终保持为正向，超级电容与虚拟电源之间的能量转换则较为频繁。每次加减速/上下坡，都相当于能量在两电源之间循环一次。

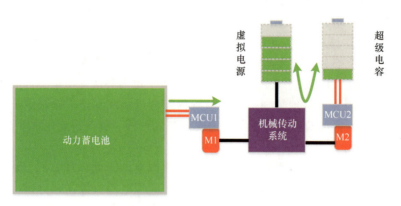

图 6-56　超级电容"配重"与虚拟电源相互平衡

关于制动能量回收策略,有文献提到取消松开加速踏板和制动踏板状态下的滑行制动能量回收功能,可有效降低车辆能耗,提高车辆续驶里程。从虚拟电源模型中不难理解,车辆的动能与重力势能可直接转换为车辆道路阻力损耗的能量,若非必要,不应当将其回收至电池而导致传动系统更多地损耗能量。这与制动能量回收强度设置的越强,出行越节能的结论相反。

综上所述,虚拟电源模型可应用于整车动力性经济性建模、优化车辆能耗估算算法、优化剩余续驶里程估算算法和改善制动能量回收策略,以实现更合理的车辆能源管理策略。该模型对车辆的性能开发、能耗问题的远程诊断、合理的出行规划等均可起到积极意义。

第 7 章 动力性经济性优化技术展望

本书对电动汽车动力性经济性领域的技术做了分析和总结，部分章节里的技术创新点较高、应用价值较大，编者期待与广大读者分享，与同行们一道推进新能源汽车的发展。目前制约电动汽车发展的关键因素依然是经济节能技术，作者预测以下领域仍将是未来的研究热点。

1. 制动能量回收

随着中国工况的推行，制动能量回收将越发重要。协调式制动能量回收技术有望成为续航300km以上车型的标配。滑行回收策略和紧急制动回收策略仍然有研究和改进的空间。

2. 低风阻车身

在NEDC工况下的风阻损耗普遍在 4~5kW·h/100km，在中国工况下也要在 3~4kW·h/100km。隐藏式把手、隐藏式刮水器、主动进气格栅、扰流尾翼、低风阻前脸等技术将继续成为热门问题。不同用户车辆的风阻损耗差异很大，辨识用户驾驶特征并制定针对性措施具有重大意义。

3. 低滚阻轮胎

轮胎滚阻系数从早期的 15N/kN 降低到现在的 6.8N/kN，百公里能量消耗量约为 2.5~3.5kW·h/100km。滚阻仍有进一步优化空间，预计低滚阻轮胎最终可达 5.0N/kN 级别，对整车的能耗下降空间还有 0.7kW·h/100km。与风阻的区别在于滚动阻力与用户的驾驶习惯无关，对于不同用户，风阻影响的能耗差距有可能高达 2kW·h/100km，而滚动阻力的差异理论上不存在。

4. 整车轻量化

整车轻量化可以有效提高电动车的续驶里程，轻量化可以通过结构优化设计、应用轻质材料和先进制造工艺实现。整车轻量化主要包括车身轻量化、底盘轻量化、动力传动系统轻量化。高强度钢、铝合金、镁合金、工程塑料、复合材料等轻质材料在汽车上的应用比例会继续提升。2000MPa的热成型钢板在个别车型上已经开始应用，500MPa的铝合金也开始应用于车身结构件，碳纤维复合材料也有望降低成本，为量产车型应用奠定基础。车企应该根据自己的市场定位，针对不同车型选择轻量化措施。

5. 电池集成技术

即取消电池包设计，将电芯直接集成到底盘（CTC技术）或者下部车身上（CTB技术），将车身地板和电池上盖合二为一，传统电池包与车身之间的冗余空间被充分利用，电芯可布置空间增大，提高电池容量，提升车辆续驶里程。

6. 复合电源技术

低压锂离子电池是一种复合电源。不少文献对锂离子电池与超级电容的复合做过分析研究，推荐阅读郑勇的《纯电动汽车复合储能系统参数匹配及功率分配策略》。太阳能电池与锂离子电池的复合性、氢氧燃料电池与锂离子电池的复合性均有待研究，增程式汽车也使用了复合电源。辨识各种复合方式的技术价值与潜在用户将是未来的研究重点。

7. 复合电机技术

当前纯电动汽车基本上以单电机、单速比为主。未来是往轮毂电机发展还是往轮边电机发展，或者是往多电机多速比的方向发展，目前还不明朗。同轴双电机单速比将是中低端车的首选，多电机能耗影响及方案是接下来研究的重点，而高端车才会尝试采用分布式轮边电机与轮毂电机。

8. 高性能动力蓄电池系统

电池作为电动汽车的核心技术将在很长时间内持续保持。电池的核心技术中，能量密度是最关键指标，直接关系能耗和续航。电池的安全性、寿命、高低温适应性等也应当成为关注的重点。建立电芯的测试和评价能力将是公司的核心竞争力。通过创新正负极材料以及固态电解质的导入，电芯能量密度有望得到进一步提升。富硅极锂离子动力蓄电池能量密度可能高达 500W·h/kg，而 350W·h/kg 电芯已经满足 1000km 续驶里程的要求，随着电池成本的降低，未来低端车的续驶能力也有望突破 1000km。

9. 零拖滞力矩制动卡钳

卡钳的拖滞力大概是 2.5N·m，对整车能耗的影响大概是 1kW·h/100km，而台架测试有/无安装卡钳的车辆机械阻力时，发现区别高达 1.2kW·h/100km，接近轮胎滚阻。目前有很多零拖滞或低拖滞的卡钳专利，但供应商体系中能应用的寥寥无几。号称零拖滞卡钳实际上测试结果也高达 0.6kW·h/100km，且需牺牲一定的制动安全性能。这个领域相关的文献较少，未来有可能成为研究热点。

以上各技术的应用均与其性价比相关，掌握大数据挖掘技术，有能力对用户定制化设计的企业显然将占据技术制高点。主机厂对各零部件供应商及选配方案的测评体系的建立至关重要，虽然自己不做电机及电池，但是必须有能力挑选性价比最高的电机，有能力辨识当前市场上各类电池的性能与用户的匹配关系，有能力针对不同用户选配最经济适用的气动组件方案，有魄力对新技术做尝试，有实力对市场中出现的新技术进行快速测评和融合。

参 考 文 献

[1] 白巴特尔.整车传动系统阻力测试方法的研究[D].天津:河北工业大学,2015.
[2] 班丽卿,柏祥涛,庄卫东,等.长寿命高镍无钴锂离子正极材料的制备[J].无机化学学报,2020,36(1):79-86.
[3] 曾清红,卢德唐.基于移动最小二乘法的曲线曲面拟合[J].工程图学学报,2004(1):84-89.
[4] 陈春梅.滑行法确定底盘测功机加载数值研究[D].西安:长安大学,2009.
[5] 陈会航,李松生,尚耀华,等.高速主轴滚子轴承动态摩擦力矩测试装置研究[J].润滑与密封,2018,43:90-95.
[6] 陈磊,杨杨,贺子龙.我国纯电动乘用车能耗限值法规浅析[J].汽车实用技术,2017(22):69-70+95.
[7] 陈燎,杨帆,盘朝奉.基于电池能量状态和车辆能耗的电动汽车续驶里程估算[J].汽车工程学报,2017,7(2):113-122.
[8] 陈明,郭立新.电动汽车动力性与能耗经济性参数灵敏度分析[J].东北大学学报(自然科学版),2012,33(5):723-726.
[9] 陈勇,孙逢春.电动汽车续驶里程及其影响因素的研究[J].北京理工大学学报,2001,21(5):578-582.
[10] 陈勇.纯电动汽车的评价方法研究[J].北京信息科技大学学报(自然科学版),2012,27(1):47-51.
[11] 初亮,蔡健伟,富子丞,等.纯电动汽车制动能量回收评价与试验方法研究[J].华中科技大学学报(自然科学版),2014,42(1):18-22.
[12] 初亮,刘达亮,刘宏伟,等.纯电动汽车制动能量回收评价方法研究[J].汽车工程,2017,39(4):471-479.
[13] 崔晓康,朱茹敏.基于MATLAB的汽车整车性能分析的可视化研究[J].汽车零部件,2013(4):71-73.
[14] 电动汽车百人会专家.分阶段释放退坡避免大起大落[J].变频器世界,2019(1):67-68.
[15] 董明文.48V汽车弱混动力系统研究[D].西安:长安大学,2018.
[16] 董扬.中国汽车工况研究的几点意见[J].汽车纵横,2015(5):3.
[17] 范智伟,乔丹,崔海港.锂离子电池充放电倍率对容量衰减影响研究[J].电源技术,2020,44(3):325-329.
[18] 范子杰,桂良进,苏瑞意.汽车轻量化技术的研究与进展[J].汽车安全与节能学报,2014,5(1):1-16.
[19] 方运舟.纯电动轿车制动能量回收系统研究[D].合肥:合肥工业大学,2012.
[20] 冯悦新.底盘测功机工作原理及使用[J].汽车工程师,2012(8):56-59.
[21] 付红飞.乘用车轮胎滚动阻力对整车动力性经济性影响的研究[J].汽车实用技术,2019(9):115-117.
[22] 付江成,胡松利,王勇,等.电池自放电率检测分选系统的研究[J].现代电子技术,2006(16):158-159,163.
[23] 付翔,何宗权,黄斌,等.基于多信息数据融合滤波的坡度识别算法[J].江苏大学学报(自然科学版),2021,42(2):173-179.
[24] 高慧中,王志杰,尹韶平,等.水下燃料电池动力系统能量管理策略仿真[J].水下无人系统学报,2018,26(3):242-246.
[25] 高岳,李珍妮,杨一春,等.风洞法测量汽车道路行驶阻力[J].汽车工程学报,2019,9:21-26.
[26] 戈宝军,罗前通,王立坤,等.高速永磁同步电动机铁耗分析[J].电机与控制学报,2020,24(4):32-39.

[27] 葛静，张磊乐，游广飞．基于扭摆法的转动惯量自动测试设备结构设计[J]．机械传动，2012，36(8)：61-63．

[28] 龚春忠，陈海琴，吴佳鸣，等．电动汽车能量消耗量灵敏度分析与瀑布图制作[J]．中国汽车，2021(4)：40-45．

[29] 龚春忠，陈立峰．基于百公里能耗的电动汽车续驶里程设计与评价[J]．汽车实用技术，2017(24)：56-59．

[30] 龚春忠，何浩，张永．电动汽车滑行法与查表法试验对比分析[J]．汽车实用技术，2018(22)：1-3+10．

[31] 龚春忠，胡建国，张永，等．基于大数据技术的汽车制动策略研究[J]．汽车科技，2019(4)：6-9．

[32] 龚春忠，李佩佩，张永．纯电动乘用车能量消耗量分布规律研究[J]．中国汽车，2020(6)：21-24，58．

[33] 龚春忠，李鹏，单承标，等．电动汽车制动能量回收措施定制化设计[J]．汽车工程师，2021(4)：26-29．

[34] 龚春忠，李涛，张永，等．基于等效续航能力的电池能量密度价值评估[J]．汽车科技，2021(2)：28-32．

[35] 龚春忠，刘金子，孟凯，等．电动汽车低速滑行试验分析[J]．汽车工程师，2019(10)：49-51，55．

[36] 龚春忠，彭庆丰，张政．单纯形优化法在汽车滑行试验中的应用[J]．汽车工程师，2020(5)：31-34．

[37] 龚春忠，彭庆丰．车用动力蓄电池回收利用余能检测方法研究[J]．中国汽车，2018(8)：30-33．

[38] 龚春忠，沈羡玉，刘金子，等．汽车滑行试验速度间隔选取对精度的影响研究[J]．汽车实用技术，2019(24)：58-60，78．

[39] 龚春忠，孙玉玲，何浩，等．随机抽样法在电机效率测评与标定中的应用[J]．汽车电器，2020(10)：16-19．

[40] 龚春忠，孙玉玲，何浩，等．电动汽车低压锂离子蓄电池技术研究及定制化设计[J]．汽车电器，2021(7)：17-19，22．

[41] 龚春忠，王可峰，张洪雷，等．汽车行驶工况的能耗相关统计特征研究[J]．中国汽车，2020(11)：4-7，44．

[42] 龚春忠，张洪雷．基于等效能耗的汽车行驶工况重构算法研究[J]．汽车科技，2018(6)：31-34．

[43] 龚春忠，张永，彭庆丰．汽车滑行试验结果的等效能量消耗量描述法研究[J]．汽车科技，2019(2)：25-29．

[44] 龚春忠，张永，王可峰，等．纯电动汽车REESS的电压电流采集方法研究[J]．汽车科技，2020(5)：2-6．

[45] 龚春忠，张政，张李侠．移动最小二乘法在电机试验数据处理中的应用[J]．汽车工程师，2019(3)：55-57．

[46] 龚春忠．汽车滑行试验的校正技术研究[J]．汽车实用技术，2020(12)：99-102．

[47] 龚金科，颜胜，黄张伟，等．发动机辅助制动性能仿真研究[J]．中国机械工程，2014，25(9)：1268-1272．

[48] 龚贤武，唐自强，赵轩，等．轮边电机驱动型电动汽车动力系统参数优化设计[J]．合肥工业大学学报（自然科学版），2017，40(1)：24-30．

[49] 关婷．$LiCoO_2/C$电池循环性能衰减规律及不同条件加速影响研究[D]．哈尔滨：哈尔滨工业大学，2018．

[50] 郭春贤．移动最小二乘法的快速算法及其应用[D]．重庆：重庆大学，2016．

[51] 郭俊，卢兰光．基于能流图的混合动力车数据分析方法[J]．客车技术与研究，2014，36(5)：9-12．

[52] 郭秋林，王国强，史启通，等．一种无模组化电池包结构：CN106450089A[P]．2017-02-22．

[53] 郭晓际．特斯拉纯电动汽车技术分析[J]．科技导报，2016，34(6)：98-104．

[54] 郭岩，刘瑞锋，王琪．纯电动汽车能耗标准GB/T 18386.1—XXXX与GB/T 18386—2017的对比分析[J]．中国汽车，2019(11)：41-45．

[55] 韩立，吴昌林，曹灿．基于CRUISE的某轻型载货汽车动力性优化匹配设计[J]．轻型汽车技术，2013(9)：7-10．

[56] 韩世龙．梯次利用电池储能系统均衡电路研究[D]．北京：北京交通大学，2019．

[57] 韩雪冰. 车用锂离子电池机理模型与状态估计研究 [D]. 北京：清华大学，2014.
[58] 韩宗奇，李亮. 测定汽车滑行阻力系数的方法 [J]. 汽车工程，2002，(4)：364-366.
[59] 何浩，张洪雷，彭庆丰，等. 永磁同步电机相关整车应用特性的研究 [J]. 汽车科技，2018(4)：35-39.
[60] 洪木南，周安健，苏岭，等. 增程式混合动力汽车的分段式能量管理策略研究 [J]. 汽车工程学报，2019，9(2)：104-108，156.
[61] 侯恩广，乔昕，刘广敏，等. 动力锂电池 SOC 估计的建模与仿真 [J]. 计算机仿真，2014，31(2)：193-196.
[62] 胡建国，龚春忠，张永，等. 电动汽车制动能量回收技术研究 [J]. 汽车实用技术，2019(2)：10-12.
[63] 胡杰. 个性化驾驶员模型及其在驾驶行为评估中的应用 [D]. 杭州：浙江大学，2017.
[64] 黄巨成，李虎本，朱亚伟. EPB 卡钳拖滞力矩的测试方法和解决方案 [J]. 智能制造，2019(11)：42-46.
[65] 黄丽芳. 基于扭摆法动力总成惯量测试改进方法 [J]. 科技经济导刊，2015(13)：120-121.
[66] 黄祯，冯国星. 中国科学院高能量密度锂电池研究进展快报 [J]. 储能科学与技术，2016，5(2)：172-180.
[67] 贾玉健，解大，顾羽洁，等. 电动汽车电池等效电路模型的分类和特点 [J]. 电力与能源，2011，32(6)：516-521.
[68] 姜平，石琴，陈无畏，等. 基于小波分析的城市道路行驶工况构建的研究 [J]. 汽车工程，2011，33(1)：70-73，51.
[69] 姜平，石琴，陈无畏. 聚类和马尔科夫方法结合的城市汽车行驶工况构建 [J]. 中国机械工程，2010，21(23)：2893-2897.
[70] 姜平. 城市混合道路行驶工况的构建研究 [D]. 合肥：合肥工业大学，2011.
[71] 蒋奕权. 基于 CRUISE 的混合动力汽车动力性研究 [D]. 邯郸：河北工程大学，2018.
[72] 金娇荣. 理想 ONE 增程式电动汽车动力系统解析 [J]. 汽车维护与修理，2020(3)：74-75.
[73] 靳博文，乔慧敏，潘天红，等. 基于内阻功率消耗的锂电池 SOC 估计 [J]. 汽车工程，2020，42(8)：1008-1015，1059.
[74] 阚振广，马彪. 车辆传动装置功率损失建模计算 [J]. 车辆与动力技术，2003，(2)：25-28，34.
[75] 孔伟伟，杨殿阁，李兵，等. 汽车蓄电池管理方法的研究 [J]. 汽车工程. 2015，37(5)：576-581.
[76] 寇发荣，方宗德. 汽车可控悬架系统的研究进展 [J]. 汽车工程，2007(5)：426-432.
[77] 李百华，郭灿彬. 电动汽车锂电池工作特性等效电路比较研究 [J]. 机电工程技术，2016，45(12)：72-74，126.
[78] 李国栋，王兆甲. 汽车滑行阻力系数的测定方法研究 [J]. 汽车实用技术，2015 (10)：79-81.
[79] 李华林. 基于 FLUENT 的汽车外流场的空气动力学仿真及优化设计 [D]. 兰州：兰州交通大学，2014.
[80] 李帅，范雨卉，潘忠亮. 提升电驱动系统效率控制方法综述 [J]. 汽车文摘，2019(6)：27-31.
[81] 李雪. 新能源汽车电磁装置用绕组扁线技术研究 [D]. 哈尔滨：哈尔滨理工大学，2019.
[82] 刘福才，潘江华，韩宗奇. 基于遗传算法的汽车滑行阻力系数测定方法 [J]. 汽车工程，2003(6)：610-612，616.
[83] 刘建春，齐巍. 纯电动汽车动力系统仿真技术研究与应用 [J]. 时代汽车，2019(5)：57-59.
[84] 刘娇娇. 锂电池充放电模型及关键参数影响研究 [J]. 电源技术，2017，41(11)：1545-1546，1574.
[85] 刘兰剑，宋发苗. 国内外新能源汽车技术创新政策梳理与评价 [J]. 科学管理研究，2013，31(1)：66-70.
[86] 刘攀峰. 青海湖地区空气密度年变化分析 [J]. 青海大学学报 (自然科学版)，2010，28(2)：14-15，60.
[87] 刘树林. 电动汽车用锂离子动力蓄电池建模与状态估计研究 [D]. 济南：山东大学，2017.
[88] 刘天洋，余卓平，熊璐，等. 智能网联汽车试验场发展现状与建设建议 [J]. 汽车技术，2017 (1)：7-11，32.

[89] 刘忠途，伍庆龙，宗志坚. 纯电动汽车动力性与能耗灵敏度分析 [J]. 上海汽车，2010(12)：8-11.

[90] 卢东斌，欧阳明高，谷靖，等. 电动汽车永磁同步电机最优制动能量回馈控制 [J]. 中国电机工程学报，2013，33(3)：83-91，12.

[91] 卢居霄，林成涛，陈全世，等. 三类常用电动汽车电池模型的比较研究 [J]. 电源技术，2006(7)：535-538.

[92] 卢若振，陈海琴，龚春忠，等. 电动汽车降低风阻措施定制化设计 [J]. 中国汽车，2021(7)：8-12，30.

[93] 路尧. 中国轻型汽车行驶工况开发 [D]. 北京：北京理工大学，2016.

[94] 罗俊. 影响轮胎滚动阻力的因素分析 [J]. 自动化仪表，2015，36：72-75.

[95] 罗勇，祁朋伟，阚英哲，等. 基于模拟退火算法的锂电池模型参数辨识 [J]. 汽车工程，2018，40(12)：1418-1425.

[96] 罗玉涛，王峰，喻皓，等. 基于行驶工况的磷酸铁锂电池寿命模型研究 [J]. 汽车工程，2015，37(8)：881-885.

[97] 吕辰. 电驱动车辆回馈制动力与摩擦制动力动态耦合控制 [D]. 北京：清华大学，2015.

[98] 吕优. 纯电动汽车再生制动节能潜力研究 [D]. 长春：吉林大学，2017.

[99] 吕媛媛. 浅谈现有电动汽车用动力蓄电池国家标准 [J]. 电池，2016，46(5)：281-284.

[100] 马志雄，朱西产，李孟良，等. 动态聚类法在车辆实际行驶工况开发中的应用 [J]. 武汉理工大学学报，2005(11)：73-75，85.

[101] 莫易敏，雷志丹，姜宏霞，等. 润滑油对变速箱传动效率影响的试验研究 [J]. 机械设计与制造，2019(7)：131-134.

[102] 聂开俊，龚希宾，朱泉. 超级电容与锂离子电池混合储能技术的发展 [J]. 蓄电池，2019，56(3)：101-105.

[103] 聂文亮，金靖淋，蔡黎，等. 动力锂电池模型在线参数估计的研究 [J]. 科技资讯，2017，15(17)：25-27，29.

[104] 牛亚卓，聂国乐，杨建军，等. 基于多工况分析的插电式混合动力汽车节能控制策略 [J]. 汽车安全与节能学报，2020，11(4)：546-552.

[105] 牛亚卓. 乘用车动力性和经济性仿真分析与评价 [D]. 天津：河北工业大学，2015.

[106] 彭海涛，何志伟，余海阔. 电动汽车用永磁同步电机的发展分析 [J]. 微电机，2010，43(6)：78-81.

[107] 屈伸. 某SUV车型动力传动系参数优化匹配与试验研究 [D]. 长春：吉林大学，2020.

[108] 全球低滚阻轮胎市场强劲增长 [J]. 特种橡胶制品，2019，40(6)：69.

[109] 任山，张明君，王仁广. 纯电动汽车电能消耗和续驶里程测试标准对比分析 [J]. 汽车零部件，2017(6)：84-86.

[110] 阮廷勇，张开斌. 北京工况、重庆工况及欧洲工况特征参数比较与分析 [J]. 重庆工学院学报（自然科学版），2007(10)：18-22.

[111] 佘承其，张照生，刘鹏，等. 大数据分析技术在新能源汽车行业的应用综述——基于新能源汽车运行大数据 [J]. 机械工程学报，2019，55(20)：3-16.

[112] 申永鹏，王耀南，孟步敏，等. 增程式电动汽车功率流优化策略 [J]. 中国电机工程学报，2015，35(16)：4035-4042.

[113] 沈炎宾，陈立桅. 高能量密度动力蓄电池材料电化学 [J]. 科学通报，2020，65(Z1)：117-126.

[114] 石琳，汤泽波，彭林杰，等. 不同温度下纯电动汽车整车能量流研究 [C]// 2020 中国汽车工程学会年会论文集 (2). 北京：机械工业出版社，2020.

[115] 石敏. 轻型汽车行驶工况构建的研究 [D]. 天津：天津理工大学，2014.

[116] 石琴，郑与波，姜平. 基于运动学片段的城市道路行驶工况的研究 [J]. 汽车工程，2011，33(3)：256-261.

[117] 史天泽, 赵福全, 郝瀚, 等. 汽车 48 V 系统的节能效果、应用成本与实施策略 [J]. 汽车技术, 2018(7): 5-11.

[118] 宋超, 王文明, 谢勇波, 等. 基于最小二乘法的电机特性曲线绘制与效率仿真 [J]. 大功率变流技术, 2016(1): 49-52.

[119] 宋世欣, 王庆年, 王达. 电动轮汽车再生制动系统控制策略 [J]. 吉林大学学报 (工学版), 2015, 45(2): 341-346.

[120] 宋永华, 阳岳希, 胡泽春. 电动汽车电池的现状及发展趋势 [J]. 电网技术, 2011, 35(4): 1-7.

[121] 宋媛媛. 基于行驶工况的纯电动汽车能耗建模及续驶里程估算研究 [D]. 北京: 北京交通大学, 2014.

[122] 苏玉青, 李舜酩, 王勇. 汽车能量回收系统研究概述 [J]. 噪声与振动控制, 2016, 36(2): 6-11, 16.

[123] 孙冬. 锂离子电池梯次利用关键技术研究 [D]. 上海: 上海大学, 2016.

[124] 孙逢春. 如何用大数据评价新能源汽车 [N]. 新能源汽车报, 2019-03-04(004).

[125] 孙宏达. 纯电动汽车再生制动控制系统的研究 [D]. 哈尔滨: 哈尔滨理工大学, 2016.

[126] 孙丽, 史册. 锂离子电池快充技术的研究进展 [J]. 电源技术, 2017, 41(7): 1085-1088.

[127] 孙庆乐, 于海波, 李贺龙, 等. 电动汽车滑行工况能量回收策略探究 [J]. 车辆与动力技术, 2020(2): 1-5.

[128] 孙涛, 龚国庆, 陈勇. 锂电池参数辨识模型的设计与研究 [J]. 电子技术应用, 2019, 45(3): 127-130.

[129] 孙砚田. 轮胎滚动阻力分析及其性能优化方法研究 [D]. 镇江: 江苏大学, 2016.

[130] 滕艳琼, 巢凯年, 张小龙. 汽车动力性试验系统数据处理 [J]. 四川工业学院学报, 2003(3): 20-22, 26.

[131] 童毅, 欧阳明高. 前向式混合动力汽车模型中传动系建模与仿真 [J]. 汽车工程, 2003(5): 419-423.

[132] 涂雪飞. 纯电动汽车动力系统参数匹配及仿真研究 [D]. 重庆: 重庆大学, 2016.

[133] 汪春洪. 随机日工况的构建及仿真分析 [D]. 长沙: 湖南大学, 2017.

[134] 汪贵平, 马建, 杨盼盼, 等. 电动汽车起步加速过程的动力学建模与仿真 [J]. 长安大学学报 (自然科学版), 2009, 29(6): 98-102.

[135] 汪毛毛, 王伟民, 徐人鹤, 等. 纯电动汽车 PTC 型整车智能热管理系统改善研究 [C]// 2019 中国汽车工程学会汽车空气动力学分会学术年会论文集. 重庆: [出版者不详], 2019.

[136] 王安琪. 四相电励磁双凸极电动机的效率优化控制策略研究 [D]. 南京: 南京航空航天大学, 2019.

[137] 王斌, 林鑫焱, 陈辛波, 等. 基于循环工况的纯电动汽车驱动电机参数优化 [J]. 汽车工程学报, 2015, 5(3): 165-171.

[138] 王秉刚. 电动汽车宣传应实事求是, 管理制度要加强事后监管 [J]. 汽车实用技术, 2019(6): 1.

[139] 王丰伟. 退役动力蓄电池剩余容量梯次利用的关键技术研究 [D]. 沈阳: 沈阳工程学院, 2017.

[140] 王峰, 丘广新, 程效军. 改进的鲁棒迭代最小二乘平面拟合算法 [J]. 同济大学学报 (自然科学版), 2011, 39(9): 1350-1354.

[141] 王国晖. 电动汽车空调多温区控制系统设计 [D]. 成都: 西南交通大学, 2016.

[142] 王军年, 刘健, 初亮, 等. 电动汽车驱动电机结构参数优化设计 [J]. 交通运输工程学报, 2016, 16(6): 72-81.

[143] 王琳, 刘伟建, 裴永琪, 等. 基于 MATLAB GUI 的汽车动力性试验数据分析软件设计 [J]. 汽车实用技术, 2017(12): 197-201.

[144] 王淑旺, 谭立真, 高月仙. 基于 NEDC 工况的电动汽车驱动电机温度场分析 [J]. 合肥工业大学学报 (自然科学版), 2017, 40(1): 7-11.

[145] 王天利, 于瀛霄, 张大明. 基于 MAP 图的微型电动汽车驱动电机匹配研究 [J]. 农业装备与车辆工程, 2013, 51(7): 17-20.

[146] 王小军, 蔡源春, 周云山, 等. 自动变速器匹配对纯电动汽车能耗影响的研究 [J]. 汽车工程, 2014, 36(7): 871-878.

[147] 王昕, 何冲, 杨云峰. 基于 MATLAB 的电动汽车用永磁同步电机的效率 MAP 计算 [J]. 时代农机, 2015, 42(2): 37-38.

[148] 王延克. 低滚阻轮胎节能效果的验证 [J]. 客车技术与研究, 2019, 41(1): 60-62.

[149] 王玉坤, 叶晓明, 苗蕾, 等. 基于 DFSS 的卡钳拖滞力矩优化设计 [C]//2016 中国汽车工程学会年会论文集. 北京: 机械工业出版社, 2016.

[150] 魏增福, 董波, 刘新天, 等. 锂电池动态系统 Thevenin 模型研究 [J]. 电源技术, 2016, 40(2): 291-293, 415.

[151] 魏兆平. 氢燃料电池电动汽车技术 [J]. 中国汽车, 2019(9): 34-37.

[152] 温溢, 纪亮, 刘宪, 等. 国五国六工况下轻型车排放特性研究 [J]. 环境科学与技术, 2016, 39(S2): 44-48.

[153] 文彬. 新能源汽车采集与监测系统设计 [D]. 天津: 天津大学, 2017.

[154] 吴诗宇, 史瑞祥. 电动汽车用永磁同步电机及其控制器外特性的研究 [J]. 微电机, 2015, 48(11): 67-70.

[155] 吴毅超. M 公司研发和测试用底盘测功机项目风险评估研究 [D]. 上海: 上海交通大学, 2017.

[156] 吴兆亮, 周忍, 马波, 等. 一种车轮总成转动惯量测量装置及测量方法: CN109029843A[P]. 2018-12-18.

[157] 伍建伟, 刘夫云, 鲍家定, 等. 转动惯量合成定理矩阵形式推导及其在汽车动力总成系统中的应用 [J]. 现代制造工程, 2018(8): 53-57.

[158] 伍庆龙, 杨钫, 王燕. 电动汽车驱动电机工作特性及效率测试研究 [J]. 汽车文摘, 2020(7): 48-51.

[159] 武万斌, 年雪山. 汽车轻量化技术发展趋势 [J]. 汽车工程师, 2017(1): 15-17.

[160] 席利贺, 张欣, 孙传扬. 基于动态规划的 E-REV 能量管理策略研究 [J]. 北京交通大学学报, 2016, 40(5): 120-125.

[161] 肖岩, 龚春忠, 何浩. 基于 Simulink 电池模型的工作模式研究 [J]. 中国汽车, 2018(10): 59-62.

[162] 肖岩, 龚春忠, 张洪雷. 基于 Simulink 的动力锂离子电池建模研究 [J]. 汽车实用技术, 2018(22): 14-16.

[163] 谢雅, 黄中华. 电动汽车动力系统设计与性能仿真 [J]. 湖南工程学院学报（自然科学版）, 2016, 26(4): 27-30.

[164] 辛运, 谢伟忠, 罗泽敏. 轮胎胎压对整车性能的影响 [J]. 汽车实用技术, 2019(1): 82-84.

[165] 徐成善, 卢兰光, 任东生, 等. 车用锂离子电池放电区间与容量衰减关系的研究 [J]. 汽车工程, 2017, 39(10): 1141-1144, 1210.

[166] 徐贵宝, 王震坡. 电动汽车续驶里程能量计算和影响因素分析 [J]. 车辆与动力技术, 2005(2): 53-56.

[167] 颜丽. 电动汽车发展前景及急需解决的瓶颈技术问题 [J]. 低碳世界, 2017(29): 268-269.

[168] 杨静, 李文平, 张健沛. 大数据典型相关分析的云模型方法 [J]. 通信学报, 2013, 34(10): 121-134.

[169] 杨磊. 纯电动汽车能耗经济性分析 [J]. 上海汽车, 2007(8): 11-13.

[170] 杨正军. WLTP 用于中国道路轻型车测试循环可行性研究 [D]. 北京: 清华大学, 2014.

[171] 姚舜, 吴继业, 余俊涛, 等. 车轮滚动阻力的测试方法和设备的比较分析 [J]. 橡塑技术与装备, 2018, 44: 28-31.

[172] 易金花, 陈丽霞, 严杰. 车辆行驶阻力测量风洞法与滑行法对比试验研究 [J]. 汽车技术, 2019(7): 59-62.

[173] 易克传, 肖平, 李进, 等. 汽车技术实验实训教程 [M]. 重庆: 重庆大学出版社, 2016.

[174] 殷婷婷. 燃料电池轿车经济性指标优化分析 [J]. 上海汽车, 2018(7): 4-7, 12.

参考文献

[175] 尹安东, 赵韩, 周斌, 等. 基于行驶工况识别的纯电动汽车续驶里程估算 [J]. 汽车工程, 2014, 36(11): 1310-1315.

[176] 尹涛, 郑义, 李晶, 等. 底盘测功机行驶阻力设定方法比较 [J]. 小型内燃机与摩托车, 2014, 43(1): 54-56, 72.

[177] 余梦洁, 辛喆. CFD 仿真在汽车空气动力学研究中的应用 [C]// 2008 中国汽车工程学会年会论文集. 北京: 机械工业出版社, 2008.

[178] 俞文鮑. 单纯形调优法的收敛性质 [J]. 中国科学, 1979(S1): 69-77.

[179] 张宸维, 林方圆. 纯电动汽车动力性与能量消耗参数灵敏度分析 [J]. 汽车零部件, 2015(9): 14-17.

[180] 张尔佳, 邰能灵, 陈旸, 等. 基于虚拟储能的综合能源系统分布式电源功率波动平抑策略 [J]. 发电技术, 2020, 41(1): 30-40.

[181] 张富兴, 刘桂彬, 高海洋, 等. 我国汽车滑行试验标准分析与改进建议 [J]. 北京汽车, 2012(2): 1-4.

[182] 张红生, 吴炳娇. 永磁同步电机电机本体数学模型在 MATLAB 下的仿真 [J]. 自动化与仪器仪表, 2012(2): 134-135, 138.

[183] 张洪雷, 方运舟, 龚春忠, 等. 基于大数据技术的纯电动汽车减速器速比优化研究 [J]. 汽车科技, 2020(2): 10-14.

[184] 张洪雷, 龚春忠, 彭庆丰. 基于电动汽车动力系统仿真与试验的 NEDC 工况修正技术研究 [J]. 电子测试, 2018(6): 14-16.

[185] 张津涛. 电动汽车城市道路行驶工况自学习方法的研究 [D]. 天津: 天津大学, 2008.

[186] 张俊杰, 文学洙. 一种新型电机输出外特性测试装置的设计 [J]. 机械工程师, 2016, (11): 52-54.

[187] 张俊智, 吕辰, 李禹橦, 等. 电驱动乘用车制动能量回收技术发展现状与展望 [J]. 汽车工程, 2014, 36(8): 911-918.

[188] 张奇, 李珂, 张承慧, 等. 电动汽车用永磁同步电机特性试验设计与研究 [J]. 实验室研究与探索, 2015, 34(10): 47-50, 58.

[189] 张青松, 赵启臣. 过充循环对锂离子电池老化及安全性影响 [J/OL]. 高电压技术: 1-9(2020-07-10) [2022-03-10]. https://doi.org/10.13336/j.1003-6520.hve.20200361.

[190] 张群, 吴信岚, 张柏秋. 汽车制动能量回收专利保护现状及对策研究 [J]. 现代情报, 2015, 35(2): 104-109.

[191] 张锐. 城市道路汽车行驶工况的构建与研究 [D]. 合肥: 合肥工业大学, 2009.

[192] 张铁臣. 电动汽车动力性的仿真 [D]. 天津: 河北工业大学, 2004.

[193] 张维, 石昊天, 张贺林, 等. 基于四驱动力总成台架的整车传动系阻力分解测试分析 [J]. 时代汽车, 2020(3): 6-7.

[194] 张文, 王东, 郑静楠, 等. 电动汽车领域的大数据研究与应用 [J]. 大众用电, 2016(S2): 62-66.

[195] 张文广, 周孙锋, 司利增. 基于 LabVIEW 的汽车动力性仿真研究 [J]. 汽车实用技术, 2011(Z2): 31-34.

[196] 张永, 龚春忠, 王可峰, 等. 电动汽车能量消耗量与续驶里程试验数据处理研究 [J]. 汽车实用技术, 2020, 45(21): 1-4.

[197] 张永, 龚春忠, 张洪雷, 等. 基于动力性指标的纯电动汽车电机参数设计 [J]. 汽车科技, 2018(5): 58-63.

[198] 章德平, 莫易敏, 赵木青. 汽车驱动桥传动效率试验台的研制及测试 [J]. 中国机械工程, 2014, 25(12): 1699-1703.

[199] 赵钢, 成丁雨. 电动汽车永磁同步电机工况仿真分析 [J]. 自动化仪表, 2016, 37(2): 5-8.

[200] 赵广宣, 李敏, 何艳则, 等. WLTC 与 NEDC 循环工况对汽车油耗影响的研究 [C]//2019 中国仿真技术应用大会暨创新设计北京峰会论文集. [出版者不详], 2019.

[201] 赵国才.汽车节能技术路径分析[J].西南师范大学学报（自然科学版），2014，39(12)：117-121.

[202] 赵相君，张培培，雷良育，等.汽车滑行试验及阻力系数测定[J].汽车实用技术，2013，(3)：24-27.

[203] 赵玉东，孙延伟，李要刚.基于 ADVISOR 的汽车动力性仿真[C]//河南省汽车工程学会.第七届河南省汽车工程科技学术研讨会论文集.郑州：[出版者不详]，2010.

[204] 郑昆，侯卫国，董田，等.NEDC 工况下温度对锂离子电池组性能的影响[J].电池，2020，50(3)：254-257.

[205] 郑天雷，王兆，保翔，等.基于新行驶工况的汽车节能标准体系研究[J].中国汽车，2020(9)：44-48.

[206] 郑小翔.基于滚动阻力动态加载和运动参数预估的底盘测功机试验技术研究[D].杭州：浙江大学，2018.

[207] 李孟良.中国工况研究新能源汽车特点明显[N].新能源汽车报，2018-02-05(004).

[208] 钟蓉."双积分"政策时代电动汽车的市场渗透影响研究[D].上海：上海交通大学，2018.

[209] 周飞，董腾辉，张希.基于矩形导线的永磁同步电机绕组优化设计[J].微特电机，2020，48(7)：12-18.

[210] 周荣宽，韩晓东，韩宗奇，等.基于道路试验的电动汽车滑行阻力系数分析[J].汽车技术，2015(4)：52-55，61.

[211] 朱爱华，朱成九，张卫华.滚动轴承摩擦力矩的计算分析[J].轴承，2008(7)：1-3.

[212] 朱波，王海森，郑敏毅，等.电动汽车专用轮胎发展趋势[J].汽车工程师，2018(6)：55-58.

[213] 朱佳葆.基于遗传算法和 BP 神经网络的车辆滑行阻力预测[D].上海：上海交通大学，2014.

[214] 朱卫东，刘学琼，田勇.汽车滑行阻力系数的测定方法研究[J].汽车技术，2010，(6)：40-42.

[215] 朱文波，王双，黎运.底盘测功机的阻力设定方法对整车油耗测试的影响[J].企业科技与发展，2017(6)：84-88.

[216] SCHMIDT A P, BITZER M, IMRE Á W, et al. Experiment-driven electrochemical modeling and systematic parameterization for a lithium-ion battery cell [J]. J. Electrochem. Soc., 2010, 195(15)：5071-5080.

[217] ALBRICHSFELD C, KARNER J. Brake system for hybrid and electric vehicles [C]//SAE Paper Technical Paper 2009-01-1217. New York：SAE, 2009.

[218] AN T. Study of a New Type of Electric Car：Solar-Powered Car [J]. IOP Conference Series：Earth and Environmental Science, 2021, 631(1).

[219] YU B, LIU C, WANG S, et al. Applying constructed wetland-microbial electrochemical system to enhance NH $4+$ removal at low temperature [J]. Science of the Total Environment, 2020, 724.

[220] LI B, ZHANG J, DU H, et al. Two-layer structure based adaptive estimation for vehicle mass and road slope under longitudinal motion [J]. Measurement, 2017, 95.

[221] SPELTINO C, DOMENICO D, FIENGO G, et al. On the experimental identification of an electrochemica model of a lithium-ion battery：part Ⅱ [C]//The European Control Conference. New York：IEEE, 2009.

[222] DENNIS D, SULEIMAN A. Performanceevaluation of a low cost series hybridelectric vehicle [C]// The 19th International Electric Vehicle Symposium and Exposition Washington：World Electric Vehicle Association, 2002.

[223] EVANGELOS G, GIAKOUMIs, ALEXANDROS T. et al. Investigation of a Diesel-Engined Vehicle's Performance and Emissions during the WLTC Driving Cycle—Comparison with the NEDC [J]. Energies, 2017, 10(2).

[224] FEI X, LI C, YAXIANG F, YANG G, et al. State of charge estimation for lithium-ion battery based on Gaussian process regression with deep recurrent kernel [J]. International Journal of Electrical Power and

Energy Systems, 2021, 124.

[225] FELLNER J, QUINTON B, TSAO M. Initial Investigations on the Use of Coated Nano-Sized Phthalocyanines for Very High Energy Density Rechargeable Lithium-Based Batteries [J]. Meeting Abstracts, 2015, MA2015-01(2).

[226] GHADERI R, KANDIDAYENI M, SOLEYMANI M, et al. Online energy management of a hybrid fuel cell vehicle considering the performance variation of the power sources [J]. IET Electrical Systems in Transportation, 2020, 10(4).

[227] ZHANG G, ZOU H, QIN F, XUE Q, et al. Investigation on an improved heat pump AC system with the view of return air utilization and anti-fogging for electric vehicles [J]. Applied Thermal Engineering, 2017, 115.

[228] WI H, PARK J. Analyzing uncertainty in evaluation of vehiclefuel economy using ftp-75[J]. International Journal of Automotive Technology, 2013, 14 (3), 471-477.

[229] SHU H, BIE X, ZHANG H, et al. Natural heat transfer air-conditioning terminal device and its system configuration for ultra-low energy buildings [J]. Renewable Energy, 2020, 154.

[230] HANNES A, DAVID E. SANDER, et al. Analysing Engine Friction in View of the New WLTC Driving Cycle [J]. MTZ worldwide, 2017, 78(12).

[231] HU Z Y, LI J, TAN P Q, LOU D M. Research on NEDC ultrafine particle emission characters of a port fuel injection gasoline car [J]. Huanjing Kexue, 2013, 33(12).

[232] ISSAM B, OLIVIER B, PHILIPPE G, et al. State of health assessment for lithium batteries based on voltage–time relaxation measure [J]. Electrochimica Acta, 2016, 194.

[233] JANG, WONWOOK, KO, et al. Study of regulated emissions and nanoparticle characteristics of light-duty direct-injection vehicles fuelled with gasoline and liquefied petroleum gas in the New European Driving Cycle and the Federal Test Procedure 75 driving cycle [J]. Proceedings of the Institution of Mechanical Engineers, 2015, 229(1).

[234] MA J W. Parameter optimal design and Simulation of Power System of Electric Vehicle Based on AVL-CRUISE [J]. Journal of Physics: Conference Series, 2019, 1187(3).

[235] HONG J C, WANG Z P, LIU P. Big-Data-Based Thermal Runaway Prognosis of Battery Systems for Electric Vehicles [J]. Energies, 2017, 10(7).

[236] JOHANNES U, MARTIN K, STEFAN J. Nonlinear model predictive energy management controller with load and cycle prediction for non-road HEV [J]. Control Engineering Practice, 2015, 36.

[237] KHAN I A. Automotive Electrical Systems: Architecture and Components [C]//Digital Avionics Systems Conference. New York: IEEE, 1999.

[238] KHAN I A. Power Electronics in Automotive Electrical Systems [C] //Power Electronics in Transportation. New York: IEEE, 1996: 29-38.

[239] KO, SUNGYEON, JIWEON, et al. A study on the road friction coefficient estimation and motor torque control for an in-wheel electric vehicle [J]. Proceedings of the Institution of Mechanical Engineers, 2015, 229(5).

[240] YANG K, WANG J, MA C, et al. Study of TCS for All Electric Independent Driving and Braking Electric Vehicle of Dual Axles [J]. IOP Conference Series: Earth and Environmental Science, 2018, 170(4).

[241] CAI L C. Simultaneous Power Flow Decouple and Converter Gain Design for Electric Vehicle to Grid

System [J]. Energies, 2019, 12(6).

[242] LOUIS S, DIRK B, JOHN M, et al. Analysis of vehicle emission measurements on the new WLTC, the NEDC and the CADC [J]. Transportation Research Part D, 2014, 32.

[243] MAROTTA A, PAVLOVIC J, CIUFFO B, et al. Gaseous Emissions from Light-Duty Vehicles: Moving from NEDC to the New WLTP Test Procedure [J]. Environmental Science & Technology, 2015, 49(14): 8317-8318.

[244] PEDRO P C, BHAGUBAI, JOÃO G. et al. Design, Multi-Objective Optimization, and Prototyping of a 20 kW 8000 rpm Permanent Magnet Synchronous Motor for a Competition Electric Vehicle [J]. Energies, 2020, 13(10).

[245] PENG R, MASSOUD P. An Analytical Model for Predicting the Remaining Battery Capacity of Lithium-Ion Batteries[J]. IEEE Trans. VLSI Syst. 2006, (6).

[246] PETER W, et al. A Testbed for the Analysis of Performance and Efficiency of a Series Hybrid Drive Train [C]//1998 FIS ITA Automotive World Congress. London: FISITA, 1998: F98T/P697.

[247] RAHIMIAN S K, RAYMAN S, R E White. Comparison of single particle and equivalent circuit analog models for a lithium-ion cell [J]. Journal of Power Sources, 2011, 196(20): 8450–8462.

[248] SANTHANAGOPALAN S. Parameter Estimation for Lithiumion Batteries [D]. Columbia: University of South Carolina, 2006.

[249] SELIM A, KEITH J, CHRIS M, et al. Regenerative braking strategies, vehicle safety and stability control systems: critical use-case proposals [J]. Vehicle System Dynamics, 2013, 51(5).

[250] WANG S B, TERENCE A, MARK C, et al. Effect of moving ground on the aerodynamics of a generic automotive model: The DrivAer-Estate [J]. Journal of Wind Engineering & Industrial Aerodynamics, 2019, 195.

[251] SLAH F, ABDUL N, ABDESLEM D, et al. Design and practical study of three phase interleaved boost converter for fuel cell electric vehicle [J]. Journal of Power Sources, 2020, 479.

[252] STONEBRAKER M, ABADI D J, MADDEN S, et al. MapReduce and parallel DBMSs: friends or foes [J]. Communications of the ACM, 2010, 53(1): 64-71.

[253] LIU X L, ZHU S P, WU Z J. Dynamic Modeling and Acceleration Control of Electric Vehicles [J]. Advanced Materials Research, 2012, 1672.

[254] WANG X K. Research on Double Energy Fuzzy Controller of Electric Vehicle Based on Particle Swarm Optimization of Multimedia Big Data [J]. International Journal of Mobile Computing and Multimedia Communications (IJMCMC), 2017, 8(3).

[255] YANG Y P, CHUANG D S. Optimal design and control of a wheel motor for electric passenger cars [J]. IEEE Transactions on Magnetics, 2007, 43(1): 51-61.

[256] CHEN Z Y, LU J H, LIU BO, et al. Optimal Energy Management of Plug-In Hybrid Electric Vehicles Concerning the Entire Lifespan of Lithium-Ion Batteries [J]. Energies, 2020, 13(10).

[257] SONG Z Y, HEATH H, LI JIANQIU, et al. Energy management strategies comparison for electric vehicles with hybrid energy storage system [J]. Applied Energy, 2014.